Die Vollstreckung des Europäischen Haftbefehls im Spannungsfeld zwischen effektiver Strafverfolgung und Betroffenenschutz

Europäische Hochschulschriften

European University Studies

Publications Universitaires Européennes

Reihe II	**Rechtswissenschaft**
Series II	Law
Série II	Droit

Band/Volume **5871**

Maria Miluscheva

Die Vollstreckung des Europäischen Haftbefehls im Spannungsfeld zwischen effektiver Strafverfolgung und Betroffenenschutz

Eine praxisbezogene Untersuchung am Beispiel Bulgariens

PL ACADEMIC RESEARCH

Bibliografische Information der Deutschen Nationalbibliothek
Die Deutsche Nationalbibliothek verzeichnet diese Publikation in der Deutschen Nationalbibliografie; detaillierte bibliografische Daten sind im Internet über http://dnb.d-nb.de abrufbar.

ISSN 0531-7312
ISBN 978-3-631-67655-4 (Print)
E-ISBN 978-3-653-07054-5 (E-PDF)
E-ISBN 978-3-631-69497-8 (EPUB)
E-ISBN 978-3-631-69498-5 (MOBI)
DOI 10.3726/978-3-653-07054-5

PL Academic Research ist ein Imprint der Peter Lang GmbH.
Peter Lang – Frankfurt am Main · Bern · Bruxelles · New York · Oxford · Warszawa · Wien

Diese Publikation wurde begutachtet.

www.peterlang.com

Für meine Familie

Vorwort

Die Private Universität im Fürstentum Liechtenstein hat die vorliegende Arbeit im April 2016 als Dissertation angenommen. An dem ursprünglichen Manuskript wurden geringfügige Änderungen vorgenommen. Rechtslage, Rechtsprechung und Literatur wurden bis September 2015 berücksichtigt.

Für die wegführenden Hinweise und die Erstellung des Erstgutachtens möchte ich mich bei Herrn *Prof. Dr. Helmut Satzger* bedanken. Frau *Prof. Dr. Daniela Demko* gilt ein großes Dankeschön für die übernommene Zweitbegutachtung.

Bei *Dr. Dessislava Todorova* bedanke ich mich aufrichtig für die großartige Unterstützung. Ohne ihre Anregungen, Hilfestellungen und motivierenden Worte wäre diese Arbeit nicht in dieser Form entstanden.

Auch vielen anderen gelten meine Anerkennung und Dankbarkeit. Rechtsanwalt *Roland Ziegler* gebührt mein aufrichtiger Dank für seine Geduld und das in mich gesetzte Vertrauen. Bei *Larissa Fischer* bedanke ich mich für die freundschaftliche Hilfe und die präzise Übersetzung des bulgarischen Gesetzestextes. Meiner Freundin und Kollegin *Lilla Juharos* bin ich für den anregenden Gedankenaustausch sehr dankbar. Frau *Gergina Slavova* hielt mir während der heißen Phasen den Rücken in der Kanzlei frei, wofür ich ihr sehr verbunden bin.

Die Fertigstellung der Arbeit neben der Ausübung meines anwaltlichen Berufs stellte mich vor ungeahnte Herausforderungen. Bei meiner Familie, insbesondere bei *Elena Dimitrova*, möchte ich mich ganz besonders für die bedingungslose Zuneigung und tatkräftige Unterstützung bedanken. Diese Monographie ist ihr und meiner ganzen Familie in tief empfundener Dankbarkeit und Liebe gewidmet.

München, im Mai 2016 *Maria Miluscheva*

Inhaltsverzeichnis

Abbildungsverzeichnis

Abkürzungsverzeichnis

a.F.	alte Fassung
AAK	Atemalkoholkonzentration
ABl.	Amtsblatt
Abs.	Absatz
AEuHBG	Gesetz über die Auslieferung und den Europäischen Haftbefehl
Anm.	Anmerkung(en)
AnwBl	Anwaltsblatt
Art.	Artikel
Aufl.	Auflage
Az.	Aktenzeichen
Bd.	Band
Bf.	Betroffene/r
BG	Bulgarien
BGBl.	Bundesgesetzblatt
bgStGB	Bulgarisches Strafgesetzbuch
BRD	Bundesrepublik Deutschland
Bsp.	Beispiel(e)
BVerfG	Bundesverfassungsgericht
CEPEJ	Europäische Kommission für die Effizienz der Justiz
CPT	Europäisches Komitee zur Verhütung von Folter und unmenschlicher oder erniedrigender Behandlung oder Strafe
DDR	Deutsche Demokratische Republik
ders.	derselbe
DJ	Deutsche Justiz
DÖV	Zeitschrift für Öffentliches Recht und Verwaltungswissenschaften
DRiZ	Deutsche Richterzeitung
DVBl.	Deutsches Verwaltungsblatt
EAW	European Arrest Warrant
ebd.	ebenda
ECHR	European Court of Human Rights
ECPI	European Criminal Policy Initiative
ECRI	Europäische Kommission gegen Rassismus und Intoleranz (engl.: European Commission against Racism and Intolerance)

EG	Europäische Gemeinschaft(en)
EGMR	Europäischer Menschenrechtsgerichtshof
eing.	eingehend
EJN	Europäisches Justizielles Netz
EMRK	Europäische Menschenrechtskonvention
endg.	endgültig
et al.	et alii (und weitere)
EU	Europäische Union
EuAlÜbk	Europäisches Auslieferungsübereinkommen 1957
EuAuslÜbk	Unionsübereinkommen über die Auslieferung zwischen den EU-Mitgliedstaaten
EuGH	Gerichtshof der Europäischen Union
EuGRZ	Europäische Grundrechte-Zeitschrift
EuHB	Europäischer Haftbefehl
EuR	Europarecht
EUV	Vertrag über die Europäische Union
EuZW	Europäische Zeitschrift für Wirtschaftsrecht
EU-Vereinf-AuslÜbk	Unionsübereinkommen über das vereinfachte Auslieferungsverfahren
f.	folgende
ff.	fortfolgende
FRAU	Agentur der Europäischen Union für Grundrechte
FS	Festschrift
GA	Generalanwalt
GBl.	Gesetzblatt
GRC	Charta der Grundrechte der Europäischen Union
grdl.	grundsätzlich
h.M.	herrschende Meinung
HFR	Höchstrichterliche Finanzrechtsprechung
HRLR	Human Rights Law Review
HRRS	Onlinezeitschrift für Höchstrichterliche Rechtsprechung zum Strafrecht
Hrsg.	Herausgeber
Hs.	Halbsatz
ins.	insbesondere
int.	international
IRG	Gesetz über die internationale Rechtshilfe in Strafsachen
Jahrb.	Jahrbuch

JECL	Journal of European Criminal Law
Jg.	Jahrgang
JuS	Juristische Schulung
JVA	Justizvollzugsanstalt
JZ	Juristenzeitung
Kap.	Kapitel
KG	Kammergericht
Komm.	Kommentar
Konv.	Konvention
LG	Landesgericht
m. Anm.	mit Anmerkung
m.E.	meines Erachtens
m.w.H.	mit weiteren Hinweisen
m.w.N.	mit weiteren Nachweisen
n.F.	neue Fassung
nat.	national
NATO	Nordatlantikpakt-Organisation
NJW	Neue Juristische Wochenschrift
Nr.	Nummer
NS	Nationalsozialismus
NStZ	Neue Zeitschrift für Strafrecht
NVwZ	Neue Zeitschrift für Verwaltungsrecht
o.D.	ohne Datum
ÖJZ	Österreichische Juristen-Zeitschrift
OLG	Oberlandesgericht
Org.	Organisation
polStGB	Polnisches Strafgesetzbuch
Ratsdok.	Ratsdokument
Rb-EuHB	Rahmenbeschluss über den Europäischen Haftbefehl und die Übergabeverfahren zwischen den Mitgliedstaaten
RGBl	Deutsches Reichsgesetzblatt
RL	Richtlinie(n)
Rs.	Rechtssache
Rspr.	Rechtsprechung
Rz.	Randziffer
S.	Seite
s.	siehe
s.o.	siehe oben

s.u.	siehe unten
SDÜ	Schengener Durchführungsübereinkommen
SIS	Schengener Informationssystem
Slg.	Sammlung
StGB	Strafgesetzbuch
stopp	Strafprozessordnung
StV	Strafverteidiger
StraFo	Strafverteidiger Forum
u.	und
u.a.	unter anderem
U-Haft	Untersuchungshaft
UdSSR	Union der Sozialistischen Sowjetrepubliken
unveröff.	unveröffentlicht
Urt.	Urteil
USA	Vereinigte Staaten von Amerika
v.	von
v.a.	vor allem
verb.	verbunden
veröff.	veröffentlicht
vgl.	Vergleiche
z. B.	zum Beispiel
ZaöRV	Zeitschrift für ausländisches öffentliches Recht und Völkerrecht
ZAR	Zeitschrift für Ausländerrecht und Ausländerpolitik
ZEuS	Zeitschrift für Europarechtliche Studien
ZJS	Zeitschrift für das Juristische Studium
ZIS	Zeitschrift für Internationale Strafrechtsdogmatik
ZPEuAlÜbk	Zweites Zusatzprotokoll zum Europäischen Auslieferungsübereinkommen
ZStW	Zeitschrift für die gesamte Strafrechtswissenschaft
zusf.	Zusammenfassend
zust.	zustimmend

Einleitung

Der Rahmenbeschluss über den Europäischen Haftbefehl und die Übergabeverfahren zwischen den Mitgliedstaaten[1] (im Folgenden: Rb-EuHB) wurde kurze Zeit nach dem historischen Wendepunkt vom 11.09.2001 verabschiedet. Seit den Terroranschlägen in New York gab es kaum ein anderes Ereignis, das Europa und die freie Welt so sehr erschüttert hat wie das Attentat auf „Charlie Hebdo" in Paris am 07.01.2015. Die Globalisierung hat die Welt so eng zusammengerückt, dass wir uns selbst von den Problemen in weit entfernten Regionen nicht mehr abschotten können. Der Terrorismus und die Flüchtlingsströme zeigen das. Europa muss nicht nur ihre gemeinsame Währung, sondern auch ihre gemeinsamen Werte bewahren. Mehr noch als die vorherigen Verbrechen islamistischer Extremisten – in Madrid, London oder Brüssel – setzte das Attentat in Paris die Debatte über den Gegensatz von Freiheit und Sicherheit schon wieder in vollen Gang.[2] Die kommenden Flüchtlingsströme stellen eine neue Herausforderung für die europäischen Grundfreiheiten dar, die mehr oder minder als eine Gegebenheit empfunden werden.[3] Es wird in den nächsten Jahren entscheidend sein, wie die Regierungen Europas einerseits den Bürgern Sicherheit vor Anschlägen und der schweren und organisierten Kriminalität bieten können, andererseits aber die Freizügigkeit und die europäischen Grundrechte wahren.[4]

Fakt ist: Nach dem Terrorakt auf das World Trade Center hat der europäische Gesetzgeber den Schwerpunkt in Richtung Sicherheit verschoben und die Einführung des Europäischen Haftbefehls (im Folgenden: EuHB) beschlossen.[5] In der Vollstreckung des EuHB spiegelt sich das ewige Dilemma zwischen Freiheit und Sicherheit wider. Er war die erste Maßnahme im Bereich der durch den Vertrag von Amsterdam verstärkten justiziellen Zusammenarbeit in Strafsachen und soll den als schwerfällig empfundenen Auslieferungsverkehr ablösen. Der EuHB stellt in gewisser Weise eine Kompensation für die Öffnung der Binnengrenzen und das dadurch erweiterte kriminelle Einzugsgebiet dar. Er soll verhindern, dass sich

1 Rahmenbeschluss 2002/584/JI des Rates vom 13.06.2002 (ABl. L 190 vom 18.7.2002, S. 1 ff.), in der Fassung des Änderungsbeschlusses 2009/299/JI des Rates vom 26.02.2009 (ABl. L 81 vom 27.03.2009, S. 24 ff.).

2 Handelsblatt vom 11.01.2015, Manifest der Freiheit, S. 2 ff.

3 *Ebd.*

4 EU Priorities for the 70th UN General Assembly, online abrufbar unter: http://eu-un.europa.eu/articles/en/article_16584_en.htm (Stand: 19.09.2015).

5 Gemeinsame Erklärung der Staats- und Regierungschefs der Europäischen Union, der Präsidentin des Europäischen Parlaments, des Präsidenten der Europäischen Kommission und des Hohen Vertreters für die gemeinsame Außen- und Sicherheitspolitik vom 14.09.2001.

Straftäter nach der Begehung einer Straftat in einem Mitgliedstaat der Strafverfolgung entziehen können.[6]

Seit der Einführung des EuHB sind bereits 13 Jahre vergangen. Er wurde in allen 28 Mitgliedstaaten der EU umgesetzt und auf europäischer Ebene als erfolgreiches Strafverfolgungsmittel angepriesen.[7] Zu seinem Erfolg hat kaum etwas so sehr beigetragen wie der Grundsatz der gegenseitigen Anerkennung, der die Grundlage der Vollstreckung des EuHB bildet.[8] In seiner Ausprägung durch den Rb-EuHB soll der Grundsatz bewirken, dass jede nationale Justizbehörde das Ersuchen um Übergabe einer Person der Justizbehörde eines anderen Mitgliedstaats *ipso facto* und mit einem Minimum an Kontrollen anerkennt.[9] Setzt man sich mit den Regelungen des Rb-EuHB auseinander, stellt man fest, dass der vollstreckende Staat der Personenüberstellung eine Vielzahl an zwingenden[10], fakultativen[11] und sonstigen[12] Übergabehindernissen entgegensetzen kann. Das System ist bei Weitem nicht perfekt,[13] und die Union ist von einem einheitlichen Raum für Auslieferungen, in dem ein EuHB ähnlich wie in einem Bundesstaat vollstreckt wird, weit entfernt.[14]

Die hauptsächlichen Kriminalitätsrisiken und -Bedrohungen,[15] mit denen Europa heute konfrontiert wird, passen sich extrem schnell an wissenschaftliche und technologische Änderungen an und versuchen, die Werte und den Wohlstand unserer offenen Gesellschaften zu untergraben.[16] Deshalb stellt sich die Frage, inwieweit die Effizienz des EuHB erhöht werden kann, um den Anforderungen, die mit der Bekämpfung der Kriminalität innerhalb der EU einhergehen, gerecht zu werden. Die wirksame Vollstreckung des EuHB stellt ein zweischneidiges Schwert dar, das mit einschneidenden Eingriffen in die Grundrechte der Person verbunden ist, was seit seiner Einführung Anlass für Kritik gibt.[17] In ihrem Bericht aus dem Jahre 2011 gibt die Kommission bekannt, dass von vielen Seiten Bedenken hinsichtlich der Folgen des EuHB für die Grundrechte geäußert wurden.[18] Das Europäische

---

6 Vgl. Teil 1, Kap. B. I.
7 KOM (2001) 522 endg., S. 2 f., Ratsdok. 13581/14 vom 24.09.2014, S. 16.
8 Vgl. Teil 1, Kap. B. IV. 1.
9 KOM (2001) 522 endg., S. 2 f.
10 Mehr dazu in Teil 1, Kap. B. IV. 3, f), aa).
11 S. dazu Teil 1, Kap. B. IV. 3. f), bb).
12 Mehr dazu in Teil 1, Kap. B. IV. 3. f), cc).
13 KOM (2011) 175 endg., S. 3.
14 Vgl. Teil 1, Kap. B., Ergebnis.
15 Z. B. Terrorismus, schwere und organisierte Kriminalität, Drogenhandel, Cyberkriminalität, Menschenhandel, sexuelle Ausbeutung von Minderjährigen und Kinderpornographie, Wirtschaftskriminalität und Korruption, illegaler Waffenhandel und grenzüberschreitende Kriminalität.
16 Ratsdok. 7120/10 vom 08.03.2010.
17 Vgl. dazu Teil 3, B. III. 3.
18 KOM (2001) 522 endg., S. 2.

Parlament[19] und Fair Trials International[20] fordern dessen Reform zur Verbesserung des Individualschutzes. Mithin stellt sich die althergebrachte Frage, wie in der Vollstreckungspraxis dafür gesorgt werden kann, dass die Freiheitsrechte der Person nicht auf dem Altar der Sicherheit geopfert werden. *Kluge*[21] überprüfte den Rb-EuHB aus menschenrechtlicher Perspektive und stellte im Jahre 2009 verschiedene Lösungsvorschläge vor, welche das Ungleichgewicht zwischen Strafverfolgung und Verteidigungsrechten wieder in die Waage bringen sollen. *Schallmoser*[22] zeigte die Verletzungsrisiken des Rb-EuHB im Lichte der EMRK auf und ging ihren Ursachen auf den Grund. Bislang existiert keine wissenschaftliche Untersuchung der Rechtswirklichkeit, die das reale Verhältnis zwischen der effektiven Strafverfolgung und dem Grundrechtsschutz beleuchtet. Diese Lücke zu füllen, hat sich die vorliegende Arbeit zum Ziel gesetzt. Außerdem stellten der Vertrag von Lissabon und die Charta der Grundrechte der EU den europäischen Grundrechtsschutz auf eine neue Grundlage, deren Bedeutung für das Übergabeverfahren gar nicht hoch genug geschätzt werden kann.[23] Es ist an der Zeit, die Werte der Freiheit und Sicherheit neu zu überdenken und die Kräfte der sich unversöhnlich gegenüberstehenden Interessen im Vollstreckungsverfahren des EuHB in die Balance zu bringen. Diese Arbeit soll hierzu einen Beitrag leisten.

In der Literatur wird der EuHB überwiegend als Fahndungs-, Festnahme- und Übergabeersuchen qualifiziert.[24] Die Vollstreckung des EuHB umschreibt das Verfahren, das sämtliche Vorgänge umfasst, die der Festnahme und Übergabe einer gesuchten Person dienen: angefangen bei der Personenfahndung bis hin zur tatsächlichen Übergabe an den ausstellenden Staat. Der Schwerpunkt der Untersuchung liegt auf der Übergabeentscheidung, die als Finalziel den Kern der Vollstreckung des EuHB bildet. Das Forschungsinteresse richtet sich auf die Ausgleichsmöglichkeiten zwischen der effektiven Strafverfolgung und dem Betroffenenschutz. Ein Übergabeersuchen kann zur Strafverfolgung oder zur Vollstreckung einer Freiheitsstrafe oder einer freiheitsentziehenden Maßregel der Sicherung erfolgen. Die beiliegende Arbeit widmet sich der ersten Fallkonstellation und beschäftigt sich ausschließlich mit EuHB, die zur Strafverfolgung ausgestellt wurden.

Ausgehend von der oben skizzierten Problematik soll ein ausbalanciertes Modell für die Übergabeentscheidung entworfen werden, das in allen Mitgliedstaaten der EU verwendet werden kann. Hierzu muss die Vollstreckung des EuHB unter den Gesichtspunkten der effektiven Strafverfolgung und dem Betroffenenschutz evaluiert werden. Dabei lassen sich zwei übergeordnete Ziele abgrenzen. Im ersten Schritt

19 Bericht mit Empfehlungen an die Kommission zur Überprüfung des Europäischen Haftbefehls, 2013/2109(INL).
20 FTI, The European Arrest Warrant seven years on – the case for reform, May 2011.
21 S. *Kluge*.
22 S. dazu *Schallmoser*.
23 Vgl. Teil 1, C. I. 2. a), aa).
24 *von Bubnoff*, ZEuS 2002, S. 224 f., *Böhm*, NJW 2006, S. 2593, *Unger*, S. 77, *Andreou*, S. 177.

soll ermittelt werden, inwiefern die Vollstreckung des EuHB in der Rechtswirklichkeit effektiv verläuft und welche die effizienzbeeinflussenden Faktoren sind. Dabei sollen die für die Effektivität der Übergabeentscheidung bedeutsamen Variablen extrahiert werden. Diesbezüglich stellt die effektive Strafverfolgung innerhalb der EU das Hauptkriterium der Untersuchung dar. Demnach kommt es auf die Eignung des EuHB als Instrument zur Bekämpfung der Kriminalität innerhalb der EU an. Unter *effektiver Strafverfolgung im engeren Sinne* versteht sich die Verfolgung der gesuchten Person wegen der konkreten Tat, derentwegen der EuHB erlassen wurde. *Die effektive Strafverfolgung im weiteren Sinne* bedeutet die Bekämpfung sämtlicher Kriminalitätsarten ungeachtet ihrer Art oder Schwere innerhalb der EU. Im zweiten Schritt soll überprüft werden, inwieweit der Schutz des Betroffenen bei der Übergabeentscheidung eine Rolle spielt. Mit dem *Betroffenen* ist die Person gemeint, die aufgrund des EuHB überstellt werden soll.

Die Untersuchung der Rechtswirklichkeit in allen 28 Mitgliedstaaten der EU würde den Rahmen dieser Arbeit sprengen. Deshalb wird die Übergabepraxis einer kritischen Bewertung am Beispiel Bulgariens als vollstreckenden Staates unterzogen. Als neues Mitglied der EU hat der bulgarische Staat den Rb-EuHB in nationales Recht umgesetzt und seit Januar 2007 vollstreckt EuHB anderer Mitgliedstaaten.[25] Aufgrund ihrer geografischen Lage erscheint die Republik Bulgarien als ein wichtiger Kooperationspartner im Bereich der justiziellen Zusammenarbeit in Strafsachen. Exemplarisch sei erwähnt, dass Anfang 2015 ein mutmaßlicher Helfer der Attentäter von Paris ausgerechnet in Bulgarien festgenommen wurde.[26] Ganz aktuell waren auch Meldungen zu hören, dass der angebliche Drahtzieher einer in Athen ansässigen, afghanisch-rumänischen Schleuserbande aus Bulgarien ausgeliefert wird.[27] Ein weiterer Grund, warum die Wahl auf Bulgarien fällt, ist die Tatsache, dass im deutschsprachigen Raum über die Vollstreckungspraxis des Landes keine wissenschaftlichen Untersuchungen existieren. Damit eröffnet sich ein neues Feld für die Forschung, das mit dieser Arbeit eingeleitet wird.

Zur Beantwortung der oben aufgezeigten Fragen soll zuerst ein theoretischer Rahmen geschaffen werden, denn die Ergebnisse der empirischen Untersuchung streben eine theoretische und eine praktische Relevanz an. Zu diesen Zwecken soll ein Untersuchungsmodell entwickelt werden, welches die relevanten Dimensionen der vorliegenden Evaluation bestimmen soll. Darüber hinaus ist die Übergabeentscheidung unter Einbeziehung der nationalen und der europäischen Ebene

---

25 Vgl. Teil 2, Kap. A. II.

26 Vgl. Focus Online, Mutmaßlicher Terror-Helfer in Bulgarien festgenommen, 13.01.2015, online abrufbar unter: http://www.focus.de/politik/ausland/attentaeter-von-paris-mutmasslicher-terror-helfer-in-bulgarien-festgenommen_id_4400854.html(Stand: 18.09.2015).

27 Bundespolizeidirektion München, Ermittlungen der Bundespolizei am Flughafen München führen zu vier Festnahmen in Europa, 07.02.2014, online abrufbar unter http://www.presseportal.de/blaulicht/pm/64017/2658605 (Stand: 18.09.2015).

zu untersuchen, damit differenziertere Aussagen über den Einfluss der einzelnen Variablen getroffen werden können.

Die Arbeit gliedert sich in drei Hauptteile – in einen theoretischen, einen empirischen und einen dritten Teil, der sich der Diskussion und dem Ausgleich des oben angesprochenen Ungleichgewichts widmet.

Die theoretischen Grundlagen der Untersuchung werden aus europäischer Sicht durchleuchtet, d. h., dass als Ausgangspunkt der Überlegungen die Dokumente der europäischen Institutionen dienen. Aufgrund der Praxisbezogenheit der Untersuchung erfolgt die Ermittlung der theoretischen Grundlagen unter besonderer Berücksichtigung der prominenten Endscheidungen des EuGH in den Urteilen *Leymann und Pustovarov*[28], *Radu*[29], *Melloni*[30] und *Åkerberg Fransson*[31]. Ferner wird versucht, diejenigen Literaturansichten in den Vordergrund zu stellen, die dem englischsprachigen, deutschsprachigen und bulgarischen Raum gemeinsam sind. Diese Vorgehensweise birgt natürlich das Risiko in sich, dass manche Aspekte, die lediglich im deutschsprachigen Raum vorzufinden sind, keine Berücksichtigung finden können.

Am Anfang des ersten Teils wird der Auslieferungsverkehr als historischer Vorgänger des EuHB geschildert. Vor der Einführung des EuHB bestanden zwischen den europäischen Staaten zahlreiche bi- und multilaterale Auslieferungsverträge[32], deren vollständige Darstellung den Rahmen dieser Arbeit sprengen würde. Der klassische Auslieferungsverkehr wird anhand der Rechtshilfebeziehungen zwischen dem bulgarischen und dem deutschen Staat erläutert und die allgemein geltenden Auslieferungsvoraussetzungen und -hindernisse ermittelt.

In Kapitel B des ersten Teils werden zunächst die Rechtsnatur, die Ziele und die Rechtsgrundlage des EuHB beleuchtet. Im Anschluss daran wird das rahmenbeschlussrechtliche Konzept für die Übergabeentscheidung erforscht, in dem die Vorgaben für den ausstellenden und vollstreckenden Staat ausdifferenziert werden. Daraus wird ein theoretisches Rahmenmodell für die Untersuchung des Einflusses der zwingenden, fakultativen und sonstigen Ablehnungsgründe auf die Effektivität des Einsatzes des EuHB als Strafverfolgungsmittel ausgearbeitet. Die drei Kategorien werden in dem zweiten Teil der Untersuchung hinsichtlich ihrer praktischen Konsequenzen für die effektive Strafverfolgung überprüft.[33] Das Hauptaugenmerk fällt dabei auf die Ebene der Umsetzung und Anwendung des Rb-EuHB in der Gerichtspraxis. Kapitel C behandelt die Bindung der beteiligten Staaten und insbesondere

28 EuGH, Urteil vom 01.12.2008, Rs. C-338/08 PPU (*Leymann und Pustovarov*), Slg. 2008, I-8983.

29 EuGH, Urteil vom 29.01.2013, Rs. C-396/11 (*Radu*), noch nicht in der amtl. Slg. veröff.

30 EuGH, Urteil vom 26.02.2013, Rs. C-399/11 (*Melloni*), noch nicht in der amtl. Slg. veröff.

31 EuGH, Urteil vom 26.02.2013, Rs. C-617/10 (*Fransson*), noch nicht in der amtl. Slg. veröff.

32 Vgl. Teil 1, Kap. A.

33 Vgl. Teil 2, Kap. A. III.

des vollstreckenden Staates an die europäischen und nationalen Grundrechte im Übergabeverfahren. Besonderes Augenmerk darf auf die Tatsache gerichtet werden, dass die integrationskritische Haltung des BVerfG[34] nur insoweit berücksichtigt wird, als dies der Untersuchung dienlich ist. Das Ergebnis, dass dadurch eine kritikwürdige Darstellung des nationalen Grundrechtsschutzes entstanden ist, muss in Kauf genommen werden. Da sich diese Arbeit die Konzipierung eines europäischen Modells zum Ziel setzt, ist das Forschungsinteresse schwerpunktmäßig den europäischen Grundrechten gewidmet. Die Darstellung verfolgt einen umfassenden Ansatz, der auf die Ermittlung der Schutzpflichten des vollstreckenden Staates gegenüber dem Betroffenen ausgelegt ist. Dabei geht es nicht nur darum, ob und inwiefern aus den Grundrechten Übergabehindernisse erwachsen können, sondern um den allgemeinen Schutz, der dem Betroffenen im Übergabeverfahren zuteilwerden soll. Aufgrund der Tatsache, dass die Beitrittsverhandlungen zwischen der EU und dem Europarat scheiterten, ist die Hoffnung auf einen kohärenten Grundrechtsschutz auf europäischer Ebene in die Zukunft verschoben worden. Da die EMRK noch nicht in die Unionsrechtsordnung übernommen wurde, besteht die Gefahr divergierender Rechtsprechung zwischen EuGH und EGMR. Unter Ziff. I von Kapitel C wird die konventionsrechtliche Verantwortung des vollstreckenden Staates im Übergabeverfahren spezifiziert.[35] Im Ergebnis des theoretischen Teils wird das Spannungsverhältnis zwischen den sekundärrechtlichen Pflichten und den grundrechtlichen Schutzpflichten aus Sicht des vollstreckenden Staates aufgezeigt.

Teil 2 beginnt mit einer Messung der Effizienz der bulgarischen Übergabepraxis mithilfe statistischer Daten über die Anzahl der vollstreckten EuHB und einem Vergleich mit anderen europäischen Staaten. Es wird davon ausgegangen, dass sich unter dem Gesichtspunkt der effektiven Strafverfolgung keine Schwierigkeiten bei der Durchsetzung des EuHB ergeben. Analysiert werden beide Ebenen der Übergabepraxis. Die Ebene der Umsetzung betrifft das bulgarische Gesetz über die Auslieferung und den EuHB (im Folgenden: AEuHBG), deren einschlägige Abschnitte in die deutsche Sprache übersetzt wurden und im Anhang zu finden sind. Auf der Anwendungsebene geht es um die Entscheidungspraxis der bulgarischen Gerichte bezüglich Einlieferungsersuchen aus anderen Mitgliedstaaten. Eine ausschöpfende Recherche konnte nicht durchgeführt werden, da viele Entscheidungen nicht veröffentlicht werden. Trotzdem wurde über Rechtsprechungsdatenbanken versucht, an möglichst viele Entscheidungen der bulgarischen Gerichte zu kommen. Eine öffentlich zugängliche Entscheidungsdatenbank steht auf der Homepage des Nationalen Instituts der Justiz[36] unter der Rubrik Lernmaterialien für europäisches

34 Die Welt Online, Erbitterter Machtkampf zwischen Karlsruhe und EU, 28.04.2013, online abrufbar unter http://www.welt.de/politik/deutschland/article115681303/Erbitterter-Machtkampf-zwischen-Karlsruhe-und-EU.html, Stand: 20.09.2015.

35 S. Teil 1, Kap. C. IV. 3.

36 Национален институт на правосъдието, s. http://www.nij.bg/ (Stand: 20.09.2015).

Recht[37] bereit. Die effizienzbeeinflussenden Faktoren werden herausgearbeitet und auf ihre Vereinbarkeit mit dem europäischen Primärrecht geprüft. Die Übernahme der Faktoren in das erstrebte Modell als Kriterien setzt ihre Übertragungsfähigkeit außerhalb des bulgarischen Staates voraus. Da sich die EU zur Achtung der mitgliedstaatlichen Zielordnungen und Traditionen verpflichtet hat[38], wird versucht, die Optimierung des Modells unter Schonung der mitgliedstaatlichen Souveränitätsinteressen zu gestalten. Die übernahmefähigen Kriterien werden einer kritischen Überprüfung unter dem Gesichtspunkt des Betroffenenschutzes unterzogen, damit die Balance gewahrt wird.[39] In Kapitel B werden die Auswirkungen des rahmenbeschlussrechtlichen Konzepts auf die Rechtsposition des Betroffenen geschildert und die spezifischen Problemkreise extrahiert.

In Teil 3 werden die Lösungsansätze zur Verbesserung des Betroffenenschutzes systematisiert dargestellt und vor dem Hintergrund der eigenen Zielsetzung bewertet. Dabei werden zwei Schwerpunkte gesetzt: auf die Komplementierung des theoretischen Modells in formeller[40] und in materieller[41] Hinsicht. Durch die Erweiterung des Prüfungsrasters entsteht die Gefahr, dass der Pegel in Richtung der Freiheit verschoben wird und die Sicherheitskomponente in den Hintergrund tritt. Ausgleichend soll sich die kritische Überprüfung der eigenen Lösungsansätze unter dem Gesichtspunkt der effektiven Strafverfolgung auswirken.[42] Die daraus resultierenden Konsequenzen für das erstrebte Modell werden in der Zusammenfassung aufgezeigt.

Die Arbeit endet mit einer Schlussbetrachtung und einem Leitfaden für die Übergabepraxis.

---

37 Übersetzt aus dem Bulgarischen („*Учебни материали по европейско право*").
38 Vgl. Art. 3 Abs. 3 EUV, Art. 67 Abs. 1 AEUV.
39 Vgl. Teil 2, Kap. A. IV.
40 Vgl. Teil 3, Kap. A.
41 Vgl. Teil 3, Kap. B.
42 Vgl. Teil 3, Kap. B. III.

Teil 1. Historischer Vorläufer und Theorie der Vollstreckung des EuHB

A. Rechtslage vor der Einführung des EuHB

Das Problem, dass eine Person nach Begehung einer Straftat ins Ausland flüchtet und sich dadurch der Strafverfolgung zu entziehen versucht, bestand bereits lange vor der Einführung des EuHB. Das völkerrechtliche Gebot der Achtung souveräner Gebietshoheit[43] verbietet den Hoheitsträgern eines Staates, den Verfolgten im Ausland fest- oder in Haft zu nehmen und in das eigene Hoheitsgebiet zu verbringen.[44] Die Überstellung des flüchtigen Täters an den verfolgenden Staat wurde im Wege der Auslieferung ermöglicht. Unter „Auslieferung" ist die amtliche Übergabe einer Person von einem Staat in die Strafgewalt eines anderen Staates zum Zwecke der Strafverfolgung oder Strafvollstreckung zu verstehen.[45] Derjenige Staat, der die Auslieferung begehrt, wird im klassischen Auslieferungsrecht als der „ersuchende", derjenige, an den sich das Begehren richtet, als der ersuchte Staat bezeichnet.[46]

I. Historischer Überblick

Nach dem Völkerrecht ist grundsätzlich kein Staat verpflichtet, in wie auch immer gearteter Weise für einen anderen Staat tätig zu werden. Eine solche Verpflichtung kann nur durch den Abschluss eines völkerrechtlichen Vertrages entstehen, in dem sich die Staaten zur Auslieferung verpflichten.[47]

II. Bilaterale Auslieferungsverträge zwischen dem bulgarischen und dem deutschen Staat

Wie sich aus den nachfolgenden Ausführungen ergeben wird, ging der Auslieferungsverkehr zwischen Deutschland und Bulgarien im vergangenen Jahrhundert durch viele Höhen und Tiefen. Die Dynamik der diplomatischen Beziehungen zwischen den beiden Ländern bestimmte die Existenz von gegenseitigen Auslieferungsrechten und -pflichten sowie die Intensität des Auslieferungsverkehrs.

---

43 *Vogel* in: Grützner/ Pötz (Hrsg.), Vor § 1 IRG Rz. 116.

44 *Schomburg/ Lagodny*, NJW 2012, S. 348.

45 *Grützner* in: Schlochauer/ Strupp (Hrsg.), S. 115; *Raschhofer* in: Görres-Gesellschaft (Hrsg.), S. 705.

46 *Weigend*, JuS 2000, S. 105.

47 *von Bubnoff*, Auslieferung, S. 10.

1. Der erste deutsch-bulgarische Auslieferungsvertrag

Erstmalig wurde der Auslieferungsverkehr zwischen Deutschland und Bulgarien durch den befristeten Auslieferungsvertrag vom 29.09.1911.[48] geregelt, der am 23.09.1926 außer Kraft trat.[49] Er galt zu seiner Zeit als ein Muster für spätere Vereinbarungen[50] und als eine der wertvollsten Konventionen, die das Deutsche Reich zur damaligen Zeit abgeschlossen hatte[51]. Seinem Inhalt nach schloss sich der Vertrag im Wesentlichen an die übrigen mit mitteleuropäischen Staaten geschlossenen Verträgen des Deutschen Reichs an und hob mehrfach Grundsätze[52] (z. B. beiderseitige Strafbarkeit, Nichtauslieferung eigener Staatsbürger) hervor, die bis zu seiner Entstehung nicht ausdrücklich festgeschrieben waren, sondern vielmehr der Praxis überlassen wurden[53].

2. Auslieferungsverträge nach dem Ersten Weltkrieg

Nach Ablauf des ersten deutsch-bulgarischen Auslieferungsvertrags wurde vereinbart, dass der Auslieferungsverkehr bis zum Abschluss eines neuen Vertrags aufgrund der Gegenseitigkeit erfolgen wird.[54] Die vertragliche Regelung der Rechtshilfebeziehungen zwischen den beiden Ländern wurde durch die damals herrschenden politischen Unruhen erheblich erschwert. Die folgenschwere Niederlage im Ersten Weltkrieg an der Seite Deutschlands führte in Bulgarien zu tiefen Erschütterungen. In der Zwischenkriegszeit lebten beide Länder unter unlösbaren innen- und außenpolitischen Spannungen und betrachteten sich aus der Distanz.[55] Unter der Herrschaft des Zaren Boris III. erstrebte das Land strikte Neutralität gegenüber den Großmächten und wollte sich nach der Katastrophe des Ersten Weltkrieges nicht erneut in eine abenteuerliche und riskante Verbindung mit den Deutschen stürzen.[56] Durch die steigende deutsche Truppenkonzentration wurde das Land mehr oder weniger gezwungen, seine neutrale Haltung abzulegen und trat im März 1941 dem Dreimächtepakt bei.[57] Dies führte zu einer Intensivierung der wirtschaftlichen und rechtlichen Beziehungen zwischen dem NS-Regime und Bulgarien. Dadurch erwuchs das Bedürfnis nach einer Neuordnung der Rechtshilfebeziehungen.[58] Die durch den Schriftwechsel erzielte vorläufige Regelung[59] wurde auf Dauer für nicht

48 RGBl. 1913, S. 487.
49 Vgl. Art. 29 RGBl. 1913, S. 487.
50 *Mettgenberg*, ZStW 1914, S. 27.
51 *Ebd.*, S. 45.
52 *Ebd.*, S. 39.
53 *Ebd.*, S. 27.
54 Schriftwechsel vom 07./08.09.1926, RGBl. 1926 II S. 581.
55 *Hoppe*, S. 35.
56 *Ebd.*, S. 44.
57 *Stüdemann*, S. 270.
58 *Ebd.*
59 Schriftwechsel vom 07./08.09.1926, RGBl. 1926 II S. 581.

ausreichend erachtet, da sich die rechtlichen und wirtschaftlichen Beziehungen „vor allem durch den Einsatz bulgarischer Arbeitskräfte im Reich erheblich verstärkt hätten“[60]. Im Jahre 1943 fanden in Sofia Verhandlungen über den Abschluss eines neuen Auslieferungsvertrags zwischen dem Deutschen Reich und dem Königreich Bulgarien statt. Die „beiderseits in überaus konzilianter und kameradschaftlich-herzlicher Weise gepflogenen Verhandlungen“ führten alsbald zur Festlegung neuer vertraglicher Abmachungen, um den „seit 1926 bestehenden Schwebezustand zu beenden“ und damit dem „dringenden Bedürfnis eines vertraglich geregelten Rechtsverkehrs“ zu entsprechen.[61] Der festgelegte Vertrag wurde jedoch nie umgesetzt, da die militärischen Rückschläge für das Deutsche Reich und der Vormarsch der sowjetischen Truppen auf den Schwarzmeerraum zu einem grundlegenden Kurswechsel Bulgariens führten. Spätestens seit dem 01.06.1944 war die bulgarische Regierung nicht mehr gewillt, an der deutschen Seite zu verbleiben.[62] Der Abbruch der diplomatischen Beziehungen bedeutete auch das Ende der beabsichtigten Zusammenarbeit des NS-Staates mit Bulgarien auf dem Gebiet der Strafverfolgung.[63]

3. *Auslieferungsverkehr vom Kalten Krieg bis zur Wende*

In der Nachkriegszeit traten die unterschiedlichen Ziele und Interessen der Supermächte bei der Neuordnung der Welt hervor und führten zur Teilung Europas in zwei feindliche Machtblöcke mit zugehörigen Militärbündnissen: der NATO und den Staaten des Warschauer Paktes. Zwischen 1948 bis 1989 wurden die Rechtshilfebeziehungen zwischen Deutschland und Bulgarien von der Epoche des Kalten Kriegs[64] geprägt. Bulgarien geriet unter den Einfluss der Sowjetunion und pflegte keine außenpolitischen Beziehungen zur BRD, was zur Folge hatte, dass zwischen den beiden Staaten keine Rechtshilfeverträge geschlossen wurden. Statistischen Daten zufolge wurde zumindest bis 1982 weder ein Auslieferungsersuchen von der BRD an Bulgarien[65] noch umgekehrt gestellt[66], weshalb geschlussfolgert werden kann, dass zwischen den beiden Ländern kein Auslieferungsverkehr stattfand. Dafür werden juristische (das Fehlen von Rechtshilfeverträgen), tatsächliche (kein

60 S. dazu der Bericht über die deutsch-bulgarischen Rechthilfebeziehungen in der DJ 1943, S. 413 ff.

61 *Ebd.*

62 *Hoppe*, S. 165.

63 *Stüdemann*, S. 270.

64 Zusammenfassende Bezeichnung für die nach dem Ende des Zweiten Weltkriegs von ca. 1948 bis 1989/91 andauernde Epoche der weltpolitischen Spannungen zwischen den zwei ideologisch-politisch-militärischen Blöcken der beiden Supermächte (USA und UdSSR) mit ihren jeweiligen Bündnissystemen (NATO und Warschauer Pakt), vgl. *Emeliantseva/ Malz/ Ursprung*, S. 359.

65 *Schultze-Willebrand*, S. 106.

66 *Ebd.*, S. 102.

visafreier Reiseverkehr) und ideologische Gründe (häufiges Nichtvorhandensein der Normidentität) verantwortlich gemacht.[67]

Während die westeuropäischen Staaten unter der Leitung des Europarates Auslieferungsfragen in einem multilateralen Übereinkommen zu regeln verstanden, nämlich dem Europäischen Auslieferungsübereinkommen vom 13.12.1957.[68], bestanden zwischen den osteuropäischen Staaten[69] – darunter auch zwischen der Deutschen Demokratischen Republik und Bulgarien – nur bilaterale Rechtshilfebeziehungen.[70] Alle osteuropäischen Rechtshilfeverträge regelten nicht nur die Rechtshilfe in Strafsachen und darunter besonders die Auslieferung, sondern die Rechtshilfe allgemein, d. h. auch in Zivil- und Familiensachen.[71] Diese Bündelung soll einer der Gründe dafür sein, warum die osteuropäischen Staaten kein einheitliches, multilaterales, strafrechtliches Rechtshilfeabkommen zuwege gebracht hatten. In der Literatur wird jedenfalls mit den Unterschieden in den Zivilrechtsordnungen der einzelnen osteuropäischen Staaten argumentiert.[72]

Die Regelungen der zwei Verträge zwischen der DDR und Bulgarien vom 24.09.1958.[73] und vom 28.06.1979.[74] zeigen einen bemerkenswerten Grad an Integration und Vertrauen in das Strafverfahrensrecht des Vertragspartners[75]. Neben den zwei vorerwähnten Rechtshilfeverträgen wurde zwischen der DDR und Bulgarien eine Kooperationsvereinbarung[76] ausgehandelt, welche die reibungslose und vereinfachte Übergabe von DDR-Flüchtlingen zum Zwecke der Strafverfolgung sicherstellte. In ihrer praktischen Umsetzung erwies sich Bulgarien als bereitwilliger Kooperationspartner[77] für die DDR.

---

67 *Schultze-Willebrand*, S. 101.

68 Europäisches Auslieferungsübereinkommen vom 13.12.1957 (SEV-Nr. 024); BGBl. 1964, Teil I, S. 1369 ff.

69 Gemeint sind Bulgarien, die Tschechoslowakei, die DDR, Polen, Rumänien, die Sowjetunion, Ungarn sowie Jugoslawien.

70 *Schmid*, S. 11, 17 f.

71 *Ebd.*

72 *Ebd.*, S. 18.

73 Vertrag zwischen der DDR und der Volksrepublik Bulgarien über den Rechtshilfeverkehr in Zivil-, Familien- und Strafsachen vom 27.01.1958, GBl. DDR I, 1958, S. 713.

74 Vertrag zwischen der DDR und der Volksrepublik Bulgarien über den Rechtshilfeverkehr in Zivil-, Familien- und Strafsachen vom 12.10.1978, GBl. DDR II, 1979, S. 61.

75 *Schmid*, S. 6.

76 Vereinbarung zwischen dem Leiter der Hauptabteilung Untersuchung des Ministeriums für Staatssicherheit der DDR und dem Leiter der Hauptverwaltung Untersuchung des Ministeriums des Inneren der Volksrepublik Bulgarien in Ausführung des Vertrags zwischen der DDR und Bulgarien über den Rechtshilfeverkehr in Zivil- , Familien- und Strafsachen vom 12.10.1978.

77 *Tanztscher*, S. 72.

III. Multilaterale Übereinkommen zwischen dem bulgarischen Staat und den westlichen Staaten

Nach der Wende wurden die nationalen Interessen Bulgariens neu definiert, und es begann ein reger Demokratisierungsprozess, dessen Endziel die volle Integration in die europäischen und euro-atlantischen politischen, wirtschaftlichen und sicherheitspolitischen Strukturen war.[78] Im Jahre 1992 unterzeichnete Bulgarien die Satzung des Europarates und erklärte sich zu einer Zusammenarbeit mit den anderen europäischen Staaten auf dem Gebiet der Rechtspflege bereit.[79]

Der Auslieferungsverkehr zwischen Bulgarien und den anderen europäischen Staaten einschließlich Deutschlands wurde im Jahre 1994 auf eine Vertragsgrundlage gestellt, indem Bulgarien das Europäische Auslieferungsübereinkommen vom 13.12.1957 mit seinen Zusatzprotokollen ratifizierte[80]. Dabei handelt es sich um ein Übereinkommen des Europarates, das zunächst von den damaligen Europaratsstaaten Belgien, Dänemark, der Bundesrepublik Deutschland, Frankreich, Griechenland, Italien, Luxemburg, Norwegen, Österreich, Schweden und der Türkei unterzeichnet wurde. Das EuAlÜbk mit seinen Zusatzprotokollen[81] trat in Deutschland am 01.01.1977 in Kraft[82] und gilt seitdem als das bedeutsamste Auslieferungsübereinkommen, weil es eine Verpflichtung der Staaten zur Auslieferung untereinander begründet.[83] Da alle späteren Auslieferungsverträge auf dieser in dem EuAlÜbk normierten Auslieferungsverpflichtung basieren, wird sie als Grundlage des Auslieferungsverkehrs (sog. „Mutterkonvention“) betrachtet.[84]

Die Regelungen der EuAlÜbk und dessen Zusatzprotokolle wurden in Art. 435 bis Art. 441 der bgStPO implementiert und bestimmten bis 2006 den Auslieferungsverkehr zwischen Bulgarien und den anderen europäischen Staaten.[85] Neben den Bestimmungen der so genannten „Mutterkonvention“ waren für die Rechtshilfebeziehungen zu Bulgarien die deliktsbezogenen Übereinkommen des Europarats zur

78 *Mintchev*, S. 1.
79 Satzung des Europarates vom 05.05.1949 (SEV-Nr. 001).
80 Europäisches Auslieferungsübereinkommen vom 13.12.1957 (SEV-Nr. 024).
81 Erstes Zusatzprotokoll zum Europäischen Auslieferungsübereinkommen vom 15.10.1975 (SEV-Nr. 086); Zweites Zusatzprotokoll zum Europäischen Auslieferungsübereinkommen vom 17.03.1978 (SEV-Nr. 098, BGBl. 1990, Teil II, S. 118 ff.); Drittes Zusatzprotokoll zum Europäischen Auslieferungsübereinkommen vom 10.11.2010 (SEV-Nr. 209).
82 Europäisches Auslieferungsübereinkommen vom 13.12.1957 (SEV-Nr. 024).
83 *Tinkl*, S. 19.
84 *Ebd.*, S. 20.
85 Conference on Accession to the European Union – Bulgaria (CONF-BG 55/02 ADD 26), S. 2.

Bekämpfung[86] und zur Verhütung[87] des Terrorismus relevant. Diese sollen etwaige bestehende Auslieferungshindernisse bei politisch motivierten Tätern beseitigen.[88] Darüber hinaus ist bei Auslieferungsfragen das Übereinkommen der Vereinten Nationen gegen die grenzüberschreitende, organisierte Kriminalität vom 15.11.2000.[89] mit seinen drei Zusatzprotokollen zu beachten. Im Jahre 2003 wurde zwischen der Regierung der Bundesrepublik Deutschland und der Republik Bulgarien ein Abkommen über die Zusammenarbeit bei der Bekämpfung der organisierten und der schweren Kriminalität[90] getroffen, dessen Vorschriften bei der Auslieferung ebenfalls nicht außer Acht zu lassen waren.[91]

IV. Übereinkommen zwischen den europäischen Mitgliedsstaaten

Innerhalb der Europäischen Union wurden das Übereinkommen über die Auslieferung vom 27.09.1996 (EuAuslÜbk)[92] und das Übereinkommen über das vereinfachte Auslieferungsverfahren (EU-VereinfAuslÜbk)[93] erarbeitet.[94] Diese haben sich zum Ziel gesetzt, den Auslieferungsverkehr zwischen den Mitgliedstaaten entsprechend den Bestimmungen des Vertrags von Maastricht zu erleichtern. Ferner sind zwischen Deutschland und den EU-Mitgliedstaaten, die an den Schengen-Besitzstand gebunden sind, die Spezialregelungen der Art. 59–66 SDÜ zu beachten. Das Schengener Durchführungsübereinkommen vom 19.06.1990, seit 26.03.1995 für die BDR in Kraft, kompensiert den Wegfall der Binnengrenzen.[95]

Die Übereinkommen zum Auslieferungsrecht zwischen den EU-Mitgliedstaaten wurde für Bulgarien mit seiner Aufnahme in die EU zum 01.01.2007 bindend. Durch Aufforderung der Europäischen Kommission wurden noch während der

86 Europäisches Übereinkommen zur Bekämpfung des Terrorismus vom 27.01.1977 (SEV-Nr. 90).

87 Übereinkommen des Europarats zur Verhütung des Terrorismus vom 16.05.2005 (SEV-Nr. 196).

88 Vgl. *Hackner /Schierholt*, Rz. 22a.

89 Übereinkommen der Vereinten Nationen gegen die grenzüberschreitende organisierte Kriminalität vom 15.11.2000, BGBl. 2005, Teil II, S. 954 ff.

90 BGBl. 2005, Teil II, S. 419.

91 *Kutsch*, S. 379.

92 Übereinkommen aufgrund von Artikel K.3 des Vertrags über die Europäische Union über die Auslieferung zwischen den Mitgliedstaaten der Europäischen Union (ABl. 1996 C 313 vom 23.10.1996, S. 11 ff.).

93 Rechtsakt des Rates vom 10.03.1995 zur Errichtung des Übereinkommens über das vereinfachte Auslieferungsverfahren zwischen den Mitgliedstaaten der Europäischen Union (ABl. C 78 vom 30.03.1995, S. 2 ff.).

94 Mangels Ratifizierung in allen Mitgliedstaaten sind diese Übereinkommen nicht in Kraft getreten, vgl. *Ambos*, 4. Aufl., § 12, Rz. 21, *Hecker*, 4. Aufl., § 12, Rz. 15.

95 *von Bubnoff*, EuHB, S. 6.

Beitrittsvorbereitungen Änderungen an der bgStPO vorgenommen[96], welche dem Land den Beitritt zu den auf der Unionsebene relevanten Auslieferungsübereinkommen ermöglichen sollten.[97] Bereits im Jahre 2003 wurde z. B. Art. 440 b in die bgStPO aufgenommen, der ein vereinfachtes Auslieferungsverfahren bei Zustimmung der betroffenen Person vorsah.[98] 2006 trat das Gesetz über die Auslieferung und den Europäischen Haftbefehl (AEuHBG[99]) in Kraft, das unter anderem der Umsetzung der EuAuslÜbk, EU-VereinfAuslÜbk und der Spezialregelungen des SDÜ diente.[100]

V. Die Entscheidung über die Auslieferung

Bei der Entscheidung über die Auslieferung sind die formellen und materiellen Auslieferungsvoraussetzungen zu beachten. Ferner kann die Überstellung der gesuchten Person nur bewilligt werden, wenn keine Auslieferungshindernisse bestehen. Im Folgenden werden die Auslieferungsvoraussetzungen und –hindernisse unter Bezugnahme auf Bulgarien dargestellt. In allen relevanten bilateralen und multilateralen Verträgen, die der bulgarische Staat abschloss, finden sich die in Deutschland bekannten Maximen des Auslieferungsrechts wieder[101]. Wegen der Deckungsgleichheit können die nachfolgenden Ausführungen ohne Weiteres auf Deutschland als ersuchten Staat übertragen werden.

1. Die formell-rechtlichen Voraussetzungen der Auslieferung

In formeller Hinsicht gestaltet sich das Auslieferungsverfahren zweistufig und gliedert sich in ein gerichtliches Zulässigkeitsverfahren und ein Bewilligungsverfahren auf politischer Ebene. In Bulgarien kommt dem Justizminister bei Entscheidungen über Auslieferungsersuchen anderer Staaten zur Strafverfolgung eine entscheidende Rolle zu. Er hat zu überprüfen, ob das Auslieferungsersuchen den formellen Anforderungen gerecht wird und ob damit zu rechnen ist, dass das ersuchende Land in einem umgekehrten Fall die Auslieferung bewilligen würde[102]. Das Ersuchen um Auslieferung, das schriftlich und auf dem diplomatischen Wege zu übermitteln ist, muss von einer Urschrift oder beglaubigten Abschrift des Haftbefehls sowie eine

---

96 KOM (2003) 676 endg., S. 115 sowie CONF-BG 9/01, S. 34.

97 KOM (2003) 676 endg., S. 115; CONF-BG 16/03, S. 60.

98 CONF-BG 6/04 ADD1, S. 64.

99 Закон за екстрадицията и европейската заповед за арест, ДВ, бр. 46 от 03.06.2005, в сила от 29.04.2006 (Gesetz über die Auslieferung und den Europäischen Haftbefehl, Staatsanzeiger Nr. 46 vom 03.06.2005, in Kraft getreten am 29.04.2006).

100 Мотиви към проекта на Закон за екстрадицията и европейската заповед за арест (непубл.) (Gründe für das Gesetz über die Auslieferung und den Europäischen Haftbefehl, nicht veröff.).

101 *Schmid*, S. 20 ff; vgl. auch *Schultze-Willebrandt*, S. 50 ff.

102 *Гиргинов*, 1998, стр. 123 (*Girginov*, 1998, S. 123); *Маринова*, стр. 29 (*Marinova*, S. 29).

Abschrift der anwendbaren Gesetzesbestimmungen begleitet werden.[103] Zusätzlich besteht die Möglichkeit der Anforderung diverser anderer Unterlagen, falls sich die vom ersuchenden Staat übermittelten Unterlagen als unzureichend erweisen. Das klassische Auslieferungsverfahren kann daher schon allein aufgrund der Formerfordernisse durchschnittlich zwischen neun und zehn Monaten dauern.[104] Dabei kann sein Ausgang angesichts der politischen Faktoren, die bei der Entscheidung eine Rolle spielen können, kaum prognostiziert werden. Zusätzliche praktische Schwierigkeiten können etwaige Sprachvorbehalte[105] bereiten, wonach beispielsweise die Anträge auf Auslieferung nur in Bulgarisch sowie in einer der Amtssprachen des Europarates gestellt werden müssen.[106]

2. *Die materiell-rechtlichen Voraussetzungen der Auslieferung*

Die Auslieferung kann nur bewilligt werden, wenn die Auslieferungsvoraussetzungen erfüllt sind und keine Auslieferungshindernisse bestehen.[107] Im Folgenden wird ein Überblick über die entscheidungsrelevanten Faktoren für die Entscheidung über die Auslieferung verschafft. Die nachfolgenden Ausführungen können ohne Weiteres auf Deutschland übertragen werden, weil die Vorschriften der vorgenannten bilateralen Verträge Bulgariens weitgehend den klassischen Auslieferungsabkommen entsprechen.[108] Aus den Prinzipien des Auslieferungsrechts werden die Voraussetzungen abgeleitet, denen ein Überstellungsersuchen entsprechen muss, um bewilligt zu werden.

a) Gegenseitigkeit

Bei dem Gegenseitigkeitsprinzip handelt es sich um eine Handlungs- und Ordnungsmaxime[109], die sich im vertragslosen Auslieferungsverkehr praktisch durchgesetzt hat. Demnach wird der ersuchte Staat einem Ersuchen um Auslieferung nur stattgeben, wenn er im vergleichbaren umgekehrten Fall ebenfalls Rechtshilfe

---

103 Vgl. Art. 12 EuAlÜbk.

104 *Панова*, Адвокатски преглед 7/2008, стр. 3 (*Panova*, Advokatski pregled 7/2008, S. 3).

105 Gemäß Art. 26 EuAlÜbk kann jede Vertragspartei bei der Unterzeichnung dieses Übereinkommens oder der Hinterlegung ihrer Ratifikations- oder Beitrittsurkunde zu einer oder mehreren genau bezeichneten Bestimmungen des Übereinkommens einen Vorbehalt machen.

106 Im Januar 2002 zog Bulgarien auf Empfehlung der Kommission seinen Vorbehalt bezüglich Art. 12 zurück. Seitdem reicht es aus, dass dem Auslieferungsersuchen eine Übersetzung in Bulgarisch beigefügt wird (vgl. Art. 9 Abs. 4 AEuHBG sowie KOM (2002) 700 endg. S. 123).

107 *von Bubnoff*, Auslieferung, S. 55.

108 *Schmid*, S. 20.

109 BGHSt 30, 55, 63.

bei der Strafverfolgung erhalten würde.[110] Im vertraglichen Bereich spielt das Gegenseitigkeitsprinzip nur dann eine Rolle, wenn die Gegenseitigkeit nicht bereits durch die vertragliche Übernahme der Auslieferungsverpflichtung impliziert ist.[111]

b) Beiderseitige Strafbarkeit

Der Grundsatz der beiderseitigen Strafbarkeit ist ein internationales Grundprinzip des Auslieferungsrechts. Demnach wird die Auslieferung des Verfolgten davon abhängig gemacht, ob die dem Auslieferungsersuchen zugrunde liegende Tat auch im ersuchten Staat strafbar ist.[112] Anhand der Auslieferungsunterlagen würde beispielsweise ein bulgarischer Richter prüfen, ob die Handlung nach bulgarischem Strafrecht strafbar ist, bevor er eine Auslieferung an den ersuchenden Staat bewilligt.[113] Dies erfordert die Umstellung eines ausländischen Sachverhalts und seine Subsumierung unter inländische Strafnormen, was in Einzelfällen zu großen Schwierigkeiten bei der Wertung und Auslegung führen kann.[114] Die Auslieferung kann nach dem Erfordernis der beiderseitigen Verfolgbarkeit abgelehnt werden, wenn die Tat, derentwegen das Ersuchen gestellt wurde, in dem ersuchten Staat nicht inkriminiert ist.[115] Das Erfordernis der beiderseitigen Strafbarkeit ist nicht erfüllt, wenn die Tat wegen bestimmter Verfahrenshindernisse wie z. B. Verjährung, Fehlen eines Strafantrags, Begnadigung oder Amnestie nicht verfolgt werden kann.[116]

c) Mindesthöchststrafen

Im Hinblick auf die Funktionsfähigkeit des Rechtshilfeverkehrs wie auch auf den Grundsatz der Verhältnismäßigkeit ist die Rechtshilfe durch bestimmte Mindestsanktionsgrenzen eingeschränkt.[117] Nach Art. 2 Nr. 1 EuAlÜbk (1957) besteht die Auslieferungsverpflichtung nur wegen Handlungen, die sowohl nach dem Recht des ersuchenden als auch nach dem des ersuchten Staates mit einer Freiheitsstrafe im Höchstmaß von mindestens einem Jahr oder mit einer schwereren Strafe bedroht sind. Die in der Mutterkonvention festgelegte Mindesthöchststrafe wurde in die auf der Ebene der EU abgeschlossenen Übereinkommen übernommen.

---

110 *Unger*, S. 37.
111 *von Bubnoff*, EuHB, S. 26.
112 *Hecker*, 4. Aufl., S. 59.
113 Eingehend *Conrad*.
114 *von Bubnoff*, EuHB, S. 27 sowie eingehend *Zeidler*, S. 61 ff.
115 *Weigend*, JuS 2000, S. 107.
116 *von Bubnoff*, Auslieferung, S. 54.
117 *Ebd.*, S. 55.

3. *Auslieferungshindernisse*

Im Auslieferungsverfahren muss neben den Auslieferungsvoraussetzungen geprüft werden, ob der Bewilligung irgendwelche Hindernisse entgegenstehen.[118] Die Auslieferungshindernisse können sich auf die Staatsangehörigkeit und die persönlichen Verhältnisse des Täters, auf die Deliktsart, ihre Verfolgbarkeit und auf das Doppelverfolgungsverbot *ne bis in idem* beziehen.

a) Nicht auslieferungsfähige Handlungen

Anders als beim EuAlÜbk konnte im Verhältnis zwischen der DDR und Bulgarien die Auslieferung wegen politischen, militärischen oder fiskalischen Delikten nicht versagt werden. Gleiches galt bei Wirtschafts- und Steuerverbrechen, die ebenso als auslieferungsfähig behandelt wurden.[119] Die gegenseitig normierte Auslieferungspflicht der Staaten bezog sich also ausnahmslos auf alle Delikte, wobei eine Beschränkung allein durch die Mindesthöchststrafe von einem Jahr geregelt war. Dies wird in der Literatur mit der ideologischen Homogenität der osteuropäischen Staaten und mit ihrem ähnlichen gesellschaftlichen Aufbau begründet. Ein Angriff auf die politischen oder (damit eng verflochtenen) wirtschaftlichen Grundlagen eines sozialistischen Staates wurde als ein Angriff auf den eigenen Staat verstanden[120].

b) Fehlender Tatverdacht

Im klassischen Auslieferungsrecht gilt das so genannte formelle Prüfungsprinzip, nachdem sich die beteiligten Staaten hinsichtlich des Tatvorwurfs grundsätzlich vertrauen und diesen nicht auf den Prüfstand stellen.[121] Ist das Auslieferungsersuchen jedoch offensichtlich missbräuchlich oder liegen besondere Umstände vor, die Verstöße gegen völkerrechtliche Mindeststandards befürchten lassen, wird eine Nachprüfung des Tatverdachts für zulässig gehalten.[122]

c) Grundsatz ne bis in idem

Das Prinzip *ne bis in idem*, das die Doppelbestrafung einer Person wegen derselben Straftat verbietet, ist in dem EuAlÜbk als zwingender Ablehnungsgrund enthalten. Seine Anwendung beschränkt sich auf Fälle, in denen der Verfolgte wegen Handlungen, derentwegen um Auslieferung ersucht wird, von den zuständigen Behörden des ersuchten Staates rechtskräftig abgeurteilt worden ist. Bei ausländischen Verurteilungen, sei es auch solche durch andere Konventionsstaaten, greift das in Art. 9 EuAlÜbk normierte Doppelbestrafungsverbot nicht. Die Auslieferung kann ferner

118 *von Bubnoff*, Auslieferung, S. 55.
119 *Schmid*, S. 30.
120 *Ebd.*
121 *Rohlff*, S. 112, *Schomburg/ Lagodny/ Schallmoser* in: Böse (Hrsg.), § 13, Rz. 97.
122 *von Bubnoff*, Auslieferung, S. 51 ff., *Lagodny* in: Schomburg/ Lagodny/ Gleß/ Hackner (Hrsg.), § 10 Abs. 2 IRG, *Rohlff*, S. 112.

nach Art. 9 S. 2 EuAlÜbk abgelehnt werden, wenn die zuständigen Behörden des ersuchten Staates entschieden haben, wegen derselben Handlung kein Strafverfahren einzuleiten oder ein bereits eingeleitetes Strafverfahren einzustellen.

d) Verjährung

Die Auslieferung kann von dem ersuchten Staat auch dann verweigert werden, wenn nach den Rechtsvorschriften seines nationalen Rechts die Strafverfolgung oder Strafvollstreckung verjährt ist.[123] Dabei kommt es nicht darauf an, ob die Straftat seiner Gerichtsbarkeit unterliegt.

e) Verbot der Auslieferung eigener Staatsbürger

Bei dem Prinzip der Nichtauslieferung eigener Staatsbürger handelt es sich um einen zentralen Auslieferungsgrundsatz des kontinentaleuropäischen[124] Auslieferungsrechts[125], wobei seine Bedeutung und Reichweite von Land zu Land unterschiedlich ist.[126] Historisch gesehen, liegt ihm der Gedanke zugrunde, dass der Heimatstaat seine Bürger zu schützen hat und einer anderen Herrschaftsgewalt nicht übergeben darf. Der Grund dafür war, dass die Staaten kein Vertrauen in die Unparteilichkeit ausländischer Gerichte sowie die Fairness und Angemessenheit der von ihnen angewandten Strafgesetze hatten.[127]

Das Recht auf Nichtauslieferung aus dem eigenen Land ergab sich früher aus den einfachen bulgarischen Gesetzen[128] und erwuchs 1991 durch die Verankerung in der bulgarischen Verfassung in die Position eines Grundrechtes.[129] In den oben

123 Vgl. Art. 10 EuAlÜbk.

124 In internationaler Perspektive lassen sich für die Frage, wie eigene Staatsbürger für Auslandsstaaten zu bestrafen sind, zwei Regelungsmodelle unterscheiden. Die Staaten, die zum angelsächsischen Rechtskreis gehören, erlauben die Auslieferung eigener Staatsbürger. Ihrem Strafanwendungsrecht liegt das Verständnis zugrunde, dass der Täter der strafrechtlichen Verantwortung des Staates zuzuführen ist, wo er die Tat begangen hat. Demnach sind ihre Gerichte nur für Straftaten zuständig, welche unabhängig von der Staatsangehörigkeit des Täters auf dem Territorium des jeweiligen Staates begangen worden sind. Bei Auslandsstaaten müssen sie die Auslieferung ihrer Staatsbürger zulassen, weil sich diese ansonsten komplett der Strafverfolgung entziehen würden. Eingehend dazu *Deen-Racsmány/Blextoon*, European Journal of Crime, Criminal Law & Criminal Justice 2005, S. 318.

125 Eingehend zum Ursprung und Begründung *von Moock*, S. 131 ff.; vgl. auch *Lagodny*, S. 46 sowie *von Bubnoff*, Auslieferung, S. 58.

126 *Pohl*, S. 227. Während das Verbot der Auslieferung eigener Staatsbürger etwa in Deutschland und Österreich Verfassungsrang genießt, ist es in Frankreich nur einfachgesetzlicher Natur (Art. 3 Abs. 1 des französischen Auslieferungsgesetzes), ferner *Rinio*, ZStW 1996, S. 354, 362.

127 *Weigend*, JuS 2000, S. 107.

128 Art. 4 Abs. 2 bgStGB.

129 Art. 25 Abs. 4 der Verfassung der Republik Bulgarien.

genannten bilateralen Vereinbarungen Bulgariens findet sich stets eine spezielle Klausel für eigene Staatsangehörige. Diese lautet etwa dahingehend, dass die Auslieferung nicht erfolgt, wenn die Person, deren Auslieferung verlangt wird, Staatsangehöriger des ersuchten Vertragspartners ist. Den Vorgaben seiner Verfassung folgend, hat Bulgarien von der Vorbehaltsmöglichkeit aus Art. 6 EuAlÜbk Gebrauch gemacht und erklärt, dass es die Auslieferung eigener Staatsbürger ablehnen wird.[130]

f) Grund- und Menschenrechte als Auslieferungshindernisse

Die Frage, ob der Betroffene im Rahmen des Auslieferungsverfahrens geltend machen kann, dass seine Grund- und Menschenrechte, sei es aus der nationalen Verfassung oder EMRK[131] verletzt sind, um damit die Auslieferung zu vermeiden, war höchstumstritten.[132]

In ihren Anfängen wurde die Auslieferung im Verhältnis der hieran beteiligten Staaten als ein völkerrechtlicher Vertrag[133] aufgefasst. Aufgrund der politischen Bewilligungsebene wurden das Auslieferungsersuchen und die Auslieferungsbewilligung als zwei wechselseitig übereinstimmende völkerrechtliche Willenserklärungen betrachtet.[134] Die vertragsschließenden Staaten sahen im Auslieferungsverfahren nur ihre staatlichen Interessen und nicht die des Betroffenen berührt.[135] *Lagodny* spricht aus diesem Grund von einem ursprünglich zweidimensionalen Modell der Auslieferung, bei dem nur die beteiligten Staaten berechtigt und verpflichtet werden, während das Individuum kein Träger eigener Rechte und Pflichten ist.[136]

Nach der Lehre des „international-arbeitsteiligen Strafverfahrens" liegt der klassischen Auslieferung das dreidimensionale Modell zugrunde, in welchem neben den beteiligten Staaten auch dem Betroffenen eine Subjektstellung und damit einhergehend bestimmte Rechte zukommen. Anknüpfend an ein Urteil des BVerfG[137] wird demnach die Auslieferung als „Teil der gegen den Verfolgten durchgeführten

130 Liste der Erklärungen, Vorbehalte und andere Mitteilungen zum Europäischen Auslieferungsübereinkommen vom 13.12.1957 (SEV-Nr. 024).

131 S. unten die *Melloni*-Entscheidung des EuGH.

132 *Lagodny* in: Schomburg/ Lagodny/ Gleß/ Hackner (Hrsg.), § 73 IRG Rz. 1 ff.

133 Grundlegend *Vogler*, Auslieferungsrecht und Grundgesetz, S. 33 ff., *von Bubnoff*, Auslieferung, Verfolgungsübernahme, Vollstreckungshilfe, S. 10.

134 *Vogler*, Auslieferungsrecht und Grundgesetz, S. 34 sowie *von Bubnoff*, Auslieferung, S. 10

135 *Tinkl*, S. 33

136 Die Rechtspflegetheorie betrachtet die Auslieferung als ein Akt der Strafrechtspflege des ersuchten Staates und behandelt das Auslieferungsverfahren als Teil des Strafverfahrensrechts, zusammengefasst und zitiert bei *Vogler*, S. 27, *Popp*, Rz. 16. Die Rechtshilfetheorie begreift sie als Unterstützung der fremden, nicht eigenen Strafverfolgung und unterstellt das Rechtshilfeverfahren der Pflege der äußeren Beziehungen, vgl. *Popp*, Rz. 16.

137 BVerfGE 61, 28, 34.

Strafverfolgung insgesamt“[138] verstanden. Dieses Verständnis bringt zum Ausdruck, dass es um bewusstes und gewolltes Zusammenwirken mehrerer Strafgewalten geht und dass deshalb auch die Zurechnung von grundrechtlichen Verantwortlichkeiten erforderlich ist. Der zentrale Ansatz der Dogmatik des international-arbeitsteiligen Strafverfahrens sorgt dafür, dass das Individuum als Rechtssubjekt behandelt wird. Die internationale Arbeitsteilung darf danach weder zur Erschwerung einer fairen und rechtsstaatlichen Strafverfolgung noch zu einer Reduktion von Rechten des Beschuldigten führen, die dieser nach dem Recht eines der beteiligten Staaten hat und die seine Rechtsstellung und insbesondere seine gegenwärtige oder künftige Verteidigung – sei es im ersuchenden oder im ersuchten Staat tangieren können (Benachteiligungsverbot).[139] Spätestens seit der Entscheidung *Soering*[140] ist im Bereich des herkömmlichen Auslieferungsrechts allgemein anerkannt[141], dass dem Betroffenen die in der EMRK garantierten Rechte zukommen.[142] Im materiellen Auslieferungsrecht geht es „nur“ noch um das Maß der Grundrechtsgeltung.[143] Jedenfalls kann an dieser Stelle festgehalten werden, dass der Betroffene im Bereich des klassischen Auslieferungsrechts eigene Grund- und Menschenrechte als Auslieferungshindernis geltend machen kann.[144]

Ergebnis

Die Durchsetzung des Strafanspruchs gegen eine Person, die sich nach Tatbegehung ins Ausland abgesetzt hat, war vor Einführung des EuHB eine Sache des ersuchenden Staates. Nach dem Völkerrecht musste kein europäischer Staat einen anderen Staat bei der Strafverfolgung unterstützen. Die Entscheidung über die Auslieferung einer sich auf dem Territorium des ersuchten Staates befindlichen Person war in doppelter Hinsicht eine politische Entscheidung. Zum einen war die Entscheidung, ob überhaupt eine Auslieferungsverpflichtung begründet wird, dem allgemeinen politischen Prozess überlassen. Der historische Überblick über die Rechtshilfebeziehungen zwischen Deutschland und Bulgarien hat gezeigt, dass das Bestehen auslieferungsrechtlicher Verpflichtungen von der jeweiligen Konjunktur abhing. Mal gab es musterhafte Beziehungen zwischen den beiden Ländern, mal war der Auslieferungsverkehr auf Eis gelegt. Zum anderen wurde die Entscheidung über die Auslieferung nicht alleine von einer Justizbehörde nach rechtlichen Gesichtspunkten getroffen, sondern lag in der Hand der Regierung, die diplomatische Erwägungen heranziehen konnte. Die formellen Anforderungen, darunter auch die Form

---

138 BVerfGE, 61, 28, 34.
139 *Schomburg/ Lagodny/ Schallmoser* in: Böse (Hrsg.), § 13 Rz. 516.
140 EGMR, Urteil vom 07.07.1989, Nr. 14038/88 (*Soering/ Vereinigtes Königreich*), ausführlich Teil 3, B. III. 2.
141 *Lagodny* in: Schomburg/ Lagodny/ Gleß/ Hackner (Hrsg.), § 73 Rz. 6a.
142 *Ebd.*, § 73 Rz. 47 m.w.N.
143 *Ebd.*, § 73 Rz. 6 a.
144 Ausführlich hierzu *ebd.*, Rz. 6a ff.

und der Inhalt des entsprechenden Ersuchens, haben den Auslieferungsverkehr nicht nur verzögert, sondern unabsehbar gemacht. Was die Entscheidung über die Auslieferung auf justizieller Ebene betrifft, wurde festgestellt, dass neben den allgemeinen Auslieferungsprinzipien eine Reihe an Auslieferungshindernissen bestehen, die der effektiven Strafverfolgung im Wege stehen. Im Wesentlichen handelt es sich dabei um das Erfordernis der beiderseitigen Strafbarkeit, das neben den Staatsinteressen zu dienen bestimmt ist, eine ganze Palette an Ausweichmöglichkeiten für den Betroffenen[145] liefert. Dies mag zwar die Position des Individuums begünstigen, steht aber der Effektivität des Auslieferungsverfahrens entgegen.[146] Durch die Anwendung der beiderseitigen Strafbarkeit wird dem Täter ermöglicht, sich dem Strafverfahren in dem ersuchenden Staat zu entziehen, indem er nach Tatbegehung in einen Staat flieht, der sein Verhalten nicht unter Strafe stellt. Ferner ist das Verbot der Auslieferung eigener Staatsbürger hervorzuheben, das sich zweifelsohne extrem positiv auf die Position des Betroffenen auswirken kann. Trotz bestehender Auslieferungsverträge zwischen Bulgarien und Deutschland konnte sich ein bulgarischer Staatsbürger durch Zuflucht in seine Heimat dem deutschen Strafverfahren entziehen. Durch das EuAlÜbk wurde die Auslieferung eigener Staatsbürger theoretisch ermöglicht, konnte aber praktisch durch eine Erklärung ausgeschlossen werden. Somit konnte ein Mitgliedstaat bis zur Einführung des EuHB die Auslieferung seiner Staatsbürger zur Strafverfolgung in einem anderen Mitgliedstaat verweigern. Die Auslieferungsverpflichtung beschränkte sich auf den Personenkreis der ausländischen Staatsbürger. Ferner wurde festgestellt, dass es dem Betroffenen im Bereich der klassischen Auslieferung möglich war, eigene Rechte als Auslieferungshindernisse geltend zu machen. Dadurch wird der Kreis der überstellungsfähigen Personen theoretisch noch enger gezogen, denn Staatsangehörige des ersuchten Staates werden bereits aufgrund des Nichtauslieferungsverbots von der Auslieferung verschont. Hält sich ein Betroffener nach Tatbegehung in dem ersuchten Staat auf, ohne seine Nationalität zu besitzen, kann er die Auslieferung etwa dadurch verhindern, dass er behauptet, dass seine Menschenrechte im verfolgenden Staat verletzt worden wären. Insgesamt erscheint das klassische Auslieferungsverfahren, was die effektive Strafverfolgung betrifft, ziemlich unzuverlässig. Im Hinblick auf den Schutz des Betroffenen kann festgehalten werden, dass dieser zumindest auf den ersten Blick gewährleistet scheint.

B. Der Europäische Haftbefehl

Die Langwierigkeit der klassischen Rechtshilfe und die daraus folgende Ineffizienz der grenzüberschreitenden Strafverfolgung wurden in Wissenschaft und Praxis

---

145 *Satzger*, 6. Aufl., § 10 Rz. 28; *Rohlff*, S. 84.

146 Zur Kritik am Prinzip der beiderseitigen Strafbarkeit s. *Lagodny* in: Schomburg/ Lagodny/ Gleß/ Hackner (Hrsg.), § 3 IRG Rz. 2; *Vogel*, JZ 2001, S. 942.

oft kritisiert.[147] Aufgrund der Fülle von Regelungen und Ausnahmetatbeständen[148] konnte das klassische Auslieferungsrecht nicht mehr lange den Anforderungen des einheitlichen, europäischen Raums gerecht werden.[149] Durch die Öffnung der Binnengrenzen und den Aufbau des Binnenmarktes in der EU wurde das kriminelle Einzugsgebiet vergrößert. Das Bedürfnis der Mitgliedstaaten an gemeinsamen Maßnahmen zur Bewältigung der grenzüberschreitenden Kriminalität stieg.

Der EuHB stellt eine der wichtigsten Maßnahmen zur Bekämpfung der grenzüberschreitenden Kriminalität im Bereich der justiziellen Zusammenarbeit in Strafsachen dar und markiert eine neue Etappe im Bereich des europäischen Auslieferungsrechts.[150]

I. Ziel

Der EuHB dient in erster Linie der Beschleunigung und Erleichterung der Übergabe zwischen den Mitgliedstaaten von verurteilten und verdächtigen Personen zwischen den Mitgliedstaaten zum Zwecke der Strafvollstreckung und Strafverfolgung.[151] Der Rb-EuHB soll in den Beziehungen zwischen den Mitgliedstaaten alle früheren Instrumente bezüglich der Auslieferung durch ein vereinfachtes, europäisches System der Personenübergabe ersetzen.[152]

Das Ziel des neuen Instrumentariums besteht insbesondere darin, die dem klassischen Auslieferungsverkehr innewohnenden Komplexität und Verzögerungsrisiken zu beseitigen.[153] Die Intention des Gesetzgebers zur Neuordnung des Auslieferungsrechts zeigt sich bereits in der völlig neuen Wortwahl.[154] Während bei der traditionellen Auslieferung von einem Ersuchen die Rede ist, stellt nach dem Rb-EuHB eine Behörde „des Ausstellungsstaates" einen Haftbefehl aus, der vom dem „Vollstreckungsstaat" ausgeführt wird. Der Akt der Überstellung der gesuchten Person wird anstatt „Auslieferung" als „Übergabe" bezeichnet. In der Terminologie kommt das gesetzgeberische Bestreben zum Ausdruck, der Rechtshilfeverkehr innerhalb der

---

147 *Satzger* in: Streinz (Hrsg.), Art. 82 Rz. 43.; *Nehm*, DRiZ 2000, S. 355 f.

148 Vgl. *Nehm*, DRiZ 1996, S. 43; *Schübel*, NstZ 1997, S. 105.

149 KOM (2001) 522 endg., S. 2.

150 *von Bubnoff*, ZEuS 2002, S. 223, *Vogel*, JZ 2001, S. 937

151 S. Erwägungsgründe 5 und 7 zum Rb-EuHB, vgl. EuGH, Urteil vom 03.05.2007, Rs. C-303/05 (*Advocaten voor de Wereld*), Slg. 2007, I-3633, Rz. 28; EuGH, Urteil vom 17.07.2008, Rs. C-66/08 (*Kozlowski*), Slg. 2008, I-6041, Rz. 31 und 43; EuGH, Urteil vom 06.10.2009, Rs. C-123/08 (*Wolzenburg*), Slg. 2009, I-9621, Rz. 56 sowie EuGH, Urteil vom 16.11.2010, Rs. C-261/09 (*Mantello*), Slg. 2010, I-11477, Rz. 35.

152 S. Erwägungsgründe 5, 7, 11 zum Rb-EuHB in EuGH, Urteil vom 03.05.2007, Rs. C-303/05 (*Advocaten voor de Wereld*), Slg. 2007, I-3633, Rz. 28; EuGH, Urteil vom 17.07.2008, Rs. C-66/08 (*Kozlowski*), Slg. 2008, I-6041, Rz. 31 und 43; EuGH, Urteil vom 06.10.2009, Rs. C-123/08 (*Wolzenburg*), Slg. 2009, I-9621, Rz. 56 sowie EuGH, Urteil vom 16.11.2010, Rs. C-261/09 (*Mantello*), Slg. 2010, I-11477, Rz. 35.

153 *Ebd.*

154 *Rohlff*, S. 4; *Wehnert*, StraFO 2003, 356 ff.

EU ähnlich wie in einem Bundesstaat abzuwickeln.[155] Dem EuHB kommt außerdem die ehrgeizige Aufgabe zu, den Weg zu einer engeren, justiziellen Zusammenarbeit zwischen den Mitgliedstaaten zu ebnen. Konkret bedeutet das, dass der EuHB dazu beitragen soll, dass sich die Union zu einem einheitlichen Raum der Freiheit, der Sicherheit und des Rechts entwickelt.[156] Durch die Maßnahme sollen die bis dahin von klassischer Kooperation geprägten Beziehungen zwischen den Mitgliedstaaten durch ein System des freien Verkehrs strafrechtlicher justizieller Entscheidungen ersetzt werden.[157] Dementsprechend sieht der Rb-EuHB nur ein einstufiges Verfahren vor, an dem grundsätzlich Justizbehörden beteiligt sind. Eine administrative und politische Entscheidung, wie sie der traditionelle Auslieferungsverkehr als zweite Stufe kennt, ist nicht mehr vorgesehen.[158] Ferner trägt der EuHB der Unionsbürgerschaft Rechnung und kann grundsätzlich anders als die Auslieferung gegen eigene Staatsbürger eingesetzt werden.[159]

Es kann zusammengefasst werden, dass der EuHB in erster Linie der Effektivierung der grenzüberschreitenden Strafverfolgung zu dienen bestimmt ist. Gleichzeitig soll der Rechtsakt nach der gesetzgeberischen Intention „der Besorgnis der europäischen Bürger im Zusammenhang mit der Wahrung der Rechte des Einzelnen Rechnung tragen“[160]. Die Frage, inwieweit der EuHB diesem Ziel gerecht wird, ist Gegenstand einer kontroversen Diskussion und wird später überprüft.[161]

II. Rechtsnatur

Der EuHB ist in Art. 1 Abs. 1 Rb-EuHB legal definiert. Aus der Regelung kann entnommen werden, dass der EuHB eine justizielle Entscheidung darstellt, die in einem Mitgliedstaat ergangen ist und die Festnahme und Übergabe einer gesuchten Person durch einen anderen Mitgliedstaat zur Strafverfolgung bezweckt.[162] Die Realisierung seiner Wirkungen erfolgt regelmäßig in einem anderen Mitgliedstaat als dem Ausstellungsstaat. Die Bezeichnung des EuHB könnte auf den ersten Blick zur Annahme verleiten, dass es sich dabei um einen nationalen Haftbefehl handelt, der europaweit vollzogen wird. Das ist nicht der Fall. Der EuHB selbst enthält keine schriftliche Anordnung eines staatlichen Organs etwa dahingehend, dass einer Person für einen gewissen Zeitraum die persönliche Freiheit zu entziehen ist.[163] Der

155 *von Bubnoff*, ZEuS 2002, S. 223; *Böse* in: Momsen/ Bloy/ Rackow (Hrsg.), S. 241.
156 EuGH, Urteil vom 29.01.2013, Rs. C-396/11 (*Radu*), noch nicht in der amtl. Slg. veröff., Rz. 34 und EuGH, Urteil vom 26.02.2013, Rs. C-399/11 (*Melloni*), noch nicht in der amtl. Slg. veröff., Rz. 37.
157 Erwägungsgrund 5 zum Rb-EuHB.
158 KOM (2001) 522 endg., S. 6.
159 *Ebd.*
160 *Ebd.*, S.4
161 Vgl. Teil 2, Kap. B und Teil 3.
162 Vgl. Art. 1 Abs. 1 Rb-EuHB.
163 Zum Begriff des Haftbefehls s. §§ 112 ff. StPO, § 230 StPO, § 457 StPO.

EuHB ergeht vielmehr im Anschluss an eine nationale Haftentscheidung[164] bzw. setzt eine solche voraus[165]. Er zielt jedoch nicht auf die Begründung der Haft ab, sondern auf die unionsweite Ausrichtung einer nationalen, mitgliedstaatlichen Haftentscheidung mit dem Zweck der Personenübergabe an den erlassenden Staat.[166] Folglich stellt der EuHB kein Haftbefehl im klassischen Sinne dar.[167]

Im Kontext der grenzüberschreitenden Strafverfolgung innerhalb der EU kommen dem EuHB vielfältige Wirkungen zu[168], die mit denjenigen eines nationalen Haftbefehls nicht deckungsgleich sind. In der Literatur wird der EuHB überwiegend als Fahndungs-, Festnahme- und Übergabeersuchen qualifiziert.[169] Für diese Qualifizierung spricht die Begründung der Kommission[170] sowie die Rechtswirkungen des EuHB[171]. Der EuHB setzt ein Entscheidungsverfahren bezüglich der Übergabe in Gang.

III. Der Rb-EuHB als Rechtsgrundlage des EuHB

Die Rechtsgrundlage des EuHB bildet der Rahmenbeschluss des Rates über den Europäischen Haftbefehl und die Übergabeverfahren zwischen den Mitgliedstaaten vom 13.06.2002.[172]. Für die Verwirklichung des gemeinsamen Vorgehens bezüglich des EuHB kamen vor dem Inkrafttreten des Lissaboner Vertrags der Rahmenbeschluss und das Übereinkommen als Rechtsakte in Erwägung.[173] Der Erfolg der zahlreichen Konventionen, die im Rahmen des Europarats, der europäischen politischen Zusammenarbeit oder auch der EU ausgearbeitet wurden, war eher begrenzt.[174] Die Rahmenbeschlüsse waren die rechtlich stärkste Handlungsform[175] der früheren intergouvernemental ausgestalteten 3. Säule der EU. Deshalb hat man sich im Zusammenhang mit der Schaffung des EuHB für einen Rahmenbeschluss als die effizientere Form entschieden.[176]

---

164 *Hecker*, 4. Aufl., § 12, Rz. 48, *Jekewitz*, GA 2005, S. 628; *Hackner* in: Schomburg/ Lagodny/ Gleß/ Hackner (Hrsg.), vor § 78, Rz. 3 ff., *Inhofer* in: Graf (Hrsg.), Art. 1, Rz. 7.

165 Vgl. Art. 8 Rb-EuHB.

166 *von Bubnoff*, EuHB, S. 54, *Seitz*, NStZ 2004, S. 546.

167 *von Bubnoff*, EuHB, S. 54; *Schork*, S. 205.

168 In Anlehnung an *Andreou*, S. 178 f.

169 *von Bubnoff*, ZEuS 2002, S. 224 f., *Böhm*, NJW 2006, S. 2593, *Unger*, S. 77, *Andreou*, S. 177.

170 KOM (2001) 522 endg., S. 32.

171 Vgl. *Unger*, S. 77, *Andreou*, S. 179.

172 Rahmenbeschluss 2002/584/JI des Rates vom 13.6.2002 (ABl. L 190 vom 18.7.2002, S. 1 ff.), in der Fassung des Änderungsbeschlusses 2009/299/JI des Rates vom 26.2.2009 (ABl. L 81 vom 27.3.2009, S. 24 ff.).

173 Vgl. Art. 34 Abs. 2 EU a.F.

174 S. oben Kap. A. IV.

175 *Schönberger*, ZaöRV 2007, S. 1116, *Hecker*, 4. Aufl., § 10, Rz. 77.

176 KOM (2001) 522 endg., *Suelmann*, HFR 2009, S. 125.

1. Entstehung des Rb-EuHB

Die Einführung des EuHB wurde wenige Monate nach den Terroranschlägen vom 11.09.2001 auf Vorschlag der Kommission[177] beschlossen.[178] Das durch die Maßnahme unmittelbar verfolgte Ziel bestand darin, zu verhindern, dass die Verbrecher, die für die Terrorakte verantwortlich waren, irgendwo Unterschlupf finden.[179] Dem Projekt des EuHB gingen umfangreiche Überlegungen und Vorarbeiten im Rahmen der Entwicklung der europäischen Zusammenarbeit in Strafsachen voraus, so dass teilweise vermutet wird, dass der Entwurf des Rahmenbeschlusses zum Zeitpunkt der Terrorakte weitgehend fertig gestellt war.[180]

Die Forderungen nach einer Vereinheitlichung des Rechtshilfeverfahrens wurden zuerst durch das Schengener Informationssystem (SIS) umgesetzt. Im Vergleich zu dem EuAlÜbk[181] stellten die Regelungen des Schengener Durchführungsübereinkommens[182] jedoch keine Neuerung dar.[183] Für die Zulässigkeitsentscheidung galten weiterhin die herkömmlichen Regeln des Auslieferungsrechts. Mit dem SIS wurde lediglich der Informationsfluss zwischen den Mitgliedstaaten über Personen, die zur Fahndung ausgeschrieben sind, vereinfacht.[184]

Durch den Vertrag von Maastricht[185] wurde die europäische Integration auf die Zusammenarbeit in Strafsachen[186] ausgedehnt. Art. 31 lit. b) EUV bestimmte für das gemeinsame Vorgehen im Bereich der Strafsachen, dass die Auslieferung zwischen den Mitgliedstaaten erleichtert werden soll. Daraus ergab sich „als dynamischer Auftrag“[187] an die Mitgliedstaaten die Aufforderung, über die bestehenden

177 KOM (2001) 522 endg.

178 *Unger*, S. 60.

179 Gemeinsame Erklärung der Staats- und Regierungschefs der Europäischen Union, der Präsidentin des Europäischen Parlaments, des Präsidenten der Europäischen Kommission und des Hohen Vertreters der Außen- und Sicherheitspolitik vom 14.09.2001 (http://www.documentarchiv.de/in/2001/erkl_eu_0914.html; Stand: 16.09.2015).

180 Eingehend zur Entstehungsgeschichte: *Unger*, S. 60 ff., *Rohlff*, S. 17 ff.

181 Europäisches Auslieferungsübereinkommen vom 13.12.1957 (SEV-Nr. 024); BGBl. 1964, Teil I, S. 1369 ff.

182 Übereinkommen zur Durchführung des Übereinkommens von Schengen vom 14.06.1985 zwischen den Regierungen der Staaten der Benelux-Wirtschaftsunion, der Bundesrepublik Deutschland und der Französischen Republik betreffend den schrittweisen Abbau der Kontrollen an den gemeinsamen Grenzen vom 19.06.1990 (Schengener Durchführungsabkommen), ABl. L 239 vom 22.09.2009, S. 19 ff.

183 KOM (2001) 522 endg., S. 2.

184 *Scheuermann*, S. 88.

185 Vertrag über die Europäische Union vom 07.02.1992 (ABl. C 191 vom 29.07.1992, S. 1).

186 Art. K1 (7) EUV.

187 *Freund*, S. 177

Kooperationsformen hinausgehende Formen der Zusammenarbeit zu schaffen.[188] Als Umsetzung dieser Vorgabe wurden das EU-VereinfÜbk[189] und das EuAuslÜbk[190] beschlossen, durch welche das gemeinsame Interesse der Mitgliedstaaten an einem raschen und effizienten Auslieferungsverkehr zum Ausdruck kommt.[191] Mit dem EU-VereinfÜbk sollte zwischen den Mitgliedstaaten ein vereinfachtes Auslieferungsverfahren bei Zustimmung der gesuchten Person eingeführt werden. Mit dem EuAuslÜbk wird die Frage nach der Abschaffung des Nichtauslieferungsverbots für eigene Staatsbürger[192] aufgeworfen. Mangels Ratifizierung in allen Mitgliedstaaten sind beide Übereinkommen nicht in Kraft getreten.[193] Die Arbeiten an den Übereinkommen führten aber dazu, dass Prinzipien des klassischen Auslieferungsrechts auf Ebene der EU diskutiert und hinterfragt wurden.

Die polizeiliche und justizielle Zusammenarbeit in Strafsachen wurde durch den Amsterdamer Vertrag[194] in die Säulenstruktur der Union eingefügt.[195] Der Vertrag von Amsterdam hatte einen neuen Titel IV geschaffen, der einen schrittweisen Aufbau eines Raumes der Freiheit, der Sicherheit und des Rechts ermöglichen soll. Hauptsächlich ging es um die rechtlichen Grundlagen für eine effektive Strafverfolgung in Fällen, bei denen sich der Täter in einen anderen Mitgliedstaat absetzt.[196] Bereiche, die bislang aufgrund des Souveränitätsgedankens als Kernbereich staatlicher Souveränität verstanden wurden und unter die traditionelle Rechtshilfe fielen, wurden in dem Vertrag von Amsterdam unter dem Aspekt der Erhaltung und Entwicklung der Union als Raum der Freiheit, Sicherheit und des Rechts neu geregelt. In Art. 29 Abs. 2, S. 2, 2. Spiegelstrich EUV i. V. m. Art 31 b EUV wurde „die Erleichterung der Auslieferung zwischen den Mitgliedstaaten“ ausdrücklich

188 *Hecker*, 4. Aufl., § 12 Rz. 5.

189 Rechtsakt des Rates vom 10.03.1995 zur Errichtung des Übereinkommens über das vereinfachte Auslieferungsverfahren zwischen den Mitgliedstaaten der Europäischen Union (ABl. C 78 vom 30.3.1995, S. 2 ff.)

190 Vgl. Rechtsakt des Rates vom 27.09.1996 über die Ausarbeitung des Übereinkommens über die Auslieferung zw. den Mitgliedstaaten der Europäischen Union (ABl. Nr. C 313 vom 23.10.1996 S. 11 ff.).

191 Vgl. Rechtsakt des Rates vom 27.09.1996 über die Ausarbeitung des Übereinkommens über die Auslieferung zw. den Mitgliedstaaten der Europäischen Union (ABl. Nr. C 313 vom 23.10.1996 S. 11 ff.).

192 S. Art. 7 EuAÜbk.

193 *Ambos*, 4. Aufl., § 12 Rz. 21; *Hecker*, 2. Aufl., § 12 Rz. 17; zum Stand der Umsetzung vgl. *Schomburg/ Lagodny/ Gleß/ Hackner*, III. Aa, Kurzübersicht, Rz. 8 (zum EU-AÜbk) und III Ac., Übersicht, Rz. 25 (zum EU-VereinfÜbk).

194 Vertrag von Amsterdam zur Änderung des Vertrags über die Europäische Union, der Verträge zur Gründung der Europäischen Gemeinschaften sowie einiger damit zusammenhängender Rechtsakte vom 02.10.1997 (ABl. Nr. C 340, S. 1).

195 *Weiß/ Satzger* in: Streinz (Hrsg.), Art. 67, Rz. 2., *Suhr* in: Calliess/ Ruffert (Hrsg.), Art. 67, Rz. 13.

196 Näher zu den Auswirkungen der Anschläge vom 11.09.2001 bei *Schmahl*, ZAR 2004, 217 ff.

als ein Instrument der justiziellen Zusammenarbeit erfasst.[197] Politische Grundlage der Schaffung eines einheitlichen europäischen Rechtsraums für Auslieferungen[198] waren zunächst die Schlussfolgerungen des Europäischen Rates von Tampere[199] vom Oktober 1999. Danach sollten im Verhältnis der Mitgliedstaaten untereinander die förmlichen Verfahren zur Auslieferung von Personen, die der Begehung einer Straftat verdächtig sind, beschleunigt werden.[200] Auf Ersuchen des Europäischen Rates[201] führte die Kommission drei Studien für eine beschleunigte Auslieferung durch.[202] In diesem Zusammenhang sollte auf Empfehlung des Rates auch geprüft werden, ob langfristig ein einheitlicher europäischer Rechtsraum für Auslieferungen geschaffen werden kann.[203]

Die Terroranschläge vom 11.09.2001 haben die Einführung des Rb-EuHB wesentlich beschleunigt.[204] Die Staats- und Regierungschefs erklärten unmittelbar danach ihren Willen, einen Haft- und Auslieferungsbefehl nach Maßgabe der Schlussfolgerungen von Tampere[205] zu schaffen.

2. Bindungswirkung des Rb-EuHB für die Mitgliedstaaten

Der Rb-EuHB hätte von allen Staaten, die zum Zeitpunkt seines Inkrafttretens bereits der EU angehörten, bis zum 31.12.2003 in nationales Recht umgesetzt werden sollen.[206] Die später beitretenden Staaten waren bzw. sind zur Übernahme des gesamten gemeinschaftlichen Besitzstandes einschließlich des prominenten Rb-EuHB verpflichtet. Inzwischen haben alle Mitgliedstaaten, wenn auch mit erheblichen Verzögerungen, durch entsprechende Verfassungsänderungen bzw. den Erlass von neuen Umsetzungsgesetzen die Anwendbarkeit des Rb-EuHB sichergestellt.[207] Während der Amsterdamer Vertrag kein Sanktionsinstrumentarium für den Fall der

---

197 *Rohlff*, S. 18.
198 Schlussfolgerungen des Vorsitzes, Europäischer Rat (Tampere), 15. u. 16.10.1999 (SN 200/99) – Empfehlung Nr. 38.
199 *Vogel* in: Grützner / Pötz (Hrsg.), vor § 1 Rz. 10.
200 Schlussfolgerungen des Vorsitzes, Europäischer Rat (Tampere), 15. u. 16.10.1999 (SN 200/99) – Schlussfolgerung Nr. 35.
201 *Ebd.*
202 KOM (2001) 278 endg., S. 19 im Anschluss an die vorherigen Mitteilungen vom 13.4.2000 (KOM (2000) 176 endg.) und vom 30.11.2000 (KOM (2000) 782 endg.).
203 Prävention und Bekämpfung der organisierten Kriminalität – Eine Strategie der Europäischen Union für den Beginn des neuen Jahrtausends (ABl. C 124 vom 03.05.2000) – Empfehlung 28.
204 *Rohlff*, S. 3.
205 Schlussfolgerungen des Vorsitzes, Europäischer Rat (Tampere), 15. u. 16.10.1999 (SN 200/99).
206 Vgl. Art. 34 Abs. 1 Rb-EuHB.
207 KOM (2007) 407 endg., S. 10.

Nichtumsetzung von Rahmenbeschlüssen vorsah[208], kann die Kommission nunmehr[209] nach Art. 258 AEUV ein Vertragsverletzungsverfahren einleiten.

3. *Unionsrechtskonforme Auslegung des Rb-EuHB nach der* Pupino-*Entscheidung*

Gemäß Art. 34 Abs. 2 Satz 2 *lit.* b EU a.F. sind Rahmenbeschlüsse für die Mitgliedstaaten hinsichtlich des zu erreichenden Ziels verbindlich, überlassen jedoch den innerstaatlichen Stellen die Wahl der Form und der Mittel. Der Rahmenbeschluss ist regelungstechnisch der bereits aus dem Gemeinschaftsrecht bekannten Handlungsform der Richtlinie nachgebildet worden.[210] Im Unterschied zur Richtlinie ist der Rahmenbeschluss nicht geeignet (auch nicht nach Ablauf der Umsetzungsfrist), zugunsten des Einzelnen unmittelbare Wirkung zu entfalten[211].

Bei der Bestimmung der Wirkung von Rahmenbeschlüssen ließen sich zwei Grundpositionen unterscheiden.[212] Nach einer Auffassung kam dem Rahmenbeschluss aufgrund seines völkerrechtlichen Charakters nicht der das Gemeinschaftsrecht kennzeichnende Anwendungsvorrang zu.[213] Die Gegenauffassung unterstrich konkret die Gemeinsamkeiten mit der Richtlinie und generell die Parallelen zum supranationalen Gemeinschaftsrecht und grenzte den Rahmenbeschluss gegenüber dem herkömmlichen Völkerrecht ab.[214] In seiner wegweisenden Entscheidung *Pupino* glich der EuGH die Funktion von Rahmenbeschlüssen weitgehend denjenigen Richtlinien an, indem er eine über das Postulat völkerrechtsfreundliche Auslegung hinausgehende, unmittelbar auf Unionsrecht beruhende Pflicht zur rahmenbeschlusskonformen Auslegung statuierte.[215] Laut EuGH haben Rahmenbeschlüsse insofern „zwingenden Charakter", als sie für die Mitgliedstaaten hinsichtlich des zu erreichenden Ziels verbindlich sind. Aus diesem zwingenden Charakter erwächst für die nationalen Gerichte – trotz der explizit ausgeschlossenen unmittelbaren

208 *Schönberger*, ZaöRV 2007, S. 1116.

209 Art. 10 Abs. 2 und Abs. 3 des Protokolls Nr. 36 über Übergangsbestimmungen vom 19.10.2009 sieht eine Übergangsfrist von fünf Jahren vor, die am 01.12.2014 abgelaufen ist.

210 *Fletcher*, S. 864; *Schönberger*, ZaöRV 2007, S. 1107; *Schroeder*, S. 349; *Lorenzmeier*, ZIS 2006, S. 576.

211 Vgl. Art. 34 Abs. 2 S. 2 lit b S. 3 EUV a.F.

212 Zum Stand der Diskussion vor der Entscheidung des EuGH vom 16.6.2005 in der Sache *Pupino* (C-105/03, Slg. 2005, I-5285) s. *Wasmeier* in: von der Groeben/ Schwarze (Hrsg.), Art. 34 EUV, Rz. 10 ff., vertieft *Schönberger*, ZaöRV 2007, S. 1118 ff.

213 *Pohl*, S. 40 ff.

214 *Suhr* in: Calliess/ Ruffert (Hrsg.), Art. 34 Rz. 13 ff., vertiefend *Schönberger*, ZaöRV 2007, S. 1120 ff.

215 *Satzger*, 3. Aufl., § 8, Rz. 123; *Hecker*, 3. Aufl., § 10 Rz. 77 ff.

Wirkung von Rahmenbeschlüssen[216] – eine Verpflichtung zur rahmenbeschlusskonformen Auslegung des nationalen Rechts.[217]

Durch den Lissabon-Vertrag wird die polizeiliche und justizielle Zusammenarbeit in Strafsachen supranationalisiert, was insbesondere der Vorrang des Unionsrechts im vollen Umfang zur Folge hat. Der Streit über den Charakter und Wirkungen des Rahmenbeschlusses hat sich mit der Umstrukturierung der früheren 3. Säule erledigt.[218] Es gibt nur noch eine unionrechtskonforme Auslegung, die an die Stelle der gemeinschaftsrechtskonformen Auslegung tritt.[219] Das bedeutet, dass nationales Recht, das in Umsetzung eines Rahmenbeschlusses erlassen wurde, nunmehr in Übereinstimmung mit dem Unionsrecht ausgelegt werden muss.[220] Obwohl der Vertrag von Lissabon das Instrument des Rahmenbeschlusses durch das der Richtlinie ersetzt hat, behalten die auf Grundlage des vormaligen EU-Vertrags ergangenen Rahmenbeschlüsse ihre Bedeutung für die Auslegung nationaler Vorschriften.[221] Damit bleibt auch die Verpflichtung der Mitgliedstaaten zur unionsrechtskonformen Auslegung der nationalen Regelungen bestehen.[222]

IV. Rahmenbeschlussrechtliche Vorgaben für das Übergabeverfahren

In diesem Teil der Untersuchung soll erläutert werden, welche Vorgaben der Rb-EuHB für die Entscheidung des vollstreckenden Staates über die Übergabeentscheidung aufstellt. Da sich aus dem Rb-EuHB kein konkretes Prüfungsschema ergibt, sollen die einzelnen Punkte herausgearbeitet werden, die von dem vollstreckenden Staat zu beachten sind. Um diese zu ermitteln, werden die rahmenbeschlussrechtlichen Vorgaben für den ausstellenden und vollstreckenden Staat dargestellt. Im Anschluss werden diejenigen Vorgaben ausgesondert, die bei der Überstellungsentscheidung eine Rolle spielen sollen. Dabei werden die obligatorischen, fakultativen und sonstigen Verweigerungsgründe, die sich aus dem Rb-EuHB direkt ergeben, erläutert. Ferner wird überprüft, ob sonstige Übergabehindernisse in Betracht

216 Vgl. Art. 34 Abs. 2 S. 2, lit. b EUV.

217 EuGH, Urteil vom 16.06.2005, Rs. C-105/03 (*Pupino*), Slg. 2005, I-5285, Rz. 24, 33, 34.

218 *Satzger* in: Sieber/ Brüner/ Satzger/ von Heintschel-Heinegg (Hrsg.), § 9 Rz. 65; vertiefend zu der rechtlichen Einordnung des Rahmenbeschlusses s. *Pohl*, S. 40 ff.

219 *Satzger*, 3. Aufl., § 8, Rz. 123; *Hecker*, 3. Aufl., § 10 Rz. 77 ff.

220 *Satzger* in: Streinz (Hrsg.), Art. 82, Rz. 1.

221 *Nelles/ Tinkl/ Lauchstädt* in: Schulze/ Zuleeg/ Kadelbach (Hrsg.), § 42 Rz. 25. Gemäß Art. 9 des Protokolls Nr. 36 über die Übergangsbestimmungen vom 19.10.2009 bleiben die auf Grundlage des vormaligen EU-Vertrags ergangenen Rahmenbeschlüsse wirksam, solange sie nicht für nichtig erklärt oder durch andere Instrumente ausdrücklich ersetzt worden sind.

222 *Satzger* in: Sieber/ Brüner/ Satzger/ von Heintschel-Heinegg (Hrsg.), § 9 Rz. 65, *Böse* in: Grützner/ Pötz (Hrsg.), vor § 78, Rz. 3.

kommen, die die Übergabeentscheidung beeinflussen können. Im Ergebnis soll das rahmenbeschlussrechtliche Modell für die Entscheidungsfindung der vollstreckenden Behörde entworfen werden.

1. *Der Grundsatz der gegenseitigen Anerkennung als Grundlage der Übergabeentscheidung*

Bereits ein flüchtiger Blick in den Rb-EuHB ergibt, dass der Anerkennungsgrundsatz eine zentrale Rolle bei der Vollstreckung des EuHB einnimmt. Art. 1 Abs. 2 Rb-EuHB bestimmt, dass jeder EuHB nach dem Grundsatz der gegenseitigen Anerkennung und gemäß den Bestimmungen des Rb-EuHB zu vollstrecken ist. Im Rb-EuHB wird jedoch der Grundsatz der gegenseitigen Anerkennung weder definiert noch näher umrissen. Im Folgenden wird seine Bedeutung für die Übergabeentscheidung im Wege der Auslegung und unter Berücksichtigung seiner Zweckrichtung und Entstehungsgeschichte ermittelt.

a) Wesen

Der Grundsatz der gegenseitigen Anerkennung ist nicht gesetzlich definiert. Dabei handelt es sich um einen unbestimmten, d. h. sekundärrechtlich konkretisierungsbedürftigen Rechtsbegriff des Unionsverfassungsrechts.[223] Bei dem Prinzip der gegenseitigen Anerkennung handelt es sich – wie die Kommission bemerkt – um „ein ehrgeiziges Vorhaben, das schrittweise und realistisch betrieben werden sollte".[224] Seine Bedeutung für die Vollstreckung des EuHB ist nicht abschließend geklärt.

Der Mechanismus äußert sich seinem Konzept zur Pflicht der Mitgliedstaaten, eine in einem anderen Mitgliedstaat rechtmäßig ergangene Entscheidung als solche mit entsprechenden Rechtswirkungen anzuerkennen.[225] Das bedeutet konkret: Sobald eine gerichtliche Entscheidung in einem Mitgliedstaat getroffen wurde, soll diese Entscheidung in den anderen Mitgliedstaaten so schnell wie möglich anerkannt werden. Die Anerkennung der ausländischen Entscheidung soll unter der geringst möglichen Kontrolle erfolgen und am besten so, als wäre es eine eigene, nationale Entscheidung, selbst wenn seine Entscheidung in einem bestimmten Fall nicht in derselben oder einer ähnlichen Weise ausgefallen wäre.[226] Da aus Sicht des EU-Gesetzgebers innerhalb der EU als einheitlichem Rechtsraum gegenseitiges Vertrauen herrsche, können sich die mitgliedstaatlichen Gerichte auf die Ordnungsgemäßheit und Rechtsstaatlichkeit bei dem Zustandekommen der ausländischen Entscheidung

223 *Burchard* in: Böse (Hrsg.), § 11 Rz. 48.

224 Maßnahmenprogramm zur Umsetzung des Grundsatzes der gegenseitigen Anerkennung gerichtlicher Entscheidungen in Strafsachen (ABl. EG 2001 C 12 vom 14.01.2001, S. 15).

225 Hierzu m. w. N. *Hecker*, 3. Aufl., § 12, Rz. 50; *Satzger*, 6. Aufl., § 10, Rz. 24 ff.; eingehend *Nalewajko*, S. 87 ff.

226 KOM (2000) 495 endg., S. 4.

verlassen. Das gegenseitige Vertrauen resultiere aus dem gemeinsamen Sockel von Überzeugungen, der durch das Eintreten der Mitgliedstaaten für die Grundsätze der Freiheit, der Demokratie und der Achtung der Menschenrechte und Grundfreiheiten sowie des Rechtsstaats gebildet werde.[227]

b) Entstehung

Das Prinzip der gegenseitigen Anerkennung stammt ursprünglich aus dem Recht des Binnenmarktes und gilt als erfolgreiches Mittel[228] zum Abbau von Handelshemmnissen nicht-tarifärer Art, die dem freien Verkehr von Waren, Personen und Dienstleistungen widersprechen.[229] Das Prinzip wurde von den Mitgliedstaaten auf der Tagung der Justiz- und Innenminister von Tampere 1999 zum „Eckstein" der justiziellen Zusammenarbeit sowohl in Zivil- als auch und Strafsachen erklärt.[230] Durch die gegenseitige Anerkennung justizieller Entscheidungen soll eine tiefgreifende Angleichung des materiellen und des prozessualen Rechts der Mitgliedstaaten entbehrlich werden.[231]

Durch das Konzept wurden praktisch in den vergangenen Jahren alle Bereiche der traditionellen Rechtshilfe erreicht.[232] Der EuHB stellt im strafrechtlichen Bereich die erste konkrete Verwirklichung des Prinzips der gegenseitigen Anerkennung dar.[233] Im Bereich der Zusammenarbeit in Strafsachen wurden zahlreiche Rechtsakte auf der Grundlage des Grundsatzes der gegenseitigen Anerkennung beschlossen – angefangen von dem Rb-EuHB über die Vollstreckung diverser Arten von Sanktionen bis hin zu Überwachungsmaßnahmen und Bewährungsauflagen.[234] Heutzutage bildet das Anerkennungsprinzip durch Art. 82 Abs. 1 AEUV – trotz aller daran geübter Kritik[235] – die rechtliche Grundlage für die justizielle Zusammenarbeit zwischen den Mitgliedstaaten.[236]

---

227 Vgl. Maßnahmenprogramm zur Umsetzung des Grundsatzes der gegenseitigen Anerkennung gerichtlicher Entscheidungen in Strafsachen (ABl. EG 2001 C 12 vom 14.01.2001, S. 15), Erwägungsgrund Nr. 10 zum Rahmenbeschluss 2002/584/JI über den Europäischen Haftbefehl (ABl. EG 2002 L 190 vom 18.07.2002, S. 1); Erwägungsgrund Nr. 8 zum Rahmenbeschluss 2008/978/JI über die Europäische Beweisanordnung (ABl. EU 2008 L 350 vom 31.12.2008, S. 72).

228 Vgl. Wiener Aktionsplan: *Braum*, GA 2005, S. 687, *Böse* in: Momsen/ Bloy/ Rackow (Hrsg.), S. 235, *Gleß*, ZStW 2004, S. 355.

229 *Weber*, Integration 2006, S. 51.

230 Schlussfolgerungen des Vorsitzes, Europäischer Rat (Tampere), 15. u. 16.10.1999 (SN 200/99).

231 *Satzger/ Zimmermann*, ZIS 2013, S. 407.

232 *Ebd.*

233 Erwägungsgrund 6 zum Rb-EuHB.

234 Überblick bei *Satzger*, 6. Aufl., § 10 Rz. 28 ff.

235 S. hierzu Teil 3, Kap. B III. 3 m. w. N.

236 Vgl. *Satzger* in: Streinz (Hrsg.), Art. 82 Rz. 10.

c) *Übergabeverpflichtung nach der Rechtsprechung des EuGH*

In den vergangenen Jahren hat der EuGH die Bedeutung des Grundsatzes der gegenseitigen Anerkennung für die Vollstreckung des EuHB konkretisiert. Über die Ausprägung des Grundsatzes der gegenseitigen Anerkennung in Art. 1 Abs. 2 Rb-EuHB hat sich der EuGH zuerst in der Sache *Leymann und Pustovarov* geäußert. Wie aus dem Urteil zu lesen ist, bedeutet der Grundsatz der gegenseitigen Anerkennung im Rahmen des Übergabesystems auf Grund des EuHB, dass die Mitgliedstaaten grundsätzlich verpflichtet sind, einen EuHB zu vollstrecken.[237] Die grundsätzliche Verpflichtung der Mitgliedstaaten leitet der EuGH durch Auslegung des Rb-EuHB und insbesondere unter Berücksichtigung der damit verfolgten Ziele ab.[238] In der Sache *Radu* stellt die Große Kammer kategorisch fest, dass die Vollstreckung eines Europäischen Haftbefehls „nur" gestützt auf Art. 3, 4 oder 4a Rb-EuHB abgelehnt werden darf und darüber hinaus „nur" die in Art. 5 Rb-EuHB vorgegebenen Bedingungen gestellt werden dürfen.[239] Dem aufsehenerregenden Urteil folgte die Entscheidung des EuGH in der Sache *Mantello*[240], wo trotz aller Kritik[241] die vorgenannte Feststellung nochmals beteuert wird.[242] In der Folge wurde diese Rechtsprechung in der *Jeremy F.*-Entscheidung wiederholt.[243]

2. *Rahmenbeschlussrechtliche Vorgaben für den ausstellenden Staat*

Der Rb-EuHB stellt für die Ausstellung des EuHB nachfolgende Anforderung in formeller und materieller Hinsicht auf, die von dem erlassenden Staat zu beachten sind.

a) *Zuständige Ausstellungsbehörde*

Die Ausstellungsbehörde ist für Ausstellung eines EuHB zuständig. Gemäß Art. 6 Abs. 2 Rb-EuHB liegt die Bestimmung der zuständigen Justizbehörde im Ermessen des Ausstellungsstaates, der seinerseits dem Generalsekretariat des Rates über die nach seinem Recht zuständige Justizbehörde zu unterrichten hat. Ausstellende Behörde kann jede Justizbehörde im eigentlichen Sinne sein mit Ausnahme der Polizei, also beispielsweise ein Gericht oder die Staatsanwaltschaft.[244] Für die Ausstellung

237 EuGH, Urteil vom 01.12.2008, Rs. C-338/08 PPU (*Leymann und Pustovarov*), Slg. 2008, I-8983, Rz. 51.

238 *Ebd.*, Rz. 46.

239 EuGH, Urteil vom 29.01.2013, Rs. C-396/11 (*Radu*), noch nicht in der amtl. Slg. veröff.

240 EuGH, Urteil vom 16.11.2010, Rs. C-261/09 (*Mantello*), Slg. 2010, I-11477.

241 *Brodowski*, HRRS 2013, S. 54 ff., *Vogel*, StV 2013, S. I.

242 EuGH, Urteil vom 26.02.2013, Rs. C-399/11 (*Melloni*), noch nicht in der amtl. Slg. veröff.

243 EuGH, Urteil vom 30.05.2013, Rs. C-168/13 (*Jeremy F.*), noch nicht in der amtl. Slg. veröff.

244 KOM (2001) 522 endg., S. 8 und S. 32.

des EuHB ist keine gerichtliche Entscheidung erforderlich, solange die ausstellende Behörde eine Justizbehörde ist.[245]

b) Formelle und inhaltliche Anforderungen für die Ausstellung des EuHB

Gemäß Art. 8 Rb-EuHB sollen sämtliche Übergabeersuchen europaweit auf der Grundlage eines standardisierten Formulars gestellt werden. Empfehlenswert ist es, das standardisierte Formblatt zu verwenden und mit besonderer Sorgfalt auszufüllen, damit unnötige und zeitaufwendige Ersuchen um zusätzliche Angaben vermieden werden.[246] Der zwecks Strafverfolgung erlassene EuHB muss folgende Informationen enthalten: a) die Identität und die Staatsangehörigkeit der gesuchten Person; b) Name, Adresse, Telefon- und Telefaxnummer sowie E-Mail-Adresse der ausstellenden Justizbehörde; c) die Angabe, ob ein Haftbefehl oder eine andere vollstreckbare justizielle Entscheidung mit gleicher Rechtswirkung vorliegt; d) die Art und rechtliche Würdigung der Straftat; e) die Beschreibung der Umstände, unter denen die Straftat begangen wurde einschließlich der Tatzeit, des Tatorts und der Art der Tatbeteiligung der gesuchten Person.

c) Mindesthöchststrafen

Der Anwendungsbereich des EuHB ist in sachlicher Hinsicht beschränkt. Gemäß Art. 2 Rb-EuHB kann ein EuHB zwecks Strafverfolgung bei Handlungen erlassen werden, die nach den Rechtsvorschriften des Ausstellungsmitgliedstaats mit einer Freiheitsstrafe oder einer freiheitsentziehenden Maßregel der Sicherung im Höchstmaß von mindestens zwölf Monaten bedroht sind. Ausschlaggebend ist das Recht des ersuchenden Staates.[247] Durch die Mindestsanktionsgrenze sollen Bagatellfälle von dem Geltungsbereich des EuHB ausgenommen werden.[248] Eine Verhältnismäßigkeitsprüfung durch den ausstellenden Staat ist in dem Rb-EuHB nicht vorgeschrieben.

d) Achtung der Grundrechte und der allgemeinen Rechtsgrundsätze

Gemäß Art. 1 Abs. 3 Rb-EuHB berührt der Rb-EuHB nicht die Pflicht der beteiligten Staaten, die Grundrechte und die allgemeinen Rechtsgrundsätze, wie sie in Art. 6 EUV niedergelegt sind, zu achten. Da der Rb-EuHB keine konkreten Pflichten aufzählt, die der ausstellende Staat beim Erlass des EuHB einzuhalten hat, kann es sich dabei um eine reine Verweisung auf die primärrechtlich verankerte Grundrechtsklausel handeln.[249] Andererseits könnte aus Art. 1 Abs. 3 Rb-EuHB

---

245 *Rohlff*, S. 54.
246 Handbuch mit Hinweisen zum Ausstellen eines Europäischen Haftbefehls (17195/1/10 REV 1).
247 *Von Bubnoff*, Auslieferung, S. 66.
248 *Rohlff*, S. 87
249 *Schilling* in: Lagodny/ Wiederin/ Winkler (Hrsg.), S. 105, *Schalmoser*, S. 106.

ein sekundärrechtliches Gebot der Achtung der Grundrechte und der allgemeinen Rechtsgrundsätze ergeben, das neben dem Art. 6 EUV hinzutritt.[250]

3. *Rahmenbeschlussrechtliche Vorgaben für den vollstreckenden Staat*

Bei den rahmenbeschlussrechtlichen Vorgaben für den vollstreckenden Staat handelt es sich um diejenigen Bestimmungen des Rb-EuHB, welche die Entscheidung über die Vollstreckung des EuHB betreffen.

a) Zuständige Vollstreckungsbehörde

Das durch einen zweistufigen Aufbau gekennzeichnete traditionelle Auslieferungsverfahren wird durch ein einstufiges, rein justizielles Verfahren ersetzt.[251] Die Entscheidung über die Vollstreckung des EuHB soll nach der Ratio des Rb-EuHB in den Händen der vollstreckenden Justizbehörden liegen.[252]

Die Bestimmung der vollstreckenden Behörde wird durch Art. 6 Abs. 2 Rb-EuHB in das Ermessen des jeweiligen Mitgliedstaates gestellt. Art. 7 Rb-EuHB sieht für jeden Mitgliedstaat die Möglichkeit vor, eine oder mehrere zentrale Behörden zur Unterstützung der zuständigen Vollstreckungsbehörde zu bestimmen. Die zentrale Behörde kann mit der administrativen Übermittlung und Entgegennahme des EuHB sowie dem gesamten übrigen sie betreffenden administrativen Schriftverkehr betraut werden. Die Bestimmung einer Zentralbehörde ist unter ihrer Angabe gemäß Art. 7 Abs. 3 Rb-EuHB dem Generalsekretariat des Rates zu melden.

b) Die Übergabeentscheidung

Die vollstreckende Justizbehörde entscheidet über die Übergabe der betreffenden Person nach Maßgabe des Rb-EuHB und innerhalb der darin vorgesehenen Fristen. Es wurde bereits festgestellt, dass die vollstreckende Behörde nach der Rechtsprechung des EuGH grundsätzlich verpflichtet ist, den EuHB zu vollstrecken, d. h. dem Ersuchen stattzugeben. Der Rb-EuHB erlaubt der vollstreckenden Behörde in einer Vielzahl von Varianten die Überstellung eines Verfolgten zwingend (Art. 3 Rb-EuHB), aus Ermessensgründen (Art. 4, 4a Rb-EuHB) abzulehnen und von weiteren Garantien (Art. 5 Rb-EuHB) abhängig zu machen.[253]

---

250 S. Teil 3, Kap. B. III. 1.

251 *von Heintschel-Heinegg/ Rohlff*, GA 2003, S. 46, *Rohlff*, S. 41, *Wehnert*, StraFo 2003, S. 358.

252 *von Heintschel-Heinegg/ Rohlff*, GA 2003, S. 46, *Rohlff*, S. 41.

253 EuGH, Urteil vom 29.01.2013, Rs. C-396/11 (*Radu*), noch nicht in der amtl. Slg. veröff.; EuGH, Urteil vom 26.02.2013, Rs. C-399/11 (*Melloni*), noch nicht in der amtl. Slg. veröff.

In verfahrensrechtlicher Hinsicht ist das strikte Fristenregime des Rb-EuHB zu beachten.[254] Dadurch wird ermöglicht, dass die Verzögerungsrisiken, die den derzeitigen Auslieferungsverfahren innewohnen, behoben werden.[255] Gemäß Art. 17 Abs. 1 Rb-EuHB müssen die vollstreckenden Behörden den EuHB als Eilsache erledigen und vollstrecken. In Fällen der nicht erteilten Zustimmung sollte die endgültige Entscheidung über die Übergabe innerhalb von 60 Tagen nach der Festnahme der gesuchten Person erfolgen.[256] Wenn die gesuchte Person der Übergabe an den Ausstellungsstaat zustimmt, sollte über die endgültige Vollstreckung des EuHB innerhalb von zehn Tagen entschieden werden.[257] Falls die vollstreckende Behörde die in Art. 17 Abs. 2 und Abs. 3 Rb-EuHB vorgesehenen Fristen nicht einhalten kann, können die Fristen nach Rücksprache mit der ausstellenden Behörde um weitere 30 Tage verlängert werden. Die vollstreckende Behörde muss gemäß Art. 17 Abs. 4 Rb-EuHB die ausstellende Behörde von der Verzögerung und seinen Gründen unverzüglich in Kenntnis setzen. Für den Fall, dass ein Mitgliedstaat bei Vorliegen außergewöhnlicher Umstände die vorgesehenen Fristen nicht einhalten kann, ist die obligatorische Einbeziehung von Eurojust[258] vorgesehen.

c) Formell-rechtliche Voraussetzungen der Übergabe

Der Rb-EuHB trifft keine Aussage darüber, ob die vollstreckende Behörde ein eingehendes Übergabeersuchen in formeller Hinsicht überprüfen bzw. die Übergabe bei Form- und Inhaltsfehlern verweigern kann. In dem Rb-EuHB ist nicht geregelt, ob die vollstreckende Behörde die Zuständigkeit der Behörde überprüfen soll, welche den EuHB erlassen hat. Es kann deshalb nicht ausgeschlossen werden, dass das Vollstreckungsverfahren durch den EuHB einer unzuständigen Behörde in Lauf gesetzt wird. Der EuGH hat sich bislang nicht explizit dazu geäußert, welche Folgen etwaige Formfehler des EuHB nach sich ziehen können. Nach der Rechtsprechung des EuHB können die Mitgliedstaaten die Vollstreckung eines EuHB nur in den Fällen ablehnen, in denen sie gemäß Art. 3 des Rahmenbeschlusses abzulehnen ist oder gemäß Art. 4 oder 4a des Rahmenbeschlusses abgelehnt werden kann.[259] Entspricht ein EuHB den formellen und inhaltlichen Anforderungen des Art. 8 Rb-EuHB, soll das nach der gegenwärtigen Auslegung durch den EuGH nicht zur Ablehnung des Ersuchens führen.

---

254 S. oben Kap. B. III. c).
255 Erwägungsgrund 5 zum Rb-EuHB.
256 Art. 17 Abs. 3 Rb-EuHB.
257 Art. 17 Abs. 2 Rb-EuHB.
258 Vgl. *Wehnert*, StraFO 2013, S. 358.
259 Vgl. in diesem Sinne EuGH, Urteil vom 01.12.2008, Rs. C-338/08 PPU (*Leymann und Pustovarov*), Slg. 2008, I-8983, Rz. 51 und EuGH, Urteil vom 29.01.2013, Rs. C-396/11 (*Radu*), noch nicht in der amtl. Slg. veröff., sowie EuGH, Urteil vom 16.11.2010, Rs. C-261/09 (*Mantello*), Slg. 2010, I-11477, Rz. 37.

d) (Mögliche) materielle Voraussetzungen der Übergabe

Es stellt sich die Frage, ob und wenn ja, welche materiellen Anforderungen an die Übergabeentscheidung zu stellen sind.

aa) Kein Verbot der Übergabe eigener Staatsbürger

In dem Rb-EuHB ist ein Übergabehindernis aufgrund der Staatsangehörigkeit der gesuchten Person nicht vorgesehen.[260] Anders als im traditionellen Auslieferungsverfahren kann hier der vollstreckende Staat die Überstellung eigener Staatsbürger nicht verweigern. Vielmehr sollen Unionsbürger in dem einheitlichen europäischen Raum unabhängig von ihrer Staatsangehörigkeit dort verfolgt und bestraft werden, wo sie die strafbare Handlung begangen haben.[261]

bb) Bagatellfälle

Nach den Urteilen des Gerichts in Luxemburg in Sachen *Radu*[262] und *Mantello*[263] kann die Vollstreckung eines EuHB nur aus den in Rb-EuHB explizit geregelten Übergabehindernissen verweigert werden. Wem nun die Berücksichtigung von Verhältnismäßigkeitserwägungen obliegen soll, bleibt unklar.

cc) Keine Tatverdachtsprüfung

Im Bereich des Rahmenbeschlusses ist es fraglich, ob eine Tatverdachtsprüfung durchzuführen ist, weil im Rb-EuHB keine Regelung dazu enthalten ist. Teilweise wird in Anlehnung an die Auslieferungspraxis[264] eine Durchbrechung des formellen Überprüfungsverbots befürwortet, wenn evidente Fehler[265] oder offensichtliche Unstimmigkeiten[266] vorliegen. Eine Nachprüfung wird etwa für erforderlich erklärt, wenn ein hinreichender Tatverdacht offensichtlich fehlt bzw. die Täterschaft der gesuchten Person von vornherein ohne in Verzug beizubringende Beweise ausgeschlossen werden kann.[267] In solchen Fällen soll dem Vollstreckungsstaat die Möglichkeit eingeräumt werden, die Vollstreckung des EuHB abzusagen.[268]

---

260 KOM (2001) 522 endg. an vielen Stellen der Begründung, z. B. Punkt 4.5 Ziffer 5 und 6 (S. 6), zu Art. 27 (S. 18) und zu Art. 33 (S. 21).

261 *Ebd.*, S. 30.

262 EuGH, Urteil v. 29.01.2013, Rs. C-396/11 (*Radu*), noch nicht in der amtl. Slg. veröff.

263 EuGH, Urteil v. 26.02.2013, Rs. C-399/11 (*Melloni*), noch nicht in der amtl. Slg. veröff.

264 S. oben Kap. A. V. 3. b.

265 *Rohlff*, S. 114;

266 *Kluge*, S. 74.

267 *Rohlff*, S. 114;

268 *Burchard* in: Böse (Hrsg.), § 14 Rz. 51.

Mit seinen Urteilen in den Rechtssachen *Radu*[269] und *Mantello*[270] erteilt der EuGH der teilweise in der Literatur befürworteten Tatverdachtsprüfung eine Absage, indem er feststellt, dass die Vollstreckung eines EuHB nur in den explizit geregelten Fällen gemäß Art. 3, 4 und 4a Rb-EuHB abgelehnt werden kann.[271] Auf die konkrete Problematik der Tatverdachtsprüfung übertragen, hat die Aussage des EuGH zur Folge, dass der vollstreckende Staat die Übergabe der gesuchten Person selbst beim mangelnden Tatverdacht nicht verweigern kann. Inwieweit diese rahmenbeschlussrechtliche Vorgabe mit den Grund- und Menschenrechten der Person vereinbar ist, wird im dritten Teil der Untersuchung näher geprüft.[272]

e) Anfordern zusätzlicher Informationen

Gemäß Art. 15 Abs. 2 Rb-EuHB kann die vollstreckende Behörde die ausstellende Behörde ersuchen, ihr zusätzliche Informationen, insbesondere hinsichtlich der Artikel 3 bis 5 und Artikel 8, zu übermitteln. Diese Möglichkeit kann sich als besonders wichtig erweisen, wenn die vollstreckende Justizbehörde der Ansicht ist, dass die vom Ausstellungsmitgliedstaat übermittelten Informationen nicht ausreichen, um über die Übergabe entscheiden zu können. Sie kann eine Frist für den Erhalt dieser zusätzlichen Informationen festsetzen, wobei die Frist nach Artikel 17 zu beachten ist. Die ausstellende Justizbehörde kann der vollstreckenden Justizbehörde gemäß Art. 15 Abs. 3 Rb-EuHB jederzeit alle zusätzlichen sachdienlichen Informationen übermitteln.

f) Übergabehindernisse

aa) Zwingende Übergabehindernisse

Die Mitgliedstaaten sind grundsätzlich verpflichtet, eine gesuchte Person aufgrund eines Übergabeersuchens zu überstellen. Es gibt drei zwingende Gründe, aus denen die Übergabe der gesuchten Person abgelehnt werden muss. Diese beziehen sich auf eine Amnestie im Vollstreckungsstaat, den *ne bis in idem*-Grundsatz und die Minderjährigkeit der gesuchten Person.

(1) Amnestie im Vollstreckungsmitgliedstaat

Die vollstreckende Behörde muss die Übergabe der gesuchten Person verweigern, wenn der EuHB zur Verfolgung einer Straftat ausgestellt wurde, die im Vollstreckungsstaat unter eine Amnestie fällt. Hinsichtlich der Amnestie stellt der Rb-EuHB keine Neuerung im Vergleich zum klassischen Auslieferungsrecht dar. Bereits Art. 9

---

269 EuGH, Urteil vom 29.01.2013, Rs. C-396/11 (*Radu*), noch nicht in der amtl. Slg. veröff.

270 EuGH, Urteil vom 16.11.2010, Rs. C-261/09 (*Mantello*), Slg. 2010, I-11477.

271 EuGH, Urteil vom 29.01.2013, Rs. C-396/11 (*Radu*), noch nicht in der amtl. Slg. veröff., Rz. 36.

272 Vgl. Kap. 3, Kap. B. IV.

EU-AuslÜbk, Art. 4 2 ZPEuAlÜbk[273] sowie Art. 62 Abs. 2 SDÜ tragen der Amnestie mit identischen Regelungen Rechnung.[274] Unter „Amnestie" wird ein allgemeiner, für eine nicht bestimmte Anzahl von Fällen geltender und auf bestimmte Vergehen oder Verbrechen bezogener Gesetzesbeschluss verstanden, der den Betroffenen Straffreiheit oder die Strafermäßigung zukommen lässt.[275] Der Verweigerungsgrund ist an die Voraussetzung gebunden, dass der Vollstreckungsstaat nach seinem nationalen Strafrecht für die Strafverfolgung zuständig war. Die Verweigerung der Vollstreckung im Falle einer Amnestie ist im Rb-EuHB aus Rücksicht auf die Souveränität des ersuchten Staates vorgesehen.[276] Dem amnestierenden Staat muss die Möglichkeit eingeräumt werden, anderen Staaten, die die betreffenden Handlungen weiterhin unter Strafe stellen, seine Unterstützung zu verweigern.[277]

(2) Verurteilung in einem anderen Mitgliedstaat wegen derselben Handlung

Art. 3 Nr. 2 Rb-EuHB sieht die Ablehnung der Vollstreckung des EuHB vor, sollte sich aus den der vollstreckenden Justizbehörde vorliegenden Informationen ergeben, dass die gesuchte Person wegen derselben Handlung von einem Mitgliedstaat rechtskräftig verurteilt worden ist.

Bei dem zwingenden Ablehnungsgrund aus Art. 3 Nr. 2 Rb-EuHB handelt es sich um eine Ausprägung des *ne bis in idem*-Grundsatzes[278], der von allen Mitgliedstaaten anerkannt ist[279] und ein fundamentaler Grundsatz des Gemeinschaftsrechts[280] darstellt. Durch die Ausgestaltung des Doppelbestrafungsverbots als Ablehnungsgrund wird dessen Beachtung sowohl der ausstellenden Behörde als auch der vollstreckenden Behörde auferlegt[281] und somit seine Wirkung im Rahmen des europäischen Übergabeverfahrens sichergestellt.[282]

---

273 Zweites Zusatzprotokoll zum Europäischen Auslieferungsübereinkommen vom 17.03.1978, BGBl. 1990, Teil II, S. 118.

274 KOM (2001) 522 endg., S. 20.

275 *Schätzler*, S. 208.

276 KOM (2001) 522 endg., S. 20.

277 *Ebd.*

278 Eingehend *Jagla*, S. 61 ff.

279 Schlussanträge von GA *Bot* vom 07.09.2010 in der Rechtssache *Mantello* (EuGH, Urteil vom 16.11.2010, Rs. C-261/09, Slg. 2010, I-11477, Rz. 9).

280 EuGH, Urteil vom 09.03.2006, Rs. C-436/04 (*van Esbroeck*), Slg. 2006, I-02333, Rz. 40; EuGH, Urteil vom 15.10.2002, Rs. C-238/99 P u.a. (*Limburgse Vinyl Maatschappij NV u. a./ Kommission), Slg.* 2002, I-8375, Rz. 59; EuGH, Urteil vom 29.06.2006, Rs. C-289/04 (*Showa Denko KK/ Kommission*), Slg. 2006, I-5859, Rz. 50.

281 Schlussanträge von GA *Bot* vom 07.09.2010 in der Rechtssache *Mantello* (EuGH, Urteil vom 16.11.2010, Rs. C-261/09, Slg. 2010, I-11477, Rz. 78)); vgl. auch *Böse*, HRRS 2012, S. 19 ff.; zu *ne bis in idem* als Auslieferungshindernis s. *Brodowski*, StV 2013, 339 ff.

282 Vgl. *Satzger*, 6. Aufl., § 10, Rz. 66.

Gemäß Art. 3 Nr. 2 Rb-EuHB muss erstens eine rechtskräftige Verurteilung in einem Mitgliedstaat erfolgt sein, diese muss zweitens dieselbe Tat betreffen und schließlich muss drittens die Vollstreckungsbedingung erfüllt sein. Der in den letzten Jahren oft mit der Auslegung des Art. 54 SDÜ befasste EuGH trägt mit seiner Rechtsprechung zu einer einheitlichen Auslegung und Anwendung des transnationalen Doppelbestrafungsverbots bei.[283] In der Rechtssache *Mantello*[284] hat der EuGH nun klargestellt, dass der Begriff „dieselbe Handlung" in Art. 3 Nr. 2 des Rahmenbeschlusses nicht der Auslegung durch die Justizbehörden der einzelnen Mitgliedstaaten nach deren nationalem Recht überlassen bleiben soll,[285] sondern in der gesamten Union eine autonome und einheitliche Auslegung erhalten muss.[286] Die Möglichkeit divergierender rechtlicher Einordnung derselben Tat in zwei Vertragsstaaten darf die Anwendung von Art. 54 SDÜ nicht hindern. Demnach sei das einzig maßgebliche Kriterium für die Anwendung des Art. 54 SDÜ das der Identität der materiellen Tat, verstanden als das Vorhandensein eines Komplexes konkreter, unlösbar miteinander verbundener Umstände[287] unabhängig von der divergierenden, rechtlichen Qualifizierung derselben Tat in zwei verschiedenen Vertragsstaaten und der Identität des geschützten rechtlichen Interesses[288].

Eine gesuchte Person ist als „wegen derselben Handlung rechtskräftig verurteilt" im Sinne des Art. 3 Nr. 2 des Rahmenbeschlusses anzusehen, wenn die Strafklage aufgrund eines Strafverfahrens endgültig verbraucht ist[289] oder die Justizbehörden eines Mitgliedstaats eine Entscheidung erlassen haben, mit der der Beschuldigte von dem Tatvorwurf rechtskräftig freigesprochen wird[290]. Um zu beurteilen, ob eine Entscheidung im Sinne von Art. 54 SDÜ „rechtskräftig" ist, muss der Rechtsprechung des EuGH zufolge geprüft werden, ob das nationale Recht des Vertragsstaats, dessen Behörden die fragliche Entscheidung erlassen haben, diese als endgültig und bindend ansieht.[291]

---

283 *Hecker*, 4. Aufl., § 13, Rz. 3.

284 EuGH, Urteil vom 16.11.2010, Rs. C-261/09 (*Mantello*), Slg. 2010, I-11477.

285 *Ebd.*, Rz. 35 ff.

286 Vgl. auch EuGH, Urteil vom 17.07.2008, Rs. C-66/08 (*Kozlowski*), Slg. 2008, I-6041, Rz. 42.

287 EuGH, Urteil vom 09.03.2006, Rs. C-436/04 (*van Esbroeck*), Slg. 2006, I-02333, Rz. 27, 32 u. 36 sowie EuGH, Urteil vom 28.09.2006, Rs. C-150/05 (*van Straaten*), Slg. 2006, I-9327, Rz. 41, 47 u. 48.

288 EuGH, Urteil vom 09.03.2006, Rs. C-436/04 (*van Esbroeck*), Slg. 2006, I-02333, Rz. 31 u. 32, m. w. N. s. *Ambos*, 3. Aufl., § 10, Rz. 115.

289 EuGH, Urteile vom 11.02.2003, Rs. C-187/01 (*Gözütok*) und C-385/01 (*Brügge*), Slg. 2003, I-01345, Rz. 30 und EuGH, Urteil vom 22.12.2008, Rs. C-491/07 (*Turanský*), Slg. 2008, I-11039, Rz. 32.

290 EuGH, Urteil vom 28.09.2006, Rs. C-150/05 (*van Straaten*), Slg. 2006, I-9327, Rz. 61 und EuGH, Urteil vom 22.12.2008, Rs. C-491/07 (*Turanský*), Slg. 2008, I-11039, Rz. 33.

291 EuGH, Urteil vom 22.12.2008, Rs. C-491/07 (*Turanský*), Slg. 2008, I-11039, Rz. 35; zu der Rechtskräftigkeit eines Urteils s. EuGH, Urteil vom 16.11.2010, Rs. C-261/09 (*Mantello*), Slg. 2010, I-11477, m. w. N. s. *Ambos*, 3. Aufl., § 10, Rz. 108 ff.

Um das Entstehen etwaiger Straflücken aufgrund der konkurrierenden Strafkompetenz der einzelnen Mitgliedstaaten zu vermeiden, wird der Ablehnungsgrund unter der Bedingung gestellt, dass im Falle der Verurteilung die Sanktion bereits vollstreckt worden ist[292], gerade vollstreckt wird[293] oder nach dem Recht des Urteilsmitgliedstaats nicht mehr vollstreckt werden kann[294]. Durch die so genannte Vollstreckungsklausel soll sichergestellt werden, dass sich der Verurteilte nicht der Strafvollstreckung in dem Verfolgungsstaat durch eine Flucht in einen anderen Mitgliedstaat entziehen kann.

(3) Fehlende Strafmündigkeit

Die vollstreckende Behörde muss das Übergabeersuchen ablehnen, wenn nach dem Recht des Vollstreckungsstaates eine strafrechtliche Verantwortung aufgrund des Alters der gesuchten Person ausscheidet.[295] Die Auslieferung strafunmündiger Personen war bereits vor der Einführung des Rb-EuHB ausgeschlossen. Bei der Vollstreckung des EuHB kommt es nicht mehr darauf an, ob der Verweigerungsgrund auf eine *ordre-public*-Klausel oder auf den Grundsatz der beiderseitigen Strafbarkeit gestützt wird.[296] Durch Art. 3 Nr. Rb-EuHB ist die Übergabe Strafunmündiger ausdrücklich ausgeschlossen.[297] Die Strafmündigkeitsgrenze bestimmt sich nach dem Recht des Vollstreckungsstaates und wird innerhalb der EU unterschiedlich angesetzt.[298]

bb) Fakultative Übergabehindernisse

Der Rb-EuHB enthält in Art. 4 bestimmte Übergabehindernisse, die meist den Regelungen des traditionellen Auslieferungsrechts entsprechen[299] und die Übergabeentscheidung in das Ermessen der vollstreckenden Behörde stellen. Wie aus den Berichten der Kommission[300] hervorgeht, sorgen die fakultativen Übergabehindernisse für sehr unterschiedliche Situationen in den Mitgliedstaaten, weil diese von

292 Näheres hierzu s. *Schomburg* in: Schomburg/ Lagodny/ Gleß/ Hackner (Hrsg.), Art. 54 SDÜ, Rz. 51.

293 Näheres hierzu: EuGH, Urteil vom 18.07.2007, Rs. C-288/05 (Kretzinger), Slg. 2007, I-06441, Rz. 42, *Schomburg* in: Schomburg/ Lagodny/ Gleß/ Hackner (Hrsg.), Art. 54 SDÜ, Rz. 30, *Ambos*, 4. Aufl., § 12, Rz. 120, *Hecker*, 4. Aufl. § 13, Rz. 43 f., *Satzger*, 5. Aufl., § 10, Rz. 79.

294 Wenn der Vollstreckung der Sanktion nach dem Recht des Urteilsmitgliedstaats dauerhafte Hindernisse wie Amnestie, Vollstreckungsverjährung oder Begnadigung entgegenstehen: s. *Ambos*, 3. Aufl., § 10, Rz. 118; *Hecker*, 4. Aufl., § 13, Rz. 43 f., *Satzger*, 6. Aufl., § 10, Rz. 80 f.

295 *Freund*, S. 220.

296 *von Heintschel-Heinegg/ Rohlff*, GA 2003, S. 44, 49.

297 *Zeder*, AnwBl 2003, S. 382, *Murschetz*, S. 366.

298 *Freund*, S. 220.

299 *von Heintschel-Heinegg/ Rohlff*, GA 2003, S. 44, 49.

300 KOM (2005) 63 endg., S. 4; KOM (2006) 8 endg., S. 5.

manchen Mitgliedstaaten als zwingende Übergabehindernisse und von anderen gar nicht umgesetzt wurden.[301]

(1) Fehlende beiderseitige Strafbarkeit

Das Erfordernis der beiderseitigen Strafbarkeit gehört zu den Grundvoraussetzungen, welche im klassischen Auslieferungsverfahren zwingend zu prüfen sind. Demnach muss die Handlung, die Grundlage für das Auslieferungsersuchen ist, sowohl nach dem Recht des ersuchenden wie auch nach dem des ersuchten Staates strafbar sein.[302] Die Abschaffung oder Beibehaltung des Prinzips der beiderseitigen Strafbarkeit gehört zu den am meisten diskutierten Punkten bei der Einführung des Rb-EuHB.[303] Im Vorschlag der Kommission war ein Verzicht auf dieses Prinzip vorgesehen, der aus dem Grundsatz der gegenseitigen Anerkennung abgeleitet wurde.[304] Er wurde nicht angenommen[305], weil die Mitgliedstaaten auf die sichernde Funktion dieses Prinzips nicht verzichten wollten.[306]

Wie aus Art. 2 Abs. 4 Rb-EuHB ersichtlich ist, wurde für das Übergabeverfahren das Erfordernis beiderseitiger Strafbarkeit als Vollstreckungsvoraussetzung formell beibehalten. Anders als im klassischen Auslieferungsrecht begründet die mangelnde Strafbarkeit der dem EuHB zugrundeliegende Tat keinen zwingenden Ablehnungsgrund mehr. Vielmehr normiert Art. 4 Nr. 1 Rb-EuHB durch einen Verweis auf Art. 2 Abs. 4 Rb-EuHB ein fakultatives Vollstreckungshindernis. Art. 2 Abs. 4 Rb-EuHB sieht vor, dass die vollstreckende Behörde bei anderen als die in Art. 2 Abs. 2 Rb-EuHB aufgelisteten Taten die Übergabe davon abhängig machen kann, dass die Handlung, derentwegen der EuHB ausgestellt wurde, eine Straftat nach dem Recht des Vollstreckungsmitgliedstaates darstellt. Für die in Art. 2 Abs. 2 Rb-EuHB aufgelisteten 32 Delikte bzw. Deliktgruppen wird das Erfordernis der beiderseitigen Strafbarkeit abgeschafft.[307] Der Straftatenkatalog war der umstrittenste Punkt bei der Verabschiedung des Rahmenbeschlusses.[308] Ihrer Zweckbestimmung nach umfasst die Positivliste vornehmlich EU-rechtlich bereits harmonisierte, daneben aufgrund ihres Unrechtsgehalts in allen Mitgliedstaaten strafbewehrte Deliktsgruppen.[309]

---

301 KOM (2005) 63 endg., S. 4; KOM (2006) 8 endg., S. 5 sowie Ratsdok. 8302/4/09, S. 13; *Suelmann*, HFR 2009, S. 221; *Lagodny* in: Breitenmoser/ Gleß/ Lagodny (Hrsg.), S. 273.

302 *Lagodny* in: Schomburg/ Lagodny/ Gleß/ Hackner (Hrsg.), § 3 IRG, Rz. 1 f.

303 Vgl. Teil 3, Kap. B. III. 3.

304 KOM (2001) 522 endg., S. 18.

305 S. Ratsdok. 12646/01, S. 2 f.; Ratsdok. 13999/01, S. 3 f.; Ratsdok. 14867/01, S. 8 ff.

306 S. *von Heintschel-Heinegg/ Rohlff*, GA 2003, S. 44, 48.

307 *Nelles/ Tinkl/ Lauchstädt* in: Schulze/ Zuleeg/ Kadelbach (Hrsg.), § 42 Strafrecht, Rz. 168 ff.

308 *Rohlff*, S. 87., *von Heintschel-Heinegg/ Rohlff*, GA 2003, S. 44, 47.

309 Vgl. anstatt vieler *Wolter/ Heger* in: Ambos/ König/ Rackow (Hrsg.), Art. 2 Rz. 649 ff. sowie EuGH, Urteil vom 03.05.2007, Rs. C-303/05 (*Advocaten voor de Wereld*), Slg. 2007, I-3633, Rz. 52, 53, 57.

Dadurch wird eine partielle Abkehr vom Grundsatz der beiderseitigen Strafbarkeit[310] erreicht, die folgende Konsequenz haben kann: Trotz aller in diesem Zusammenhang geäußerten Skepsis[311] gilt die Teilabschaffung der doppelten Strafbarkeit als eine der „zentralen Innovationen des Rechtsinstitutes“[312] des EuHB.

Sofern die Handlung, aufgrund derer ein EuHB ergangen ist, nicht nach dem Recht beider beteiligten Staaten eine Straftat darstellt, ergibt sich für den Vollstreckungsstaat ein fakultativer Ablehnungsgrund (Art. 4 Nr. 1 Rb-EuHB). Ausgenommen hiervon sind jedoch die in Art. 2 Abs. 2 Rb-EuHB katalogmäßig erfassten Deliktsgruppen, für die eine Überprüfung des Vorliegens beiderseitiger Strafbarkeit durch den Vollstreckungsstaat ausgeschlossen ist.[313]

(2) Strafrechtliche Verfolgung im Vollstreckungsmitgliedstaat wegen derselben Handlung

In Art. 4 Abs. 2 Rb-EuHB wurde die Konzeption des Art. 8 EuAlÜbk (1957) übernommen[314] und dadurch dem ersuchten Staat ermöglicht, seiner Gerichtsbarkeit den Vorzug einzuräumen und die Übergabe zu verweigern.[315] Der Ablehnungsgrund setzt voraus, dass die gesuchte Person im Vollstreckungsmitgliedstaat wegen derselben Tat strafrechtlich verfolgt wird. Derzeit haben die zuständigen Behörden der Mitgliedstaaten die Möglichkeit, wegen jeder Straftat, für deren Verfolgung sie nach ihrem innerstaatlichen Recht zuständig sind, ein Strafverfahren zu führen.[316] Der Ablehnungsgrund kann auch dann eingreifen, wenn bei konkurrierender Gerichtsbarkeit erst das Ersuchen zum Anlass genommen wird, die Auslieferung zum Zwecke der Aufnahme eigener Ermittlungen abzulehnen.[317]

(3) Nichteinleitung eines Verfahrens oder Verfahrenseinstellung

Gemäß Art. 4 Nr. 3 Rb-EuHB ist die Ablehnung der Vollstreckung des EuHB in das Ermessen der Vollstreckungsbehörde gestellt, wenn die Justizbehörden des Vollstreckungsmitgliedstaats beschlossen haben, wegen der Straftat, weswegen der EuHB

---

310 *Nalewajko*, S. 176.

311 *Schünemann*, StV 2003, S. 532, *ders.*, ZRP 2003, S. 185 f., *ders.*, StraFo 2003, S. 347 f., *Wehnert*, StraFo 2003, S. 358, *Ahlbrecht*, StV 2005, S. 41 ff., *von Unger*, NvwZ 2005, S. 1272, *Rohlff*, S. 88, *Satzger*, 5. Aufl., § 10, Rz. 27. Zur Kritik s. *Schünemann*, GA 2002, S. 507 f., *Roxin/ Schünemann*, § 3 Rz. 21 f., *Petter* in: Schünemann (Hrsg.), S. 132.

312 *Hecker*, 4. Aufl., § 12, Rz. 25.

313 *Unger*, S. 96.

314 *von Bubnoff*, EuHB, S. 78

315 *Freund*, S. 229.

316 *Hecker*, 4. Aufl., § 12, Rz. 4.

317 So im Ergebnis auch die Begründung des Entwurfs der Bundesregierung für ein Europäisches Haftbefehlsgesetz, BT-Drucks 15/1718 S. 21; s. dazu noch *Pohl*, S. 206, *Ahlbrecht*, StV 2005, S. 45, *von Bubnoff*, EuHB, S. 78.

ausgestellt worden ist, kein Verfahren einzuleiten. Ferner kann ein Übergabeersuchen abgelehnt werden, wenn die Justizbehörden des Vollstreckungsstaates das Verfahren wegen der Straftat, weswegen der EuHB ausgestellt worden ist, eingestellt haben. Der ersuchte Staat kann also die Vollstreckung eines EuHB verweigern, wenn aus Sicht seiner Strafverfolgungsorgane keine zureichenden Anhaltspunkte für eine verfolgbare Straftat vorliegen[318] oder mangels hinreichenden Tatverdachts von der weiteren Verfolgung der Tat abgesehen wird[319].

(4) Rechtskräftige Entscheidung im Vollstreckungsmitgliedstaat

Die Übergabe der gesuchten Person kann auch beim Vorliegen einer rechtskräftigen Entscheidung wegen derselben Handlung im Vollstreckungsstaat verweigert werden. Anders als bei Art. 3 Nr. 2 Rb-EuHB kommt es hier nicht darauf an, ob gegen die verfolgte Person eine Sanktion verhängt wurde. Unter den Begriff der Entscheidung fallen alle Entscheidungen, die keine Urteilsqualität haben[320] und mit denen ein Strafverfahren abgeschlossen werden kann.[321] In den Fällen *Gözütok* und *Brügge*[322] hat der EuGH die Anforderungen an die rechtskräftige Aburteilung für Art. 54 SDÜ präzisiert. Nach den in der Literatur konzipierten Kriterien setzt eine rechtskräftige Aburteilung[323] voraus, dass 1) eine verfahrensbeendende Entscheidung[324] einer zur Mitwirkung am Strafverfahren berufenen Behörde[325] vorliegt und 2) diese den endgültigen Verbrauch der Strafklage nach dem nationalen Recht bewirkt[326]. Die vorgenannten Kriterien werden von *Freund* zur Definition des Begriffs

318 *Tinkl*, S. 192

319 *Freund*, S. 243, *Wehnert*, StraFo 2003, S. 368.

320 *Rohlff*, S. 124.

321 *Ebd.*, S. 123 f., *Freund*, S. 236.

322 EuGH, Urteile vom 11.02.2003, Rs. C-187/01 (*Gözütok*) und C-385/01 (*Brügge*), Slg. 2003, I-01345.

323 Abgelehnt, wenn die Staatsanwaltschaft eines Mitgliedstaates die Strafverfolgung nur deshalb einstellt, weil in einem anderen Mitgliedstaat Strafverfolgungsmaßnahmen gegen denselben Beschuldigten wegen derselben Tat eingeleitet worden sind, ohne dass im Erstverfolgerstaat eine Prüfung in der Sache erfolgt ist, vgl. dazu *Satzger*, 6. Aufl., §10 Rz. 74.

324 Auch Entscheidungen, die ohne die Beteiligung eines Gerichts ergangen sind, vgl. *Satzger*, 6. Aufl., § 10 Rz. 74; *ders.*, in: FS für Claus Roxin, S. 1527 f., *Vogel/ Norouzi*, JuS 2003, S. 1061.

325 *Satzger*, 5. Aufl., § 10 Rz. 70, *ders.* in: FS für Claus Roxin, S. 1527 f., *Vogel/ Norouzi*, JuS 2003, S. 1061.

326 *Satzger*, 6. Aufl., § 10 Rz. 74, *ders.* in: FS für Claus Roxin, S. 1527 f., *Vogel/ Norouzi*, JuS 2003, S. 1061, nicht bei polizeilichen Entscheidungen, die nach dem Recht des Erstverfolgerstaates keine endgültige Erledigungswirkung entfalten, vgl. EuGH, Urteil vom 22.12.2008, Rs. C-491/07 (*Turanský*), Slg. 2008, I-11039, Rz. 40 f., 45 und Tenor.

der „rechtskräftigen Entscheidung“ herangezogen.[327] Nach seiner überzeugenden Auffassung ist Art. 4 Nr. 3 Rb-EuHB anwendbar, wenn eine verfahrensabschließende und rechtskraftbewirkende Entscheidung vorliegt, die nach dem Recht des Erstverfolgerstaates zu einem Verbrauch der Strafklage führt.[328]

(5) Verjährung der Tat im Vollstreckungsmitgliedstaat

Im Gegensatz zu Art. 10 EuAuslÜbk, wonach beim Eintritt der Verjährung die Auslieferung der Person zwingend verweigert werden musste, stellt Art. 4 Nr. 4 Rb-EuHB die Übergabeentscheidung in das Ermessen der vollstreckenden Justizbehörde. Die vollstreckende Justizbehörde kann sich auf den Verjährungseinwand nur berufen, wenn die Handlungen, die dem EuHB zugrunde liegen, der Gerichtsbarkeit des Vollstreckungsstaates unterliegen.[329]

Es ist streitig, ob der Vollstreckungsmitgliedstaat die Vollstreckung des EuHB ablehnen kann, wenn es sich bei der Tat, die aus Gründen der Verjährung nicht mehr strafrechtlich belangt werden kann, um eine Katalogstraftat handelt. *Pohl* vertritt die Auffassung, dass sich Art. 4 Nr. 4 im Gegensatz zu Art. 4 Nr. 1 nicht ausdrücklich auf Art. 2 Abs. 4 Rb-EuHB bezieht und schlussfolgert daraus, dass der Verjährungseinwand auch im Anwendungsbereich des Straftatenkatalogs von Art. 2 Abs. 2 Rb-EuHB gilt. Da aber die Anwendung von Art. 4 Nr. 4 auf die Listentaten die ausstellende Behörde dazu anhalten würde, die der Verjährung vorverlagerte Frage der Strafbarkeit zu prüfen, stünde dies im Widerspruch zu der partiellen Abkehr von der Erfordernis der beiderseitigen Strafbarkeit.[330] Hingegen entspricht die Vollstreckungsverweigerung nach *Blekxtoon* elementaren Prinzipien des Auslieferungsrechts, wenn der beschriebene Sachverhalt auch nach dem Recht des Vollstreckungsstaates strafbar und wenn die Verjährung nach seinem Recht eingetreten ist. Ansonsten könnte die Strafverfolgung der gesuchten Person durch seine Übergabe an einen Staat mit längeren Verjährungsvorschriften erzielt werden, was zu *forum-shopping* verführen könnte.[331] Dieser Auffassung ist beizupflichten, weil aus Art. 4 Nr. 4 deutlich wird, dass der Gemeinschaftsgesetzgeber den Anwendungsbereich von Art. 4 Nr. 4 nicht einschränken wollte. Wenn der Gesetzgeber die Katalogtaten von dem fakultativen Ablehnungsgrund ausnehmen wollte, wäre der Anwendungsbereich von Art. 4 Nr. 4 entsprechend eingeengt. Durch die Normierung als Ermessensvorschrift wird dem Vollstreckungsmitgliedstaat die Möglichkeit eingeräumt, bei bestimmten Deliktsarten trotz eingetretener Verjährung die Übergabe der gesuchten Person zu bewilligen. Außerdem kann die Verjährungsfrage nur bei Taten geprüft werden, die nach den eigenen Vorschriften des Vollstreckungsmitgliedstaates strafbar sind, weil sich ansonsten die Frage nach

327 *Freund*, S. 236.
328 *Ebd.*, S. 236 ff.
329 *Rohlff*, S. 95.
330 *Pohl*, S. 206.
331 *Blekxtoon* in: Blekxtoon/ van Ballegooij, S. 236.

der Verfolgbarkeit gar nicht stellt. In diesem Sinne steht der Anwendungsbereich von Art. 4 Nr. 4 Rb-EuHB nicht wirklich im Widerspruch zu dem partiellen Verzicht auf das Erfordernis der doppelten Strafbarkeit. Bei Katalogtaten besteht eine Vollstreckungspflicht auch dann, wenn die Tat im Vollstreckungsstaat nicht strafbar ist. Hingegen kann die Übergabe verweigert werden, wenn die Tat nach den Vorschriften des Vollstreckungsstaates verjährt ist.

(6) Verurteilung in einem Drittstaat wegen derselben Handlung

Der Rb-EuHB differenziert zwischen Verurteilungen in einem anderen Mitgliedstaat und in einem Staat, der nicht zur EU gehört. Die Vollstreckung des EuHB steht in dem freien Ermessen der Vollstreckungsbehörde, wenn ihr die Tatsache einer rechtskräftigen Verurteilung in einem Drittstaat bekannt wird, Art. 4 Nr. 5 Rb-EuHB. Der Ermessensspielraum der Vollstreckungsbehörde ist erst eröffnet, wenn im Falle einer Verurteilung die Sanktion bereits vollstreckt worden ist, gerade vollstreckt wird oder nach dem Recht des Urteilsstaats nicht mehr vollstreckt werden kann.

(7) Territorialitätsvorbehalt und Vorbehalt bei Tatbegehung außerhalb des Hoheitsgebiets des Ausstellungsmitgliedstaates

Für Auslieferungsersuchen, die die inländische Gerichtsbarkeit (Nr. a) oder die extraterritoriale Zuständigkeit (Nr. b) betreffen, kann nach Art. 4 Nr. 7 Rb-EuHB ein Auslieferungshindernis bestehen. Die Bestimmungen ermöglichen dem vollstreckenden Staat in Fällen konkurrierender Strafansprüche die Verweigerung der Vollstreckung.[332] Dabei wird die Entscheidung, ob die einem EuHB zugrunde liegende Tat der Gerichtsbarkeit des ersuchenden oder des ersuchten Staates unterzogen wird, in das Ermessen des vollstreckenden Staates gestellt. Der vollstreckenden Behörde steht es frei, bei Straftaten, die auf dem Territorium ihres Staates ganz oder teilweise begangen wurden, den Zugriff auf die gesuchte Person zu versagen. Der Rb-EuHB enthält keine näheren Vorgaben darüber, nach welchen Maßstäben und Kriterien die Ermessensentscheidung zu treffen ist. Diese Ausgangssituation birgt die Gefahr erheblicher Unsicherheit bei der Vollstreckung von EuHB, die wegen Straftaten mit Bezug zu mehreren Staaten erlassen wurden.

cc) Sonstige Übergabehindernisse

(1) Aufgeschobene und vorübergehende Übergabe

Die vollstreckende Justizbehörde kann nach der Entscheidung zur Vollstreckung des EuHB gemäß Art. 24 Abs. 1 Rb-EuHB die Übergabe der gesuchten Person aufschieben, wenn diese im Vollstreckungsstaat wegen einer anderen als der im EuHB genannten Handlung gerichtlich verfolgt wird. Im Falle, dass die gesuchte Person im Vollstreckungsmitgliedstaat bereits verurteilt worden ist und eine Strafe verbüßen

---

332 *Rohlff*, S. 9.

muss, die gegen sie verhängt wurde, kann ebenfalls die Übergabe auf unbestimmte Zeit verschoben werden.

Statt die Übergabe aufzuschieben, kann die vollstreckende Justizbehörde gemäß Art. 24 Abs. 2 Rb-EuHB die gesuchte Person dem Ausstellungsstaat vorübergehend unter Bedingungen übergeben. Die Bedingungen können zwischen den beteiligten Behörden vereinbart werden und sind für alle Behörden des Ausstellungsmitgliedstaats verbindlich.

(2) Garantien, Art. 5 Rb-EuHB

Der Vollstreckungsmitgliedstaat kann gemäß Art. 5 Rb-EuHB die Vollstreckung des EuHB von bestimmten Bedingungen abhängig machen. Die in Art. 5 Abs. 1 und Abs. 2 Rb-EuHB aufgelisteten Fallkonstellationen betreffen die Gewährleistungen, die der vollstreckende Staat bei EuHB verlangen kann, die zur Strafvollstreckung ergangen sind. Da sich die vorliegende Untersuchung auf EuHB bezieht, welche die Übergabe einer gesuchten Person zur Strafverfolgung betrifft, ist lediglich Art. 5 Abs. 2 und 3 Rb-EuHB zu berücksichtigen. Nach Art. 5 Abs. 2 Rb-EuHB kann die Vollstreckung des EuHB an eine Bedingung geknüpft werden, wenn die Straftat, die dem EuHB zugrunde liegt, mit lebenslanger Freiheitsstrafe bedroht ist.

Art. 5 Nr. 3 Rb-EuHB lässt dem Vollstreckungsstaat die Möglichkeit, die Übergabe zur Strafverfolgung von der Garantie der Rücküberstellung abhängig zu machen, wenn der Verfolgte Staatsangehöriger des Vollstreckungsmitgliedstaats ist oder in diesem wohnhaft ist.[333] Diese Bestimmung beruht auf „dem Schutz bestimmter Gefühlsbande einer Person zu ihrem engsten Umfeld"[334] und bezweckt vor allem, dass die Resozialisierungschancen der gesuchten Person durch die Strafverbüßung im Heimatstaat erhöht werden.[335] Sie liefert weder einen zwingenden noch einen fakultativen Grund für die Verweigerung der Vollstreckung eines EuHB, der zur Strafverfolgung ergangen worden ist. Nach Art. 5 Nr. 3 Rb-EuHB können die Mitgliedstaaten den zuständigen Justizbehörden unter bestimmten Umständen erlauben zu entscheiden, dass eine verhängte Strafe im Hoheitsgebiet des Vollstreckungsmitgliedstaats vollstreckt werden muss.[336]

---

333 *Rohlff*, S. 135.

334 GA *Villalón* in den Schlussanträgen des EuGH, Urteil vom 21.10.2010, Rs. C-306/09, Slg. 2010, I-10341, I.B. vom 06.07.1010, Rz. 32.

335 EuGH, Urteil vom 06.10.2009, Rs. C-123/08 (*Wolzenburg*), Slg. 2009, I-9621, Rz. 62; EuGH, Urteil vom 21.10.2010, Rs. C-306/09, Slg. 2010, I-10341, I.B. vom 06.07.1010, Rz. 52.

336 *Ebd.*, Rz. 51.

(3) Grund- und Menschenrechtsvorbehalt

Die Frage, ob ein Mitgliedstaat die Übergabe einer gesuchten Person aus menschenrechtlichen Erwägungen verweigern kann, gehört zu den umstrittensten Fragen des Europäischen Strafrechts.[337]

Im Rb-EuHB finden sich grundrechtsbezogene Regelungen vor allem in den Erwägungsgründen. Nach Erwägungsgrund 12 achtet der Rb-EuHB die Grundrechte und wahrt die in Art. 6 EUV anerkannten Grundsätze, wobei auch auf die Grundrechtscharta, insbesondere deren Kapitel VI verwiesen wird. Es wird erklärt, dass keine Bestimmung so ausgelegt werden darf, dass sie es untersagt, die Übergabe einer Person abzulehnen, wenn objektive Anhaltspunkte dafür vorliegen, dass der genannte Haftbefehl zum Zwecke der Verfolgung oder Bestrafung einer Person aus Gründen ihres Geschlechts, ihrer Rasse, Religion, ethnischen Herkunft, Staatsangehörigkeit, Sprache, politischen Überzeugung oder sexuellen Ausrichtung erlassen wurde oder dass die Stellung dieser Person aus einem dieser Gründe beeinträchtigt werden kann. Außerdem belässt der Rb-EuHB jedem Mitgliedsstaat die Freiheit zur Anwendung seiner verfassungsmäßigen Regelung des Anspruchs auf ein ordnungsgemäßes Gerichtsverfahren, der Vereinigungsfreiheit, der Pressefreiheit und der Freiheit der Meinungsäußerung in anderen Medien.[338]

Erwägungsgrund 13 enthält das Verbot der Übergabe bei einem ernsthaften Risiko der Todesstrafe, der Folter oder einer anderen unmenschlichen oder erniedrigenden Strafe oder Behandlung. In Art. 1 Abs. 3 findet sich lediglich der allgemeine Hinweis, wonach der Rahmenbeschluss nicht die Pflicht berührt, die Grundrechte und die allgemeinen Rechtsgrundsätze, wie sie in Art. 6 EUV niedergelegt sind, zu achten.

Insgesamt kann dem Rb-EuHB keine eindeutige Stellungnahme dazu entnommen werden, ob und welche Grundrechte als Vollstreckungshindernis in Betracht kommen.[339] Die fehlende klare und ausdrückliche Verankerung eines Grundrechtsvorbehalts hat dazu geführt, dass die in dem Rb-EuHB enthaltenen Aussagen zu dem Grundrechtsschutz in den einzelnen Mitgliedstaaten unterschiedlich umgesetzt wurden.[340] In Deutschland wurde im Zuge der Umsetzung des Rb-EuHB auf Anregung des Bundesrates[341] § 73 S. 3 IRG eingeführt, der einen so genannten *europäischen ordre public*[342] enthält.[343] Das österreichische Umsetzungsgesetz sieht in § 19

---

337 Vgl. Teil 3, Kap. B.

338 Erwägungsgrund Nr. 12 zum Rb-EuHB, Abs. 2.

339 *Rohlff*, S. 57.

340 Ratsdok. 8302/4/09 REV 4, Anlage, S. 14; zur Umsetzung in einzelnen Ländern s. Ferraro/ Carmona.

341 BT-Drucks. 15/1817.

342 Zu dieser Begrifflichkeit s. *Hackner* in: Schomburg/ Lagodny/ Gleß/ Hackner (Hrsg.), § 83 Rz. 1; *Vogel* in: Grützner/ Pötz (Hrsg.), § 73 Rz. 39 ff., 131 ff. m.w.N.

343 Demnach ist die Vollstreckung eines EuHB unzulässig, wenn die Erledigung zu den in Art. 6 des Vertrags über die Europäische Union enthaltenen Grundsätzen im Widerspruch stünde. Nach dem Willen des Gesetzgebers soll die Verweisung die Überprüfung von Grundrechtsstandards – auch die sich aus den gemeinsamen

Abs. 4 EU-JZG auch einen ausdrücklichen *ordre public*-Vorbehalt vor.[344] Ähnliche Regelungen wie in Deutschland und Österreich finden sich, wenn auch in unterschiedlicher Form, in Belgien[345], Griechenland[346] und Litauen[347] etc.[348]

Nach den Grundsatzentscheidungen des EuGH in Sachen *Radu*[349], *Melloni*[350] und *Jeremy F.*[351] können die Mitgliedstaaten die Vollstreckung eines EuHB nur in den Fällen ablehnen, in denen sie gemäß Art. 3 des Rahmenbeschlusses abzulehnen ist oder gemäß Art. 4 oder 4a des Rahmenbeschlusses abgelehnt werden kann. Außerdem kann die vollstreckende Justizbehörde die Vollstreckung eines EuHB nur an die in Art. 5 des Rahmenbeschlusses angeführten Bedingungen knüpfen.[352] Es ist schwer vorstellbar, dass diese Rechtsprechung dahingehend zu interpretieren ist,

---

Verfassungsüberlieferungen der Mitgliedstaaten ergebenden – sicherstellen, s. dazu *Vogel* in: Grützner/ Pötz (Hrsg.), § 73 Rz. 39 ff.

344 S. *Murschetz*, S. 350. Nach dieser Bestimmung muss die Übergabe abgelehnt werden, wenn sie die in Art. 6 des Vertrags über die Europäische Union anerkannten Grundsätze verletzen würde oder objektive Anhaltspunkte dafür vorliegen, dass der Haftbefehl zum Zweck der Verfolgung oder Bestrafung der betroffenen Person aus Gründen ihres Geschlechts, ihrer Rasse, Religion, ethnischen Herkunft, Staatsangehörigkeit, Sprache, politischen Überzeugung oder sexuellen Ausrichtung erlassen worden ist oder die Stellung dieser Person aus einem dieser Gründe sonst beeinträchtigt würde, vgl. § 19 Abs. 4 Bundesgesetz über die justizielle Zusammenarbeit in Strafsachen mit den Mitgliedstaaten der Europäischen Union (EU-JZG), BGBl. 2004, Teil I, Nr. 36.

345 Ratsdok. 6353/04 COPEN 21 EJN 7 EUROJUST 13 vom 16.02.2004, S. 7, online abrufbar unter: http://www.ejn-crimjust.europa.eu/ejn/libdocumentproperties.aspx?Id=63, Stand: 20.09.2015.

346 Ratsdok. 5740/05 COPEN 20 EJN 3 EUROJUST 3 vom 27.01.2005, S. 5, online abrufbar unter: http://www.ejn-crimjust.europa.eu/ejn/libdocumentproperties.aspx?Id=70, Stand: 20.09.2015.

347 Ratsdok. 11097/04 COPEN 85 EJN 49 EUROJUST 63 vom 02.07.2004, S. 7, online abrufbar unter: http://www.ejn-crimjust.europa.eu/ejn/libdocumentproperties.aspx?Id=73, Stand: 20.09.2015.

348 Konkrete Informationen zu den Umsetzungsgesetzen der einzelnen Mitgliedstaaten finden sich unter http://www.ejn-crimjust.europa.eu/ejn/libcategories.aspx?Id=14 (Stand: 16.09.2015).

349 EuGH, Urteil vom 29.01.2013, Rs. C-396/11 (*Radu*), noch nicht in der amtl. Slg. veröff., Rz. 31.

350 EuGH, Urteil vom 26.02.2013, Rs. C-399/11 (*Melloni*), noch nicht in der amtl. Slg. veröff., Rz. 38.

351 EuGH, Urteil vom 30.05.2013, Rs. C-168/13 (*Jeremy F.*), noch nicht in der amtl. Slg. veröff., Rz. 36.

352 EuGH, Urteil vom 29.01.2013, Rs. C-396/11 (*Radu*), noch nicht in der amtl. Slg. veröff., Rz. 31, EuGH, Urteil vom 26.02.2013, Rs. C-399/11 (*Melloni*), noch nicht in der amtl. Slg. veröff., Rz. 38, EuGH, Urteil vom 30.05.2013, Rs. C-168/13 (*Jeremy F.*), noch nicht in der amtl. Slg. veröff., Rz. 36.

dass die Grund- und Menschenrechte der gesuchten Person bei der Übergabeentscheidung keine Berücksichtigung finden. An dieser Stelle kann jedenfalls festgehalten werden, dass Art. 1 Abs. 3 Rb-EuHB keinen fakultativen oder zwingenden Verweigerungsgrund enthält.

(4) Vorrechte und Immunitäten

Ein weiterer Ablehnungsgrund ergibt sich aus Art. 20 Rb-EuHB, der einen allgemeinen Rechtsgrundsatz des Auslieferungsrechts enthält. Demnach kann einem Übergabeersuchen nicht entsprochen werden, wenn die gesuchte Person eine völkerrechtlich oder innerstaatlich begründete Immunität genießt. Genießt die gesuchte Person eine Immunität, so beginnen die Fristen nach Art. 17 Rb-EuHB nur zu laufen, wenn die vollstreckende Justizbehörde davon unterrichtet worden ist, dass das Vorrecht oder die Immunität aufgehoben wurde. In diesem Fall beginnt die Frist am Tag der Unterrichtung.

(5) Aussetzung der Übergabe aus humanitären Gründen

Art. 23 Abs. 3 Rb-EuHB sieht vor, dass die tatsächliche Übergabe der Person beim Vorliegen schwerwiegender humanitärer Gründe ausnahmsweise ausgesetzt werden kann. Als Beispiel wird der Fall genannt, dass die Vollstreckung offensichtlich eine Gefährdung für Leib oder Leben der gesuchten Person darstellen würde. Generalanwältin *Sharpston* hat in ihren Schlussanträgen in der Sache Radu zutreffend bemerkt, dass Art. 23 Abs. 4 Rb-EuHB den Schutz der gesuchten Person bezweckt.[353]

Ergebnis

Der EuHB ist die prominenteste und zugleich eine der wichtigsten Maßnahmen im Bereich der justiziellen Zusammenarbeit in Strafsachen innerhalb der EU. Er zielt auf die Abschaffung des schwerfälligen und langsamen Auslieferungsverkehrs und die Einführung eines neuen und vereinfachten Systems des freien Verkehrs strafrechtlicher, justizieller Entscheidungen ab.[354] Dadurch sollen die Komplexität und die Verzögerungsrisiken, die dem traditionellen Auslieferungsverfahren innewohnen, beseitigt werden. Auf der Grundlage des Grundsatzes der gegenseitigen Anerkennung soll ein freier Verkehr strafrechtlicher Entscheidungen verwirklicht werden.[355]

Der Rb-EuHB, der die Rechtsgrundlage des EuHB bildet, entfaltet als Rechtsakt des Unionsrechts Bindungswirkung für alle Mitgliedstaaten. Diese haben den Rb-EuHB in ihr innerstaatliches Recht zu implementieren und dieses entsprechend

353 GA *Sharpston*, Schlussanträge zu EuGH, Urteil vom 29.01.2013, Rs. C-396/11 (*Radu*), noch nicht in der amtl. Slg. veröff., Rz. 11.
354 Erwägungsgrund 5 zum Rb-EuHB.
355 *Ebd.*

seinen Zielsetzungen anzuwenden und auszulegen. Im Anwendungsbereich des Rb-EuHB kommt es nicht mehr darauf an, welche diplomatischen Beziehungen zwischen dem ersuchenden und ersuchten Staat bestehen.

Auch wenn die Terminologie des Rahmenbeschlusses zur Annahme verführt, dass der Vollstreckungsmitgliedstaat jedem EuHB vorbehaltlos Folge zu leisten hat, sprechen Art. 3 und Art. 4 Rb-EuHB gegen einen Bewilligungsautomatismus.[356] Entgegen den teilweise vorgebrachten Befürchtungen, dass der EuHB zu einer „unbedingten und ungeprüften Strafverfolgung“[357] führen würde, enthält der Rb-EuHB bestimmte Übergabehindernisse, die meist den Regelungen des traditionellen Auslieferungsrechts entsprechen[358]. Entsprechend den rahmenbeschlussrechtlichen Vorgaben muss der vollstreckende Staat die Übergabe des Betroffenen in drei Fällen verweigern. Zum Schutz der nationalen Strafpolitik der Mitgliedstaaten sind Vollstreckungsverweigerungen bei Amnestie (Art. 3 Nr. 1 Rb-EuHB) oder fehlender Strafmündigkeit (Art. 3 Nr. 3 Rb-EuHB) vorgesehen. Sowohl im Falle, dass die Straftat, derentwegen der EuHB erlassen wurde, unter eine Amnestie fällt, als auch bei strafrechtlicher Verantwortlichkeit, bestimmen sich die Tatbestandsmerkmale nach dem Recht des Vollstreckungsmitgliedstaates.[359] Neben den zwingenden Übergabehindernissen haben die fakultativen und sonstigen Gründe einen Platz in der Übergabeentscheidung. In Art. 4 Rb-EuHB werden sieben Fälle aufgelistet, in denen der vollstreckende Staat die Übergabe der gesuchten Person verweigern kann. An erster Stelle wird die Möglichkeit genannt, die Vollstreckung zu verweigern, wenn die dem EuHB zugrunde liegende Tat nach dem Recht des Vollstreckungsmitgliedstaates nicht strafbar ist. Dadurch wird das aus dem klassischen Auslieferungsrecht bekannte Erfordernis der beiderseitigen Strafbarkeit[360] fortgeführt. Als zentrale Innovation des Rb-EuHB gilt die Ausklammerung von 32 Deliktsgruppen von dem Erfordernis der beiderseitigen Strafbarkeit.

Aus Rücksicht auf die Strafverfolgungspolitik der Mitgliedstaaten verschafft der Rb-EuHB bei parallelen Strafverfahren in den beteiligten Staaten vier Verweigerungsmöglichkeiten in folgenden Konstellationen. Der vollstreckende Staat kann die Übergabe der gesuchten Person bei 1) strafrechtlicher Verfolgung, 2) Nichteinleitung eines Verfahrens, 3) Verfahrenseinstellung oder 4) rechtskräftiger Entscheidung wegen derselben Handlung, die dem EuHB zugrunde liegt, ablehnen.[361] Ferner besteht die Möglichkeit der Ablehnung bei Verjährung der Tat im Vollstreckungsmitgliedstaat, vorausgesetzt, dass die Straftat seiner Gerichtsbarkeit unterliegt. Anders als bei einer rechtskräftigen Verurteilung in einem Mitgliedstaat der EU begründet eine Verurteilung in einem Drittstaat keinen zwingenden, sondern

356 *Pohl*, S. 67.
357 *Vogel*, JZ 2001, S. 940.
358 *von Heintschel-Heinegg/ Rohlff*, GA 2003, S. 49.
359 Vgl. oben Teil 1, Kap. B. IV. 3. f), aa), (2) f.
360 Vgl. oben Teil 1, Kap. B. IV. 3. f), bb), (1).
361 Vgl. oben Kap. B. IV. 3. f), bb), (3) f.

einen fakultativen Verweigerungsgrund. Wenn der EuHB sich auf Straftaten erstreckt, die nach den Rechtsvorschriften des Vollstreckungsmitgliedstaats ganz oder zum Teil in dessen Hoheitsgebiet oder an einem diesem gleichgestellten Ort begangen worden sind, kann er die Übergabe verweigern. Einen weiteren Vorbehalt besteht bei Tatbegehung außerhalb des Hoheitsgebietes des Ausstellungsmitgliedstaates. Der Tatbestand des Ablehnungsgrundes ist erfüllt, wenn die Rechtsvorschriften des Vollstreckungsmitgliedstaats die Verfolgung von außerhalb seines Hoheitsgebiets begangenen Straftaten gleicher Art nicht zulassen.[362]

Wird die auf Grund des EuHB gesuchte Person wegen einer anderen Tat in dem Vollstreckungsmitgliedstaat strafrechtlich verfolgt oder muss gegen sie eine bereits verhängte Strafsanktion verbüßen, kann ihre Übergabe nach Art. 24 Abs. 1 Rb-EuHB aufgeschoben werden. Bei gleichbleibenden Voraussetzungen kann die vollstreckende Behörde die vorübergehende Übergabe der Person unter Bedingungen beschließen. Die Wahl zwischen den vorgenannten Optionen stellt der Rb-EuHB ins Ermessen der vollstreckenden Behörde.[363]

Die Übergabe des Betroffenen, der mittels eines EuHB zwecks Strafverfolgung gesucht wird, kann gemäß Art. 5 Rb-EuHB von der Gewährung bestimmter Garantien abhängig gemacht werden.[364] Den Resozialisierungschancen des Betroffenen wird durch die Bedingung der Gewährung einer Rücküberstellungsgarantie für den Fall seiner Verurteilung Rechnung getragen. Bei einer zu erwartenden lebenslangen Freiheitsstrafe kann die Übergabe an die Bedingung geknüpft werden, dass die Rechtsordnung des Ausstellungsstaates die Überprüfung der verhängten Strafe zulässt.[365] Da sich eventuelle Vorrechte oder Immunitäten der gesuchten Person lediglich auf die Fristen auswirken können[366], wird von ihrer Berücksichtigung innerhalb des Modells abgesehen. Der Rb-EuHB sieht keinen Grundrechtsvorbehalt vor.[367] Die in Art. 23 Rb-EuHB vorgesehene Aussetzungsmöglichkeit betrifft die tatsächliche Übergabe[368] der gesuchten Person und hat keine Auswirkungen auf die Zulassung oder Zurückweisung des Übergabeersuchens. Aus diesem Grund bedarf es nicht der Aufnahme in das rahmenbeschlussrechtliche Modell der eigentlichen Übergabeentscheidung.

362 Vgl. oben Kap. B. IV. 3. f), bb), (7).
363 Vgl. oben Kap. B. IV. 3. cc), (1).
364 Vgl. oben Kap. B. IV. 3. cc), (2).
365 *Ebd.*
366 S. oben Kap. B. IV. 3. cc), (3).
367 S. oben Kap. B. IV. 3. cc), (4).
368 S. oben Kap. B. IV. 3. cc), (5).

C. Schutz des Betroffenen im Rahmen des Übergabeverfahrens

Die Übergabe aufgrund des EuHB ist mit einschneidenden Eingriffen in die Rechtsposition des Betroffenen verbunden. Während der Rb-EuHB detaillierte Verfahrensregelungen etwa über die Zuständigkeit, Inhalt und Form des EuHB, Modalitäten seiner Übermittlung etc. enthält, ist der Grundrechtsschutz des Beschuldigten nur fragmentarisch geregelt. Es stellt sich die Frage, ob und wenn ja, an welchen Grund- und Menschenrechten der vollstreckende Staat bei der Ausführung des EuHB gebunden ist. Davon zu trennen ist das meistens umstrittene Problem im Bereich des Übergabeverfahrens, nämlich die Frage nach der Verweigerung der Übergabe bei schützenswerten Interessen des Betroffenen. Der vollstreckende Staat darf nach der gegenwärtigen Rechtslage die Übergabe aus Gründen ablehnen, die in dem Rb-EuHB nicht explizit genannt sind. Der Rb-EuHB geht von dem Idealfall aus, dass der ausstellende Staat die Rechte des Betroffenen hinreichend wahrt und deshalb kein Raum für einen Grundrechtsvorbehalt besteht. Ob sich dieses Konzept in der Praxis bestätigt, wird im zweiten Teil der Untersuchung unter Darstellung der Diskussion ausführlich behandelt. An dieser Stelle soll ermittelt werden, an welche Grund- und Menschenrechte der Vollstreckungsstaat gebunden ist und welche Pflichten sich daraus ergeben. Anschließend wird erörtert, welche Rechtsschutzmöglichkeiten dem Betroffenen für den Fall zur Verfügung stehen, dass die vollstreckende Behörde seine Grund- und Menschenrechte verletzt hat.

I. Bindung der beteiligten Staaten an internationale und europäische Grund- und Menschenrechte bei der Durchführung des Rb-EuHB

1. Völkerrechtliche Bindung der beteiligten Staaten an das Menschenrechtsabkommen der Vereinten Nationen

In der im Jahr 1948 verabschiedeten Allgemeinen Erklärung der Menschenrechte der Vereinten Nationen wurde erstmalig in einem internationalen Dokument das Konzept der „Menschenrechte" dargelegt. Obwohl es sich um eine Erklärung ohne rechtsverbindlichen Charakter handelt[369], dient die AEMR als Ausgangspunkt für eine Vielzahl von Menschenrechtsverträgen. Alle EU-Mitgliedstaaten sind Mitglieder der Vereinten Nationen und Vertragsparteien eines Großteils ihrer Menschenrechtsverträge. Zu den sechs Kernverträgen zählt der internationale Pakt über bürgerliche und politische Rechte, der von allen 28 EU-Mitgliedstaaten ratifiziert wurde und völkerrechtlich verbindliche Menschenrechte für das Strafverfahren enthält.[370] Da der

---

369 *Steiner/ Alston/ Goodman*, S. 151; vgl. auch Art. 38 Abs. 1 des IGH-Statuts, der die Völkerrechtsquellen auflistet.

370 Vgl. *Gaede* in: Böse (Hrsg.), § 3 Rz. 38.

Menschenrechtsschutz durch die EMRK und die Charta im Vergleich zur UN-Ebene insgesamt leistungsfähiger erscheint, unterbleibt eine nähere Erörterung.

2. Völkerrechtliche Bindung der Mitgliedstaaten an die EMRK

a) EMRK

Die EMRK ist die älteste Gewährleistung von Grund- und Menschenrechten auf europäischer Ebene und wird zu Recht als das Fundament der europäischen Rechtsschutzverfassung bezeichnet.[371] Die EMRK ist mittlerweile für 47 europäische Staaten – darunter alle EU-Mitgliedstaaten – verbindlich. Sie stellt einen multilateralen völkerrechtlichen Vertrag dar und garantiert allen Menschen innerhalb der Signatarstaaten eine Reihe von Freiheits- und Grundrechten. Die EMRK wird durch die Gewährleistungen in Zusatzprotokollen, die eigenständige völkerrechtliche Verträge sind, ergänzt. Während alle Mitgliedstaaten der EU auch Konventionsstaaten sind, betreffen die Verpflichtungen aus den Zusatzprotokollen nur die Staaten, die auch Vertragsstaat des jeweiligen Zusatzprotokolls sind.[372] In strafrechtlicher Hinsicht relevant sind die Protokolle Nr. 6 vom 28.04.1983.[373] und Nr. 13 vom 03.05.2002.[374], durch die ein Verbot der Todesstrafe festgelegt wird, sowie das Protokoll Nr. 7 vom 22.11.1984.[375], das einige strafverfahrensrechtliche Garantien enthält, wichtig.[376]

Von der völkerrechtlichen Bindungswirkung der EMRK und ihrer Zusatzprotokolle für die Staaten ist die innerstaatliche Geltung der einzelnen Garantien zu unterscheiden. Die EMRK überlässt es den Signatarstaaten, wie sie innerstaatlich die Beachtung der Rechte der EMRK und ihrer Zusatzprotokolle sicherstellen.[377] Da sich das Verhältnis der EMRK zum nationalen Recht der Mitgliedstaaten nach dem jeweiligen nationalen Recht richtet[378], kann der Konvention in den einzelnen Mitgliedstaaten ein

---

371 *Nowak*, 4. Teil, Rz. 12., *Satzger*, 6. Aufl., § 11 Rz. 1.

372 *Kreicker* in: Sieber/ Brüner/ Satzger/ von Heintschel-Heinegg (Hrsg.), § 51 Rz. 2.

373 Protokoll Nr. 6 zur Konvention zum Schutze der Menschenrechte und Grundfreiheiten über die Abschaffung der Todesstrafe (SEV-Nr.: 114).

374 Protokoll Nr. 13 zur Konvention zum Schutze der Menschenrechte und Grundfreiheiten bezüglich der Abschaffung der Todesstrafe unter allen Umständen (SEV-Nr.: 187).

375 Protokoll Nr. 7 zur Konvention zum Schutze der Menschenrechte und Grundfreiheiten (SEV-Nr.: 117).

376 *Kreicker* in: Sieber/ Brüner/ Satzger/ von Heintschel-Heinegg (Hrsg.), § 51 Rz. 2. Die Protokolle Nr. 6 und Nr. 13 sind von Bulgarien und Deutschland ratifiziert worden; das von Deutschland nicht ratifizierte Protokoll Nr. 7 gilt nur für Bulgarien als Vertragsstaat.

377 *Satzger*, 6. Aufl., § 11 Rz. 10, *Kreicker* in: Sieber/ Brüner/ Satzger/ von Heintschel-Heinegg (Hrsg.), § 51 Rz. 3.

378 *Ambos*, 4. Aufl., § 10 Rz. 2; *Satzger*, 6. Aufl., § 11, Rz. 10 ff., *Schorkopf* in: Grabitz/ Hilf/ Nettesheim (Hrsg.), Art. 6 EUV, Rz. 18.

äußerst unterschiedlicher Rang eingeräumt werden.[379] Bei der Ratifikation der EMRK hat das bulgarische Parlament die vollständige und umfassende Bindung Bulgariens an die Rechtsprechung des Gerichtshofs für Menschenrechte anerkannt. Die EMRK genießt gemäß Art. 5 Abs. 2 der bulgarischen Verfassung Vorrang vor dem einfachen Recht. Die Gerichte haben die Gewährleistungen der EMRK in vollem Umfang anzuerkennen. Darüber hinaus sind die mitgliedstaatlichen Gerichte an die EMRK als Teil des europäischen Rechts gebunden[380].

b) Bindung des vollstreckenden Staates an die EMRK

Das Übergabeverfahren stellt ein staatliches Verfahren dar, das nicht losgelöst von der völkerrechtlichen Bindung des vollstreckenden Staates an der EMRK durchgeführt werden kann. Aus Art. 1 Abs. 3 Rb-EuHB und dem Verweis auf Art. 6 EUV ergibt sich zweifelsohne, dass der vollstreckende Staat bei der Übergabeentscheidung an die Garantien der EMRK gebunden ist. Die ausschließliche justizielle Kompetenz im Übergabeverfahren stärkt die Rechtsposition des Betroffenen insofern, als ihm dadurch eine verfahrensrechtliche Stellung zuerkannt wird.[381] Die Frage, inwieweit dem Betroffenen die Gewährleistungen der EMRK als eigene Gegenrechte gegen die Übergabe dienen sollen, ist hingegen weiterhin kontrovers umstritten.[382]

3. Bindung des vollstreckenden Staates an die Unionsgrundrechte bei der Übergabe auf Grund des EuHB

a) Die Unionsgrundrechte im Überblick, Art. 6 Abs. 1 und Abs. 3 EUV

Unter Unionsgrundrechte sind die im Rahmen der EU anerkannten Grundrechte und allgemeinen Rechtsgrundsätze zu verstehen.[383] Innerhalb der EU dient Art. 6 EUV als Leitnorm, aus der zu entnehmen ist, dass die Rechte der Charta die vorrangige Basis des europäischen Grundrechteschutzes bilden.[384] Die in der EMRK verbürgten und die aus den gemeinsamen Verfassungsüberlieferungen der Mitgliedstaaten abzuleitenden Grundrechte sind nach Art. 6 Abs. 3 EUV als allgemeine Grundsätze ein Teil des Unionsrechts.[385] In der Vergangenheit hat der EuGH unter Rückgriff auf die in der vorgenannten Norm angesprochenen Rechtserkenntnisquellen zahlreiche ungeschriebene Rechtsgrundsätze anerkannt und fortentwickelt.[386] Zu den

---

379 *Satzger*, 6. Aufl., § 11 Rz. 10.
380 *Zlatareva/ Panova/ Aleksandrova/ Angelov*, S. 9.
381 *Murschetz*, S. 314.
382 Ausführlich hierzu Teil 3, Kap. B.
383 Vgl. *Ambos*, 4. Aufl., § 10 Rz. 1.
384 *Gaede* in: Böse (Hrsg.), § 3, Rz. 23.
385 *Ambos*, 4. Aufl., § 10, Rz. 2.
386 S. dazu *Nowak*, 4. Teil, Rz. 13, *Ostermann*, S. 30, *Schaller*, S. 23 sowie EuGH, Urteil vom 12.11.1969, Rs. 29/69 (*Stauder*), Slg. 1969, 419, EuGH, Urteil vom 17.12.1970,

Unionsgrundrechten gehören über Art. 6 EUV hinaus die auch Grundrechtsfunktionen wahrnehmenden Grundfreiheiten.[387]

aa) Charta der Grundrechte der EU als Primärrecht, Art. 6 Abs. 1 EUV

Die Charta der Grundrechte[388] wurde im Jahre 2000 geschaffen und ist in der am 12.12.2007 in Straßburg angepassten Fassung[389] mit Inkrafttreten des Vertrags von Lissabon zum 01.12.2009 rechtsverbindlich im Rang europäischen Primärrechts geworden.[390] Die Charta bildet „die zentrale Grundlage des Grundrechtsschutzes" im Rahmen der EU[391] und erfasst explizit zahlreiche, auch für das Strafverfahren bedeutsame europäische Grundrechte. Sie soll die Rechte bekräftigen, die sich vor allem aus den gemeinsamen Verfassungstraditionen der Mitgliedstaaten sowie aus der EMRK und anderen gemeinsamen internationalen Verpflichtungen ergeben.[392]

bb) Allgemeine Rechtsgrundsätze des Unionsrechts

Das Gemeinschaftsrecht verfügte vor der Schaffung der heute rechtsverbindlichen Charta über keinen ausformulierten Grundrechtskatalog. Ende der 60er Jahre wurde klar, dass die EG aufgrund immer größerer Regelungskompetenzen auch in die Sphäre der privaten, insbesondere der wirtschaftlichen Betätigung des Einzelnen eingreifen konnte. Der Gerichtshof entwickelte aus den gemeinsamen Verfassungsüberlieferungen der Mitgliedstaaten und völkerrechtlichen Verträgen, insbesondere der EMRK[393], ungeschriebene Grundrechte und rechtsstaatliche Verfahrensgarantien[394]. Durch Art. 6 Abs. 3 Alt 2 EUV wurden die von dem EuGH im Wege einer wertenden Rechtsvergleichung entwickelten Grundrechte als allgemeine Grundsätze

Rs. 11/70 (*Internationale Handelsgesellschaft*), Slg. 1970, 1025, Rz. 3 f.; EuGH, Urteil vom 14.05.1974, Rs. 4/73 (*Nold*), Slg. 1974, 491, Rz. 12 f.

387 *Gaede* in: Böse (Hrsg.), § 3 Rz. 12 und Rz. 35.

388 Charta der Grundrechte der Europäischen Union, 2000 (ABl. C 364 vom 18.12.2000).

389 Charta der Grundrechte der Europäischen Union, 2007 (ABl. C 303 vom 14.12.2007).

390 *Fassbender*, NvwZ 2010, S. 1049; *Pache/ Rösch*, EuR 2009, S. 774; *Satzger*, 6. Aufl., § 11 Rz. 15; *Schorkopf* in: Grabitz/ Hilf/ Nettesheim (Hrsg.), Art. 6 EUV, Rz. 56; *Kingreen* in: Calliess/ Ruffert (Hrsg.), Art. 6 EUV, Rz. 12; *Naumann*, EuR 2008, S: 424; *Kokott/ Sobotta*, EuGRZ 2010, S. 267; *Douglas-Scott*, HRLR 2011, S. 651.

391 S. *Gaede* in: Böse (Hrsg.), § 3 Rz. 23 sowie Joint communication from Presidents Costa und Skouris vom 24.01.2011 (http://curia.europa.eu/jcms/upload/docs/application/pdf/2011-02/cedh_cjue_english.pdf; Stand: 18.09.2015).

392 Charta der Grundrechte der Europäischen Union, 2007 (ABl. C 303 vom 14.12.2007), Präambel.

393 *Ostermann*, S. 30; *Schaller*, S. 23; EuGH, Urteil vom 12.11.1969, Rs. 29/69 (*Stauder*), Slg. 1969, 419; EuGH, Urteil vom 17.12.1970, Rs. 11/70 (*Internationale Handelsgesellschaft*), Slg. 1970, 1025, Rz. 3 f.; EuGH, Urteil vom 14.05.1974, Rs. 4/73 (*Nold*), Slg. 1974, 491, Rz. 12 f.

394 Zur Entwicklung dieser Rechtsprechung s. *Knecht*, S. 42 ff.

Teil des Unionsrechts.[395] In der Literatur wird es für möglich erachtet, dass es in Zukunft über die vorgenannten Rechtserkenntnisquellen zur Erweiterung des Grundrechtsbestandes kommen kann.[396] Zu den insoweit bereits garantierten Rechten[397] gehören etwa das Recht auf ein faires Verfahren[398], der Grundsatz *nemo tenetur*[399] und das rechtliche Gehör[400], die Verhältnismäßigkeit von Tat und strafrechtlicher Rechtsfolge[401]. Nach der Rechtsprechung des EuGH gehört auch die Wahrung der Verteidigungsrechte in allen Verfahren gegen eine Person, die zu einer sie beschwerenden Maßnahme führen können, zu den fundamentalen Grundsätzen des Gemeinschaftsrechts.[402]

cc) Mittelbare Geltung der EMRK

Die EU ist noch kein Mitglied der EMRK, so dass die dort verbürgten Menschenrechte formell nicht zur Unionsrechtsordnung gehören.[403] In Art. 6 Abs. 2 EUV ist zwar vorgesehen, dass die EU der EMRK beitritt. Dieser Beitritt müsste allerdings nach dem Protokoll (Nr. 8) zu Art. 6 Abs. 2 EUV bestimmte Bedingungen erfüllen. Insbesondere müsste dafür Sorge getragen werden, dass die besonderen Merkmale der Union und des Unionsrechts erhalten bleiben und sicherstellen, dass der Beitritt die Zuständigkeiten und die Befugnisse der unionsrechtlichen Organe unberührt lässt. Im Anschluss an eine Empfehlung der Kommission nahm der Rat im Jahr 2010 einen Beschluss an, mit dem er die Aufnahme von Verhandlungen über eine Beitrittsübereinkunft genehmigte und die Kommission zum Verhandlungsführer bestimmte. Am 05.04.2013 wurde bei den Verhandlungen eine Einigung über die Entwürfe der Beitrittsinstrumente erzielt. In diesem Kontext hat sich die Kommission

---

395 Aus strafrechtlicher Perspektive m.w.N. zusf. *Esser* in: Böse (Hrsg.), § 53 Rz. 23 ff.

396 Vgl. *Gaede* in: Böse (Hrsg.), § 3 Rz. 33 u. 46.

397 S. etwa die Auflistung bei *Esser*, Europäisches Strafrecht, § 53 Rz. 26 ff., umfassend m.w.N. Schwarze/ Hatje in: Schwarze/ Becker/ Hatje/ Schoo, Art. 6 EUV Rz. 21 ff.

398 EuGH, Urteil vom 11.01.2000, Rs. C-174/98 P u. C-189/98 P (*Niederlande und Van der Wal*), Slg. 2000, I-1; zu den Verteidigungsrechten etwa EuGH, Urteil vom 28.03.2000, Rs. C-7/98 (*Krombach*), Slg. 2000, I-1935, EuG, Urteil vom 12.12.2006, Rs. T-228/02 (*Volksmudschaheddin*), Slg. 2006, II-4674, EuGH, Urteil vom 03.09.2008, Rs. C-402/05 P u. C-415/05 P (*Kadi*), Slg. 2008, I-6351.

399 EuGH, Urteil vom 18.10.1989, Rs. 374/87 (*Orkem*), Slg. 1989, 3283 ff.; zu bestehenden Abweichungen und Mängeln im Vergleich zum deutsch- und konventionsrechtlichen Standard m.w.N. *Paeffgen*, ZStW 2006, S. 294 ff.

400 EuGH, Urteil vom 11.01.2000, Rs. C-174/98 P u. C-189/98 P (*Niederlande und Van der Wal*), Slg. 2000, I-1.

401 EuGH, Urteil vom 21.06.1979, Rs. 240/78 (*Atalanta*), Slg. 1979, 2137; vgl. auch *Jarass*, § 42 Rz. 13 ff.

402 EuGH, Urteil vom 03.09.2008, Rs. C-402/05 P u. C-415/05 P (*Kadi*), Slg. 2008, I-6351 m. Anm. *Sauer*, NJW 2008, S. 3685; *Schneiderhan*, DRiZ 2009, S. 108.

403 EuGH, Urteil vom 26.02.2013, Rs. C-617/10 (*Fransson*), noch nicht in der amtl. Slg. veröff., Rz. 44.

am 04.07.2013 an den EuGH gewandt, um ihn nach Art. 218 Abs. 11 AEUV um ein Gutachten über die Vereinbarkeit des Übereinkunftsentwurfs mit dem Unionsrecht zu ersuchen. Der EuGH hat festgestellt, dass der Entwurf der Übereinkunft über den Beitritt der Europäischen Union zur EMRK nicht mit den Bestimmungen des Unionsrechts vereinbar ist.[404] Das Gutachten des Gerichtshofs hat viel Enttäuschung eingebracht[405] und den möglichen Beitritt der EU zur EMRK auf unabsehbare Zeit hinausgeschoben.

Die EMRK entfaltet unabhängig von einem Beitritt der EU bereits über Art. 6 Abs. 1 und 3 besondere Bedeutung für das Unionsrecht. Zum einen sind die Grundrechte aus der Charta, die den durch die EMRK garantierten Rechten entsprechen, nach Art. 52 Abs. 3 im Sinne der EMRK auszulegen. Außerdem darf gemäß Art. 53 GRC keine Bestimmung der Charta als eine Einschränkung oder Verletzung der Menschenrechte ausgelegt werden, die in der EMRK gewährleistet sind. Zum anderen sind die Konventionsmenschenrechte als allgemeine Rechtsgrundsätze des primären Unionsrechts garantiert.[406]

dd) Grundfreiheiten

Obwohl die Grundfreiheiten nicht als klassische Grundrechte im Primärrecht eingeordnet sind, darf ihre Bedeutung keinesfalls übersehen werden. Nach der Rechtsprechung des EuGH kommt den Grundfreiheiten neben dem Verbot spezifischer, diskriminierend wirkender Handelsbeschränkungen hinaus die Funktion individueller Wirtschaftsgrundrechte zu.[407] Im Einzelnen könnten im Bereich der grenzüberschreitenden Strafverfolgung die Grundfreiheiten der Warenverkehrsfreiheit (Art. 28 ff. AEUV), Arbeitnehmerfreizügigkeit (Art. 45 ff. AEUV), Niederlassungsfreiheit (Art. 49 ff. AEUV), Dienstleistungsfreiheit (Art. 56 ff. AEUV) von Bedeutung sein.

ee) Rechte aus sekundärrechtlichen Bestimmungen

Auf EU-Ebene sind Bemühungen zu verzeichnen, mittels sekundärrechtlicher Instrumente den Schutz elementarer Rechte zu gewährleisten bzw. zu verbessern. Das Stockholmer Programm des Europäischen Rates, das die Leitlinien der Union im Bereich der Innen- und Sicherheitspolitik für die Jahre 2010–2014 absteckte, enthält als erstes von sechs Punkten die „Förderung der Unionsbürgerschaft und

---

404 Gutachten 2/13 des Gerichtshofs (Plenum) vom 18.12.2014 zum Beitritt der Europäischen Union zur Europäischen Konvention zum Schutz der Menschenrechte und Grundfreiheiten.

405 *Ebd.*

406 *Gaede* in: Böse (Hrsg.), § 3, Rz. 19.

407 *Ebd.*, § 3 Rz. 35, m.w.N. *Streinz* in: ders. (Hrsg.), Rz. 802 ff.; *Ehlers* in: ders. (Hrsg.), § 7, Rz. 28 ff.; grdl. EuGH, Urteil vom 11.07.1974, Rs. 8/74 (*Dassonville*), Slg. 1974, 837 und EuGH, Urteil vom 20.02.1979, Rs. 120/78 (*Cassis de Dijon*), Slg. 1979, 649.

der Grundrechte“ und sieht in diesem Zusammenhang unter anderem die Schaffung strafverfahrensrechtlicher Mindeststandards vor.[408]

b) Bindung der beteiligten Staaten an die Unionsgrundrechte bei Durchführung des Rb-EuHB

Fraglich ist, ob und inwieweit der vollstreckende Staat bei der Ausführung des EuHB an die europäischen Grundrechte gebunden ist. Historisch betrachtet wurden die Unionsgrundrechte von dem EuGH geschaffen, um sicherzustellen, dass die Organe, Einrichtungen und sonstigen Stellen der EU bei ihrer Tätigkeit die Grundrechte beachten. Spätestens seit der Entscheidung des EuGH in der Rechtssache *Wachauf*[409] wurde jedoch deutlich, dass die Mitgliedstaaten bei der Durchführung von Unionsrecht[410] die Unionsgrundrechte beachten müssen. Die über diese grundsätzliche Bindung hinausgehenden Detailfragen sind allerdings unklar und umstritten[411], wobei sich die Diskussion auf die Auslegung von Art. 51 Abs. 1 GRC verlagert zu haben scheint.[412] Die Thematik ist aufgrund des fortbestehenden Problems der Kompetenzerweiterung der Union[413] und einer judikativen Unitarisierung auch im Gerichtshof in der Diskussion[414]. Für heftige Reaktionen sorgte das Urteil in der Rechtssache *Fransson,* in der der EuGH konstatierte, dass *„keine Fallgestaltungen denkbar wären, die vom Unionsrecht erfasst würden, ohne dass die europäischen Grundrechte anwendbar wären. In der Charta garantierte Grundrechte sind demnach in allen unionsrechtlich geregelten Fallgestaltungen anwendbar*“[415]. Das

408 Stockholmer Programm (ABl. C 115 vom 04.05.2010, S. 1); dazu *Brodowski*, ZIS 2010, S. 377 ff.; *Beukelmann*, NJW 2010, S. 2083 f.; exemplarisch *Ambos*, 4. Aufl., § 10, Rz. 99 ff.

409 EuGH, Urteil vom 13.07.1989, Rs. 5/88 (*Wachauf*), Slg. 1989, 2609, Rz. 17 f.

410 Konkret ging es um eine gemeinschaftliche Verordnung.

411 S. hierzu *Wegner*, HRRS 2013, S. 127; *Huber*, NJW 2011, S. 2387; *Lenaerts*, EuR 2012, 3 ff.

412 *Schorkopf* in: Grabenwarter (Hrsg.), § 3, Rz. 26; *Vogel*, StV 2013, S. I; Gstrein/ Zeitzmann, ZEuS 2013, S. 240; *Rath*, AnwBl. 2014, S. 734 f.

413 Dass die ERT-Rechtsprechung jeden Bereich des öffentlichen Lebens in den Anwendungsbereich des Unionsrechts einbeziehe, bemerkt kritisch *Jacobs* in: Maduro/ Azoulai (Hrsg.), S. 130, 137.

414 GA Cruz Villalón, 12.6.2012 (EuGH, Urteil vom 26.02.2013, Rs. C-617/10 (*Fransson*), noch nicht in der amtl. Slg. veröff.); GA Bot, 5.4.2011 (EuGH, Urteil vom 06.09.2011, Rs. C-108/10 (*Scattolon*), Slg. 2011, I-07491, Rz. 110–143; GA Sharpstone, 30.09.2010 (EuGH, Urteil vom 08.03.2011, Rs. C-34/09 (*Ruiz Zambrano*), Slg. 2011, I-1177, Rz. 156–177); GA Poiares Maduro, 12.09.2002 (EuGH, Urteil vom 31.01.2008, Rs. C-380/05 (*Centro Europa 7*), Slg. 2008, I-349, Rz. 14–23); GA Jacobs, 11.07.2002 (EuGH, Urteil vom 12.06.2003, Rs. C-112/00 (*Schmidberger*), Slg. 2003, I-5650, Rz. 65–84).

415 EuGH, Urteil vom 26.02.2013, Rs. C-617/10 (*Fransson*), noch nicht in der amtl. Slg. veröff.

BVerfG ermahnt, dass diese Entscheidung nicht in einer Weise verstanden werden dürfe, nach der für eine Bindung der Mitgliedstaaten an die Unionsgrundrechte jeder sachliche Bezug einer Regelung bloß zum abstrakten Anwendungsbereich des Unionsrechts ausreichen würde.[416] Durch die Entscheidungen in den Sachen *Siragusa*[417] und *Hernández*[418] sorgt der EuGH selbst dafür, dass Art. 51 GRC nicht durch eine expansive Auslegung missverstanden wird. Konkret macht der EuGH deutlich, dass der Begriff der „Durchführung des Rechts der Union" das Vorliegen eines hinreichenden Zusammenhangs von einem gewissen Grad zwischen einem Unionsrechtsakt und der fraglichen nationalen Maßnahme voraussetzt. Was unter einem „hinreichenden Zusammenhang" zu verstehen ist, bedarf der Klärung in der Rechtsprechung. Jedenfalls stellt der EuGH fest, dass es nicht ausreichend wäre, dass die fraglichen Sachbereiche benachbart sind oder der eine von ihnen mittelbare Auswirkungen auf den anderen haben kann.[419]

Bei dem Rb-EuHB handelt es sich um einen sekundärrechtlichen Akt des Unionsrechts, sodass bei seiner Durchführung die Mitgliedstaaten gemäß Art. 51 GRC an die Unionsgrundrechte gebunden sind.[420] Mit dem Inkrafttreten des Lissabonner Vertrags und dem Ablauf der Übergangsperiode gilt die supranationale Bindung des ehemaligen Gemeinschaftsrechts auch für Rahmenbeschlüsse.[421] Der EuGH hat sich bereits in der Sache *Wolzenburg* dafür ausgesprochen, dass die Mitgliedstaaten bei der Durchführung des Rb-EuHB nicht gegen das Gemeinschaftsrecht verstoßen dürfen.[422] Die Vorgehensweise des EuGH im Fall *Melloni*[423] macht deutlich, dass die Mitgliedstaaten bei der Durchführung des Rb-EuHB an die in der Charta verankerten Grundrechte gebunden sind.[424] In dem Urteil *Jeremy F.* hat der EuGH deutlich konstatiert, dass der Rb-EuHB nicht die Pflicht der Mitgliedstaaten berühre, die Grundrechte und die allgemeinen Rechtsgrundsätze, wie sie in Art. 6 EUV niedergelegt sind, zu achten.[425] Laut EuGH gilt die Pflicht zur Achtung der Unionsgrundrechte

416 Vgl. BVerfGE 133, 277, vertiefend *Geiß*, DÖV 2014, S. 265, *Griebel*, DVBl. 2014, S. 204; *Weiß*, EuZW 2013, S. 287.

417 Vgl. EuGH, Urteil vom 06.03.2014, Rs. C-206/13, (*Siragusa*), noch nicht in der amtl. Slg. veröff., Rz. 24

418 EuGH, Urteil vom 10.07.2014, Rs. C-198/13 (*Hernández*), noch nicht in der amtl. Slg. veröff.

419 *Ebd.*, Rz. 35.

420 Erlass eines EuHB unter Ausführungsbeschluss durch Justizbehörden in ausstellenden und vollstreckenden Staaten sind Durchführungsmaßnahmen im Sinne der Art. 51, Abs. 1 GRC (s. *Billing*, EuCLR 2012, S. 77).

421 Vgl. *Meyer* in: Ambos/ König/ Rakow (Hrsg.), vor § 78 ff., Rz. 765.

422 EuGH, Urteil vom 06.10.2009, Rs. C-123/08 (*Wolzenburg*), Slg. 2009, I-9621, Rz. 45.

423 EuGH, Urteil vom 26.02.2013, Rs. C-399/11 (*Melloni*), noch nicht in der amtl. Slg. veröff.

424 *Tamblé*, S. 25, *Janssens*, S. 207.

425 EuGH, Urteil vom 30.05.2013, Rs. C-168/13 (*Jeremy F.*), noch nicht in der amtl. Slg. veröff., Rz. 40.

für alle Mitgliedstaaten und damit sowohl für den Ausstellungsmitgliedstaat als auch für den Vollstreckungsmitgliedstaat.[426] Da die Übergabe aufgrund des EuHB eine Durchführungskonstellation darstellt, ist der vollstreckende Staat bei seiner Entscheidung darüber an die europäischen Grundrechte gebunden.

II. Bindung des vollstreckenden Staates an nationale Grundrechte bei der Durchführung des Rb-EuHB

Nach dem durch den EuGH erstmals in der Entscheidung *Costa/E.N.E.L*[427] etablierten Anwendungsvorrang des Unionsrechts wird ein zu schwacher Standard der mitgliedsstaatlichen Grundrechte durch stärkere Unionsgrundrechte zwingend verdrängt.[428] Zu erörtern ist es aber, wie der Fall eines stärkeren Grundrechtsschutzes durch die Mitgliedsstaaten aus europäischer Sichtweise zu beurteilen ist. Die Suche nach einer Antwort auf diese Frage führt zum Art. 53 GRC, der in der Literatur unterschiedlich ausgelegt wird.[429] Manche Autoren sehen darin eine Meistbegünstigungsklausel und befürworten eine maximale Geltung der nationalen Grundrechte.[430] Hingegen wird von anderen vertreten, dass die europäischen Grundrechte eine uneingeschränkte Sperrwirkung und Vorrang vor nationalen Grundrechten entfalten.[431] Unter Hinweis auf den intergouvernementalen Charakter der vormaligen 3. Säule sah die früher überwiegende Auffassung in Deutschland zumindest die Umsetzungsnormen noch als vollumfänglich nach deutschem Verfassungsrecht überprüfbar an.[432] Im Folgenden werden die Entscheidungen des EuGH dargestellt, welche zur Klärung der Bindungswirkung von nationalen Grundrechten in Bezug auf die Vollstreckung des EuHB beigetragen haben. Auch wenn das Verhältnis zwischen dem nationalen und dem unionsrechtlichen Grundrechtsschutz noch nicht abschließend geklärt ist, enthalten die Entscheidungen *Melloni*, *Fransson* und *Jeremy F.* wegweisende Aussagen, die im Folgenden näher anzuschauen sind.

---

426 EuGH, Urteil vom 30.05.2013, Rs. C-168/13 (Jeremy F.), noch nicht in der amtl. Slg. veröff., Rz. 40.

427 EuGH, Urteil vom 15.07.1964, Rs. 6/64 (*Costa/E.N.E.L.*), Slg. 1964, 01253.

428 EuGH, Urteil vom 18.07.2007, Rs. C-119/05 (*Lucchini*), Slg. 2007, I-6199, Rz. 61.

429 Zu den Auslegungsschwierigkeiten s. *Kingreen* in: Calliess/ Ruffert (Hrsg.), Art. 53 GRC, Rz. 3 ff., *Streinz/ Michl* in: Streinz (Hrsg.), Art. 53 GRC, Rz. 2, *Weiß*, ZEuS 2005, S. 333 ff.; zu den verschiedenen Ansichten s. *Risse*, HRRS 2014, S. 103, *Pernice*, NJW 1990, S. 2417.

430 So *Lindner*, EuR 2007, S. 168; für eine parallele und gleichzeitige Geltung sprechen sich *Ruffert*, EuGRZ 1995, S. 528.

431 *Kingreen* in: Calliess/ Ruffert (Hrsg.), Art. 51 GRC Rz. 11.

432 BVerfGE, 113, 273, 311; *Zimmermann*, JZ 2001, S. 234; *Wolff*, StV 2004, S. 155.

1. *Die* Melloni-*Entscheidung des EuGH*

a) Sachverhalt

Der Entscheidung *Melloni* lag folgender Sachverhalt zugrunde: Die spanischen Justizbehörden verfügten im Jahre 1996 die Auslieferung von Herrn *Melloni* nach Italien zur Durchführung eines gegen ihn gerichteten Strafverfahrens an. Nachdem Herr *Melloni* gegen Kaution freigelassen worden war, flüchtete er und konnte aus diesem Grund den italienischen Behörden nicht übergeben werden. Im Jahre 1997 wurde Herr *Melloni* mit Urteil des Tribunale di Ferrara (Gericht Ferrara), das später durch das Urteil des Corte d'appello di Bologna (Appellationsgerichtshof Bologna) vom 14.03.2003 bestätigt wurde, in Abwesenheit wegen betrügerischen Konkurses zu zehn Jahren Freiheitsstrafe verurteilt. Der italienische Generalstaatsanwalt stellte einen EuHB zur Strafvollstreckung aus, der noch im selben Jahr in Spanien vollstreckt wurde. Nach der Festnahme von Herrn *Melloni* ordneten die spanischen Behörden seine Übergabe an Italien an. Herr *Melloni* widersprach seiner Übergabe mit einer Verfassungsbeschwerde vor dem spanischen Verfassungsgericht und berief sich auf Art. 24 der spanischen Verfassung, der das Recht auf ein faires Verfahren sowie die Verteidigungsrechte des Angeklagten schützt. Demnach können spanische Justizbehörden die Auslieferung einer in Abwesenheit verurteilten Person nur vornehmen, wenn die Abwesenheitsverurteilung in dem Staat, an den die Auslieferung erfolgen soll, angefochten werden kann. Das spanische Verfassungsgericht ersuchte den EuGH u. a. um die Beantwortung der Frage, ob es Art. 53 GRC gestatte, das durch Art. 24 der spanischen Verfassung gewährleistete höhere Schutzniveau[433] anzuwenden. Bejahendenfalls hätte die Vollstreckung des EuHB wegen Verletzung der auf nationaler Ebene garantierten Grundrechte des Betroffenen verweigert werden können.

b) Anwendungsvorrang des Unionsrechts gegenüber nationalen Grundrechten bei Vollstreckung des EuHB

Der Gerichtshof hat entschieden, dass Art. 53 GRC nicht in einer Weise ausgelegt werden kann, die einem Mitgliedstaat erlauben würde, den sich aus seiner Verfassung ergebenden höheren Schutzstandard für die Grundrechte der Anwendung unionsrechtlicher Vorschriften entgegenzuhalten.[434] Eine solche Auslegung des Art. 53 GRC würde nach EuGH gegen den Grundsatz des Vorrangs des Unionsrechts verstoßen. Denn sie würde einem Mitgliedstaat erlauben, die Anwendung von mit der Charta vollständig im Einklang stehenden Unionsrechtsakten zu verhindern, wenn sie den in der Verfassung dieses Staats garantierten Grundrechten nicht entsprächen.[435] Der EuGH sprach sich dafür aus, dass der

---

433 Im Vergleich zu Art. 4a Rb-EuHB.

434 EuGH, Urteil vom 26.02.2013, Rs. C-399/11 (*Melloni*), noch nicht in der amtl. Slg. veröff., Rz. 56.

435 *Ebd.*, Rz. 58.

Anwendungsvorrang des Unionsrechts nicht dadurch beeinträchtigt werden kann, dass ein Mitgliedstaat Vorschriften des nationalen Rechts, und haben sie auch Verfassungsrang, geltend macht.[436] Auf den konkreten Fall bezogen hätte ein anderes Verständnis des Art. 53 GRC dem Mitgliedstaat gestattet, die Vollstreckung des EuHB an eine Bedingung zu knüpfen, die nach Art. 4a Abs. 1 des Rb-EuHB nicht zulässig wäre.[437]

2. *Geltung der nationalen Grundrechte neben den Unionsgrundrechten nach der* Fransson/Melloni-*Rechtsprechung*

In der Sache *Melloni* hat der Gerichtshof entschieden, dass ein Mitgliedstaat nationale Grundrechte nicht anwenden darf, wenn dadurch die Vollstreckung des EuHB von einer Bedingung abhängig gemacht würde, die in dem Rb-EuHB nicht vorgesehen sei. In der Entscheidung wird zum Ausdruck gebracht, dass sich der Anwendungsbereich des Unionsrechts auf nationale Grundrechte erstreckt, was einen nicht überrascht hat. Den Urteilsgründen kann aber keine Aussage etwa dahingehend entnommen werden, als würde Art. 53 GRC von vornherein einer kumulativen Anwendung von nationalen und europäischen Grundrechten entgegenstehen. Der Gerichtshof führte sogar aus, dass es den Mitgliedstaaten „weiterhin freisteht, nationale Schutzstandards für die Grundrechte anzuwenden"[438]. Allerdings dürfen durch die nationalen Grundrechte laut EuGH weder das Schutzniveau der Charta, wie es von ihm ausgelegt wird, noch der Vorrang, die Einheit und die Wirksamkeit des Unionsrechts beeinträchtigt werden.[439] Manche Stimmen in der Literatur sehen in der Entscheidung *Melloni* einen Kompromiss, weil den nationalen Gerichten erlaubt wird, den nationalen Grundrechtsschutz unter bestimmten Voraussetzungen in unionsrechtlichen Fallkonstellationen anzuwenden.[440] *Vogel* dagegen spricht von der Gefahr, dass der EuGH besonders im grundrechtsempfindlichen Strafrecht „freie Hand für restriktive Interpretationen von Grundrechten bekommt"[441]. Seine Sorge speist sich aus der expansiven Auslegung des Art. 51 GRC über den Anwendungsbereich der Unionsgrundrechte durch den EuGH in der Sache *Fransson*. In Zusammenschau dieser beiden Entscheidungen könnte man denken, dass strengere nationale Grundrechte im Anwendungsbereich des Unionsrechts generell als Beeinträchtigung des Vorrangs, der Einheit und der Wirksamkeit des Unionsrechts gelten. Eine solche Interpretation hätte zur Folge, dass die nationalen Grundrechte stets von der Anwendung ausgeschlossen wären, wenn ein Bezugspunkt zum Unionsrecht bestehe. *Lenaerts* führt

---

436 EuGH, Urteil vom 26.02.2013, Rs. C-399/11 (*Melloni*), noch nicht in der amtl. Slg. veröff., Rz. 58.
437 *Ebd.*, Rz. 56.
438 *Ebd.*, Rz. 60.
439 *Ebd.*
440 *Thym*, NVwZ 2013, S. 892.
441 *Vogel*, StV 2013, S. I.

überzeugend aus, dass die Frage nach der Geltung der nationalen Grundrechte von dem EuGH davon abhängig gemacht wird, ob ein durch den Unionsgesetzgeber definierter einheitlicher Grundrechtsstandard existiert oder nicht. Wenn der fragliche Unionsrechtsakt bezüglich des Grundrechtsschutzes einen Konsens widerspiegelt, den die von Unionsrechtsakt betroffene Person genießt, dann ist die Anwendung eines höheren, nationalen Standards ausgeschlossen. Zur Begründung führt er aus, dass der Unionsgesetzgeber bei Erlass eines Rechtsaktes eine Abwägung zwischen den von der Union verfolgten grundsätzlichen Interessen und dem Grundrechtsschutz durchführt. Aus seiner Sicht würde die Anwendung eines höheren Standards des Grundrechtsschutzes die bereits getroffene Abwägung konterkarieren und damit den Vorrang, die Einheit und die Wirksamkeit des Unionsrechts beeinträchtigen. Definiert der fragliche Unionsrechtsakt dagegen keinen einheitlichen Standard des Grundrechtsschutzes, steht es den Mitgliedstaaten frei, höhere Schutzstandards des Grundrechtsschutzes anzuwenden, sofern hierdurch das vom Unionsgesetzgeber verfolgte Ziel nicht beeinträchtigt wird.[442] *Britz* spricht sich für eine differenzierte Betrachtung aus, bei der die Anwendungsbereiche der nationalen und europäischen Grundrechte abhängig von der Ratio der Anwendung der Charta auf nationale Maßnahmen abgegrenzt werden. Dabei soll gefragt werden, inwieweit durch die Anwendung nationaler Grundrechte die einheitliche und effektive Umsetzung von Unionsrecht gefährdet würde, was die einheitliche Anwendung der Unionsrechtsordnung erforderlich machen würde. Sofern aber der Unionsgesetzgeber selbst Divergenzen in der mitgliedstaatlichen Durchführung des Unionsrechts zugelassen hat, indem er die Regelung des Sachverhalts nicht vollständig harmonisiert hat, bleibt Raum für die Anwendung der nationalen Grundrechte.[443]

Für eine parallele Anwendung der nationalen und europäischen Grundrechte spricht die Begründung in der Sache *Melloni*. Dort führt der EuGH explizit aus, dass in dem Rb-EuHB die Voraussetzungen für die Vollstreckung eines EuHB bei einer Verurteilung in Abwesenheit harmonisiert werden, weshalb ein Rückgriff auf nationale Grundrechte ausscheidet. Für die Geltung der nationalen Grundrechte neben den Unionsgrundrechten bei der Durchführung des Rb-EuHB spricht sich der EuGH in der Sache *Jeremy F.* aus.

3. *Die* Jeremy F.*-Entscheidung*

a) Sachverhalt

Die englischen Behörden erließen gegen den britischen Lehrer *Jeremy F.* einen EuHB wegen des Verdachts der Entführung einer minderjährigen Schülerin. Er wurde in

---

442 *Lenaerts*, AnwBl 2014, S. 783; ähnlich *Britz*, EuGRZ 2015, S. 278 f.

443 *Britz*, EuGRZ 2015, S. 278 f. lehnt im Ergebnis eine kumulative Anwendung der deutschen und europäischen Grundrechte ab und spricht sich für eine differenzierte Betrachtung aus.

Frankreich festgenommen und stimmte seiner Übergabe an die Justizbehörden des Vereinigten Königreichs zu, ohne auf den Spezialitätsgrundsatz zu verzichten. Nach erfolgter Überstellung erhielt das französische Berufungsgericht einen erweiterten EuHB gegen *Jeremy F.* zwecks Zustimmung zur Strafverfolgung wegen des Verdachts sexueller Handlungen mit Minderjährigen unter 16 Jahren. Das französische Gericht stimmte durch das Urteil der Erweiterung der Übergabe auf die Verfolgung der neuen Straftat zu. Gegen dieses Urteil wandte sich *Jeremy F.* mit einem Rechtsmittel an das Revisionsgericht, das feststellte, dass nach Art. 695–46 der französischen Strafprozessordnung die Einlegung eines Rechtsmittels nicht statthaft war. Wegen Zweifeln an der Verfassungsmäßigkeit dieser Vorschrift legte das Gericht die Sache dem französischen Verfassungsgericht vor. Gegenstand der Vorlage war die Frage, ob die französische Strafprozessordnung das Recht auf einen wirksamen gerichtlichen Rechtsbehelf verletze und gegen den Grundsatz der Gleichheit vor dem Gesetz verstoße. Das französische Verfassungsgericht ersuchte den EuGH zu klären, ob der Rb-EuHB so zu interpretieren sei, dass er die Mitgliedstaaten daran hindere, ein verfassungsmäßiges Recht vorzusehen, demzufolge die betroffene Person ein Rechtsmittel gegen die zustimmende Entscheidung einlegen kann. Das französische Gericht nahm explizit Bezug auf die Entscheidung *Melloni* und fragte, ob der Rb-EuHB die Mitgliedstaaten etwa wegen Unvereinbarkeit mit den dort vorgesehen zwingenden Fristen daran hindere, einen Rechtsbehelf vorzusehen.

b) Entscheidung des EuGH

Der EuGH hat entschieden, dass der Rb-EuHB einem verfassungsmäßigen Recht auf einen wirksamen Rechtsbehelf gegen die Entscheidung über einen (erweiterten) EuHB nicht entgegensteht. Weder verbietet er die Einlegung eines Rechtsmittels, noch schreibt er den Mitgliedstaaten die Einführung eines solchen zwingend vor.[444] Das gesamte in dem Rb-EuHB geregelte Verfahren der Übergabe zwischen Mitgliedstaaten findet gemäß Erwägungsgrund 8 unter gerichtlicher Kontrolle statt.[445] Folglich sehen bereits die Bestimmungen des Rb-EuHB selbst ein Verfahren vor, das mit den Anforderungen des Art. 47 der Charta im Einklang steht.[446] Unabhängig von den im Rb-EuHB ausdrücklich vorgesehenen Garantien seien die Mitgliedstaaten nicht daran gehindert, einen Anspruch auf einen Rechtsbehelf mit aufschiebender Wirkung gegen Entscheidungen im Zusammenhang mit dem EuHB zu schaffen.[447] Einer nationalen Rechtsbehelfsmöglichkeit steht es nicht entgegen, dass der Rb-EuHB diesbezüglich keine Regelung enthält.[448] Bei der Gelegenheit stellt der EuGH fest, dass es einem Mitgliedstaat nicht verwehrt ist, seine Verfassungsbestimmungen

444 EuGH, Urteil vom 30.05.2013, Rs. C-168/13 (*Jeremy F.*), noch nicht in der amtl. Slg. veröff., Rz. 38, 47, 51.

445 *Ebd.*

446 *Ebd.*

447 *Ebd.*

448 *Ebd.*

insbesondere über das Recht auf ein faires Verfahren anzuwenden, soweit die Anwendung des Rb-EuHB nicht vereitelt wird.[449] In einem Folgeschritt zeigt der EuGH unter Heranziehung des Fristenregimes des Rb-EuHB die Grenzen eines auf nationaler Ebene garantierten Anspruchs auf einen Rechtsbehelf mit aufschiebender Wirkung auf. Im Ergebnis wird festgestellt, dass von einem nationalen Rechtsbehelf gegen eine Übergabeentscheidung Gebrauch gemacht werden kann, sofern dadurch die in dem Rb-EuHB genannten Fristen für den Erlass einer endgültigen Entscheidung nicht überschritten werden.[450]

c) *Konsequenzen der* Jeremy F.*-Entscheidung für das Verhältnis der nationalen zu den europäischen Grundrechten*

Im Vergleich zu der Rechtsprechung *Melloni/Fransson* hat das Urteil *Jeremy F.* in der Literatur bislang nur wenig Beachtung bekommen. Seine Bedeutung darf aber gerade für die hier behandelte Frage nicht unterschätzt werden. *Lenaerts* meint zu Recht, dass der EuGH durch die Entscheidungen *Melloni* und *Jeremy F.* eine kumulative Anwendung von nationalen und europäischen Grundrechten einführt. Gleichzeitig bringt der Gerichtshof zum Ausdruck, dass er ein „auf einem dualen föderalen Modell basierendes System ablehnt, mit dem nationale und supranationale Systeme des Grundrechtsschutzes isoliert nebeneinander stünden“[451]. Die Entscheidung, ob sich die Mitgliedstaaten für die Anwendung eines weitergehenden nationalen Schutzstandards für Grundrechte entscheiden können, wird dem Unionsgesetzgeber überlassen, was letztendlich als eine Selbstbeschränkung des EuGH zu befürworten ist.[452] Die Frage, ob der Unionsgesetzgeber über die notwendige demokratische Legitimation und auch die entsprechenden Ressourcen verfügt, um die notwendige Abwägung zwischen dem Allgemeinwohl und individueller Freiheit zu treffen, steht auf einem anderen Blatt. Abschließend kann festgehalten werden, dass das Urteil *Jeremy F.* das bereits oben festgehaltene Ergebnis zur parallelen Anwendung bekräftigt und somit eine gewisse Offenheit der Unionsrechtsordnung zugunsten der nationalen Grundrechte statuiert. Sie stößt aber an ihre Grenzen, wenn der Vorrang oder die Einheit und Wirksamkeit des Unionsrechts berührt sind. Dies ist vor allem der Fall, wenn durch die Anwendung einer nationalen Regelung die Ziele des Rb-EuHB drohen vereitelt zu werden.[453]

---

449 EuGH, Urteil vom 30.05.2013, Rs. C-168/13 *(Jeremy F.)*, noch nicht in der amtl. Slg. veröff., Rz. 53.

450 *Ebd.*, Rz. 65.

451 *Lenaerts*, AnwBl 2014, S. 784.

452 *Ebd.*

453 Vgl. in diesem Sinne EuGH, Urteil vom 17.12.1970, Rs. 11/70 (*Internationale Handelsgesellschaft*), Slg. 1970, 1025, Rz. 3, EuGH, Urteil vom 26.02.2013, Rs. C-399/11 (*Melloni*), noch nicht in der amtl. Slg. veröff., Rz. 60, EuGH, Urteil vom 06.03.2014, Rs. C-206/13, (*Siragusa*), noch nicht in der amtl. Slg. veröff., Rz. 62.

Zwischenergebnis

Im Übergabeverfahren ist der Betroffene im Wesentlichen von drei Grund- und Menschenrechtskreisen umgeben. Zunächst kommen ihm die Gewährleistungen der EMRK zugute, der neben der völkerrechtlichen Bindung eine mittelbare Wirkung innerhalb der Unionsrechtsordnung zukommt. Da es sich bei dem Rb-EuHB um einen sekundären Rechtsakt der EU handelt, muss der Vollstreckungsmitgliedstaat bei seiner Umsetzung und Anwendung die Unionsgrundrechte beachten. Gemäß Art. 6 EUV kann sich der Betroffene in erster Linie auf die Grundrechte in der Charta berufen, die als Primärrecht grundrechtswidriges, nationales Recht und europäisches Sekundärrecht verdrängen können. Zu den Unionsgrundrechten gehören als allgemeine Grundsätze die Menschenrechte wie sie in der EMRK gewährleistet sind, und wie sie sich aus den gemeinsamen Verfassungsüberlieferungen der Mitgliedstaaten ergeben.[454] Eine grundrechtsähnliche Funktion wird auch den Grundfreiheiten beigemessen, die sich bei grenzüberschreitenden Fällen praktisch auswirken kann. Nicht zu unterschätzen ist auch der Schutz, der für den Betroffenen aus den allgemeinen Rechtsgrundsätzen (z. B. Verhältnismäßigkeitsgrundsatz) resultieren kann. In Bezug auf die nationalen Grundrechte muss nach den obigen Ausführungen eine differenzierte Betrachtung vorgenommen werden. Nach der Rechtsprechung des EuGH sind die mitgliedstaatlichen Grundrechte bei der Durchführung des Rb-EuHB nur anzuwenden, wenn dadurch weder die Effektivität noch die Einheitlichkeit der Unionsrechtsordnung beeinträchtigt wird. Führen etwa Rechte aus den nationalen Verfassungen zu einer Verweigerung der Übergabe in Fällen, die durch den Rb-EuHB so nicht vorgesehen sind, müssen diese kraft des europäischen Anwendungsvorrangs unangewendet bleiben. Das bedeutet, dass die Übergabe einer gesuchten Person nicht deswegen verweigert werden kann, dass ein ihr in der nationalen Verfassung garantiertes Recht verletzt oder verletzt zu werden droht. Anderenfalls kommt eine kumulative Anwendung von nationalen und europäischen Grundrechten in Betracht, solange der Zweck des Rb-EuHB dadurch nicht vereitelt wird. Diese Arbeit hat sich zum Ziel gesetzt, die Pflichten des vollstreckenden Staates in Bezug auf die Übergabeentscheidung zu ermitteln. Da diese in materiell-rechtlicher Hinsicht nach der Judikatur des EuGH von nationalen Grundrechten nicht beeinflusst werden darf, orientieren sich die nachfolgenden Ausführungen an den europäischen Grundrechten.

III. Pflichtengehalte der europäischen Grund- und Menschenrechte

Für die Zwecke der vorliegenden Untersuchung ist es wichtig zu ermitteln, welche Pflichten sich für den vollstreckenden Staat aus der Bindung an die europäischen Grundrechte und allgemeinen Rechtsgrundsätzen ergeben. Bevor auf diese Frage

454 Art. 6 Abs. 3 EUV.

eingegangen wird, werden einzelne Grundrechte dargestellt, die im Rahmen der Durchführung des Rb-EuHB von praktischer Bedeutung sein können. Besonders relevant für die Übergabeentscheidung sind folgende konventionsrechtlichen Garantien: das Folterverbot und das Verbot der menschenunwürdigen und erniedrigenden Behandlung (Art. 3), das Recht auf Freiheit (Art. 5 EMRK), das Recht auf ein faires Verfahren (Art. 6 EMRK) sowie das Recht auf Achtung der Privatsphäre (Art. 8 EMRK). Trotz ihrer Modernität steht die Charta in einem fortwährenden Kontext zur EMRK: Durch mehrere Vorschriften[455] werden diejenigen Garantien der Charta, die inhaltlich Konventionsrechte gewährleisten, sowohl mit den Konventionsnormen als auch mit der zu ihnen ergangenen und in Zukunft ergehenden Rechtsprechung des EGMR verzahnt. Gemäß Art. 52 Abs. 3 soll die Union die Möglichkeit haben, für einen weitergehenden Schutz zu sorgen. Auf jeden Fall darf der durch die Charta gewährleistete Schutz niemals geringer als der durch die EMRK gewährte Schutz sein.[456] Die in der Charta enthaltenen Rechte, die den durch die EMRK garantierten Rechten entsprechen, sollen die gleiche Bedeutung und Tragweite einschließlich der zugelassenen Einschränkungen besitzen, wie sie ihnen in der EMRK verliehen werden.[457] Im Folgenden werden deshalb die einzelnen Grund- und Menschenrechte aus der Charta und EMRK parallel dargestellt. Abschließend wird die Bedeutung und Tragweite des Verhältnismäßigkeitsgrundsatzes erläutert, weil dieser bei Eingriffen in grundrechtsgeschützten Positionen unbedingt zu beachten ist.[458]

1. Einzelne Grundrechte

a) Schutz vor Folter und unmenschlicher und erniedrigender Behandlung, Art. 4 GRC und Art. 3 EMRK

Art. 4 GRC und Art. 3 EMRK umfassen das Verbot der Folter[459] und das Verbot der unmenschlichen und erniedrigenden Strafe und Behandlung[460]. Seinem Wortlaut nach enthält Art. 3 keine Schranken und stellt die einzige Konventionsgarantie dar, die absolut gewährleistet ist, d. h. keine Ausnahmen zulässt.[461] Der EGMR hat ausdrücklich festgestellt, dass kein noch so gewichtiges gegenläufiges Interesse einem Verstoß gegen die Folter rechtfertigen könne.[462] Für unmenschliche und erniedrigende Behandlung sind in der Rechtsprechung des EGMR durchaus immanente Schranken anerkannt, die insbesondere für den Bereich der Haftbedingungen von

455 Vgl. Art. 52 Abs. 3, 53 GRC.
456 Erläuterungen zu Art. 52 GRC.
457 *Ebd.*
458 Vgl. Art. 52 GRC.
459 *Meyer-Ladewig*, § 3 Rz. 1, *Frowein/ Peukert*, Art. 3 Rz. 1 und 5.
460 *Meyer-Ladewig*, § 3 Rz. 1, *Frowein/ Peukert*, Art. 3 Rz. 1 f.
461 *Grabenwarter/ Pabel*, § 20 Rz. 36 ff., *Esser*, Europäisches Strafrecht, § 9 Rz. 146.
462 *Grabenwarter/ Pabel*, § 20 Rz. 32, EGMR, Urteil vom 15.11.1996, Nr. 22414/93 (*Chahal/ Vereinigtes Königreich*), Rz. 79 f.; EGMR, Urteil vom 01.06.2010, Nr. 22978/05 (*Gäfgen/ Deutschland*), Rz. 87.

erheblicher, praktischer Bedeutung sein können.[463] Art. 3 EMRK begründet nach der Rechtsprechung des EGMR eine Schutzpflicht des Staates dahingehend, eine Auslieferung zu verhindern, wenn eine konkrete und ernsthafte Gefahr von Folter oder unmenschlicher bzw. erniedrigender Behandlung des Betroffenen besteht.[464]

b) Schutz vor willkürlichen Freiheitsentziehungen, Art. 6 GRC und Art. 5 EMRK

Das Recht auf Freiheit und Sicherheit ist in Art. 6 GRC knapp und klar gewährleistet, indem auf den aufschlussreichen Art. 5 EMRK nahezu umfassend verwiesen wird.[465] Art. 5 EMRK schützt vor willkürlichen Freiheitsentziehungen und stellt die Voraussetzungen auf, unter denen die Entziehung der Freiheit zulässig ist.[466] Ein Eingriff in das Recht der persönlichen Freiheit ist nur zulässig, wenn erstens die für alle Arten von Freiheitsentziehungen geltenden allgemeinen Voraussetzungen des Art. 5 Abs. 1 gegeben sind, und zweitens einer der abschließenden Haftgründe der lit. a bis lit. f vorliegt.[467] Die allgemeinen Voraussetzungen sind das Erfordernis einer gesetzlichen Grundlage, die Einhaltung des innerstaatlichen Verfahrens sowie die Beachtung des Willkürverbots.[468] Staatliche Eingriffe in die Freiheit der Person sind nur zulässig, wenn sie auf hinreichend bestimmten und damit für den Einzelnen vorhersehbaren Vorschriften des nationalen Rechts beruhen.[469] Außerdem soll ausgeschlossen werden, dass das nationale Recht, welches die Freiheitsentziehung regelt, von den Staatsorganen willkürlich ausgelegt und missachtet wird.[470] Das dabei zu beachtende Verfahren muss von den beteiligten Behörden auch tatsächlich eingehalten werden und zwar auch dort, wo es strengere Anforderungen stellt als die Konventionen.[471] Die Freiheitsentziehung muss stets dem Grundsatz der Verhältnismäßigkeit entsprechen.[472] Staatliche Stellen haben bei Eingriffen in das Freiheitsrecht zwischen dem öffentlichen Interesse und der Bedeutung des Rechts auf Freiheit der Person abzuwägen.[473] Nach dem Gebot des Einsatzes des mildesten Mittels muss überprüft werden, ob weniger eingriffsintensive Mittel zum Zweck eingesetzt werden können, bevor die Entziehung der Freiheit beschlossen wird.[474]

---

463 *Ambos*, 4. Aufl., § 10 Rz. 83. m.w.N.

464 *Grabenwarter/ Pabel*, § 20 Rz. 36, *Esser*, Europäisches Strafrecht, § 9 Rz. 178, *Lagodny* in: Schomburg/ Lagodny/ Gleß/ Hackner (Hrsg.), § 73 Rz. 46 ff., 90, *Frowein/ Peukert*, Art. 3 Rz. 18 ff.

465 Erläuterung zu Art. 6.

466 Vgl. *Grabenwarter/ Pabel*, § 21 Rz. 1 u. 27 ff.; *Meyer-Ladewig*, Art. 5 Rz. 12.

467 *Ambos*, 4. Aufl., § 10 Rz. 44 ff.

468 EGMR, Urteil vom 30.06.2005, Nr. 5379/02 (*Nakach/ Niederlande*), Rz. 37 ff.

469 *Gollwitzer*, Art. 5, Rz. 9; *Grabenwarter/ Pabel*, § 21, Rz. 2.

470 *Gollwitzer*, Art. 5, Rz. 7.

471 S. dazu *Trechsel*, EuGRZ 1980, S. 520; *Frowein/ Peukert*, Art. 5 Rz. 29 ff.

472 *Esser*, Europäisches Strafrecht, § 9 Rz. 190.

473 Vgl. *Grabenwarter/ Pabel*, § 21 Rz. 10.

474 *Esser*, Europäisches Strafrecht, § 9 Rz. 190.

Art. 5 enthält in Abs. 2 bis Abs. 5 besondere Verfahrensgarantien, die bei Freiheitsentziehungen zu beachten sind, sowie einen Richtervorbehalt.[475] Die EMRK sichert die Stellung des Inhaftierten insbesondere im Hinblick auf eine effektive Verteidigung gegen rechtswidrige und/oder unverhältnismäßige Freiheitsentziehungen vorbildlich ab. Er wird durch Informationsrechte[476], durch den Anspruch auf eine unverzügliche Vorführung und das Gebot der Entscheidung in angemessener Frist[477] sowie durch das Recht auf eine gegebenenfalls wiederholte Haftprüfung[478] geschützt.

c) Recht auf ein faires Verfahren, Art. 6 EMRK

Das Recht auf ein faires Verfahren wird als „das Kernstück der Verfahrensgarantien" bezeichnet[479] und hat von allen Konventionsgarantien die größte praktische Relevanz.[480] Aus dem Fairnessprinzip[481] des Art. 6 Abs. 1 EMRK lassen sich schlagwortartig folgende drei Garantien ableiten:

- das Gebot der Waffengleichheit[482],
- die Garantie des rechtsstaatlichen Gehörs und aller damit verbundenen Informationsrechte und Aktivbefugnisse[483],
- der Anspruch auf kontradiktorisches Verfahren[484].

Nur derjenige, gegen den sich die Anklage i. S. v. Art. 6 EMRK richtet, kann sich auf diese Vorschrift berufen. Den Begriff der Anklage wird von dem EGMR in ständiger Rechtsprechung autonom nach den sog. *Engel*-Kriterien[485] interpretiert.[486] Demnach wird das Vorliegen einer Anklage ab jenem Zeitpunkt angenommen, in dem ein Individuum offiziell durch eine zuständige Behörde benachrichtigt wird, dass ihm die Begehung einer Straftat vorgeworfen wird.[487] Wenn zwischen einem Übergabeverfahren und einem Strafverfahren ein so enger Zusammenhang besteht,

---

475 *Satzger*, 6. Aufl., § 11 Rz. 48 ff.

476 Art. 5 Abs. 2 EMRK.

477 *Ebd.*

478 Art. 5 Abs. 4 EMRK.

479 *Gollwitzer*, Art. 6 EMRK, Rz. 64.

480 *Ambos*, 4. Aufl., § 10 Rz. 19.

481 Zu den Einzelausprägungen des Rechts auf ein faires Verfahren vgl. *Rogall* in: Wolter (Hrsg.), Vor § 133, Rz. 100 ff.; zum Teilnahmerecht vgl. Rz. 188 ff.

482 S. *Meyer-Ladewig*, Art. 6 Rz. 112–114.

483 Zum Teilnahmerecht vgl. *Rogall* in: Wolter (Hrsg.), Vor § 133, Rz. 188 ff.

484 Zum Umfang s. *Esser*, Strafverfahrensrecht, S. 406.

485 EGMR, Urteil vom 23.11.1976, Nr. 5100/71, 5101/71, 5102/71, 5354/72, 5370/72 (*Engel u.a./ Niederlande*).

486 Vgl. *Esser*, Europäisches Strafrecht, § 10 Rz. 206.

487 *Grabenwarter/ Pabel*, § 24 Rz. 25, EGMR, Urteil vom 27.02.1980, Nr. 6903/75 (*Deweer/ Belgien*), Rz. 46; eingehend *Esser*, Strafverfahrensrecht, S. 51 ff.

dass das Übergabeverfahren als integraler Bestandteil des eigentlichen Strafverfahrens anzusehen ist, dann ist Art. 6 EMRK anwendbar.[488]

In Art. 6 Abs. 2 EMRK ist die konventionsrechtliche Unschuldsvermutung verankert, die den Beschuldigten vor Verurteilungen und Schuldzuweisungen schützt, solange keine abschließende gerichtliche Schuldfeststellung erfolgt ist.[489]

Art. 6 Abs. 3 enthält folgende demonstrative Aufzählung der Rechte des Angeklagten, die ihrerseits Bestandteile des Grundsatzes des fairen Verfahrens nach Art. 6 Abs. 1 sind.[490]

d) Gesetzlichkeitsprinzip, Art. 7 EMRK

Gemäß Art. 7 EMRK darf niemand wegen einer Handlung oder Unterlassung verurteilt werden, die zur Zeit ihrer Begehung nach innerstaatlichem oder internationalem Recht nicht strafbar war. Somit wird die Gesetzmäßigkeit als wesentliche Voraussetzung zur Bestrafung normiert. Unter der „Gesetzlichkeit" verbergen sich mehrere Gesichtspunkte, die allesamt der Berechenbarkeit der Strafgesetzgebung und -justiz dienen.[491] Im Wesentlichen unterfallen damit das Erfordernis einer gesetzlichen Grundlage für verbotene Handlungen und ihre Strafe, das Bestimmtheitsgebot („*nulla poena sine lege certa*"), das Analogieverbot („*nulla poena sine lege stricta*") und das Rückwirkungsverbot („*nulla poena sine lege praevia*") den Vorgaben des Art. 7 EMRK. Nach dem Bestimmtheitsgebot ist es erforderlich, dass die unter Strafe gestellte Tat sowie das Ausmaß des Strafmaßes hinreichend konkret umschrieben sind. Nur so ist es dem Einzelnen möglich, sich über die Folgen seines Tuns einen vorhersehbaren Eindruck zu verschaffen.[492]

e) Schutz des Privat- und Familienlebens, Art. 7 GRC und Art. 8 EMRK

Jede Person hat gemäß Art. 7 GRC und Art. 8 EMRK das Recht auf Achtung des Privat- und Familienlebens, ihrer Wohnung sowie ihrer Kommunikation. Als konventionskonforme Zwecke für staatliche Eingriffe werden das Interesse der nationalen oder öffentlichen Sicherheit, die Verhütung von Straftaten sowie der Schutz der Rechte und Freiheiten anderer in Art. 8 Abs. 2 EMRK aufgezählt.[493] Die

---

488 Ausführlich zum Modell des „international-arbeitsteiligen Strafverfahren" s. *Burchardt* in: Böse (Hrsg.), § 13, Rz. 76 ff.

489 Grundlegend EGMR, Urteil vom 07.10.1988, Nr. 10519/83 (*Salabiaku/ Frankreich*), Rz. 28, vertiefend *Barrot*, ZJS 2010, S. 701 ff.; *Satzger*, 6. Aufl., § 11 Rz. 80.

490 *Grabenwarter/ Pabel*, § 24, Rz. 98.

491 *Kadelbach* in: *Dörr/ Grote/ Marauhn* (Hrsg.), Kap. 15, Rz. 9.

492 EuGH, Urteil vom 12.12.1990, Rs. C-172/89 (*Vandemoortele NV.*), Slg. 1990, I-4677, Rz. 9; vgl. dazu *Esser*, Europäisches Strafrecht, § 9 Rz. 285, *Satzger*, 6. Aufl., § 10 Rz. 84.

493 Dazu m.w.N. *Paeffgen* in: Wolters (Hrsg.), Art. 8 Rz. 123 ff.; *Grabenwarter/ Pabel*, § 22 Rz. 32 ff.

Rechtfertigung von Eingriffen ist gemäß Art. 8 Abs. 2 EMRK an eine Verhältnismäßigkeitsprüfung gebunden.[494]

f) Ne bis in idem

Art. 54 SDÜ und Art. 50 GRC normieren ein transnationales Doppelbestrafungsverbot innerhalb der EU[495], das als unmittelbar anwendbares Recht zum Prüfprogramm jedes mitgliedstaatlichen Gerichts gehören soll.[496] Demnach darf niemand wegen einer Straftat, derentwegen er bereits in der Union nach dem Gesetz rechtskräftig verurteilt oder freigesprochen worden ist, in einem Strafverfahren erneut verfolgt oder bestraft werden. Aus dem Internationalen Pakt über bürgerliche und politische Rechte [497] und der EMRK[498] lässt sich lediglich ein Doppelbestrafungsverbot mit Binnenwirkung ableiten. Das EG-*ne bis in idem*-Übereinkommen[499], mit dem der Grundsatz *ne bis in idem* auf ausländische Urteile von Mitgliedstaaten erstreckt wird, findet im Verhältnis zu Bulgarien als Nicht-Vertragsstaat keine Anwendung.[500]

2. Der Verhältnismäßigkeitsgrundsatz

Der Verhältnismäßigkeitsgrundsatz in der Rechtsprechung des EuGH[501] ist als ein allgemeiner Rechtsgrundsatz des EU-Rechts weithin anerkannt. Die Hauptfunktion des Verhältnismäßigkeitsgrundsatzes liegt darin, einen Schutz gegen die Verletzung der Individualrechte zu bieten. Entsprechend lautet Art. 52 Abs. 1 GRC: „Unter Wahrung des Grundsatzes der Verhältnismäßigkeit dürfen Einschränkungen nur vorgenommen werden, wenn sie erforderlich sind und den von der Union anerkannten dem Gemeinwohl dienenden Zielsetzungen oder den Erfordernissen des Schutzes der Rechte und Freiheiten anderer tatsächlich entsprechen."

---

494 Dazu m.w.N. *Paeffgen* in: Wolters (Hrsg.), Art. 8 Rz. 123 ff.; *Grabenwarter/ Pabel*, § 22 Rz. 32 ff.; *Esser*, Europäisches Strafrecht, § 9 Rz. 296.

495 *Ambos*, 4. Aufl., Kap. III, Rz. 102.

496 *Brodowski*, StV 2013, S. 342 f.

497 BVerfGE NJW 2012, 1202, 1203.

498 *Ebd.*

499 Das Übereinkommen vom 25.05.1987 zwischen den Mitgliedstaaten der Europäischen Gemeinschaft über das Verbot der doppelten Strafverfolgung, BGBl. 1998, Teil II, S. 2226 sowie 2002, Teil II, S. 600.

500 Schomburg/ Lagodny/ Gleß/ Hackner (Hrsg.), III E, Kurzübersicht, Rz. 9.

501 EuGH, Urteil vom 17.12.1970, Rs. 25/70 (*Einfuhr- und Vorratsstelle für Getreide und Futtermittel/ Köster*), Slg. 1970, 1161; EuGH, Urteil vom 20.02.1979, Rs. 122/78 (*Buitoni*), Slg. 1979, 677; EuGH, Urteil vom 11.07.1989, Rs. 265/87 (*Schräder/ Hauptzollamt Gronau*), Slg. 1989, 2237.

3. *Pflichten des vollstreckenden Staates aus den europäischen Grundrechten*

Nach der Rechtsprechung des EuGH ist ein Rahmenbeschluss so auszulegen, dass er mit den nach Art. 6 EUV garantierten Grund- und Menschenrechten vereinbar ist.[502] Die Mitgliedstaaten sind gehalten, ihre nationalen Umsetzungsnormen so auszulegen und anzuwenden, dass die Konformität mit den Gewährleistungen der Charta gewahrt wird.[503] Neben der Pflicht zur grundrechtskonformen Auslegung entfalten die Grund- und Menschenrechte folgende Pflichten für die Mitgliedstaaten. Die Charta enthält Gewährleistungen wie z. B. das Verbot der Folter oder unmenschlicher oder erniedrigender Strafe oder Behandlung (Art. 4 GRC) oder die Diskriminierungsverbote (Art. 21 bis Art. 23), die offensichtlich Unterlassungspflichten begründen.[504] Durch die Freiheitsrechte (z. B. Art. 6, 11, 12, 13, 15 GRC) werden dem Einzelnen Ansprüche auf Unterlassung nicht gerechtfertigter, hoheitlicher Eingriffe in diese unter Beseitigung bereits vollzogener, aber noch rückgängig zu machender, rechtswidriger Eingriffe verliehen.[505] Der Gleichheitssatz und die Diskriminierungsverbote vermitteln dem Einzelnen in erster Linie ein Abwehrrecht gegen nicht gerechtfertigte Differenzierungen durch die öffentliche Gewalt.[506]

In der Rechtsprechung des EGMR ist seit langem anerkannt, dass Freiheitsgewährleistungen nicht nur zu einem Unterlassen, sondern auch zu einem positiven Tun verpflichten.[507] In der Literatur werden aus Art. 51 Abs. 1 GRC, in dem steht, dass die durch die Charta gewährten Rechte nicht nur zu achten, sondern auch zu „fördern“ sind, leistungsrechtliche Komponenten der Unionsgrundrechte abgeleitet.[508] Laut *Cremer* lässt sich ein solches Potenzial insbesondere dann leicht annehmen, soweit die Charta Rechte enthält, die den durch die EMRK garantierten Rechten entsprechen.[509] Die Frage, ob und inwieweit aus den Unionsgrundrechten positive Schutzpflichten für die Grundrechtsverpflichteten erwachsen, ist durch den EuGH noch nicht geklärt.[510] Einzelne Entscheidungen des EuGH lassen sich im Sinne einer grundrechtlichen Begründung von mitgliedstaatlichen Schutzverpflichtungen deuten.[511]

---

502 Vgl. EuGH, Urteil vom 16.06.2005, Rs. C-105/03 (*Pupino*), Slg. 2005, I-5285, Rz. 58 f.; EuGH, Urteil vom 03.05.2007, Rs. C-303/05 (*Advocaten voor de Wereld*), Slg. 2007, I-3633, Rz. 28; EuGH, Urteil vom 13.07.1989, Rs. 5/88 (*Wachauf*), Slg. 1989, 2609 sowie bereits EuGH, Urteil vom 12.11.1969, Rs. 29/69 (*Stauder*), Slg. 1969, 419.

503 Vgl. EuGH, Urteil vom 24.04.2012, Rs. C-571/10 (*Kamberaj*), noch nicht in der amtl. Slg. veröff., Rz. 92.

504 *Cremer* in: Grabenwarter (Hrsg.), Rz. 67 u. Rz. 74.

505 *Ehlers*, § 14, II. u. 1, *Cremer* in: Grabenwarter (Hrsg.), § 1 Rz. 69 f.

506 *Cremer* in: Grabenwarter (Hrsg.), § 1 Rz. 76.

507 *Ebd.*, § 1 Rz. 65.

508 *Ehlers*, § 14, II., 3, *Cremer* in: Grabenwarter (Hrsg.), § 1 Rz. 77 ff.

509 *Cremer* in: Grabenwarter (Hrsg.), § 1 Rz. 64 u. Rz. 80.

510 *Ehlers*, § 14, II, 3.

511 EuGH, Urteil vom 12.06.2003, Rs. C-112/00 (*Schmidberger*), Slg. 2003, I-5650, Rz. 74.

In der Literatur werden aus den Gewährleistungen der Charta, insbesondere aus den verschiedenen Gleichheitssätzen, bestimmte Pflichten der Mitgliedstaaten etwa zum „Teilhaben lassen“[512] oder auf die Gewährung von Freiheitsrechten abgeleitet.[513] Die Teilhaberechte zielen auf Beteiligungen an bestehenden Einrichtungen oder ähnlichen Vergünstigungen ab.[514]

IV. Rechtsschutz des Betroffenen vor dem EuGH/EGMR und den nationalen Gerichten

Bei Verletzungen seiner Grund- und Menschenrechte stehen dem Betroffenen i. V. m. der Übergabeentscheidung folgende Rechtsschutzmöglichkeiten zur Verfügung.

1. Rechtsschutz vor dem EuGH

Der EuGH ist für Rechtssachen zuständig, die sich mit einer mutmaßlichen Verletzung der Charta der Grundrechte durch die EU oder durch einen Mitgliedstaat bei der Umsetzung von Unionsrecht befassen. Für eine Einzelperson besteht grundsätzlich die Möglichkeit, direkt beim EuGH Beschwerde einzulegen, wenn die EU die Charta der Grundrechte nicht einhält. Eine Einzelperson kann jedoch nur gegen einzelne an sie gerichtete oder sie unmittelbar und individuell betreffende Handlungen sowie gegen EU-Rechtsakte mit Verordnungscharakter Klage erheben, die sie unmittelbar betreffen und keine Durchführungsmaßnahmen nach sich ziehen.[515] Aus diesem Grund kommen Einzelpersonen in der Regel eher mittelbar an den EuGH heran. Das trifft beispielsweise zu, wenn eine Einzelperson eine Beschwerde vor ein nationales Gericht bringt und in diesem Fall Fragen bezüglich der Auslegung relevanter EU-Rechtsakte und ihrer Vereinbarkeit mit der Charta auftreten. In derartigen Fällen kann das nationale Gericht entscheiden, ein Ersuchen um eine Vorabentscheidung gemäß Art. 267 AEUV an den EuGH zu richten.

Im Bereich der justiziellen Zusammenarbeit in Strafsachen waren die Rechtsprechungskompetenzen des EuGH zunächst eingeschränkt. Seit dem Vertrag von Lissabon sind grundsätzlich die allgemeinen Bestimmungen über die Zuständigkeit des Gerichtshofs anzuwenden.[516] Am 01.12.2014 endete die fünfjährige Übergangsfrist zur Geltung der Befugnisse des Gerichtshofs nach Titel IV des Vertrags über die EU in der vor dem Inkrafttreten des Vertrags von Lissabon geltenden Fassung

512 *Cremer* in: Grabenwarter (Hrsg.), § 1 Rz. 99.
513 *Ebd.*, § 1 Rz. 81, *Ehlers*, § 14, II, 1, Rz. 45 (Teilhaberechte) u. Rz. 47 (Verfahrensrechte).
514 *Ehlers*, § 14, II, 1, Rz. 45 (Teilhaberechte) u. Rz. 47 (Verfahrensrechte).
515 Art. 263 Abs. 4. AEUV.
516 Es gibt weiterhin einzelne Besonderheiten: Der Europäische Gerichtshof ist gemäß Art. 276 AEUV nicht berechtigt, über die Gültigkeit oder Verhältnismäßigkeit von polizeilichen Maßnahmen oder andere Strafverfolgungsbehörden eines Mitgliedstaates zu entscheiden.

auf dem Gebiet der polizeilichen und justiziellen Zusammenarbeit in Strafsachen. Die Zuständigkeit des Gerichtshofs im Vorabentscheidungsverfahren hängt nicht mehr von mitgliedstaatlichen Erklärungen ab, sodass nun alle Gerichte unter den Voraussetzungen des Art. 267 AEUV den Gerichtshof anrufen können.

2. Rechtsschutz vor dem EGMR

Mit der EMRK wurde nicht nur eine völkerrechtliche Verpflichtung der Vertragsstaaten zur Einhaltung der dort garantieren Menschenrechte begründet, sondern auch ein internationaler Kontrollmechanismus zur gerichtlichen Überwachung der Wahrung dieser Rechte eingeführt.[517] Dem Europäischen Gerichtshof für Menschenrechte (EGMR) mit Sitz in Straßburg kommt die wichtige Aufgabe zu, über die Einhaltung der Konventionsgarantien zu wachen.[518] Gemäß dem Grundsatz, dass die Vertragsparteien in erster Linie für die Umsetzung der Menschenrechte verantwortlich sind, können Fälle erst dann vor den Gerichtshof gebracht werden, wenn alle nationalen Rechtsbehelfe ausgeschöpft sind. Die Individualbeschwerde ist das „Herzstück der EMRK".[519] Mit ihr kann sich jeder, der sich durch die Vertragsstaaten der EMRK in seinen Menschenrechten verletzt sieht, an den heute zuständigen EGMR wenden, vorausgesetzt, dass man seinen Fall erst bis zur letztmöglichen gerichtlichen Instanz des betreffenden Landes gebracht hat.[520] So wird dem Staat selbst eine erste Möglichkeit geboten, auf nationaler Ebene eine Entschädigung für die mutmaßliche Verletzung zu leisten. Der Beschwerdeführer muss persönlich und unmittelbar Opfer einer Verletzung der Konvention sein und ihm muss infolgedessen ein erheblicher Nachteil entstanden sein.[521] Eine Beschwerde beim EGMR muss innerhalb von sechs Monaten nach der letzten richterlichen Entscheidung im betreffenden Fall (in der Regel ein Urteil des Obersten Gerichts des betreffenden Landes) gestellt werden.[522]

3. Konventionsrechtliche Verantwortung des vollstreckenden Staates nach der Bosphorus-*Doktrin*

Für die Auslegung der EMRK-Gewährleistungen im Bereich der Unionsgrundrechte ist nur der EuGH berufen. Es ist denkbar, dass der EuGH zu einem von der EMRK inhaltsgleich garantierten Recht der Charta von der früheren Rechtsprechung des EGMR abkehrt oder die EMRK bei der Entscheidung neue, noch nicht entschiedene Konstellationen zu eng auslegt.[523] Das gilt vor allem vor dem Hintergrund, dass die

517 *Böse* in: Sieber/ Brüner/ Satzger/ von Heintschel-Heinegg (Hrsg.), § 52 Rz. 1.
518 Vgl. Art. 19 EMRK.
519 *Gaede* in: Böse (Hrsg.), § 3 Rz. 14.
520 Art. 35 Abs. 1 EMRK.
521 Art. 35 Abs. 3 EMRK.
522 Art. 35 Abs. 1 EMRK.
523 Zu der Gefahr divergierender Rechtsprechung, vgl. *Satzger*, 6. Aufl., § 11 Rz. 17, *Gaede* in: Böse (Hrsg.), § 3 Rz. 30 m.w.N.

EU der EMRK noch nicht beigetreten ist und somit an die Rechtsprechung des EGMR nicht unmittelbar gebunden ist. Die mitgliedstaatlichen Gerichte sind dagegen einerseits an die Unionsgrundrechte und andererseits unmittelbar konventionsrechtlich an die EMRK gebunden. Dieses Auseinanderfallen zwischen der konventionsrechtlichen Bindung der Mitgliedstaaten und der fehlenden förmlichen Bindung der EU an die EMRK kann für die Mitgliedstaaten zu unlösbaren Bindungskollisionen führen.[524] Es kann praktisch vorkommen, dass der EuGH die Vereinbarkeit eines Unionsrechtsakts mit der Charta annimmt, während der EGMR einen Verstoß gegen die EMRK feststellt.[525] In dieser Situation sieht sich der Mitgliedstaat einander widersprechenden Pflichten ausgesetzt: Wendet er das Unionsrecht an, etwa den Rb-EuHB, und kommt damit seiner Pflicht aus 288 Abs. 3 AEUV nach, verletzt er die EMRK. Unterlässt er die Anwendung, um seine Pflichten als Konventionsstaat zu erfüllen, verstößt er gegen seine europarechtliche Umsetzungspflicht. Es stellt sich deshalb die Frage, ob der EGMR in diesen Konstellationen letztendlich doch zuständig und dementsprechend das von den nationalen Behörden angewandte Unionsrecht am Maßstab der EMRK prüfen könnte.[526] Diese Bindungskollision ist kein theoretisches Problem, sondern hat sich in der Entscheidung Bosporus[527] bereits praktisch gestellt.[528] Durch die Rechtsprechung des EGMR ist diese Frage – auf praktischem Wege – entschärft worden.[529]

---

524 S. dazu *Lindner*, EuR 2007, S. 175 f.

525 *Frenz*, Rz. 98.

526 Dazu allgemein sowie zur Entwicklung der Rechtsprechung der Menschenrechtskommission sowie des EGMR s. *Peters/ Altwicker*, § 4, Rz. 4 sowie *Satzger*, 6. Aufl., § 11 Rz. 18.

527 EGMR, Urteil vom 30.06.2005, Nr. 45036/98 (*Bosphorus/ Irland*).

528 In der Entscheidung *Bosphorus* ging es um die Anwendung der VO (EWG) Nr. 990/93, mit der die Resolution 820 der UN zur Beschlagnahme von Flugzeugen im Rahmen von Sanktionen gegen die ehemalige Republik Jugoslawien umgesetzt worden war. Auf der Grundlage dieser Verordnung hatten die irischen Behörden ein Flugzeug im Eigentum der Yugoslav Airlines, das wiederum von einer türkischen Charterfluggesellschaft geleast worden war, beschlagnahmt. Die Charterfluggesellschaft klagte gegen die Beschlagnahme. Im Rahmen der Berufung richtete der irische Oberste Gerichtshof ein Vorabentscheidungsersuchen an den EuGH, der die Verordnung als mit den Grundrechten vereinbar erklärte (vgl. EuGH, Urteil vom 30.07.1996, Rs. C-84/95 (*Bosphorus*), Slg. 1996, I-3953, Rz. 21 ff.). Die Chartergesellschaft bewertete die Beschlagnahme als Verstoß gegen das in Art. 1 Abs. 2 Zusatzprotokoll zur EMRK garantierte Eigentumsrecht. Der EGMR hatte insoweit zu prüfen, ob eine Verordnung, die vom EuGH für rechtmäßig erachtet worden war, mit den Garantien der EMRK vereinbar ist (weitere Einzelheiten des Sachverhalts finden sich in der Zusammenfassung von *Bröhmer*, EuZW 2006, S. 71. Vertiefend zum Sachverhalt und zur rechtlichen Würdigung sowie zum Verhältnis zwischen EuGH und EGMR s. *Schmidt*, S. 159 ff.

529 *Satzger*, 6. Aufl., § 11 Rz. 18.

In dem Fall, der zuerst von dem EuGH[530] geprüft wurde, bejahte der EGMR das Vorliegen eines Eingriffs in das Eigentumsrecht und prüfte dann, inwieweit dieser gerechtfertigt ist.[531] Dabei stellte der EGMR zunächst fest, dass die Befolgung des Gemeinschaftsrechts durch die Vertragsstaaten ein legitimes, öffentliches Interesse darstellt.[532] Dann wandte sich der Gerichtshof der Frage zu, ob dieses wichtige Interesse den angefochtenen Eingriff in die Eigentumsrechte des Beschwerdeführers rechtfertigen konnte. In diesem Zusammenhang führte der EGMR aus, dass die Vertragsstaaten zwar Hoheitsgewalt auf eine internationale oder supranationale Organisation übertragen können, ohne dadurch ihre Konventionspflichten zu verletzen.[533] Die Signatarstaaten bleiben jedoch für alle Handlungen und Unterlassungen ihrer Organe verantwortlich, unabhängig davon, ob diese sich aus innerstaatlichem Recht oder aus der Notwendigkeit ergab, völkerrechtlichen Verpflichtungen zu entsprechen.[534] Nach Ansicht des Gerichtshofs ist jedoch staatliches Handeln, das solchen rechtlichen Verpflichtungen entspricht, solange gerechtfertigt, als die jeweilige Organisation (konkret die EU) die Grundrechte in einer Weise schützt, die hinsichtlich der materiellen Garantien und des Mechanismus zur Überprüfung ihrer Einhaltung als zumindest gleichwertig mit dem durch die EMRK gewährten Schutz angesehen werden kann.[535] Der EGMR löste die Kollision zwischen der Pflicht zur Durchführung des Gemeinschaftsrechts einerseits und der Konventionspflicht andererseits durch die Statuierung einer widerlegbaren Vermutung. Die Vermutung des gleichwertigen Grundrechtsschutzes kann widerlegt werden, wenn im konkreten Einzelfall der auf der Ebene der EU gewährleistete Grundrechtsschutz offensichtlich unzureichend ist.[536]

4. Rechtsschutz vor den nationalen Gerichten

Die Entscheidung, eine grundrechtsrelevante Frage an den EuGH weiterzuleiten, liegt beim nationalen Gericht und nicht bei den durch die Rechtssache betroffene Einzelperson. Nach Art. 267 Abs. 2 AEUV ist jedes Gericht eines Mitgliedstaates zur Vorlage an den EuGH berechtigt. Ein Gericht, dessen Entscheidung im konkreten Fall[537] nicht mehr mit Rechtsmitteln des innerstaatlichen Rechts angefochten werden

530 EuGH, Urteil vom 30.07.1996, Rs. C-84/95 (*Bosphorus*), Slg. 1996, I-3953.
531 EGMR, Urteil vom 30.06.2005, Nr. 45036/98 (*Bosphorus/ Irland*), Rz. 149 ff.
532 *Ebd.*
533 *Ebd.*
534 *Ebd.*
535 *Ebd.*, Rz. 159, 165.
536 Im Unterschied zum Bundesverfassungsgericht behält sich der EGMR also eine Einzelprüfung vor; s. dazu *Paeffgen* in: Wolters (Hrsg.), Art. 1 EMRK, Rz. 47, *Böse* in: Sieber/ Brüner/ Satzger/ von Heintschel-Heinegg (Hrsg.), § 12 Rz. 3.
537 So die h. M.: vgl. *Gaitanides* in: von der Groeben/ Schwarze/ Hatje, Art. 267 AEUV, Rz. 61, *Wegener* in: Caliess/ Ruffert (Hrsg.), Art. 267 Rz. 26, *Karpenstein* in: Grabitz/ Hilf/ Nettesheim (Hrsg.), Art. 267, Rz. 51 ff.

kann, ist zur Vorlage entscheidungserheblicher Auslegungs- und Gültigkeitsfragen zum Unionsrecht verpflichtet[538]. Eine Vorlagepflicht besteht ausnahmsweise nicht, wenn die vorzulegende Rechtsfrage bereits geklärt oder die richtige Antwort so offenkundig ist, dass keinerlei Raum für einen vernünftigen Zweifel verbleibt („*acte-clair*").[539] Möchte ein letztinstanzliches Gericht von einer in einem anderen Verfahren ergangenen Entscheidung des EuGH abweichen, so ist es zur Vorlage verpflichtet.[540] Diese Bindungswirkung betrifft nicht nur exakt gleiche, bereits entschiedene Fragestellungen, sondern auch hinreichend vergleichbare Fallkonstellationen.[541]

Ergebnis

Im Übergabeverfahren ist der vollstreckende Staat an die europäischen und nationalen Grundrechte gebunden. Als zentrale Rechtsgrundlage für die Ermittlung der Grundrechte und allgemeinen Rechtsgrundsätze firmiert die Charta der Grundrechte der EU, die durch den Vertrag von Lissabon den Rang des Primärrechts eingenommen hat.[542] Neben der Charta spielen die menschenrechtlichen Gewährleistungen der EMRK eine besondere Rolle. Obwohl die Konvention nicht unmittelbar in die Unionsrechtsordnung übernommen wurde, sind die in ihr garantierten Menschenrechte gemäß Art. 6 Abs. 3 EUV als allgemeine Grundsätze Teil des Unionsrechts. Die Bedeutung der EMRK geht aber darüber hinaus, weil die Grundrechte der Charta die „gleiche Bedeutung und Tragweite" haben, wie sie die entsprechenden Grundrechte der Konvention aufweisen. Für eine große Zahl von Grundrechten, zumal für viele im Übergabeverfahren besonders wichtige, wird eine vollständige oder weitreichende Übereinstimmung festgestellt. Die Grundrechte der Charta müssen nicht in jeder Hinsicht wie die Grundrechte der Konvention ausgelegt werden. Vielmehr lässt Art. 52 Abs. 3 S. 2 GRC einen weitergehenden Schutz der Grundrechte der Charta im Vergleich zu den Konventionsgarantien ausdrücklich zu. Auf jeden Fall darf der durch die Charta gewährleistete Schutz niemals geringer sein als der durch die EMRK gewährte Schutz.[543] Neben der europarechtlichen Verpflichtung des vollstreckenden Staates zur Beachtung der europäischen Grundrechte wurde eine völkerrechtliche Pflicht bezüglich der EMRK festgestellt.[544] Das bedeutet, dass der Vollstreckungsmitgliedstaat in doppelter Hinsicht an die Gewährleistungen der ältesten europäischen Verfassung gebunden ist. In Bezug auf die Bindung des

---

538 Art.267 Abs. 3 AEUV.
539 EuGH, Urteil vom 06.10.1982, Rs. C-283/81 (*CILFIT*), Slg. 1982, 3415, Rz. 16; EuGH, Urteil vom 04.11.1997, Rs. C-337/95 (*Parfums Christian Dior*), Slg. 1997, I-6013, Rz. 31, einschränkend für das Strafrecht: *Satzger*, Europäisierung, S. 663.
540 EuGH, Urteil vom 06.10.1982, Rs. C-283/81 (*CILFIT*), Slg. 1982, 3415, Rz. 21.
541 *Ebd.*, Rz. 14; *Dauses*, S. 154.
542 S. oben Kap. C. I. 3, a), aa).
543 Erläuterung zu Art. 52 GRC.
544 S. oben Kap. C. I. 2.

vollstreckenden Staates an die nationalen Grundrechte ergab die Analyse der Rechtsprechung des EuGH, dass eine differenzierte Betrachtungsweise geboten ist. Die Anwendung der nationalen Grundrechte ist zulässig, sofern dadurch weder „das Schutzniveau der Charta, wie sie vom Gerichtshof ausgelegt wird, noch der Vorrang, die Einheit und die Wirksamkeit des Unionsrechts beeinträchtigt werden."[545] Der vollstreckende Staat darf die Übergabe aus Gründen, die durch den nationalen Grundrechtsschutz bedingt sind, aber keinen Widerhall in dem Rb-EuHB gefunden haben, nicht verweigern. Das bedeutet, dass aufgrund der Bindung des Vollstreckungsmitgliedstaates an die nationalen Grundrechte kein zusätzliches Kriterium für die Übergabeentscheidung hinzugedacht werden kann. Davon unberührt bleibt die Einhaltung der nationalen Grundrechte in verfahrensrechtlicher Hinsicht.[546]

Die Übergabeentscheidung berührt die Rechtsposition des Betroffenen in mehrfacher Hinsicht, sei es durch den Entzug der Freiheit, sei es durch die Trennung von dem sozialen und familiären Umfeld und die Überstellung unter die Hoheitsgewalt des Ausstellungsstaates. Mithin geht die Entscheidung typischerweise mit Eingriffen in die Freiheitsrechte, die Rechte auf Privat- und Familienleben sowie das Recht auf Einmaligkeit der Strafverfolgung und Bestrafung gemäß Art. 50 GRC und Art. 54 SDÜ. Da der Betroffene durch die Überstellung zur Strafverfolgung i. d. R. dem Strafverfahren in dem ausstellenden Staat ausgesetzt wird, kann das Verbot der Folter und unmenschlicher und erniedrigender Behandlung tangiert sein.[547] Weiteres ist dem Betroffenen gemäß Art. 5 GRC und Art. 6 EMRK ein faires Verfahren zu garantieren.[548] Gemäß Art. 49 GRC und Art. 7 EMRK hat der Betroffene ein Recht auf Voraussehbarkeit der Strafverfolgung, das bei Überstellungen wegen Straftaten mit Inlandsbezug verletzt werden kann.[549] Bezogen auf alle Grundrechte bildet die Verhältnismäßigkeit eine absolute Schranke von Individualbeschränkungen, die der vollstreckende Staat nicht aus den Augen verlieren darf.[550]

Aus den grundrechtlichen Gewährleistungen ergibt sich für den vollstreckenden Staat eine Bandbreite an positiven Handlungspflichten, u. a. zum Schutz des Betroffenen vor willkürlichen Freiheitsentziehungen.[551] Die Schutzpflicht des überstellenden Staates könnte nach der Rechtsprechung des EGMR zu einer Pflicht auf Verweigerung der Übergabe erstarken, etwa wenn dem Betroffenen im ausstellenden Staat Folter oder unmenschliche oder erniedrigende Behandlung oder Strafe droht.[552]

---

545 EuGH, Urteil vom 26.02.2013, Rs. C-399/11 (*Melloni*), noch nicht in der amtl. Slg. veröff., Rz. 60 f.
546 Vgl. oben Kap. C. II.
547 Vgl. oben Kap. C. III. 1, a).
548 Vgl. oben Kap. C. III. 1, c).
549 Vgl. oben Kap. C. III. 1, d).
550 Vgl. oben Kap. C. III. 2.
551 Vgl. oben Kap. C. III. 1, b).
552 Vgl. oben Kap. C. III. 1, a).

Dem Betroffenen steht bei Beeinträchtigung der in der EMRK und ihren Protokollen garantierten Rechte der direkte Weg nach Straßburg offen, wo der EGMR über seine Individualbeschwerde befinden kann.[553] Eine vergleichbare unmittelbare Rechtsschutzmöglichkeit bei Verletzungen der Grundrechte aus der europäischen Charta sieht der Vertrag von Lissabon nur in begrenzten Fällen vor.[554] In der Regel ist der Betroffene auf das Vorabentscheidungsverfahren angewiesen, dessen Einleiten in der Hand der nationalen Gerichte liegt.[555] Solange die EU kein Vertragsstaat der EMRK geworden ist, kann die Gefahr divergierender Auslegung der europäischen Grundrechte durch den EGMR und EuGH nicht ausgeschlossen werden. Während der EGMR als Menschenrechtsgerichtshof die Rechte des Betroffenen in den Mittelpunkt seiner Überlegungen stellt,[556] stellt der Grundrechtsschutz in der Prüfung des EuGH lediglich einen Teilaspekt einer Gesamtbetrachtung aller Unionsvorschriften.[557] Die Verpflichtungen, die der vollstreckende Staat im Rahmen der Unionsrechtsordnung übernommen hat, entbinden ihn nicht von der völkerrechtlich gebotenen Beachtung der Konventionsgarantien. Auch wenn man grundsätzlich von einer Vermutung des konventionsäquivalenten Grundrechtsschutz innerhalb der EU ausgehen kann, kann sich der unionsrechtliche Grundrechtsschutz im Einzelfall als offensichtlich ungenügend erweisen.[558] Für den vollstreckenden Staat gilt es die Rechtsprechung des EGMR und des EuGH im Blick zu behalten.

Zusammenfassung

Der EuHB ist eine der wichtigsten Maßnahmen im Bereich der justiziellen Zusammenarbeit in Strafsachen zwischen den Mitgliedstaaten. Die Strafverfolgung gegen einen Täter, der nach begangener Straftat in einem Mitgliedstaat in einen anderen Mitgliedstaat flüchtet, stellt spätestens seit den Terroranschlägen vom 11.09.2001 keine einzelstaatliche Aufgabe mehr dar, sondern eine europäische. Die Mitgliedstaaten haben erkannt, dass sie den Kampf gegen den internationalen Terrorismus nur gemeinsam gewinnen können. Angesichts der Öffnung der Binnengrenzen erwies sich die Aufrechterhaltung juristischer Grenzen als nicht mehr hinnehmbar.[559] Die Bewältigung der organisierten und grenzüberschreitenden Kriminalität erforderte genauso wie das Aufkommen neuer Kriminalitätsformen[560] innerhalb der EU ein koordiniertes Vorgehen der Mitgliedstaaten. Der EuHB stellt im strafrechtlichen

---

553 Vgl. oben Kap. C. IV. 2.
554 S. oben Kap. C. IV. 1.
555 *Ebd.*
556 Vgl. oben Kap. C. IV. 2.
557 Vgl. oben Kap. C. IV. 1.
558 Vgl. oben Kap. C. IV. 2.
559 *Nehm*, DRiZ 2000, S. 356.
560 Z. B. Terrorismus, Cyberkriminalität, sexuelle Ausbeutung von Minderjährigen und Kinderpornographie, Wirtschaftskriminalität und Korruption, vgl. Ratsdok. 7120/10, S. 6 f.

Bereich die erste konkrete Verwirklichung des vom Europäischen Rat als Eckstein der justiziellen Zusammenarbeit qualifizierten Prinzips der gegenseitigen Anerkennung dar.[561] Er soll als Wegbereiter des großen gemeinsamen europäischen Projekts zum Aufbau des einheitlichen Raums der Sicherheit, Freiheit und Rechts dienen.

Die formellen und materiell rechtlichen Neuerungen des EuHB im Vergleich zu dem herkömmlichen Auslieferungsrecht verfolgen den Effizienzgedanken. Das Übergabeverfahren wird einstufig gestaltet und dadurch die dem Auslieferungsverfahren immanente diplomatische Ebene und die daraus resultierenden Unsicherheiten ausgeschlossen. Es wird ein striktes Fristenregime eingeführt, das von allen an dem System beteiligten Staaten beachtet werden soll. Das rahmenbeschlussrechtliche Modell der Übergabeentscheidung basiert auf dem Prinzip der gegenseitigen Anerkennung, das der Ausgangspunkt der Prüfungsrechte und -pflichten des vollstreckenden Staates bildet. In seiner Ausprägung als Grundlage der Vollstreckung des EuHB erlegt das Anerkennungsprinzip der vollstreckenden Behörde eine grundsätzliche Vollstreckungspflicht auf. Für die Übergabeentscheidung konkretisiert sich diese Pflicht auf eine Reduzierung der herkömmlichen Auslieferungsvoraussetzungen und -hindernisse. Die vollstreckende Behörde kann die Übergabe eines EuHB nur in den Fällen ablehnen, in denen sie gemäß Art. 3 Rb-EuHB abzulehnen ist oder gemäß Art. 4 oder 4a Rb-EuHB abgelehnt werden kann. Außerdem kann die vollstreckende Justizbehörde die Vollstreckung eines EuHB nur an die in Art. 5 des Rahmenbeschlusses angeführten Bedingungen knüpfen.

Der vollstreckende Staat muss beim Vorliegen eines zwingenden Verweigerungsgrundes nach Art. 3 Rb-EuHB die Übergabe verweigern. Während sich die Tatbestandsmerkmale des Art. 3 Nr. 2 europarechtlich autonom zu bestimmen sind, beurteilen sich die Voraussetzungen des Art. 3 Nr. 1 und Nr. 3 Rb-EuHB nach dem Recht des Vollstreckungsmitgliedstaates. Beim Vorliegen einer der in Art. 4 Rb-EuHB aufgezählten fakultativen Gründe kann der Vollstreckungsmitgliedstaat nach eigenem Ermessen entscheiden, ob dem Übergabegesuch stattgegeben wird oder dieser abgelehnt wird. Das durch Art. 4 Rb-EuHB eingeräumte Ermessen betrifft sowohl die Umsetzung als auch die Anwendung der Übergabehindernisse, was eine unterschiedliche Praxis in den Mitgliedstaaten auf beiden Ebenen herbeiführen kann. Der Ausgestaltung als fakultative Übergabehindernisse haftet somit die Gefahr an, dass die Behörden der Mitgliedstaaten das eingeräumte Ermessen unterschiedlich ausüben. Dies kann sowohl innerhalb als auch außerhalb eines Mitgliedstaates zur uneinheitlichen Entscheidungspraxis führen, zumal der Rb-EuHB keine Vorgaben für die Ermessensauübung enthält. Im fakultativen Bereich ist das für außerhalb der Katalogliste geltende Erfordernis der doppelten Strafbarkeit hervorzuheben. Angesichts der Tatsache, dass sich die mitgliedstaatlichen Strafgesetze voneinander unterscheiden,[562] könnte das teilweise beibehaltene Erfordernis der doppelten Strafbarkeit erhebliche Auswirkungen für die effektive Strafverfolgung i. e. S. aufweisen.

---

561 Erwägungsgrund 6 zum Rb-EuHB.
562 *Satzger*, 6. Aufl., § 9, Rz. 7 ff. m. w. N.

Aus diesem Grund muss seine Bedeutung für die Effizienz im praktischen Teil der Untersuchung näher untersucht werden.[563] Bei einem Strafverfahren wegen derselben Tat, derentwegen der EuHB erlassen wurde, hat der vollstreckende Staat in vier Konstellationen die Möglichkeit, seiner Gerichtsbarkeit den Vorzug einzuräumen und die Übergabe zu verweigern.[564] Der Rb-EuHB enthält keine näheren Vorgaben darüber, nach welchen Maßstäben und Kriterien die Ermessensentscheidung zu treffen ist. Diese Ausgangssituation birgt die Gefahr erheblicher Unsicherheit bei der Vollstreckung von EuHB, die wegen Straftaten mit Bezug zu mehreren Staaten erlassen wurden. Zusätzlich besteht das Risiko, dass die Übergabehindernisse aus Art. 4 Nr. 2 und Nr. 3 Rb-EuHB „als Reaktion auf missliebige ausländische Ersuchen instrumentalisiert wird“[565], um die grundsätzliche Vollstreckungsverpflichtung zu unterlaufen. Dies könnte zu einer erheblichen Beeinträchtigung des EuHB als wirksames Strafverfolgungsmittel führen,[566] weshalb die praktischen Auswirkungen der vorgenannten Übergabehindernisse näher zu untersuchen sind. Einer Überprüfung bedarf auch die Umsetzung und Anwendung des Art. 24 Rb-EuHB, weil der Aufschub der Übergabe die Effizienz des EuHB beeinträchtigen kann. Konkret kann die zeitlich verschobene Personenüberstellung einen Verlust an Beweismitteln oder zum Ablauf der Verjährungsvorschriften im Strafverfolgungsstaat führen. Die vorübergehende Übergabe scheint unter dem Gesichtspunkt der effektiven Strafverfolgung vorzugswürdig, weshalb die praktische Handhabung der zwei Alternativen erläuterungsbedürftig erscheint.

Obwohl der Rb-EuHB neben der Effektivierung der Strafverfolgung die Wahrung der Grundrechte des Betroffenen bezweckt, fehlt es in dem Rb-EuHB an einem ausdrücklichen Grund- und Menschenrechtsvorbehalt. Der Mechanismus des EuHB erfordert ein hohes Maß am gegenseitigen Vertrauen[567] zwischen den Mitgliedstaaten und basiert auf der Vermutung, dass die Grund- und Menschenrechte der Person durch den Ausstellungsstaat beachtet werden. Der Rb-EuHB geht also davon aus, dass innerhalb der EU die Grund- und Menschenrechte gewahrt werden und normiert für Fälle einer Grundrechtsbeeinträchtigung keinen diesbezüglichen Ablehnungsgrund. Wegen seiner individualschützenden Funktion ist der zwingende Ablehnungsgrund nach Art. 3 Nr. 2 Rb-EuHB hervorzuheben, womit die Einhaltung des *ne bis in idem*-Grundsatzes auch im Übergabeverfahren sichergestellt wird. Dadurch wird ein möglicher Konflikt, in den der vollstreckende Staat aufgrund seiner primärrechtlichen Bindung an das Doppelbestraffungsverbot geraten könnte, von vornherein behoben. Ferner schafft die Möglichkeit, die Übergabe an bestimmte Garantien gemäß Art. 5 Rb-EuHB zu knüpfen, einen Ausgleich zwischen den Interessen des ausstellenden Staates an effektiver Strafverfolgung und der Schutzpflicht des

563 Vgl. unten Teil 2, Kap. A. III. 4. a).
564 *Freund*, S. 229.
565 *von Bubnoff*, EuHB, S. 78.
566 *Freund*, S. 229.
567 Erwägungsgrund 10 zum Rb-EuHB.

vollstreckenden Staates gegenüber dem Betroffenen. Im Übrigen kann die vollstreckende Behörde nach der bisherigen Rechtsprechung des EuGH die Übergabe der gesuchten Person bei vergangenen oder drohenden Grundrechtsbeeinträchtigungen nicht verweigern.

Die Frage, ob Art. 1 Abs. 3 Rb-EuHB ein Gebot zur Achtung der europäischen Grundrechte und allgemeinen Grundsätze enthält, kann dahingestellt bleiben. Aus Art. 6 EUV ergibt sich eine primärrechtliche Bindung des vollstreckenden Staates an die europäischen Grundrechte und die allgemeinen Rechtsgrundsätze. Ferner sind alle Mitgliedstaaten als Signatarstaaten den menschenrechtlichen Gewährleistungen der EMRK verpflichtet. Der vollstreckende Staat hat den Rb-EuHB so auszulegen, dass er mit den nach Art. 6 EUV garantierten Grund- und Menschenrechten vereinbar ist.[568] Das rahmenbeschlussrechtliche Modell sieht die Prüfung von Grundrechtsfragen nicht ausdrücklich vor. In formeller Hinsicht werden die Einhaltung der Form- und Inhaltserfordernisse dem ausstellenden Staat auferlegt. Für den vollstreckenden Staat, der nach dem Wortlaut des Rb-EuHB die formellen und inhaltlichen Anforderungen nicht mal zu prüfen hat, besteht selbst bei evidenten Versäumnissen keine Verweigerungsoption. Ihm wird durch Art. 15 Rb-EuHB lediglich die Möglichkeit zum Anfordern zusätzlicher Informationen verschafft. In materiell-rechtlicher Hinsicht ergeben sich aus dem Rb-EuHB bis auf die Mindestsanktionsgrenze, die von dem ausstellenden Staat zu beachten ist, keine weiteren Voraussetzungen. Was die Übergabehindernisse betrifft, sieht der Rb-EuHB einen abschließenden Katalog vor, der in erster Linie den Souveränitätsinteressen der Mitgliedstaaten gerecht wird. Eine Prüfung des Tatverdachts hinsichtlich der dem EuHB zugrundeliegenden Haftentscheidung ist im Rb-EuHB nicht vorgesehen. Genauso wenig gibt der Rb-EuHB eine Verhältnismäßigkeitsprüfung vor, sei es durch den ausstellenden, sei es durch den vollstreckenden Staat. Da der vollstreckende Staat sowohl der effektiven Strafverfolgung als auch dem Grundrechtsschutz verpflichtet ist, könnte ihm der Verhältnismäßigkeitsgrundsatz als zentrale Rechtsfigur zur Bewältigung des Rechtsgüterausgleichs dienen. Von den primärrechtlichen Schutzpflichten des vollstreckenden Staates gegenüber dem Betroffenen können ferner bestimmte Handlungsobliegenheiten und Prüfpflichten resultieren. Nach der Rechtsprechung des EGMR, die von dem vollstreckenden Staat trotz unionsrechtlich determinierten Handelns zu beachten ist, können bei Durchführung des Rb-EuHB aus den Konventionsgarantien Verweigerungspflichten resultieren. Anders sieht die Rechtslage aus Sicht der bisherigen Rechtsprechung des EuGH aus, wo bei Grundrechtsbeeinträchtigungen keine Ausnahme von der Vollstreckungsverpflichtung zugelassen wird. Dem Konzept des Rb-EuHB liegt die Idealvorstellung zugrunde, dass der ausstellende Staat die Grundrechte wahrt, so dass keine Reaktion

568 EuGH, Urteil vom 16.06.2005, Rs. C-105/03 (*Pupino*), Slg. 2005, I-5285, Rz. 58 f.; EuGH, Urteil vom 03.05.2007, Rs. C-303/05 (*Advocaten voor de Wereld*), Slg. 2007, I-3633, Rz. 27; EuGH, Urteil vom 13.07.1989, Rs. 5/88 (*Wachauf*), Slg. 1989, 2609, Rz. 17 f., EuGH, Urteil vom 12.11.1969, Rs. 29/69 (*Stauder*), Slg. 1969, 419.

des vollstreckenden Staats bei Grundrechtsverletzungen vorgesehen ist. Die vollstreckende Behörde ist nach der *Bosphorus*-Doktrin von der Einhaltung der EMRK trotz konträrer sekundärrechtlichen Pflichten nicht befreit. Die Bindung an die EMRK kann zur Folge haben, dass bei Grundrechtsverletzungen konventionsrechtlich die Verweigerung der Übergabe als die einzig mögliche Option geboten ist. Der abschließende Katalog der Verweigerungspflichten, der laut EuGH die Übergabeentscheidung determiniert, sieht eine grundrechtsbedingte Ablehnung aber nicht vor. Für die vollstreckende Behörde könnten sich aus der Rechtsprechung des EGMR und EuGH divergierende Handlungspflichten bezüglich der Übergabeentscheidung ergeben. Im zweiten Teil der Untersuchung muss geklärt werden, ob sich die aus dem Rb-EuHB ergebende Aufgabenverteilung zwischen dem ausstellenden und vollstreckenden Staat in der Praxis bewährt hat. Bejahendenfalls wäre zu überlegen, ob das rahmenbeschlussrechtliche Modell trotz aller Skepsis im Hinblick auf die Schwächung der Rechtsposition des Betroffenen aufrechterhalten werden soll. Sollte dagegen die praktische Untersuchung ergeben, dass der ausstellende Staat seinen Aufgaben als Garant für die Einhaltung der europäischen Grundrechte und allgemeinen Rechtsgrundsätze nicht gerecht wird, müssten Lösungen gesucht werden, um das Spannungsverhältnis aufzulösen.

Teil 2. Rechtswirklichkeit der Vollstreckung des EuHB am Beispiel Bulgariens

In diesem Teil der Untersuchung wird die Rechtswirklichkeit der Durchführung des Rb-EuHB am Beispiel Bulgariens als vollstreckender Staat beleuchtet. Diese Arbeit hat sich zum Ziel gesetzt, ein ausbalanciertes Modell für die Übergabeentscheidung zu konzipieren, weshalb die Übergabepraxis einerseits aus Sicht der effektiven Strafverfolgung und andererseits des Betroffenenschutzes analysiert wird. Im ersten Teil dieser Arbeit wurde das rahmenbeschlussrechtliche Prüfungsprogramm für die Übergabeentscheidung ermittelt. Anhand dieses Programms wird im Folgenden die Effizienz der bulgarischen Übergabepraxis überprüft und die Faktoren herausgearbeitet, welche die effektive Strafverfolgung beeinflussen. Der Entwurf von Kriterien zugunsten der effektiven Strafverfolgung kann erfolgen, wenn in Bulgarien eine im Vergleich zu anderen Mitgliedstaaten erhöhte Tendenz zur Übergabe gesuchter Personen feststellbar wäre. Anderenfalls könnte die Auswertung der bulgarischen Übergabepraxis Gründe ergeben, die der Effizienz entgegenstehen, was wiederum einen Anhaltspunkt für Optimierungsvorschläge liefern könnte.

Das erstrebte Modell soll den europäischen Vorgaben entsprechen, deshalb werden die effizienzsteigernden Faktoren gleichzeitig auf ihre Konformität mit dem Primärrecht überprüft. Es wurde bereits festgestellt, dass der vollstreckende Staat bei seiner Übergabeentscheidung an die europäischen Grundrechte gebunden ist.[569] Die bulgarische Übergabepraxis wird deshalb einer kritischen Prüfung unter dem Gesichtspunkt des europäischen Grundrechtsschutzes unterzogen. Wie bereits im ersten Teil der Arbeit festgestellt wurde, ist das rahmenbeschlussrechtliche Modell nicht unmittelbar geltend, sondern bedarf der Umsetzung und Anwendung durch die nationalen Vollstreckungsbehörden.[570] Die Faktoren, welche die Übergabepraxis aus dem Blickwinkel der vorgenannten Gewichtskräfte beeinflussen, müssen auf beiden Ebenen gesucht werden. Mithin wird die Vollstreckung des EuHB erstens durch Vergleich der bulgarischen Umsetzungsvorschriften mit den rahmenbeschlussrechtlichen Vorgaben und zweitens durch Analyse der Praxis der vollstreckenden Behörden ausgewertet. Im Ergebnis müssen Kriterien herauskristallisiert werden, welche zur Auflösung des aufgezeichneten Spannungsverhältnisses[571] zwischen der effektiven Strafverfolgung und dem Betroffenenschutz beitragen können.

569 Vgl. Teil 1, Kap. C. I.
570 Vgl. Teil 1, Kap. B. III. 2.
571 Vgl. Teil 1, Zusammenfassung.

A. Effizienz der bulgarischen Übergabepraxis

Die bulgarische Übergabepraxis würde den Anforderungen der effektiven Strafverfolgung entsprechen, wenn durch die regelmäßige Stattgabe von Übergabeersuchen sichergestellt ist, dass innerhalb der EU keine Strafverfolgungslücken entstehen. Somit kommt es für die Effizienz darauf an, ob und inwieweit Einlieferungsersuchen aus anderen Mitgliedstaaten seitens der bulgarischen Vollstreckungsstellen bewilligt werden.

I. Statistische Daten

Der EuHB wird auf europäischer Ebene aus Sicht der effektiven Strafverfolgung als Erfolg bezeichnet.[572] Die für die Jahre 2005 bis 2009 verfügbaren Statistiken[573] verzeichnen 54 689 ausgestellte und 11 630 vollstreckte EuHB.[574] Aus diesen Daten können keine Folgerungen für die Effizienz der bulgarischen Übergabepraxis gezogen werden, weil das Land in Bezug auf den untersuchten Zeitraum keine statistischen Daten übermittelt hat.[575]

Nach Durchsicht der Berichte der Kommission über Bulgariens Fortschritte im Rahmen des Kooperations- und Kontrollverfahrens[576] (im Folgenden: CVM-Berichte) kann festgestellt werden, dass in dem Land nach wie vor erhebliche Defizite bei der innerstaatlichen Strafverfolgung bestehen.[577] Die Zusammenarbeit der bulgarischen Strafverfolgungsbehörden mit anderen Mitgliedstaaten wird jedoch in keinem der Berichte beanstandet.[578] Im Gegenteil wird von der Kommission lobend hervorgehoben, dass in diesem Bereich erhebliche Fortschritte erzielt und eine Reihe von Maßnahmen getroffen wurden, die speziell auf Straftaten mit grenzüberschreitender Dimension zugeschnitten sind.[579]

---

572 *Böhm*, StraFo 2013, S. 177.

573 Ratsdok. 9005/5/06 COPEN 52, 11371/5/07 COPEN 106, 10330/2/08 COPEN 116, 9743/4/09 COPEN 87, 7551/7/10 COPEN 64.

574 KOM (2011) 175 endg., S. 1.

575 *Ebd.*, S. 13.

576 S. unten Kap. A. II. 1.

577 KOM (2007) 377 endg.; KOM (2008) 63 endg.; KOM (2009) 69 endg.; KOM (2009) 402 endg.; KOM (2010) 112 endg.; KOM (2010) 400 endg.; KOM (2011) 81 endg.; KOM (2011) 459 endg.; KOM (2012) 57 endg.; KOM (2012) 411 endg.; KOM (2014) 36 endg.; KOM (2015) 36 endg.

578 *Ebd.*

579 KOM (2012) 57 endg., S. 15.

Abbildung 1: Vollstreckung von EuHB durch die europäischen Mitgliedstaaten im Jahr 2010[580]

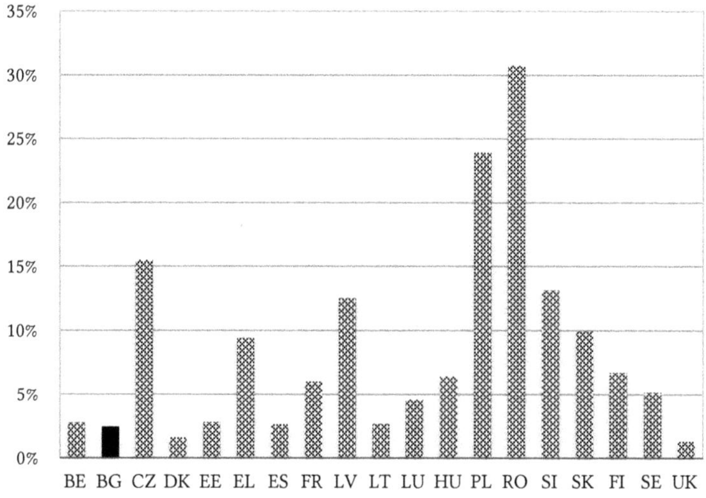

Aus den Daten, die Bulgarien für das Jahr 2010 dem Rat vorlegte (s. Abbildung 1), ergibt sich das Verhältnis der bewilligten zu allen eingegangenen Ersuchen um Überstellung einer gesuchten Person. Danach hat Bulgarien im Jahr 2010 nur in 4,4 % der Fälle die Übergabe aufgrund des EuHB abgelehnt.[581] Zieht man einen Vergleich mit der Entscheidungspraxis in den benachbarten Ländern Rumänien und Griechenland, kann in Bezug auf Bulgarien eine positive Bilanz gezogen werden. Im Vergleich zu Rumänien, das während der untersuchen Periode in 30,71 % der Fälle das partnerschaftliche Ersuchen ablehnte, erscheinen die Fälle, in denen Bulgarien die Vollstreckung mitgliedstaatlicher Haftbefehle verweigerte, als eine Ausnahme. Weniger deutlich fällt die Parallele zu Griechenland aus, obwohl auch hier das Ergebnis zugunsten der bulgarischen Behörden spricht. Während in Griechenland in 9,39 % der Fälle ein negatives Votum gesprochen wurde, waren es in Bulgarien nur drei negative Entscheidungen.[582] Insgesamt scheint die Anzahl der Vollstreckungsverweigerungen durch Bulgarien im europäischen Kontext extrem gering zu sein. Es gibt nur einige wenige anderen Staaten, die genauso gut wie der bulgarische Staat abschneiden.

580 Eigene Darstellung (Datenquelle: Ratsdok. 9120/2/11 REV 2). Mitgliedstaaten, die keine EuHB vollstreckt bzw. keine Angaben darüber gemacht haben (darunter auch Deutschland), sind nicht abgebildet.

581 Ratsdok. 9120/2/11 REV 2.

582 *Ebd.*, S. 10.

Die Effizienz der bulgarischen Übergabepraxis kommt besonders zum Vorschein, wenn man die statistischen Daten über die Anzahl der erfolgten Einlieferungen nach Deutschland anschaut (s. Abbildung 2). Im Zeitraum von 2008 bis 2013 hat der bulgarische Staat nur in 2 % der Fälle ein Übergabeersuchen aus Deutschland abgelehnt. In lediglich 1 % der Fälle konnte die gesuchte Person aus sonstigen Gründen nicht an Deutschland übergeben werden. Innerhalb von sechs Jahren bewilligte Bulgarien in 97 % der Fälle die Übergabe des Betroffenen zur Strafverfolgung oder Strafvollstreckung in Deutschland.

Abbildung 2: Deutsche Einlieferungsersuchen an Bulgarien im Zeitraum 2008–2013[583]

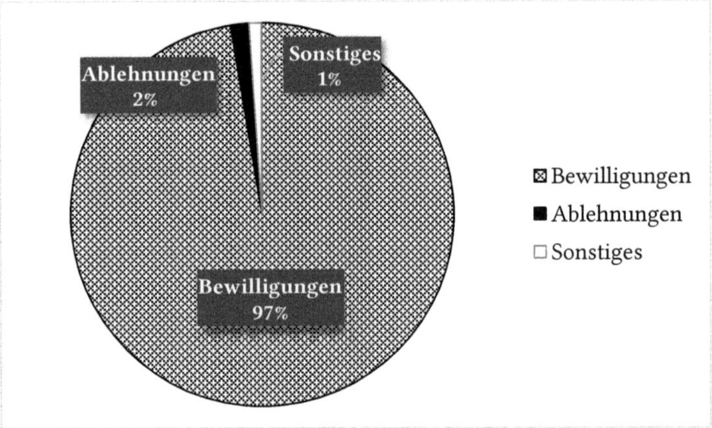

Diese Daten könnten zur Annahme verleiten, dass Deutschland seinen Pflichten als ausstellender Staat soweit nachgeht, dass in den meisten Fällen eine positive Entscheidung erzielt wird. Der Vergleich mit den Einlieferungen aus anderen Mitgliedstaaten fällt allerdings zugunsten der Effizienz der bulgarischen Übergabepraxis aus. Es ist zutreffend, dass anhand der Daten eine Tendenz in allen Mitgliedstaaten zu verzeichnen ist, Übergabeersuchen stattzugeben. Schaut man sich das Verhältnis zwischen den Bewilligungen und Ablehnungen in anderen Mitgliedstaaten näher an, fällt z. B. auf, dass Italien, Luxemburg oder Polen im Vergleich zu Bulgarien häufiger das deutsche Übergabeersuchen abgelehnt haben. Innerhalb der untersuchten Zeitperiode von fünf Jahren tritt die Anzahl der durch Bulgarien abgelehnten Ersuchen hinter denen in anderen Mitgliedstaaten deutlich zurück.

583 Eigene Darstellung (Datenquelle: Bundesamt für Statistik).

Abbildung 3: Deutsche Einlieferungsersuchen an die europäischen Mitgliedstaaten im Zeitraum 2008–2013[584]

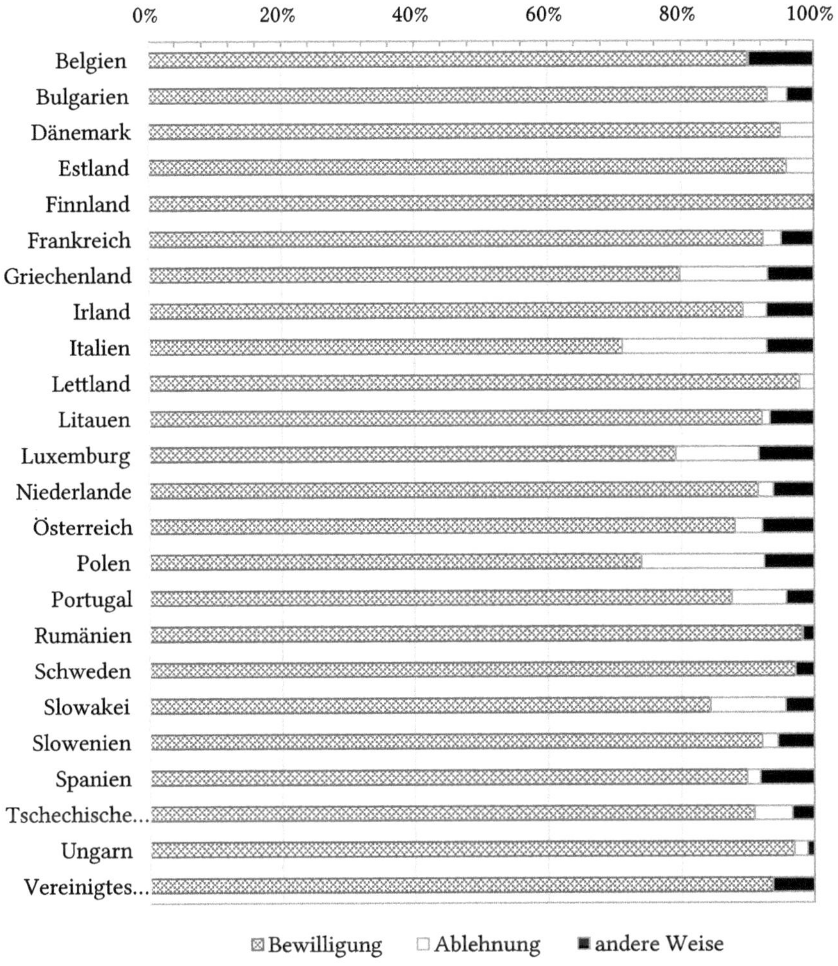

584 Eigene Darstellung (Datenquelle: Bundesamt für Statistik). Mehrfachzählungen der Verfahren möglich, da ein Ersuchen bezogen auf eine Straftat bewilligt, bezogen auf eine andere Straftat abgelehnt werden kann.

Obwohl der bulgarische Staat in Bezug auf Ersuchen aus allen Mitgliedstaaten nur Daten für das Jahr 2010 vorgelegt hat, kann bereits anhand des Übergabeverkehrs mit Deutschland eine Aussage über die Effizienz der bulgarischen Übergabepraxis getroffen werden. Der Vergleich mit der Handhabung deutscher Einlieferungsersuchen durch die anderen Mitgliedstaaten lässt die Schlussfolgerung zu, dass die bulgarische Praxis von Effizienz gekennzeichnet ist (s. Abbildung 3). Mithin kann diese zur Grundlage der Ermittlung von Faktoren dienen, welche die effektive Strafverfolgung in der Gestalt der positiven Übergabeentscheidung begünstigen. Die Gründe für die Effizienz der bulgarischen Übergabepraxis können entweder in der Umsetzung des Rb-EuHB oder der Anwendung durch die Vollstreckungsstellen eruiert werden.

II. Umsetzung des Rb-EuHB und nationale Grundlage der Übergabeentscheidung

Der Rb-EuHB wurde in Bulgarien durch das Gesetz über die Auslieferung und den Europäischen Haftbefehl (im Folgenden: AEuHBG[585]) in das bulgarische Recht umgesetzt. Die Personenübergabe zum Zwecke der Strafverfolgung und Strafvollstreckung aufgrund des EuHB ist im Kapitel IV des Gesetzes geregelt, das in fünf Abschnitte untergliedert ist.[586] Für die Zwecke der Untersuchung sind insbesondere die Vorschriften über die Vollstreckung von eingehenden Ersuchen (Art. 38 bis Art. 53) relevant.

1. *Integrationspolitischer Hintergrund der Umsetzung*

Bulgarien ist seit 01.01.2007 Mitglied der EU. Zu den wichtigsten Beitrittskriterien zählte zweifelsohne die Fähigkeit des Landes, das gesamte Recht der EU zu übernehmen und anwenden zu können.[587] Gerade die Übernahme des *acquis communautaire,* den die Union im Bereich der Zusammenarbeit in Strafsachen geschaffen hatte, stellte beide Parteien während der Beitrittsverhandlungen vor

---

585 Закон за екстрадицията и европейската заповед за арест (ЗЕЕЗА), ДВ, бр. 46 от 03.06.2005, в сила от 29.04.2006 г. (Gesetz über die Auslieferung und den Europäischen Haftbefehl (AEuHBG), Staatsanzeiger Nr. 46 vom 03.06.2005, seit 29.04.2006 in Kraft).

586 Kapitel IV des AEuHBG:
- Abschnitt I: Art. 35 bis Art. bis Art. 37a, Anwendungsbereich, Form und Inhalt des Europäischen Haftbefehls;
- Abschnitt II: Art.38 bis Art. 53, Vollstreckung des in einem anderen Mitgliedstaat ausgestellten Europäischen Haftbefehls;
- Abschnitt III: Art. 54 bis Art. 55, Übergabe der Person, Durchlieferung;
- Abschnitt IV: Art. 56 bis Art. 59a, Ausstellung des Europäischen Haftbefehls in Bulgarien;
- Abschnitt V: Art. 60 bis Art. 66, Wirkung der Übergabe.

587 Ratsdok. 98/266/EG, ABl. L 121/36, revidiert durch 2002/83/EG, ABl. L 44/1 und 2003/396/EG, ABl. L 145/1.

große Herausforderungen.[588] Es war einerseits ein wichtiges Anliegen Bulgariens, möglichst schnell und spätestens 2007 der Europäischen Union beitreten zu können. Andererseits wurde von den alten Mitgliedstaaten befürchtet, dass die Verbreitung der organisieren Kriminalität und der Korruption in Bulgarien sowie die gravierenden Mängel des Justizsystems den Aufbau des Raums der Freiheit, der Sicherheit und des Rechts gefährden könnten.[589] Deshalb musste die Kommission als Hüterin der Verträge sicherstellen, dass Bulgarien nach seinem Beitritt alle mit der vollwertigen Mitgliedschaft verbundenen Pflichten und Anforderungen erfüllen kann[590].

Die Vorbereitung der Mitgliedschaft erforderte von Bulgarien eine Transformation von unbeschreiblichem Umfang[591], deren Bewältigung innerhalb einer nützlichen Frist ohne die Hilfe und Steuerung der EU nicht vorstellbar gewesen wäre.[592] Vor allem im Hinblick auf den Grundsatz der gegenseitigen Anerkennung gerichtlicher Entscheidungen musste die Kommission in zweifacher Hinsicht Vorsorge treffen. Einerseits musste die Europäische Kommission erhebliche personelle[593] und finanzielle[594] Mittel zur Unterstützung der Reformbemühungen Bulgariens bereitstellen. Nur durch die entsprechende technische Ausrüstung, Infrastruktur und personelle Ausstattung der bulgarischen Behörden konnte dafür gesorgt werden, dass Entscheidungen anderer EU-Mitgliedstaaten in Bulgarien zuverlässig vollstreckt werden. Andererseits mussten die Defizite, die dem bulgarischen Justizsystem infolge seiner kommunistischen Vergangenheit anhafteten, beseitigt werden, um sicherzustellen, dass die bulgarischen Gerichtsentscheidungen europarechtlichen Standards gerecht werden.[595] Durch den Einsatz von Experten aus den anderen

588 *Schubert*, S. 127 ff.

589 *Becker*, S. 228, 98/266/EG, ABl. L 121/36, revidiert durch 2002/83/EG, ABl. L 44/1 und 2003/396/EG, ABl. L 145/1, BT-Plenarprotokoll 16/60 vom 26.10.2006, S. 5860 D, 5865 A, 5853 C.

590 KOM (2005) 534 end.; mehr dazu bei *Lippert*, S. 423 ff.

591 S. *Geistlinger*, S. 235. Bereits am Anfang der Beitrittsverhandlungen erstellte das Land einen Nationalen Aktionsplan zur Übernahme des Schengener Besitzstandes, der regelmäßig aktualisiert und auf jede Aufforderung der Kommission ergänzt wurde (CONF-BG 73/01). Seitens der bulgarischen Regierung wurden entsprechend der Beitrittskriterien Arbeitsbereiche definiert, auf welche sich die Reformanstrengungen konzentrieren sollten. Die Schaffung der erforderlichen gesetzlichen und institutionellen Strukturen für die Zusammenarbeit in Strafsachen mit den Behörden der anderen Mitgliedstaaten war eines der Ziele, die sich Bulgarien in dem ehrgeizigen Aktionsplan gesetzt hatte.

592 *Merli* in: Merli/ Huster (Hrsg.), S. 27.

593 Z. B. Experteneinsätze und Ausbildungsmaßnahmen (s. *Merli* in: Merli/ Huster (Hrsg.), S. 27).

594 PHARE Mittel in Höhe von 57,6 Mio. € für den Zeitraum vom 2000 bis 2004 (s. *Merli* in: Merli/ Huster (Hrsg.), S. 27).

595 KOM (2005) 534 endg.

Mitgliedstaaten, mittels Durchführung von Twinning-Projekten[596] und Ausbildungsmaßnahmen wurde versucht, das umfassende Fachwissen der alten EU-Staaten dem beitrittswilligen Kandidat zur Verfügung zu stellen.[597]

Die rechtzeitige Umsetzung des Rb-EuHB in das bulgarische Recht wurde von der Europäischen Kommission und dem Rat zu einer der Prioritäten der Beitrittsverhandlungen erhoben.[598] Dem Land wurde empfohlen, die Umsetzung der Rahmenbeschlüsse frühzeitig vorzubereiten[599] und eventuelle Verfassungsänderungen vorzunehmen, damit die Umsetzungsgesetze auf eine stabile Gesetzesgrundlage gestellt werden konnten.[600] Infolgedessen erarbeitete Bulgarien einen Plan zur Umsetzung des Rb-EuHB.[601] Jedoch waren trotz der beiderseitigen Bemühungen in dem Bereich Justiz und Inneres unübersehbare Defizite bei der Justizreform, der Korruptionsbekämpfung und bei der Bekämpfung der organisierten Kriminalität festzustellen.[602] Vor allem die Korruption stellte aus Sicht der EU ein ernstes Hindernis für die reibungslose und ordnungsgemäße Anwendung der Instrumente im Bereich der gegenseitigen Anerkennung.[603] Erstmalig in der Geschichte der Europäischen Erweiterung wurde speziell für Bulgarien und Rumänien ein Kooperations- und Kontrollverfahren[604] eingerichtet. Demnach sollte die Kommission beide Länder nach ihrem Beitritt bei der Umsetzung von Reformplänen und bei der Beseitigung von Mängeln unterstützen und die Erfüllung der Verpflichtungen in dem Bereich Justiz überwachen und notfalls sanktionieren.[605] Durch eine so genannte „Superschutzklausel"[606] hat sich die EU für einen Zeitraum von bis zu drei Jahren nach dem Beitritt die Möglichkeit vorbehalten, angemessene Maßnahmen zu treffen, wenn bei der Umsetzung, der Durchführung oder der Anwendung des Rb-EuHB ernste Mängel festgestellt werden.[607] Somit war die Kommission befugt,

596 Hierzu s. die Beschreibung von European Neighbourhood Policy and Enlargement Negotiations unter http://ec.europa.eu/enlargement/tenders/twinning/index_en.htm, (Stand: 19.09.2015).

597 KOM (2005) 534 endg.

598 2003/396/EG, ABl. L 145/1.

599 CONF-BG 06/04.

600 CONF-BG 21/03.

601 CONF-BG 9/01.

602 KOM (2005) 534 endg.

603 *Ebd.*,

604 Schlussfolgerungen des Ministerrats vom 17.10.2006 (13339/06); KOM (2006) 6569 endg.

605 *Ebd.*

606 Art. 38 der Akte über die Bedingungen des Beitritts der Republik Bulgarien und Rumäniens und die Anpassungen der Verträge, auf denen die Europäische Union beruht, ABl. L 157/29 vom 21.06.2005, S. 203.

607 Art. 39 der Akte über die Bedingungen des Beitritts der Republik Bulgarien und Rumäniens und die Anpassungen der Verträge, auf denen die Europäische Union beruht, ABl. L 157/29 vom 21.06.2005, S. 203.

den bulgarischen Staat z. B. durch Androhung von Schutzmaßnahmen zur ordnungsgemäßen Umsetzung des Rb-EuHB zu zwingen.[608]

2. *Vorbereitung der Umsetzung*

Die Umsetzung des Rb-EuHB in Bulgarien begegnete genauso wie in anderen EU-Staaten verfassungsrechtlichen Bedenken angesichts der Verpflichtung zur Übergabe eigener Staatsbürger. Der Schutz vor Auslieferung gehört in Bulgarien zu den wichtigsten Grundrechten, die aus der Staatsangehörigkeit herrühren. Gemäß Art. 25 Abs. 4 der bulgarischen Verfassung aus dem Jahr 1991[609] darf ein bulgarischer Staatsbürger weder aus Bulgarien ausgewiesen noch an einen anderen Staat ausgeliefert werden.

Auf Anraten der Kommission wurde bereits im Mai 2003 ein parlamentarischer Ad-hoc-Ausschuss ins Leben gerufen und damit beauftragt, die Änderungen der Verfassung auszuarbeiten, die wegen der Übernahme der Verpflichtungen gegenüber der EU erforderlich erschienen.[610]

Der Gesetzesentwurf zum AEuHBG wurde von einem Team, bestehend aus Experten von verschiedenen Ministerien, Rechtswissenschaftlern, Richtern beim Kassationsgerichtshof[611] und Generalstaatsanwälten etc.[612] vorbereitet und im Januar 2005 den zuständigen parlamentarischen Ausschüssen vorgelegt[613]. Das Expertenteam hatte Erkundigungen über den Umsetzungsprozess in den anderen Mitgliedstaaten angestellt und die gewonnenen Erkenntnisse in den Gesetzestext einfließen lassen.[614] Unter anderem sollte geklärt werden, ob die Übergabe von bulgarischen Staatsbürgern gemäß den Maßgaben des Rb-EuHB eine Änderung der bulgarischen Verfassung erforderte.[615] Während die zuständigen Ausschüsse an der Umsetzung des Rb-EuHB arbeiteten, rief der bulgarische Präsident[616] das Verfassungsgericht an und legte ihm die Frage nach der Zulässigkeit der Auslieferung bulgarischer Staatsbürger vor. Es folgte eine bemerkenswerte Entscheidung des Verfassungsgerichts,

608 *Böse* in: Merli/ Huster (Hrsg.), S. 461 ff.

609 Държавен вестник, Бр. 56 от 13.07.1991 г. (Staatsanzeiger Nr. 56 v. 13.07.1991); auf Deutsch in *Roggemann*, 1999 oder unter http://www.verfassungen.eu/bg/verf91.htm (Stand: 19.09.2015) vorhanden.

610 CONF-BG 16/03.

611 Oberstes Gericht für Zivil- und Strafsachen in der Republik Bulgarien.

612 CONF-BG 6/04 ADD 4.

613 Разпореждане на председателя на народното събрание, № 550-01/23/21.01.2005 (Anordnung des Vorsitzenden der Nationalversammlung, Nr. 550–01/23/21.01.2005).

614 CONF-BG 16/03.

615 *Панова*, Правата на човека 4/2004, стр. 28 (*Panova*, Pravata na čoveka 4/2004, S. 28).

616 Определение на Конституционния съд от 17.05.2004 г. по к. д. № 3 от 2004 г. (Verfassungsgericht der Republik Bulgarien, Verfügung vom 17.05.2004 in der Verfassungssache Nr. 3 vom 2004).

die fundamentale Fragen[617] klärte, die sich aus den Verpflichtungen des Landes als Mitglied der EU stellen.[618]

3. *Die Entscheidung des bulgarischen Verfassungsgerichts*

Das bulgarische Verfassungsgericht musste sich nicht mit einem bereits fertigen Gesetz zur Umsetzung des Rb-EuHB auseinandersetzen, sondern generell die Frage beantworten, ob die Übergabe bulgarischer Staatsbürger an einen anderen Mitgliedstaat oder an einen Internationalen Strafgerichtshof grundlegende Verfassungsprinzipien berühre. Trotz der allgemein gehaltenen Fragestellung war es den

617 Als erstes sah sich das bulgarische Verfassungsgericht mit der Übertragung von Hoheitsrechten an die Organe der EU und mit der Geltung und Anwendung des primären und sekundären Gemeinschaftsrechts konfrontiert. In seiner Entscheidung stellt das Gericht fest, dass sich Bulgarien gemäß Art. 24 Abs. 2 der geltenden Verfassung die Mitwirkung bei der Errichtung einer gerechten internationalen Ordnung zum Ziel gesetzt habe. Darin sieht das Gericht den erklärten Willen des bulgarischen Volkes, Bulgarien in die europäischen und euro-atlantischen Rechts- und Sicherheitsstrukturen einzubinden. Ähnlich wie das BVerfG in seiner Entscheidung *Solange II* (BVerfGE 73, 339) sieht das bulgarische Verfassungsgericht in dem Verfassungsauftrag aus Art. 24 Abs. 2 bgGG eine Öffnungsklausel für den Beitritt Bulgariens zur EU. Ohne nähere Begründung geht das Gericht davon aus, dass Art. 24 Abs. 2 bgGG zugleich die Rechtsgrundlage für die Übertragung von Hoheitsbefugnissen an die gemeinschaftlichen Organe bildet. In der Entscheidung wird die unmittelbare Anwendung von Rechtsakten der EU als eine logische Konsequenz des Beitritts betrachtet. Der Geltungs- bzw. Anwendungsvorrang des Gemeinschaftsrechts wird nicht thematisiert, sondern lapidar als gegeben festgestellt. Dabei werden von dem Gericht die Akten des sekundären Rechts aufgezählt und ihre unmittelbare Wirkung in den Mitgliedstaaten erörtert. Bezüglich der Rahmenbeschlüsse nimmt das Gericht eine aus meiner Sicht widersprüchliche Haltung ein. Einerseits erklärt es Rahmenbeschlüsse neben den Empfehlungen, Stellungnahmen usw. für unverbindlich. Andererseits sollen aus Sicht des Gerichts sämtliche Akte der Gemeinschaftsorgane unmittelbar anwendbar sein.

618 Unter den gesetzgebenden Organen in Bulgarien bestand Konsens darüber, dass bestimmte Änderungen der Verfassung vorgenommen werden mussten, um die gesetzliche Grundlage für die erstrebte Mitgliedschaft in der Europäischen Union zu schaffen. Nach dem geltenden bulgarischen Verfassungsrecht können Änderungen der Verfassung, welche die Gewaltenteilung, die Rechtsstaatlichkeit, den Gesetzesvorbehalt oder die Unabhängigkeit der Jurisprudenz berühren, nur von der Großen Nationalversammlung beschlossen werden. Es entflammte daher ein Streit darüber, ob die geplanten Verfassungsänderungen von der Nationalversammlung vorgenommen werden durften oder ob die Große Nationalversammlung dafür zuständig war. Vgl. Решение на Конституционния съд № 3 от 10.04.2003 г. по к.д. № 22 от 2002 г. ДВ бр. 36 от 18.04.2003 г. (Verfassungsgericht der Republik Bulgarien, Beschluss Nr. 3 vom 10.04.2003 in der Verfassungssache Nr. 22 vom 2002, Staatsanzeiger Nr. 36 vom 18.04.2003).

Verfassungsrichtern bewusst, dass der Prüfungsgegenstand dem gesetzgeberischen Umsetzungsprozess betreffend den EuHB entsprungen war.[619] Wie aus den nachfolgenden Ausführungen deutlich wird, war es dem Gericht vor allem daran gelegen, der Politik keine Hindernisse auf dem Weg in die EU zu legen.

Das Gericht hält mit einer lakonischen Begründung fest, dass die Übergabe bulgarischer Staatsbürger an einen anderen EU-Mitgliedstaat weder gegen die Grundrechte noch gegen tragende Verfassungsprinzipien verstoße. Im Gegenteil: Aus Sicht des Gerichts läge ein Fall vor, der nicht von dem Schutz des Art. 25 Abs. 4 der bulgarischen Verfassung umfasst sei. Den Grund dafür sieht das Gericht in der Überzeugung, dass ein EU-Mitgliedstaat kein *„anderer Staat"* im Sinne dieser Vorschrift sei. Das Auslieferungsverbot verfolge aus seiner Sicht das Ziel, bulgarische Staatsbürger vor etwaigen Diskriminierungen bei der Strafverfolgung in einer ausländischen Rechtsordnung zu schützen.[620] Insoweit ähnelt die Argumentation des Gerichts den Ausführungen des deutschen BVerfG in seinem berühmten Urteil über das Erste Haftbefehlsgesetz.[621] Das BVerfG sah in dem Grundrecht auf Nichtauslieferung einerseits einen Schutzauftrag des Staates gegenüber den eigenen Bürgern und andererseits ein Freiheitsrecht. Das bulgarische Verfassungsgericht hingegen spricht nur von einem Schutzrecht und erklärt, dass die Schutzverpflichtung Bulgariens nur in Bezug auf andere Staaten zum Tragen komme. Aus Sicht des Gerichts sind Mitgliedstaaten der EU nicht damit gemeint.[622] Zur Begründung stellt das Gericht darauf ab, dass die Strafsysteme der Mitgliedstaaten im Einklang mit der Charta der Grundrechte und mit dem Rb-EuHB stehen. Ferner stellt das Gericht fest, dass die Justizsysteme und die Strafprozessordnungen aller EU-Staaten auf denselben Grundsätzen basieren. Die vorgenannten Gegebenheiten, verbunden mit der Tatsache, dass alle bulgarischen Staatsbürger gleichzeitig Unionsbürger sind, garantieren aus Sicht des Gerichts einen fairen und von rechtsstaatlichen Erwägungen geprägten Prozess in einem jeden Mitliedstaat der EU. Dies vorausgeschickt, stellt das Gericht fest, dass die Zuführung bulgarischer Staatsbürger unter die Strafgewalt eines anderen EU-Mitgliedstaates keine Diskriminierung bewirken könne. Anders als das BVerfG[623] differenziert das bulgarische Verfassungsgericht nicht nach Straftaten mit Inlands- oder Auslandsbezug und erteilte freie Bahn für die geplante Umsetzung des Rb-EuHB.

---

619 Определение на Конституционния съд от 17.05.2004 г. по к.д. № 3 от 2004 г. (Verfassungsgericht der Republik Bulgarien, Verfügung vom 17.05.2004 in der Verfassungssache Nr. 3 vom 2004).

620 Решение на Конституционния съд от 05.07.2004 по к.д. № 3 от 2004 г. (Verfassungsgericht der Republik Bulgarien, Beschluss vom 05.07.2004 in der Verfassungssache Nr. 3 von 2004).

621 BVerfGE 113, 273.

622 Решение на Конституционния съд от 05.07.2004 по к.д. № 3 от 2004 г. (Verfassungsgericht der Republik Bulgarien, Beschluss vom 05.07.2004 in der Verfassungssache Nr. 3 vom 2004).

623 BVerfGE 113, 273.

Das grenzlose Vertrauen des bulgarischen Verfassungsgerichts in die Strafsysteme der anderen EU-Mitgliedstaaten und der fehlende logische Zusammenhang in der Begründung wurden nur vereinzelt in der Literatur kritisiert.[624] Der verfassungsrechtliche Beschluss löste keinen großen Unmut in der bulgarischen Öffentlichkeit aus. Ob man tatsächlich bereit war, gefestigte Grundrechtspositionen im Interesse der Integration in der EU zu opfern, steht auf einem anderen Blatt geschrieben. Fakt ist, dass der Rb-EuHB ins bulgarische Recht implementiert wurde, ohne dass sich ein einziger Kläger vor dem Verfassungsgericht beschwerte.

III. Die Vollstreckung eingehender Übergabeersuchen in Bulgarien

1. *Das bulgarische Übergabeverfahren in formeller Hinsicht*

a) *Beteiligte Behörden am Übergabeverfahren und Zuständigkeitsregelung*

Der bulgarische Gesetzgeber setzte die verfahrenstechnischen Vorschriften des Rb-EuHB korrekt um und entschied sich für den Wegfall des gouvernmentalen Bewilligungsverfahrens. Eine Entscheidung auf politischer Ebene ist genauso wenig vorgesehen wie eine Bewilligungsbehörde außerhalb des zuständigen Gerichts. Zuständig für die Vollstreckung eingehender Ersuchen in Bulgarien ist eines der 28 Bezirksgerichte, wobei sich die örtliche Zuständigkeit nach dem Aufenthaltsort der gesuchten Person bestimmt.[625] Als Besonderheit des bulgarischen Übergabeverfahrens kann die Möglichkeit der Beschwerde gegen die Entscheidung des Bezirksgerichts bei einem der fünf Appellationsgerichte[626] hervorgehoben werden. Der als so genannte „Zentralbehörde" agierender Minister der Justiz hat lediglich Unterstützungsaufgaben in verfahrenstechnischer Hinsicht.[627]

b) *Fristen*

Bulgarien hat das strikte Fristenregime aus Art. 17 Rb-EuHB unter Anpassung an die Besonderheiten des nationalen Übergabeverfahrens weitgehend übernommen.[628] Damit es durch das Beschwerdeverfahren zu keiner Fristüberschreitung kommt,

---

624 *Маринова*, Правна мисъл 2/2007, стр. 41 (*Marinova*, Zeitschrift Pravna misal 2/2007, S. 41).

625 Ratsdokument 17078/06 vom 21.12.2006 LIMITE COPEN 135 EUROJUST 59 EJN 34, S. 2. Die Kontaktdaten der zuständigen Vollstreckungsbehörde können über den EAW-Atlas des Europäischen Justiziellen Netzes unter http://www.ejn-crimjust.europa.eu/ejn/AtlasChooseCountry.aspx?Type=2 (Stand: 19.09.2015) ermittelt werden.

626 Zu dem Aufbau des bulgarischen Gerichtssystems vgl. Закон за съдебната власт, обн. в ДВ. бр. 64 от 07.08.2007 г. (Gesetz über das Justizwesen, Staatsanzeiger Nr. 64 vom 07.08.2007).

627 *Маринова*, стр. 31 (*Marinova*, S. 31).

628 Art. 44 Abs. 7, Art. 45 Abs. 3, Art. 48 Abs. 3, Art. 49 AEuHBG.

bestimmt Art. 48 Abs. 3 AEuHBG, das die endgültige Entscheidung über die Vollstreckung des EuHB spätestens innerhalb von 60 Tagen nach Festnahme der gesuchten Person zu erfolgen hat. Stimmt die gesuchte Person der Übergabe an den ersuchenden Staat zu, soll die Entscheidung gemäß Art. 45 Abs. 3 und Abs. 4 innerhalb von zehn Tagen nach Erteilung der Zustimmung erlassen werden.

2. *Das bulgarische Übergabeverfahren in materieller Hinsicht*

a) *Prüfungsprogramm des vollstreckenden Gerichts bei fehlender Zustimmung der gesuchten Person*

Das bulgarische Umsetzungsgesetz legt in Art. 44 Abs. 6 AEuHBG das Prüfungsprogramm fest, das ein Gericht bei fehlender Zustimmung der gesuchten Person einzuhalten hat. Demnach hat das mit drei Berufsrichtern besetzte Gericht[629] zu prüfen, ob die Voraussetzungen des Art. 36 (Mindestsanktionsgrenze und beiderseitige Strafbarkeit) und Art. 41 (Garantien) vorliegen und ob der Übergabe zwingende (Art. 39) oder fakultative (Art. 40) Übergabehindernisse entgegenstehen. Ferner soll das Gericht feststellen, ob Gründe im Sinne von Art. 52 AEuHBG vorliegen, welche die Aufschiebung der Übergabe oder die vorübergehende Übergabe unter Bedingungen gebieten.

b) *Prüfungsprogramm des vollstreckenden Gerichts bei Zustimmung der gesuchten Person*

Das bulgarische Umsetzungsgesetz sieht in Art. 45 AEuHBG für den Fall der Zustimmung der gesuchten Person ein beschleunigtes Verfahren vor. Demnach hat das Gericht zu prüfen, ob die Voraussetzungen des Art. 36 (Mindestsanktionsgrenze und beiderseitige Strafbarkeit) und die nach Art. 41 zu gewährenden Garantien vorliegen. Anders als bei fehlender Zustimmung der gesuchten Person, kann hier gemäß Art. 45 Abs. 3 AEuHBG die Übergabe der gesuchten Person ungeachtet des Vorliegens eines fakultativen Ablehnungsgrundes erfolgen. Bei Zustimmung der gesuchten Person kann die Übergabe nur aus einem zwingenden Ablehnungsgrund verweigert werden, aber das Gericht kann die Vollstreckung des EuHB von den Bedingungen nach Art. 52 AEuHBG abhängig machen. Die fakultativen Übergabehindernisse dürfen von den bulgarischen Gerichten bei erteilter Zustimmung des Betroffenen weder geprüft noch der Übergabe entgegengehalten werden. Es ist fraglich, ob aus dem reduzierten Prüfungsumfang im Vergleich zu dem Rb-EuHB ein effizienzsteigernder Faktor resultiert. Diesbezüglich liegen keine Daten vor. Die Auswertung der gerichtlichen Entscheidungen ist kein zuverlässiger Indikator, weil dem Betroffenen nach dem bulgarischen Umsetzungsgesetz im Übergabeverfahren stets ein Pflichtverteidiger beizuordnen ist.[630] Im Hinblick auf die vorgesehene

629 S. Art. 44 Abs. 2 AEuHBG.
630 Art. 44 Abs. 3 AEuHBG.

anwaltliche Beratung kann davon ausgegangen werden, dass der Betroffene der Übergabe nicht zustimmen würde, falls ein fakultatives Übergabehindernis eingreift. Es kann deshalb anhand der gerichtlichen Übergabepraxis nicht festgestellt werden, ob das Auslassen der fakultativen Verweigerungsgründe eine positive Steigerung der Effizienz bewirkt. Es kann lediglich darauf spekuliert werden, dass durch den Verzicht des bulgarischen Gesetzgebers Zeitverzögerungen bei der Erledigung der Übergabeersuchen vermieden werden. Durch Übernahme des reduzierten Prüfungsprogramms in das hier erstrebte Modell wäre der vollstreckenden Behörde von vornherein bei Zustimmung der Person verwehrt, die Übergabe abzulehnen, falls einer der Gründe aus Art. 4 Rb-EuHB eingreift. Das erscheint aus Gründen der Gleichstellung[631] zwischen den zustimmenden und die Zustimmung verweigernden Personen unvertretbar.

3. *Zwingende Übergabehindernisse*

Die Gründe, aus denen die vollstreckende Behörde die Übergabe der gesuchten Person ablehnen muss, sind in Art. 39 AEuHBG umgesetzt worden. Die zwingenden Verweigerungsgründe werden durch Art. 39 Nr. 1 bis 3 wortwörtlich in das bulgarische Umsetzungsgesetz übernommen und gehören zu dem regelmäßigen Prüfprogramm der zuständigen Vollstreckungsgerichte. Anders als die fakultativen Übergabehindernisse, die in Art. 40 AEuHBG normiert sind, werden die Übergabehindernisse aus Art. 39 AEuHBG auch dann geprüft, wenn sich die betroffene Person mit der Übergabe einverstanden erklärt hat.[632]

a) Amnestie im Vollstreckungsmitgliedstaat

Die Übergabe muss verweigert werden, wenn die betreffende Straftat in dem Vollstreckungsmitgliedstaat unter eine Amnestie fällt und dieser Staat nach seinem eigenen Strafrecht für die Verfolgung der Straftat zuständig ist. Der Ablehnungsgrund aus Art. 39 Nr. 1 AEuHBG ist anwendbar, wenn die Straftat, die dem EuHB zugrunde liegt, unter die Strafgewalt der bulgarischen Justiz fällt. Der Anwendungsbereich des bulgarischen Strafrechts ist in Art. 3 bis Art. 6 bgStGB geregelt.[633] In den einzelnen Mitgliedstaaten wird je nach politischen Bedingungen und der Staatsform

631 Art. 20 GRC.

632 Vgl. Art. 45 Abs. 3 AEuHBG.

633 Gemäß Art. 3 Abs. 1 StGB unterliegen alle Straftaten, die auf dem bulgarischen Territorium begangen wurden, der bulgarischen Strafgewalt. In Art. 4 Abs. 1 bgStGB kommt das Personalitätsprinzip zum Ausdruck. Demnach können alle von bulgarischen Staatsangehörigen im In- und Ausland begangenen Straftaten in Bulgarien bestraft werden. Kehrt ein bulgarischer Staatsangehöriger nach Tatbegehung in seine Heimat zurück und muss er mittels eines EuHB dem Ausländischen Strafverfahren zugeführt werden, wäre seine Übergabe unzulässig, falls die Tat in Bulgarien amnestiert ist.

unterschiedlich oft von Amnestien Gebrauch gemacht.[634] Während bestimmte Staaten wie das Vereinigte Königreich keine Amnestien beschließen, gehören Straffreiheitsgesetze in Italien, Frankreich, Österreich und in den osteuropäischen Staaten zur Tradition.[635] In Bulgarien werden Amnestien durch Gesetz beschlossen und stehen meistens im Zusammenhang mit bedeutenden, politischen und rechtspolitischen Entscheidungen.[636]

Da Amnestien im Vollstreckungsstaat für die ausstellende Behörde nicht voraussehbar sind, resultiert aus Art. 3 Nr. 1 Rb-EuHB theoretisch ein Risiko für die effektive Strafverfolgung.[637] Aus den Angaben der Mitgliedstaaten über die Gründe für die Vollstreckungsverweigerung ergibt sich aber, dass die Amnestie in den vergangenen Jahren praktisch nahezu keine Rolle gespielt hat.[638] Die Auswertung der bulgarischen gerichtlichen Entscheidungen hat diese Tendenz bestätigt. Daher kann an dieser Stelle kein effizienzsteigernder Faktor eruiert werden.

b) Verurteilung in einem anderen Mitgliedstaat wegen derselben Handlung

Bei der Umsetzung des Ablehnungsgrundes aus Art. 3 Nr. 2 Rb-EuHB hielt sich der bulgarische Gesetzgeber strikt an den Wortlaut des Rahmenbeschlusses.[639] Nach der einhelligen Meinung[640] in der bulgarischen Strafrechtsdogmatik und der ständigen Rechtsprechung[641] kommt es für die Tatidentität auf die tatsächlichen Umstände

---

634 *Schätzler*, S. 260.

635 *Ebd.*

636 Закон за амнистия и връщане на отнети имущества, обн. ДВ, бр. 1 от 04.01.1991 г.; попр. ДВ. бр. 21 от 15.03.1991 г., изм. ДВ. бр.62 от 05.08.1997 г., доп. ДВ. бр. 9 от 01.02.2000 г., доп. ДВ. бр. 34 от 25.04.2000 г. (Gesetz über Amnestie und Rückgabe konfiszierten Eigentums, aktual. im Staatsanzeiger Nr. 1 vom 04.01.1991, Änderung veröff. im Staatsanzeiger Nr. 21 vom 15.03.1991, Änderung veröff. im Staatsanzeiger Nr. 62 vom 05.08.1997, ergänzt im Staatsanzeiger Nr. 9 vom 01.02.2000, ergänzt im Staatsanzeiger Nr. 34 vom 25.04.2000); Закон за амнистия от 2002 г., обн. ДВ, бр. 78 от 13.08.2002 г.; Закон за амнистия от 2009 г., обн. ДВ, бр. 46 от 07.04.2009 г. (Gesetz über Amnestie von 2002, aktual. Staatsanzeiger Nr. 78 vom 13.08.2002; Gesetz über Amnestie von 2009, aktual. im Staatsanzeiger Nr. 46 vom 07.04.2009).

637 *Freund*, S. 207.

638 Ratsdok. 8111/05, 10330/08, 9734/5/09 REV 5, 7551/7/10 REV 7, 9120/2/11 REV 2, 9200/4/12 REV 4, 7196/13, 8414/2/14 REV 2.

639 Der Vergleich zwischen Art. 3 Nr. 2 Rb-EuHB und der Umsetzungsvorschrift in Art. 39 Nr. 2 AEuHBG belegt die wortwörtliche Übereinstimmung der beiden Regelungen.

640 Vgl. *Маринова*, стр. 95 (*Marinova*, S. 95 f.) und *Панова, Съдебна практика*, стр. 35 (*Panova, Gerichtspraxis*, S. 35).

641 *Панова, Съдебна практика*, стр. 35 (*Panova*, Gerichtspraxis, S. 35). Für die Bestimmung der Tatidentität werden durch die vollstreckenden Gerichte Tatzeit, Tatort, Tatbeteiligte, Tatmittel etc. geprüft und verglichen: Решение № 431 от 24.07.2007 г. на САС (Appellationsgericht Sofia, Beschluss Nr. 431 vom 24.07.2007), Решение

und nicht auf die rechtliche Qualifizierung der Tat an.[642] Da sich gegenüber der Rechtslage nach dem Rb-EuHB keine Besonderheiten ergeben, wird auf die rahmenbeschlussrechtlichen Vorgaben verwiesen.[643] Die Auswertung der einschlägigen Gerichtsentscheidungen ergab keine Besonderheiten der bulgarischen Übergabepraxis, die sich auf die Effizienzsteigerung auswirken können.

c) Fehlende Strafmündigkeit

Der aus der Strafmündigkeit der Person resultierende Ablehnungsgrund wurde in das bulgarische Umsetzungsgesetz durch Art. 39 Nr. 3 AEuHGB ohne weiteres implementiert. In Bulgarien ist die Strafmündigkeitsgrenze genauso wie in Deutschland auf 14 Jahre festgelegt. Nach Art. 32 bgStGB kann ein Minderjähriger, der das 14. Lebensjahr nicht vollendet hat, strafrechtlich nicht verantwortlich gemacht werden. Unter den Entscheidungen der bulgarischen Gerichte findet sich eine einzige, die sich mit Art. 39 Nr. 3 AEuHBG auseinandersetzt.[644] In dem Verfahren hat sich der Betroffene aufgrund von Schuldunfähigkeit auf Art. 39 Nr. 3 AEuHBG berufen, was dem erstinstanzlichen Gericht nicht daran hinderte, seine Übergabe zuzulassen. Seinen Einwendungen wurde auch in der zweiten Instanz keine Rechnung getragen, weil die Schuldfähigkeit des Betroffenen aus Sicht des Gerichts keinen Ablehnungsgrund im Sinne von Art. 39 Nr. 3 AEuHBG begründet und im Übrigen für das Übergabeverfahren irrelevant sei.[645] Die Erstreckung dieses Ablehnungsgrundes auf schuldunfähige Personen liefe dem Wortlaut des Rb-EuHB zuwider. In Art. 3 Nr. 3 Rb-EuHB ist

№ 129 от 09.08.2011 г. на ПАС по в. ч. н. д. № 420/2011 г. (Appellationsgericht Plovdiv, Beschluss Nr. 129 vom 09.08.2011 in der privaten Strafsache Nr. 420/2011), Решение на САС по в.ч.н.д. № 454/08 г., НО, 8 с-в Appellationsgerichts Sofia (Appellationsgericht Sofia, Beschluss in der privaten Strafsache Nr. 454/08).

642 In der Literatur wird darauf hingewiesen, dass die verschiedene rechtliche Einordnung einer Tat keine Auswirkungen auf die Tatidentität im Sinne des Doppelbestrafungsverbotes hat, vgl. *Маринова*, стр. 95 (*Marinova*, S. 95 f.), *Панова, Съдебна практика*, стр. 35 (*Panova*, Gerichtspraxis, S. 35).

643 Teil 1, Kap. B. IV. 3. f., aa), (2).

644 Mit einem im Jahre 2011 ausgestellten EuHB (StA Dresden, Az: 272 Gs 4210/11) ersuchte die Staatsanwaltschaft Dresden um die Übergabe des bulgarischen Staatsbürgers Z. zum Zwecke seiner Verfolgung in Deutschland wegen der gewerbs- und bandenmäßigen Fälschung von Zahlungskarten mit Garantiefunktion in Tateinheit mit gewerbs- und bandenmäßigen Computerbetrug in zwei Fällen. Das zuerst mit der Übergabeentscheidung befasste Gericht stellte nach Einholung eines psychiatrischen Gutachtens fest, dass Z. zwar nicht zur Zeit der ihm vorgeworfenen Taten, aber zumindest seit acht Monaten vor der Entscheidung unter einer paranoiden Schizophrenie leidet und infolgedessen schuldunfähig ist, s. Решение на Добричкия Окръжен съд №49 от 05.04.2012 г., непубликувано (Bezirksgericht Dobritsch, Beschluss Nr. 49 vom 05.04.2012, unveröffentlicht).

645 Решение на Варненски апелативен съд № 44 от 26.04.2012 г. (Appellationsgericht Varna, Beschluss Nr. 44 vom 26.04.2012).

eine Verweigerungsmöglichkeit nur für die Fälle normiert, dass die gesuchte Person aufgrund ihres Alters nicht zur Verantwortung gezogen werden kann.

Es kann festgestellt werden, dass die theoretische Möglichkeit der Vollstreckungsverweigerung aufgrund des Alters praktisch keine Rolle spielt. Das kann sicherlich darauf zurückgeführt werden, dass die anderen Mitgliedstaaten beim Erlass des EuHB ebenfalls an bestimmte – wenn auch unterschiedliche – Strafmündigkeitsgrenzen gebunden sind. In der bulgarischen Vollstreckungspraxis wurde einmal der Versuch unternommen, diesen Ablehnungsgrund auf andere, vom Rb-EuHB nicht vorgesehenen Fälle, auszuweiten. Die entscheidenden Gerichte orientierten sich strikt an dem Wortlaut des Art. 3 Nr. 3 Rb-EuHB und ließen die Vollstreckung des EuHB zu, obwohl Zweifel an der Schuldfähigkeit der gesuchten Person zu Tage traten.

Zwischenergebnis

Das bulgarische Umsetzungsgesetz gibt die zwingenden Verweigerungsgründe des Art. 3 Rb-EuHB ohne nennenswerte Abweichungen wieder. Im Hinblick auf die Begriffsbestimmungen der einzelnen Tatbestandsmerkmale konnten keine Differenzen zu den theoretischen Vorgaben festgestellt werden. Der Verweigerungsgrund des Art. 3 Nr. 1 Rb-EuHB eröffnet dem vollstreckenden Staat hypothetisch die Möglichkeit, durch die Straffreiheitserklärung bestimmter Delikte den Anwendungsbereich des EuHB einzuengen. Die seltene Anwendung dieses Ablehnungsgrundes in der Übergabepraxis zeugt jedoch von seinem geringen Einfluss auf die Effizienz. Im Hinblick auf die Anwendung des Ablehnungsgrundes aus Art. 3 Nr. 2 Rb-EuHB wurde festgestellt, dass in der Übergabepraxis die europarechtlich gebotene autonome Auslegung des Begriffs *derselben Tat* gefolgt wird. Die Auswertung der einschlägigen gerichtlichen Entscheidungen ergab im Übrigen keine Abweichungen von den rahmenbeschlussrechtlichen Vorgaben. Art. 3 Nr. 3 Rb-EuHB spricht die strafrechtliche Verantwortlichkeit der gesuchten Person an und verleitet zur Erstreckung des Ablehnungsgrundes auf schuldunfähige Personen. In der bulgarischen Übergabepraxis hält man sich jedoch strikt an den Wortlaut und erteilt dahingehenden Einwänden gegen die Übergabe eine Absage.

4. Fakultative Übergabehindernisse

Aus den Berichten der Kommission[646] geht hervor, dass die fakultativen Übergabehindernisse nach Art. 4 Rb-EuHB von den einzelnen Mitgliedstaaten sehr unterschiedlich umgesetzt wurden.[647] Die uneinheitliche Umsetzung ist eine logische Konsequenz davon, dass der Rb-EuHB deren Übernahme und Ausgestaltung in

646 KOM (2005) 63 endg., S. 4 und KOM (2006) 8 endg., S.5

647 *Ebd.*, Ratsdok. 8302/4/09, 7361/10 COPEN 59, 8465/2/10 COPEN 95, S. 13, *Suelmann*, HFR 2009, S. 122.

das Ermessen der Mitgliedstaaten stellt. Ob und inwiefern die Gründe aus Art. 4 Rb-EuHB der wirksamen Vollstreckung des EuHB entgegenstehen, hängt von der jeweiligen nationalen Regelung ab.

Art. 4 Rb-EuHB wurde in das bulgarische Recht durch Art. 40 AEuHBG umgesetzt, der seit der Gesetzesentstehung drei Mal geändert wurde. Die aktuelle Gesetzesfassung sieht vor, dass die Vollstreckung eines EuHB, der zur Strafverfolgung ergangen ist, in folgenden fünf Fällen abgelehnt werden kann und zwar wenn:

1) die Person vor dem Eingang des EuHB wegen der Tat, derentwegen er erlassen wurde, in der Republik Bulgarien in die Beschuldigung einbezogen oder angeklagt wurde;
2) das Strafverfahren wegen der Tat, derentwegen der EuHB erlassen wurde, in der Republik Bulgarien vor seinem Eingang eingestellt wurde;
3) die Verjährungsfristen für die Strafverfolgung oder Strafvollstreckung nach dem bulgarischen Recht abgelaufen sind und die Handlung unter die bulgarische Strafgerichtsbarkeit fällt;
4) die vollstreckende Behörde informiert ist, dass gegen die gesuchte Person in einem Staat, der nicht Mitgliedstaat der Europäischen Union ist, wegen derselben Handlung, derentwegen der Europäische Haftbefehl ergangen ist, aufgrund einer rechtskräftigen Verurteilung die Strafe bereits vollstreckt worden ist, gerade vollstreckt wird oder nach dem Recht des Urteilsstaates nicht mehr vollstreckt werden kann;
5) die Tat ganz oder teilweise in dem Hoheitsgebiet der Republik Bulgarien begangen worden ist, oder außerhalb des Hoheitsgebiets des Ausstellungsstaates begangen wurde und das bulgarische Recht die Verfolgung von außerhalb des Hoheitsgebiets der Republik Bulgarien begangenen Straftat nicht zulässt.

a) Fehlende beiderseitige Strafbarkeit

aa) Nationale Regelung

Das Erfordernis der beiderseitigen Strafbarkeit ist im Katalog der fakultativen Übergabehindernisse nicht enthalten, weil das bulgarische Umsetzungsgesetz es als materielle Übergabevoraussetzung ausgestaltet hat.[648] Damit wird die Vollstreckung des EuHB beim Fehlen der doppelten Strafbarkeit anders als durch Art. 4 Nr. 1 Rb-EuHB nicht in das Ermessen der Vollstreckungsbehörde gestellt.[649] Gemäß Art. 36 Abs. 2 AEuHBG wird eine Person aufgrund eines EuHB übergeben, wenn die dem Ersuchen zugrunde

648 Die Übergabe aufgrund eines EuHB wird gemäß Art. 36 Abs. 2 AEuHBG zugelassen, wenn die Straftat, derentwegen der Haftbefehl erlassen wurde, eine Straftat auch nach den Rechtsvorschriften der Republik Bulgarien darstellt.

649 Die Einführung der doppelten Strafbarkeit als Voraussetzung der Übergabe wird durch Art. 44 Abs. 6 AEuHBG bestärkt, der bestimmt, dass im Übergabeverfahren die Voraussetzungen nach Art. 36 und Art. 41 neben den Verweigerungsgründen aus Art. 39 und Art. 40 zu prüfen sind.

liegende Tat nach dem bulgarischen Recht ein Verbrechen[650] darstellt. Diese Prüfung entfällt gemäß Art. 36 Abs. 3 AEuHBG, wenn die dem Ersuchen zugrundeliegende Tat nach dem Recht des ersuchenden Staates eine Strafbestimmung verletzt, die der dort aufgeführten Positivliste zugehörig ist. Da für die Katalogstraftaten des Art. 2 Abs. 2 bislang noch keine auf Unionsebene harmonisierten Definitionen existieren, worauf auch in der Anlage zum Rb-EuHB ausdrücklich hingewiesen wird, hat der bulgarische Gesetzgeber die Positivliste wortwörtlich übernommen.[651]

Nach der h. M.[652] und der ständigen Rechtsprechung[653] ist die Voraussetzung der beiderseitigen Strafbarkeit erfüllt, wenn die Handlung, derentwegen der EuHB ausgestellt wurde, unabhängig von den Tatbestandsmerkmalen oder der Bezeichnung der Tat eine Straftat nach dem bulgarischen Recht darstellt. Bezüglich der Auslegung des Begriffs der doppelten Strafbarkeit können sich keine Schwierigkeiten für die Effizienz ergeben, weil das nationale Verständnis den rahmenbeschlussrechtlichen Vorgaben[654] entspricht.

bb) Auswirkungen auf die effektive Strafverfolgung

Bei der Vollstreckung des EuHB kommt es darauf an, ob die ihm zugrundeliegende Tat nach dem bulgarischen Recht strafbar ist. Bei dem Strafrecht handelt es sich um eine sehr stark durch historische und kulturelle Besonderheiten geprägte Materie, in die zahlreiche gesamtgesellschaftliche Wertvorstellungen und kriminalpolitische Grundentscheidungen einfließen.[655] Das erste bulgarische Strafgesetzbuch wurde im Jahre 1896 geschaffen. Bei seiner Ausarbeitung diente hauptsächlich das ungarische Strafgesetzbuch als Vorlage, dem wiederum das Gedankengut der deutschen „klassischen Strafrechtsschule“ zugrunde lag.[656] Nach dem Zweiten Weltkrieg erfuhr das bulgarische Strafgesetzbuch tief greifende Änderungen und musste neu geregelt werden, bis die konkreten Regelungen des Gesetzeswerkes von 1968 den Zwecken

650 In dem bulgarischen Strafrecht ist der Begriff „Vergehen“ nicht bekannt. Jede gemeinschaftsgefährliche Handlung, die schuldhaft begangen worden ist und vom Gesetz für strafbar erklärt wird, stellt unabhängig von der gesetzlichen Strafdrohung gemäß Art. 9 bgStGB ein Verbrechen dar.

651 *Панова*, ЕЗА, стр. 58 (*Panova*, EuHB, S. 58).

652 *Ebd.*, S. 47 f. sowie *Маринова*, стр. 50 (*Marinova*, S. 50).

653 Решение на САС № 468 от 05.10.2007 г. (Appellationsgericht Sofia, Beschluss Nr. 468 vom 05.10.2007), Решение на САС № 513 от 18.10.2007 г. (Appellationsgericht Sofia, Beschluss Nr. 513 vom 18.10.2007), Решение на САС № 526 от 15.10.2007 г. (Appellationsgericht Sofia, Beschluss Nr. 526 vom 15.10.2007); Решение на САС № 85 от 27.02.2008 г. (Appellationsgericht Sofia, Beschluss Nr. 85 vom 27.02.2008), Решение на САС № 52 от 14.02.2008 г. (Appellationsgericht Sofia, Beschluss Nr. 52 vom 14.02.2008); Решение на САС № 205 от 25.05.2009 г. (Appellationsgericht Sofia, Beschluss Nr. 205 vom 25.05.2009).

654 Teil 1, Kap. B. IV. 3. f., bb), (1).

655 *Satzger*, 6. Aufl., § 9 Rz. 7 ff. m.w.N.

656 *Lipowschek* in: ders./ Lyon (Hrsg.), S. 1, auch *Datcheva*, S. 28.

der damals in Bulgarien im Ausbau begriffenen sozialistischen gesellschaftlichen Ordnung entsprachen.[657] Das bulgarische Strafgesetzbuch von 1968, das trotz vieler Änderungen in seinem Kernbestand von den gesellschaftspolitischen und kriminalpolitischen Vorstellungen des Marxismus-Leninismus[658] geprägt ist, findet bis heute noch Anwendung und wird für die Unzulänglichkeiten[659] und die Überlastung[660] der bulgarischen Justiz verantwortlich gemacht. Seitens der Europäischen Kommission wurde Bulgarien mehrmals[661] aufgefordert, sein veraltetes Strafgesetzbuch gründlich zu überarbeiten und eine genauere Unterscheidung zwischen Bagatelldelikten und schweren Straftaten zu treffen.[662] Ferner wurde beanstandet, dass das Strafgesetzbuch viele moderne Arten von Straftaten wie Korruption, Amtsmissbrauch oder organisiertes Verbrechen nicht abdeckt.[663] Dem aktuellen CVM-Bericht zufolge sind die Arbeiten an einem Strafgesetzbuch vorangekommen, aber innerpolitisch kann immer noch keine Einigung darüber erzielt werden.[664]

Aufgrund der Besonderheiten des bulgarischen Strafrechts war zu befürchten, dass sich aus dem Erfordernis der beiderseitigen Strafbarkeit erhebliche Hindernisse für die Vollstreckung des EuHB ergeben würden. Hinzu kommt die Tatsache, dass das bulgarische Umsetzungsgesetz den fakultativen Ablehnungsgrund nach Art. 4 Nr. 1 Rb-EuHB zur materiellen Übergabevoraussetzung erklärt hat, was eine regelmäßige Prüfung bedingt.

Die Auswertung der einschlägigen Gerichtsentscheidungen hat ergeben, dass in der Praxis die Strafbarkeit der Tat nach dem bulgarischen Recht regelmäßig als Übergabevoraussetzung geprüft wird, wenn keine Katalogtat vorliegt.[665] Hingegen

---

657 *Lipowschek* in: ders./ Lyon (Hrsg.), S. 5.

658 *Ders.*, S. 13.

659 KOM (2009) 402 endg., S. 6.

660 KOM (2008) 495 endg., S. 3.

661 KOM (2010) 400 endg., S. 9, KOM (2008) 495 endg., S. 8, KOM (2015) 36 endg., S. 6.

662 KOM (2008) 495 endg., S. 3, 5.

663 KOM (2011) 459 endg., S. 7; KOM (2012) 411 endg., 9 f.

664 KOM (2015) 36 final, S. 6.

665 Решение на Варненския апелативен съд № 431 от 26.03.2007 г. (Appellationsgericht Varna, Beschluss Nr. 431 vom 26.03.2007); Решение на Софийския апелативен съд № 431 от 24.07.2007 г. (Appellationsgericht Sofia, Beschluss Nr. 431 vom 24.07.2007), Решение на Пловдивския апелативен съд № 302 от 30.10.2007 г. (Appellationsgericht Plovdiv, Beschluss Nr. 302 vom 30.10.2007); Решение на Софийски апелативен съд № 306 от 10.07.2009 г. (Appellationsgericht Sofia, Beschluss Nr. 306 vom 10.07.2009); Решение на Кюстендилския Окръжен съд без номер от 19.12.2012 г. (Bezirksgericht Kyustendil, Beschluss o. Nr. vom 19.12.2012, online abrufbar unter: http://kos-bg.eu/post/0070d812/481c1912.htm, Stand: 14.09.2015); Решение на Кюнстендилския Окръжен съд от 04.01.2013 г., (Bezirksgericht Kyustendil, Beschluss o. Nr. vom 04.01.2013, online abrufbar unter: http://kos-bg.eu/post/0070d812/50010413.htm, Stand: 14.09.2015); Решение на Пловдивския апелативен съд № 5 от 10.01.2013 г. (Appellationsgericht Plovdiv, Beschluss Nr. 5 vom 10.01.2013).

können nur vereinzelte Fälle verzeichnet werden, in denen eine Ablehnung der Übergabe wegen der fehlenden Strafbarkeit nach dem bulgarischen Recht erfolgt. Im Rahmen der Vierten Runde der gegenseitigen Begutachtungen betreffend die „Praktische Anwendung des Europäischen Haftbefehls und der entsprechenden Übergabeverfahren zwischen den Mitgliedstaaten"[666] wurde ein Fall festgestellt, in dem Bulgarien aus diesem Grund die Übergabe verweigert hat.[667] Dem Ratsbericht können jedoch weder die näheren Umstände des Falls noch die Gründe für die negative Entscheidung entnommen werden. Außerdem ist es unklar, ob das Gericht mit einem EuHB befasst war, der zur Strafverfolgung oder Strafvollstreckung erlassen wurde. Bis auf eine Entscheidung des Appellationsgerichts Sofia aus dem Jahre 2009[668] konnten keine weiteren Fälle festgestellt werden, in denen ein bulgarisches Gericht die Strafbarkeit des dem EuHB zugrunde liegenden Verhaltens nach dem bulgarischen Recht verneint hat. Interessanterweise ist kein Fall bekannt, in dem ein bulgarisches Gericht die Vollstreckung eines EuHB abgelehnt hat, obwohl dieser eine Katalogtat im Sinne des Art. 2 Abs. 2 Rb-EuHB zugrunde lag.

Im Ergebnis kann festgehalten werden, dass durch die partielle Abkehr vom Grundsatz der beiderseitigen Strafbarkeit die Gefahren, die aus dem veralteten bulgarischen Strafgesetzbuch für die effektive Strafverfolgung resultieren können,

---

666 Ratsdok. 8265/1/09 REV 1, S. 22.

667 *Ebd.*

668 Решение на Софийския апелативен съд № 205 от 25.05.2009 г. (Appellationsgericht Sofia, Beschluss Nr. 205 vom 25.05.2009): In diesem Fall ging es um die Übergabe eines bulgarischen Staatsangehörigen an Polen, der einer Straftat verdächtig war, die nicht zu den in Art. 2 Abs. 2 Rb-EuHB aufgeführten Delikten gehört. Das Bezirksgericht Posen (Polen) ersuchte um Übergabe des bulgarischen Staatsbürgers R. zur Strafverfolgung wegen eines Straßenverkehrsdeliktes. Der R. war verdächtig, am 30.08.2001 in Nowy Tomyśl einen LKW im betrunkenen Zustand (AAK von 0,72 mg/l) geführt zu haben und die Straßenverkehrsvorschriften verletzt zu haben, was nach dem polnischen Recht eine Straftat gemäß Art. 178 a Abs. 1 polStGB darstellt. Dem EuHB war ein Auszug des polnischen Strafgesetzbuches beigefügt. Das Stadtgericht Sofia lehnte in erster Instanz die Übergabe des bulgarischen Staatsbürgers ab und stützte sich zur Begründung auf Art. 36 Abs. 2 AEuHBG. Gegen diese Entscheidung legte die Staatsanwaltschaft Beschwerde ein. Das Appellationsgericht Sofia bestätigte die erstinstanzliche Entscheidung und führte aus, dass die dem R. vorgeworfene Tat nach dem bulgarischen Recht nicht strafbar sei. Die Strafbarkeit nach dem bulgarischen Recht setze gemäß Art. 343b bgStGB voraus, dass der Täter mit einer Blutalkoholkonzentration von mehr als 1,2 mg/l, die auf dem gesetzlich vorgeschriebenen Weg festgestellt wurde, ein Fahrzeug führt. Da in dem polnischen Ersuchen eine AAK von 0,72 mg/l angegeben war, stellte sich das Gericht auf den Standpunkt, dass die Tat nach dem bulgarischen Recht keine Straftat darstelle. Das dem R. vorgeworfene Verhalten stelle nach dem bulgarischen Straßenverkehrsgesetz eine Ordnungswidrigkeit dar, die zwar eine verwaltungsstrafrechtliche, aber keine strafrechtliche Verantwortung begründe.

weitestgehend neutralisiert werden. Über die rahmenbeschlussrechtlichen Vorgaben hinausgehende Faktoren, die auf der Stufe der Umsetzung oder Anwendung eine Rolle spielen und die effektive Strafverfolgung begünstigen, konnten nicht ermittelt werden.

b) Fakultative Übergabehindernisse im Vorfeld des ne bis in idem*-Prinzips*

aa) Ausgangslage

In Art. 4 Rb-EuHB sind vier Übergabehindernisse für den Fall vorgesehen, dass die gesuchte Person wegen der Tat, derentwegen der EuHB erlassen wurde, sowohl in dem ausstellenden als auch in dem vollstreckenden Staat strafrechtlicher Verfolgung ausgesetzt ist bzw. war. Die Anhängigkeit eines Strafverfahrens in einem anderen Mitgliedstaat stellt keine rechtskräftige Aburteilung i. S. d. Art. 54 SDÜ und somit kein Strafverfolgungshindernis dar.[669] Aus diesem Grund kann es bis zu einer gerichtlichen Entscheidung innerhalb der EU zu parallelen Strafverfahren in einigen Mitgliedstaaten kommen.[670] Fakt ist, dass derzeit viele Strafgesetze mehrere Anknüpfungspunkte[671] zur Begründung der Gerichtsbarkeit kennen.[672] Ihr Geltungsbereich erstreckt sich sowohl auf alle im eigenen Hoheitsgebiet begangenen strafbaren Handlungen (Territorialitätsprinzip)[673] als auch auf alle strafbaren Taten eigener Staatsangehöriger einschließlich derjenigen, die im Ausland begangen wurden (aktives Personalitätsprinzip)[674]. Ferner ist die Anwendung des eigenen Strafrechts vorgesehen, wenn das Opfer Staatsangehöriger des betreffenden Mitgliedstaates ist oder dort seinen gewöhnlichen Aufenthalt hat (passives Personalitätsprinzip)[675]. Das Strafrecht der meisten Staaten bestimmt hingegen nicht, welche von mehreren in Betracht kommenden Strafrechtsordnungen eingreift bzw. eingreifen soll.[676] Diese Situation kann bei Straftaten, die mehrere Rechtsordnungen berühren, dazu führen, dass gegen dieselbe Person parallele Strafverfahren geführt werden. Darüber hinaus legen die internationalen Abkommen zum Schutz von Gütern innerstaatlicher Gemeinschaften, insbesondere der EU, jedem beteiligten Mitgliedstaat die Übernahme der Strafverfolgung auf (Universalitätsprinzip).[677] Aufgrund des Universalitätsprinzips kann es häufig zu

669 *Freund*, S. 230, *Kniebühler*, S. 301.
670 *Ebd.*
671 Eingehend *Ambos* in: Münchener Kommentar StGB, Vorbemerkung zu den §§ 3–7 Rz. 1–144.
672 KOM (2000) 495 endg., S. 19.
673 *Heger* in: Lackner/ Kühl, § 3 Rz. 1–11.
674 *Ambos* in: Münchener Kommentar StGB, § 5 Rz. 1–45.
675 *Ebd.*, § 7 Rz. 1–36.
676 *Eser* in: Schönke/ Schröder (Hrsg.), Vorbemerkungen zu den §§ 3–9, Rz. 78.
677 Ausführlich *Böse* in: Kindhäuser/ Neumann/ Paeffgen (Hrsg.), § 6 Rz. 1–23, *Ambos* in: Münchener Kommentar StGB, § 6 Rz. 1–35.

Überschneidungen der strafrechtlichen Zuständigkeiten der Staaten für ein und denselben Sachverhalt kommen.[678]

bb) Restriktive Umsetzung der im Vorfeld des *ne bis in idem*–Prinzips angesiedelten Übergabehindernisse als effizienzsteigernder Faktor

Aufgrund der mannigfaltigen Anknüpfungspunkte für die Anwendung des nationalen Strafrechts der Mitgliedstaaten kann es innerhalb der EU zu parallelen Strafverfahren im ausstellenden und vollstreckenden Staat kommen. Um in solchen Fällen dem Strafverfolgungsinteresse des Vollstreckungsmitgliedstaates Rechnung zu tragen, sieht der Rb-EuHB fakultative Verweigerungsgründe vor.[679] Ein Vergleich zwischen der bulgarischen Vorschrift und Art. 4 Rb-EuHB zeigt, dass die im Vorfeld des *ne bis in idem* angesiedelten Übergabehindernisse nur teilweise übernommen wurden. Durch das bulgarische Umsetzungsgesetz wird der Anwendungsbereich der vorgenannten fakultativen Übergabehindernisse eingeschränkt, was auf eine bewusste Entscheidung des Gesetzgebers zurückzuführen ist.[680]

Die Untersuchung der einschlägigen Gerichtsentscheidungen[681] hat gezeigt, dass der im Vergleich zu dem Rb-EuHB engere Anwendungsbereich der fakultativen

---

678 Ausführlich *Böse* in: Kindhäuser/ Neumann/ Paeffgen (Hrsg.), § 6 Rz. 1–23, *Ambos* in: Münchener Kommentar StGB, § 6 Rz. 1–35.

679 KOM (2001) 522 endg., S. 20.; KOM (2005) 696 endg., S. 10.

680 Nach der ursprünglichen Gesetzesfassung des Art. 40 Abs. 1 AEuHBG konnte die vollstreckende Behörde die Übergabe verweigern, wenn die Tat, derentwegen die betroffene Person gesucht wurde, der bulgarischen Gerichtsbarkeit unterliegt. Es wurden Fälle bekannt, in denen der Betroffene Selbstanzeige erstattete oder die Anklagebehörde den EuHB zum Anlass nahm und ein rein formelles Ermittlungsverfahren allein mit dem Zweck einleitete, die Übergabe unter Berufung auf Art. 40 Abs. 1 AEuHBG zu vereiteln. Aufgrund seines weiten Anwendungsbereichs gehörte Art. 40 Abs. 1 AEuHBG zu den am meisten diskutierten Übergabehindernissen in der Praxis der bulgarischen Gerichte bei der Vollstreckung des EuHB, s. *Панова*, Съдебна практика, стр. 117, 119, 140 (*Panova*, Gerichtspraxis, S. 117, 119, 140).

681 Решение на САС № 27 от 11.02.2008 г. (Appellationsgericht Sofia, Beschluss Nr. 27 vom 11.02.2008); Решение на САС № 488 от 12.10.2007 г. (Appellationsgericht Sofia, Beschluss Nr. 488 vom 12.10.2007); Решение на САС № 188 от 04.04.2008 г. (Appellationsgericht Sofia, Beschluss Nr. 188 vom 04.04.2008); Решение № 157 от 14.07.2008 г. на ВтАС по в. ч. н. д. № 189/2008 г. (Appellationsgericht Veliko Tarnovo, Beschluss Nr. 157 vom 14.07.2008 in der Strafsache Nr. 189/2008); Решение на Кюстендилския окръжен съд без номер от 18.07.2011 г. (Bezirksgericht Kyustendil, Beschluss o. Nr. vom 18.07.2011, online abrufbar unter: http://kos-bg.eu/post/0070d811/35971811.htm, Stand: 14.09.2015), Решение на Кюстендилския окръжен съд без номер от 05.10.2011 г. (Beschluss des Bezirksgerichts Kyustendil o. Nr. vom 05.10.2011, online abrufbar unter: http://kos-bg.eu/post/0070d811/492a0511.htm, Stand: 14.09.2015); Решение № 16 от 21.02.2011 г. на ВнАС по в. ч. н. д. № 36/2011 (Appellationsgericht

Übergabehindernisse keine Diskussion hervorgerufen hat. Im Gegenteil scheint der eindeutige Gesetzeswortlaut dafür zu sorgen, dass hinsichtlich der Voraussetzungen des Art. 40 Abs. 1 Nr. 1 AEuHBG keine Meinungsverschiedenheiten bestehen. Es konnten nur vereinzelte Entscheidungen[682] ausfindig gemacht werden, wo Art. 40 Nr. 1 und 1 a AEuHBG ausführlich diskutiert wurden. In den meisten Entscheidungen wurden diese Übergabehindernisse, die zum obligatorischen Prüfungsprogramm der bulgarischen Gerichte[683] gehören, mangels erfüllter Voraussetzungen mit einem Hinweis auf den Gesetzeswortlaut abgelehnt.[684] Die enge Fassung der bulgarischen Vorschrift[685] in Bezug auf die Möglichkeit der Übergabeverweigerung bei parallelen Strafverfahren im ausstellenden und vollstreckenden Staat wirkt sich positiv auf die effektive Strafverfolgung aus. Durch die Reduzierung der Übergabehindernisse wird dem vollstreckenden Staat in den besagten Fällen von vornherein

Varna, Beschluss Nr. 16 vom 21.02.2011 in der Strafsache Nr. 36/2011); Решение на Пазарджишкия окръжен съд без номер от 25.01.2013 г. (Bezirksgericht Pasardschik, Beschluss o. Nr. vom 25.01.2013, online abrufbar unter: http://www.court-pz.info/2013_1/0070d812_62212513.htm, Stand: 14.09.2015).

682 Einem deutschen EuHB lag der Verdacht zugrunde, dass S. im bewussten und gewollten Zusammenwirken mit dem anderweitig Verfolgten R. unter Verwendung eines Kurznarkotikums, das bei den Geschädigten zum vorübergehenden Bewusstseinsverlust führte, Raubtaten begangen hat. Unter lit. E des EuHB wurden vier Taten beschrieben. Auf Grund der im Rahmen eines Rechtshilfeersuchens von deutscher Seite eingereichten Unterlagen wurde in Bulgarien gegen S. und R. ein Ermittlungsverfahren wegen schweren Raubes und schwerer Körperverletzung eingeleitet und gemäß Art. 243 Abs. 1 Nr. 2 bgStPO endgültig eingestellt, s. Решение на Варненския окръжен съд № 19 от 25.01.2011 г. (Bezirksgericht Varna, Beschluss Nr. 19 vom 25.01.2011).

683 S. oben Kap. A. III. 2. a). und b).

684 Решение на САС № 27 от 11.02.2008 г. (Appellationsgericht Sofia, Beschluss Nr. 27 vom 11.02.2008); Решение на САС № 488 от 12.10.2007 г. (Appellationsgerichts Sofia, Beschluss Nr. 488 vom 12.10.2007); Решение на САС № 188 от 04.04.2008 г. (Appellationsgerichts Sofia, Beschluss Nr. 188 vom 04.04.2008); Решение № 16 от 21.02.2011 г. на ВнАС по в. ч. н. д. № 36/2011 (Appellationsgericht Varna, Beschluss Nr. 16 vom 21.02.2011 in der Strafsache Nr. 36/2011); Решение № 157 от 14.07.2008 г. на ВтАС по в. ч. н. д. № 189/2008 г. (Appellationsgericht Veliko Tarnovo, Beschluss Nr. 157 vom 14.07.2008 in der Strafsache Nr. 189/2008); Решение на Кюстендилския окръжен съд без номер от 18.07.2011 г. (Bezirksgericht Kyustendil, Beschluss o. Nr. vom 18.07.2011, online abrufbar unter: http://kos-bg.eu/post/0070d811/35971811.htm, Stand: 13.07.2014); Решение на Кюстендилския окръжен съд без номер от 05.10.2011г. (Bezirksgericht Kyustendil, Beschluss o. Nr. vom 05.10.2011, online abrufbar unter: http://kos-bg.eu/post/0070d811/492a0511.htm, Stand: 13.07.2014); Решение на Пазарджишкия окръжен съд без номер от 25.01.2013 г. (Bezirksgericht Pasardschik, Beschluss o. Nr. vom 25.01.2013, online abrufbar unter: http://www.court-pz.info/2013_1/0070d812_62212513.htm, Stand: 13.07.2014).

685 S. oben Kap. A. III. 3.

verwehrt, der nationalen Strafgewalt den Vorzug zu geben und die Übergabe zu verweigern.

Auf EU-Ebene wird versucht, effektive Lösungen für Zuständigkeitskonflikte zu finden.[686] Ursprünglich hat die Kommission ein Grünbuch vorgelegt, mit dem Überlegungen über die Schaffung ausgewogener Zuständigkeitsregeln angestoßen wurden.[687] Konkret war angedacht, dass parallel zu einem Verweisungsverfahren[688] eine EU-Regelung vorgesehen wird, wonach die Mitgliedstaaten verpflichtet werden, im Fall einer Mehrfachverfolgung das Verfahren auf einen „federführenden" Staat („Verfahrensstaat") zu beschränken. [689] Für die Beurteilung, bei welchem Gericht die Bündelung aller parallelen Strafverfolgungsmaßnahmen stattfindet, wird der Zeitpunkt der Anklageerhebung von einem Gericht vorgeschlagen. Zu diesem Zeitpunkt müssten den zuständigen Behörden die für eine sorgfältige Zuständigkeitsprüfung erforderlichen Informationen vorliegen.[690]

Am 30.11.2009 verabschiedete der Rat den Rahmenbeschluss 2009/948/JI zur Vermeidung und Beilegung von Kompetenzkonflikten in Strafverfahren.[691] Mit ihm wird ein Verfahrensrahmen festgelegt, innerhalb dessen die nationalen Behörden Informationen über laufende Strafverfahren austauschen können, um festzustellen, ob in einem oder mehreren anderen Mitgliedstaaten parallele Verfahren wegen desselben Sachverhalts und derselben Personen geführt werden. Bejahendenfalls sollen sich die nationalen Behörden im Wege direkter Konsultationen[692] darüber einigen, welcher Staat für die Verfolgung eines spezifischen Sachverhalts am besten geeignet ist.[693] Der Rahmenbeschluss löst jedoch die bestehenden Probleme nicht, weil er weder eine Pflicht zur Verfahrenskonzentration vorsieht, noch Kriterien dafür enthält, welcher Staat die Strafverfolgung übernehmen soll.[694] Um positive Kompetenzkonflikte zu vermeiden, soll künftig – soweit möglich – bereits das Entstehen derartiger Jurisdiktionskonflikte verhindert werden. In der Wissenschaft sind – teils deutlich weiter reichende – Pläne zur frühzeitigen Bestimmung gerichtlicher Zuständigkeiten[695] entwickelt worden.[696] Solange auf europäischer Ebene keine verbindlichen Kriterien zur Bestimmung des zuständigen Staates bei positiven Kompetenzkonflikten existieren, können aus diesen Übergabehindernissen Nachteile für die effektive Strafverfolgung

686 Zu den einzelnen Bemühungen in der EU im Überblick *Eisele*, ZStW 2013, S. 15 ff., *Satzger* in: Streinz (Hrsg.), §82 Rz. 39, Ratsdok. 5208/09 + ADD 1 + ADD 2.

687 KOM (2005) 696 endg., S. 12.

688 *Ebd.*, S. 4.

689 *Ebd.*, S. 8.

690 KOM (2005) 696 endg., S. 8.

691 Rahmenbeschluss 2009/948/JI, ABl. 2009 L 328/42.

692 *Brodowski*, ZIS 2010, S. 384 f.

693 Ratsdok. 5208/09 + ADD 1 + ADD 2.

694 *Brodowski*, ZIS 2010, S. 384 f.; *Böse/ Meyer*, ZIS 2011, S. 335; *Hecker*, ZIS 2011, S. 62; *Rekate*, ZStW 2010, S. 906 f.

695 *Sinn* (Hrsg.), *Luchtmann* (Hrsg.), Böse/ Meyer/ Schneider (Hrsg.), *Zimmermann.*

696 *Satzger* in: Streinz (Hrsg.), § 82 Rz. 39.

resultieren.[697] Mangels näheren rahmenbeschlussrechtlichen Vorgaben kommt es bei der Anwendung der im Vorfeld des *ne bis in idem* angesiedelten Übergabehindernisse nicht darauf an, inwiefern das Ermittlungsverfahren in dem ausstellenden Staat fortgeschritten ist. Laut *Freund* führt der Verweigerungsgrund des Art. 4 Nr. 2 Rb-EuHB zu einer erheblichen Beeinträchtigung des EuHB als Strafverfolgungsmittel.[698] In der Praxis der Mitgliedstaaten soll es tatsächlich vorgekommen sein, dass ein EuHB zum Anlass eigener Ermittlungen in dem Vollstreckungsstaat genommen wurde[699] oder dass sich die gesuchte Person zur Verhinderung ihrer Übergabe selbst anzeigte[700]. Dadurch wurde die Gefahr konkret, dass der Ablehnungsgrund „als Reaktion auf missliebige ausländische Ersuchen instrumentalisiert wird"[701], um die grundsätzliche Vollstreckungsverpflichtung zu unterlaufen. Hingegen zeigen die statistischen Daten über die Gründe für die Ablehnung eingehender Ersuchen seitens Bulgariens, dass die im Vorfeld des *ne bis in idem* angesiedelten Optionen dort so gut wie keine Rolle spielen.[702] Es lohnt sich deshalb, der Implementierung des Art. 4 Nr. 2 und 3 Rb-EuHB in das bulgarische Recht näher nachzugehen. Dadurch könnten möglicherweise Effizienz fördernde Faktoren ermittelt werden.

(1) Strafrechtliche Verfolgung wegen derselben Straftat im vollstreckenden Staat

Gemäß Art. 40 Nr. 1 AEuHBG wird der fakultative Ablehnungsgrund aus Art. 4 Nr. 2 Rb-EuHB an die zusätzliche Voraussetzung geknüpft, dass die Person vor seinem Eingang wegen derselben Tat in Bulgarien in die Beschuldigung einbezogen oder angeklagt wurde. Somit ist Art. 40 Abs. 1 AEuHBG nur in Fällen anwendbar, in denen in Bulgarien ein Strafverfahren vor dem Eingang des EuHB eingeleitet wurde.[703] Der EuHB enthält i. d. R. die Beschreibung der Umstände, unter denen die Straftat begangen wurde, einschließlich der Tatzeit, des Tatorts und der Art der Tatbeteiligung der gesuchten Person.[704] Diese kann im Vollstreckungsmitgliedstaat zum Anlass genommen werden, ein Ermittlungsverfahren einzuleiten. Durch das Abstellen auf den Zeitpunkt des Eingangs des EuHB wird eine Grenze für künftige Ermittlungen gezogen, die möglicherweise durch den EuHB provoziert wurden. Dadurch wird die Wahrscheinlichkeit, dass eine gesuchte Person von Bulgarien an einen anderen

697 KOM (2005) 696 endg., S. 10.

698 *Freund*, S. 229.

699 *Lagodny* in: Breitenmoser/ Gleß/ Lagodny (Hrsg.), S. 270, *Freund*, S. 229.

700 S. *Панова*, Съдебна практика, стр. 140 (*Panova*, Gerichtspraxis, S. 140).

701 *Von Bubnoff*, EuHB, S. 78.

702 Ratsdok. 9120/2/11 REV 2.

703 Мотиви към Закона за изменение и допълнение на Закона за екстрадицията и Европейската заповед за арест, ДВ, бр. 52 от 06.06.2008 г. (Gründe des Gesetzes zur Änderung und Ergänzung des Gesetzes über die Auslieferung und den Europäischen Haftbefehl, Staatsanzeiger, Nr. 52 vom 06.06.2008).

704 Vgl. Art. 8 Abs. 1 lit. E.

Mitgliedstaat übergeben wird, erhöht und die Gefahr der bewussten Umgehung der Übergabe durch das formelle Einleiten eines Ermittlungsverfahrens reduziert.[705]

Je enger das Ermessen ist, das der nationale Gesetzgeber den Gerichten bei der Entscheidung über die Vollstreckung eines Haftbefehls einräumt, desto mehr wird das durch den Rahmenbeschluss geschaffene System der Zusammenarbeit verstärkt.[706] Es stellt sich deshalb die Frage, ob die Zeitkomponente ein Kriterium darstellt, das in das ausbalancierte Modell im Interesse der effektiven Strafverfolgung aufgenommen werden kann. Das Modell soll auf die Übergabeentscheidung in allen Mitgliedstaaten anwendbar sein, deshalb ist zu überprüfen, ob der Eingang des EuHB als zusätzliches Merkmal auf andere Länder übertragbar ist. Daran würde es fehlen, wenn der Rb-EuHB den Mitgliedstaaten die Möglichkeit eröffnen würde, den Eingang des EuHB so unterschiedlich zu gestalten, dass im Ergebnis eine einheitliche Handhabung kaum sicherzustellen ist. Falls dem Rb-EuHB eine Begriffsbestimmung entnommen werden kann, die für alle Mitgliedstaaten einheitlich verbindlich ist, könnte der Ablehnungsgrund aus Art. 4 Nr. 2 Rb-EuHB das erstrebte Modell um die Zeitschranke ergänzt werden. Um diese Frage zu klären, lohnt sich ein Blick in den durch den Rb-EuHB vorgesehenen Übermittlungswegen gemäß Art. 10 Rb-EuHB. Demnach kann die ausstellende Behörde den EuHB direkt an die vollstreckende Behörde bzw. über EJN[707] oder durch eine Ausschreibung in SIS[708] oder Interpol[709] übermitteln. Aus den vorstehenden Überlegungen kann die Folgerung gezogen werden, dass der EuHB in dem vollstreckenden Staat auf verschiedene Wege eingehen kann. Das kann die einheitliche Auslegung des besagten Merkmals erschweren. Es sei denn, dass sich ein Weg findet, den Begriff entsprechend den rahmenbeschlussrechtlichen Vorgaben zu definieren. Art. 10 Abs. 4 Rb-EuHB könnte der Begriffsbestimmung verhelfen, weil die Anforderungen an dem Eingang des EuHB geregelt sind. Für den Eingang des EuHB kommt es demnach

---

705 Мотиви към Закона за изменение и допълнение на Закона за екстрадицията и Европейската заповед за арест, ДВ, бр. 52 от 06.06.2008 г. (Gründe des Gesetzes zur Änderung und Ergänzung des Gesetzes über die Auslieferung und den Europäischen Haftbefehl, Staatsanzeiger, Nr. 52 vom 06.06.2008).

706 GA Villalón, Schlussanträge vom 06.07.2010 zu Rechtssache C-306/09 I.B., Slg. 2010, I-10341, Rz. 38.

707 Innerhalb der Europäischen Union gibt es ein Netzwerk nationaler Kontaktstellen zur Unterstützung der justiziellen Zusammenarbeit in Strafsachen, das durch die Gemeinsame Maßnahme des EU-Rates 98/428 JI ins Leben gerufen wurde, s. ABl. L 191 v. 17.07.1998, S. 4.

708 Bei der SIS handelt es sich im Kern um eine nicht öffentliche Datenbank, die Ausschreibungen, die „der Suche nach Personen und Sachen“ dienen, zum Abruf im automatisierten Verfahren bereithält. Rechtsgrundlage sind das Schengener Übereinkommen von 1985 (Schengen I), das Schengener Durchführungsübereinkommen von 1990 (SDÜ-Schengen II) sowie etwaige Beitrittsprotokolle und sonstige Rechtsakte, vgl. *Schomburg/ Lagodny/ Gleß/ Hackner* (Hrsg.) mit Abdruck des Schengen-Besitzstandes auf S. 1468.

709 Fahndungsnetz der Internationalen Kriminalpolizeilichen Organisation.

darauf an, ob der EuHB durch die ausstellende Justizbehörde durch ein sicheres Mittel übermittelt worden ist. Unter ein sicheres Mittel versteht sich entsprechend Art. 10 Abs. 4 Rb-EuHB jedes Mittel, dass die Erstellung einer schriftlichen Fassung unter Bedingungen ermöglicht, die dem Vollstreckungsmitgliedsstaat die Feststellung der Echtheit gestatten. Eine weitere Anforderung an der Begriffsbestimmung könnte von Art. 8 Abs. 2 Rb-EuHB abgeleitet werden. Gemäß Art. 8 Abs. 2 Rb-EuHB ist der EuHB grundsätzlich in eine Amtssprache oder in eine der Amtssprachen des Vollstreckungsstaats zu übersetzen. Es besteht auch die Möglichkeit, dass der Vollstreckungsstaat in einer beim Generalsekretariat des Rates hinterlegten Erklärung angeben hat, dass er eine Übersetzung in eine oder mehrere weitere Amtssprachen der Organe der Europäischen Gemeinschaften akzeptiert.[710] Das bedeutet, dass es für den Eingang des EuHB auf das jeweilige Umsetzungsgesetz des vollstreckenden Mitgliedstaates abzustellen ist. Für den Eingang des EuHB kann somit auf den Zeitpunkt des Eingangs des EuHB samt einer Übersetzung in der von dem jeweiligen Umsetzungsgesetz vorgesehenen Sprache ankommen. Der einheitlichen Begriffsbestimmung steht der Umstand nicht entgegen, dass in den verschiedenen Mitgliedstaaten die Fristen für die Übermittlung des EuHB stark voneinander abweichen.[711] Entscheidend ist, dass der EuHB bei dem vollstreckenden Staat durch ein sicheres Mittel und in der gesetzlich vorgeschriebenen Sprache eingegangen ist. Die Ausschreibung im SIS steht gemäß Art. 8 Abs. 2 Rb-EuHB einem EuHB gleich, bis das Original bei der vollstreckenden Justizbehörde in der gebührenden Form eingegangen ist. Da der EuHB die Verzögerungsrisiken, die den derzeitigen Auslieferungsverfahren innewohnen, beseitigen soll,[712] stellt sich die Frage, ob es für den Eingang des EuHB ausreichend ist, dass eine Personenfahndung nach Art. 95 SDÜ[713] aktiviert worden ist. Dem steht Art. 10 Abs. 4 Rb-EuHB entgegen, wonach der vollstreckenden Behörde durch die Übermittlung gestattet werden soll, die Echtheit des partnerschaftlichen Ersuchens festzustellen. Um der Überprüfungsmöglichkeit

710 Aufgrund der in Art. 8 Abs. 2 Rb-EuHB getroffenen Regelungen kann der ersuchte Staat nach eigenem Ermessen die Frist für die Übermittlung des EuHB bestimmen. In den verschiedenen Mitgliedstaaten können die Fristen für die Übermittlung des EuHB stark voneinander abweichen, eine Übersicht über die Übermittlungsfrist und Sprachregime in 26 der EU-Länder findet man bei *Hackner/ Schierholt*, Rz. 95 auch Handbuch mit Hinweisen zum Ausstellen eines Europäischen Haftbefehls (17195/1/10 REV 1), S. 80.

711 Übersicht über die Übermittlungsfrist und Sprachregime in 26 EU-Ländern bei *Hackner/ Schierholt*, S. 95; auch Handbuch mit Hinweisen zum Ausstellen eines Europäischen Haftbefehls (17195/1/10 REV 1), S. 80.

712 Erwägungsgrund 5 zum Rb-EuHB.

713 Übereinkommen zwischen den Regierungen der Staaten der Benelux-Wirtschaftsunion, der Bundesrepublik Deutschland und der Französischen Republik betreffend den schrittweisen Abbau der Kontrollen an den gemeinsamen Grenzen, ABl. EG L 239 vom 22.9.2000, S. 19 ff.

gerecht zu werden, muss man auf den Zugang des Ersuchens in der jeweils national vorgeschriebenen Form bei der vollstreckenden Behörde abstellen.

Nach dem bulgarischen Strafverfahrensrecht ist eine Person in die Beschuldigung einbezogen, wenn die Ermittlungsbehörde gegen sie durch eine Verfügung oder durch Erstellung des Protokolls über die erste durchgeführte Ermittlungshandlung die Beschuldigung erhoben hat.[714] Die Beschuldigung wird nur erhoben, wenn genügend Beweise dafür vorliegen, dass sie eines Offizialdelikts schuldig ist und wenn keine Gründe für die Einstellung des Ermittlungsverfahrens gegeben sind.[715] Die Anklageschrift wird von der Staatsanwaltschaft nach Abschluss des Vorverfahrens gemäß den Vorgaben des Art. 246 bgStPO verfasst, wenn er zu dem Ergebnis kommt, dass die für die Erforschung der materiellen Wahrheit erforderlichen Beweise vorliegen und keine Voraussetzungen für die endgültige oder vorläufige Einstellung gegeben sind. Für den Zeitpunkt der Anklageerhebung kommt es auf den Tag an, an dem die Anklageschrift beim Gericht eingereicht wurde.[716] Die Erhebung der Beschuldigung bzw. Anklage stellen Voraussetzungen dar, die den Anwendungsbereich des Art. 4 Nr. 2 Rb-EuHB zusätzlich einschränken. Nach dem bulgarischen Umsetzungsgesetz reicht es nicht aus, dass gegen die gesuchte Person ein Ermittlungsverfahren (z. B. wegen Anfangsverdachts) eingeleitet worden ist. Es müssen genügend Beweismittel vorliegen, damit die Person in die Beschuldigung einbezogen oder gegen sie Anklage erhoben wurde. Durch diese zusätzlichen Anforderungen wird sichergestellt, dass nicht jedes Ermittlungsverfahren zur Verweigerung der Übergabe an den ausstellenden Staat führt, wo sich möglicherweise die meisten Beweismittel befinden.

Bei den Tatbestandsmerkmalen der Erhebung der Beschuldigung bzw. Anklage handelt es sich um solche, die nach der nationalen Strafprozessordnung zu beurteilen sind und damit eine Besonderheit des bulgarischen Umsetzungsgesetzes. Als zusätzliche Voraussetzung für die Anwendung des Art. 4 Nr. 2 Rb-EuHB sind die vorgenannten Merkmale geeignet, die Effizienz potentiell zu erhöhen. Da die Strafprozessordnungen der Mitgliedstaaten voneinander teilweise stark abweichen[717], kann die Übernahme der vorgenannten Tatbestandsmerkmale dem Rb-EuHB widersprechen. Bei der Auslegung des Rb-EuHB ist der Grundsatz der Achtung der Rechtsordnungen der Mitgliedstaaten zu berücksichtigen. Die Wahrung der nationalen Identität umfasst insbesondere das Strafverfahren, das weitgehend in der Zuständigkeit der Mitgliedstaaten steht.[718] Auch wenn der Effizienz des Übergabeverfahrens durch die Übernahme des zusätzlichen Merkmals der Erhebung der Beschuldigung und Anklage in den Tatbestand des Art. 4 Nr. 2 Rb-EuHB gedient

714 Vgl. Art. 219 bgStPO.

715 *Манев*, стр. 249 (*Manev*, S. 249).

716 *Ebd.*, S. 261.

717 *Satzger*, 6. Aufl., § 9, Rz. 7 ff. m. w. N.

718 *Breitenmoser/ Weyeneth* in: Schwarze/ Becker/ Hatje/ Schoo, Art. 67 AEUV, Rz. 79 ff.

wäre, entstünde dadurch die Gefahr, dass die Souveränitätsinteressen anderer Mitgliedstaaten verletzt würden. Es kann nicht ausgeschlossen werden, dass ein anderer Mitgliedstaat im Unterschied zu Bulgarien Interesse daran haben könnte, bei parallelen Strafverfahren die Übergabe zu verweigern, ohne es darauf ankommen zu lassen, ob seine nationalen Strafverfolgungsstellen die Beschuldigung bzw. Anklage erhoben haben. Im Gegensatz zu dem formalistischen bulgarischen Strafprozess[719] ist z. B. in der deutschen Strafprozessordnung die förmliche Erhebung der Beschuldigung nicht vorgesehen.

(2) Entscheidung der Justizbehörden des vollstreckenden Staates wegen derselben Straftat kein Ermittlungsverfahren einzuleiten

Das bulgarische Gesetz enthält keinen Ablehnungsgrund für den Fall, dass die bulgarischen Justizbehörden beschlossen haben, wegen der Tat, aufgrund derer der EuHB ausgestellt worden ist, kein Verfahren einzuleiten.[720] Hingegen sieht Art. 4 Nr. 3 Alt. 1 Rb-EuHB vor, dass die Übergabe verweigert werden kann, wenn aus Sicht der Strafvollstreckungsbehörden des vollstreckenden Staates keine zureichenden Anhaltspunkte für eine verfolgbare Straftat vorliegen[721]. Ferner gibt es nach dem Rb-EuHB die Möglichkeit, ein Übergabeersuchen abzulehnen, wenn in dem Vollstreckungsstaat mangels hinreichenden Tatverdachts von der weiteren Verfolgung der Tat abgesehen wird[722]. Dadurch wird der Kreis der Fälle, in denen die Übergabe bewilligt wird, erweitert und die Effizienz potenziell gesteigert. Der Ablehnungsgrund nach Art. 4 Nr. 3 Alt. 1 Rb-EuHB soll aber dem nationalen Strafverfolgungsinteresse des vollstreckenden Mitgliedstaates Rechnung tragen,[723] indem er seine Entscheidung, die dem EuHB zugrunde liegende Straftat nicht zu verfolgen, respektiert. Die Abschaffung dieses Ablehnungsgrundes würde das Gebot der Achtung der nationalen Identität[724] verletzen und kann aus diesem Grund bei der Modellkonzipierung nicht berücksichtigt werden.

(3) Entscheidung der Justizbehörden des vollstreckenden Staates das Ermittlungsverfahren wegen derselben Straftat einzustellen

Anders als Art. 4 Nr. 3 Rb-EuHB sieht Art. 40 Nr. 1a AEuHBG vor, dass die vollstreckende Behörde die Übergabe der gesuchten Person nur dann verweigern kann, wenn das bulgarische Strafverfahren wegen derselben Tat, die dem EuHB zugrunde liegt, vor seinem Eingang eingestellt wurde. Durch das Abstellen auf den Zeitpunkt des Eingangs des EuHB wird der Anwendungsbereich des Art. 4 Nr. 2 Rb-EuHB für

719 *Gruev* in: Sieber/ Albrecht (Hrsg.), S. 11.
720 Vgl. Art. 40 AEuHBG.
721 *Tinkl*, S. 192.
722 *Freund*, S. 243, *Wehnert*, StraFo 2003, S. 368.
723 KOM (2001) 522 endg., S. 20.; KOM (2005) 696 endg., S. 10.
724 Gemäß Art. 3 Abs. 3 EUV und Art. 67 Abs. 1 AEUV.

künftige Entscheidungen gesperrt, die möglicherweise durch den EuHB ausgelöst wurden. Das wirkt sich zweifelsohne positiv auf den möglichen Ausgang eines Übergabeverfahrens aus. Insbesondere wird dadurch der Gefahr entgegengewirkt, dass der EuHB zum Anlass eigener Ermittlungen zwecks Vermeidung der Übergabe genommen wird.

Der Rb-EuHB stellt gemäß Art. 4 Nr. 3 keine näheren Anforderungen an die Art und Begründung der Entscheidung über die Einstellung. Dieser Umstand verleitet zu der Annahme, dass Verfahrenseinstellungen jeglicher Art zu einem Verfahrenshindernis führen können. Nach dem bulgarischen Umsetzungsgesetz kann die Übergabe nur verweigert werden, wenn das Ermittlungsverfahren gegen die gesuchte Person wegen derselben Tat in Bulgarien 1) vor seinem Eingang und 2) endgültig eingestellt worden ist. Obwohl in der bulgarischen Fassung des Rahmenbeschlusses die Rede von einer vorläufigen Einstellung ist[725], hat sich der bulgarische Gesetzgeber bei der Umsetzung für den Begriff *„прекратяване на наказателното производство“*[726] *(endgültige Einstellung des Strafverfahrens)* entschieden. Somit werden von Art. 40 Abs. 1 Nr. 1a AEuHBG nur die Fälle erfasst, in denen das Strafverfahren endgültig eingestellt wurde[727], bevor ein Übergabeersuchen eingereicht wurde. Da die Fälle der vorläufigen Einstellung vom Anwendungsbereich des Art. 40 Nr. 1 a AEuHBG ausgenommen sind, kommt der Ablehnungsgrund aus Art. 4 Nr. 3 Alt. 2 AEuHBG seltener zum Tragen. Dadurch wird die Effizienz begünstigt, weil die Übergabe zur Strafverfolgung in einem anderen Mitgliedstaat ermöglicht wird, selbst wenn im Vollstreckungsmitgliedstaat die vorläufige Einstellung erfolgt ist. Der Rb-EuHB gibt dem vollstreckenden Staat durch Art. 4 Nr. 3 Alt 2 die Möglichkeit, sowohl bei vorläufigen, als auch bei endgültigen Verfahrenseinstellungen innerhalb der eigenen Rechtsordnung die Übergabe zu verweigern. Anders als die bulgarische Strafpro-

---

725 Anders als in der deutschen Fassung des Art. 4 Nr. 3 Rb-EuHB wird in der bulgarischen Fassung nicht der Begriff *„einstellen“*, sondern der Begriff *„спира“* verwendet.

726 Bei der Bestimmung des Begriffs *„прекратяване на наказателното производство“* ist die Originalfassung der bulgarischen Strafprozessordnung heranzuziehen. Aus dem gesetzlichen Sprachgebrauch wird erkennbar, dass die bulgarische Strafprozessordnung zwischen *„спиране“* und *„прекратяване“* des Strafverfahrens unterscheidet und dass nur in wenigen Regelungen der zweite Begriff verwendet wird.

727 Die bulgarische Strafprozessordnung hält im Vergleich zum deutschen Recht deutlich weniger Möglichkeiten für die Beendigung eines eingeleiteten Ermittlungsverfahrens bereit. Der Grundsatz der Opportunität ist im bulgarischen Strafprozess unbekannt. Der Staatsanwalt ist nicht befugt, nach seinem Ermessen unwesentliche Teile des Verfahrens oder Verfahren wegen geringfügiger Straftaten einzustellen. Er muss den Grundsatz der Gesetzmäßigkeit strikt einhalten und ist verpflichtet, die Strafverfolgung „bis zum Ende“ durchzuführen, auch wenn der zu betreibende Aufwand in keinem Verhältnis zu dem erwartenden Ergebnis steht, vgl. *Gruev* in: Sieber/ Albrecht (Hrsg.), S. 12.

zessordnung, die das Opportunitätsprinzip nicht kennt[728], enthält z. B. die deutsche Strafprozessordnung viele Optionen für eine vorläufige Einstellung[729]. Würde man die Endgültigkeit der Einstellung als zusätzliches Kriterium übernehmen, wäre das Interesse des deutschen Staates beeinträchtigt, die Übergabe in solchen Fällen abzulehnen. Aus Rücksicht auf die nationalen Eigenheiten der Mitgliedstaaten kann deshalb das Merkmal der endgültigen Verfahrenseinstellung nicht in das europarechtskonforme Modell übernommen werden.

(4) Rechtskräftige Entscheidung gegen die gesuchte Person aufgrund derselben Handlung, die einer weiteren Strafverfolgung entgegensteht

Das Vorliegen einer rechtskräftigen Entscheidung wegen derselben Tat, derentwegen der EuHB ausgestellt wurde, begründet nach dem bulgarischen Recht im Gegenteil zum Rb-EuHB[730] keine Möglichkeit, die Übergabe zu verweigern.[731]

Unter dem Begriff der rechtskräftigen Entscheidung fallen alle Entscheidungen, die keine Urteilsqualität haben[732] und mit denen ein Strafverfahren abgeschlossen werden kann.[733] Darunter fallen auch Entscheidungen, die ohne die Beteiligung eines Gerichts ergangen sind.[734] Das von einem Mitgliedstaat[735] gefällte freisprechende[736] oder verurteilende Gerichtsurteil[737] verbraucht die Strafklage im gesamten Rechtsraum.[738] Ein Einstellungsurteil kann als reines Prozessurteil auch den Verbrauch der Strafklage bewirken, wenn ein unbehebbares Prozesshindernis wie z. B. Verjährung vorliegt.[739] Weiteres kann eine Einstellung gegen Auflage einen beschränkten Strafklageverbrauch bewirken, wenn der Täter diese erbracht hat.[740] Das bulgarische Umsetzungsgesetz sieht für die vorgenannten Fälle keine Möglichkeit

728 *Gruev* in: Sieber/ Albrecht (Hrsg.), S. 12.
729 Exemplarisch §§ 153 a, 154, 154 f StPO.
730 Art. 4 Nr. 3 Rb-EuHB.
731 Vgl. Art. 40 Rb-EuHB, wo diese Alternative fehlt.
732 *Rohlff*, S. 124.
733 *Freund*, S. 236.
734 *Hecker*, 4. Aufl., § 13, Rz. 61; *Freund*, S. 236.
735 Seit 01.01.2007 ist Art. 54 auch im Verhältnis zu Bulgarien anwendbar, s. Beitrittsakte, Anhang II, ABl. vom 21.6.2005 L 157/224; nach der Rechtsprechung des EuGH besteht gemäß Art. 54 SDÜ ein Verfahrenshindernis für das deutsche Strafverfahren auch dann, wenn jemand in Bulgarien vor dessen Beitritt verurteilt wurde (EuGH, Urteil vom 09.03.2006, Rs. C-436/04 (*van Esbroeck*), Slg. 2006, I-02333, Rz.24).
736 EuGH, Urteil vom 28.09.2006, Rs. C-467/04 (*Gasparini*), Slg. 2006, I-09199; BGH, 28.02.2006 – 2 StR 458/00; *Satzger*, 6. Aufl., § 10, Rz. 73.
737 BGH, 13.05.1997 – 5 StR 596/96; BGHSt 45, 123, 127; BayOLG StV 2001, 263; *Ambos*, 4. Aufl., § 10 Rz. 108; *Mansdörfer*, S. 148, 179 f.
738 *Hecker*, 4. Aufl., § 13, Rz. 23
739 EuGH, Urteil vom 28.09.2006, Rs. C-467/04 (*Gasparini*), Slg. 2006, I-09199.
740 *Ambos*, 4. Aufl., § 10 Rz. 122 ff. m. w. H.

vor, die Übergabe der Person zu verweigern. Es liegt auf der Hand, dass durch den Ausschuss des Art. 4 Nr. 3 Alt. 3 Rb-EuHB vom Prüfungsumfang der Übergabeentscheidung die Effizienz gesteigert wird. Dadurch werden sämtliche Varianten der rechtskräftigen Verfahrenserledigung vom Wirkungskreis des Art. 4 Nr. 3 ausgenommen. Das schränkt das Recht des Betroffenen auf Einmaligkeit der Strafverfolgung gemäß Art. 50 GRC[741] in unzulässiger Weise ein und setzt das Risiko, dass er selbst beim erfolgten Freispruch wg. der Tat, die dem EuHB zugrunde liegt, an einen anderen Mitgliedstaat zur erneuten Strafverfolgung überstellt wird. Die Beschneidung der Verteidigungsmöglichkeiten mag sich auf die effektive Strafverfolgung zwar positiv auswirken, kann aber wegen der augenscheinlichen Unvereinbarkeit mit den Grundrechten des Betroffenen nicht übernommen werden.

c) Verjährung

In wortlautgetreuer Umsetzung[742] des Rahmenbeschlusses normiert Art. 40 Abs. 2 Nr. 2 AEuHBG, dass die Vollstreckung des EuHB abgelehnt werden kann, wenn die Verjährungsfristen[743] nach dem bulgarischen Recht abgelaufen sind. Ferner muss die Handlung – wie bei Art. 4 Nr. 4 Rb-EuHB – unter die bulgarische Strafgerichtsbarkeit fallen. Die Effizienz der bulgarischen Vollstreckungspraxis könnte daran liegen, dass das bulgarische Recht vergleichsweise so lange Verjährungsfristen vorsieht, dass dieser Ablehnungsgrund praktisch nie bzw. sehr selten eingreift.

Die Strafverfolgungsverjährung ist in Art. 80 bgStGB[744] geregelt. Die Fristen bei der Verfolgungsverjährung nach dem bulgarischen Recht sind nach der Strafdrohung gestaffelt, wobei auch hier wie im deutschen Recht der abstrakte Strafrahmen maßgeblich ist. Besondere Aufmerksamkeit verdient der Umstand, dass sich die Verjährungsfristen nach dem bulgarischen Recht – nicht wie im deutschen Recht an dem Höchstmaß der verhängbaren Strafe[745] – sondern an der unteren Strafgrenze orientieren. D. h., dass die geltende Verjährungsfrist aufgrund des einschlägigen Straftatbestandes und des dort vorgesehenen Mindestmaßes der Strafe bestimmt wird. Bei einer Mindeststrafdrohung von mehr als zehn Jahren beträgt die Verjährungsfrist 15 Jahre, von mehr als drei Jahren – zehn Jahre, von bis zu drei Jahren – fünf Jahre und in allen übrigen Fällen zwei Jahre.[746] Im Rahmen des Übergabeverfahrens aufgrund des EuHB kann die absolute Verjährungsfrist, die in Art. 81 Abs. 3 bgStGB geregelt ist, praktisch relevant werden.[747] Demnach ist

741 Vgl. Teil 1, Kap. C. III. 1. f.
742 *Панова*, ЕЗА, стр. 151 (*Panova*, EuHB, S. 151).
743 Ausführlich *Гиргинов*, 1992 (*Girginov*, 1992); s. auch *Ненов*, S. 320 (*Nenov*, S. 320).
744 ДВ, бр. 60 от 07.08.2012, в сила от 08.09.2012 (Staatsanzeiger Nr. 60 vom 07.08.2012, seit 08.09.2012 in Kraft, deutsche Übersetzung von *Lipowschek* in: ders./ Lyon (Hrsg.).
745 *Satzger*, Jura 2012, S. 437.
746 Art. 80 bgStGB.
747 *Панова*, Съдебна практика, стр. 141 (*Panova*, Gerichtspraxis, S. 141).

die Verfolgung unabhängig vom Ruhen oder von der Unterbrechung der Verjährung ausgeschlossen, wenn eine Frist abgelaufen ist, welche die im Art. 80 Abs. 1 bgStGB vorgesehene Frist um die Hälfte überschreitet. Die kürzeste absolute Verjährungsfrist beträgt vier Jahre und sechs Monate und gilt für Straftaten, welche vom Gesetz mit Freiheitsentziehung unter einem Jahr oder mit anderen Strafen[748] bedroht werden. Ein Blick in das deutsche Gesetz zeigt, dass die dort vorgesehene absolute Verjährungsfrist mindestens drei Jahre und ansonsten das Doppelte der in § 78 Abs. 3 StGB geregelten Dauer beträgt.[749] Ein vollständiger Vergleich der Verjährungsfristen würde voraussetzen, dass zuerst die Strafdrohungen sämtlicher Straftatbestände der 28 Mitgliedstaaten ermittelt und anschließend die Verjährungsfristen miteinander verglichen werden. Da der Fokus der vorliegenden Untersuchung auf den Problemen bei der Übergabeentscheidung liegt, wird an dieser Stelle auf eine ausführliche Auseinandersetzung mit dem materiellen Recht verzichtet, zumal der Verjährungseinwand in der Übergabepraxis keine erhebliche Relevanz zu haben scheint. Es liegt eine einzige Entscheidung[750] vor, wo er zur Ablehnung der Übergabe durch ein bulgarisches Gericht führte. Jedenfalls sind bezüglich Art. 4 Nr. 4 Rb-EuHB weder auf der Ebene der Umsetzung noch bei der praktischen Anwendung Effizienz beeinflussende Faktoren festzustellen.

d) Verurteilung in einem Drittstaat wegen derselben Handlung

Gemäß Art. 40 Nr. 3 AEuHBG kann die Vollstreckung des EuHB abgelehnt werden, wenn sich aus den der vollstreckenden Behörde vorliegenden Informationen ergibt, dass die gesuchte Person wegen derselben Tat von einem Nichtmitgliedstaat

---

748 Gemäß Art. 37 bgStGB gibt es folgende Strafarten:
1. Lebenslange Freiheitsentziehung;
   1a. Freiheitsentziehung;
2. Bewährungsstrafe;
3. Entziehung des verfügbaren Vermögens;
4. Geldstrafe;
5. (gestrichen);
6. Aberkennung des Rechts, ein bestimmtes staatliches oder gesellschaftliches Amt zu bekleiden;
7. Aberkennung des Rechts, einen bestimmten Beruf oder eine bestimmte Tätigkeit auszuüben;
8. (gestrichen);
9. Aberkennung des Rechts, erhaltene Orden, Ehrenbezeichnungen und Auszeichnungen zu tragen;
10. Aberkennung eines militärischen Ranges;
11. Gesellschaftlicher Tadel.

749 *Fischer*, § 78 c, Rz. 2a.

750 Решение на Пазарджишки окръжен съд от 29.06.2011г. (Bezirksgericht Pasardschik, Beschluss o. Nr. vom 29.06.2011, online abrufbar unter: http://court-pz.info/2011_1/0070d811_39162911.htm, Stand: 14.09.2015).

rechtskräftig verurteilt worden ist. Der in Art. 40 Abs. 1 Nr. 3 AEuHBG enthaltene Ablehnungsgrund wiederholt die Formulierung des Art. 4 Nr. 5 Rb-EuHB.[751]

In der Praxis scheint diesem Ablehnungsgrund bislang keine besondere Bedeutung zugekommen zu sein. In der bulgarischen Literatur wird die Norm ohne Hinweise auf gerichtliche Entscheidungen relativ knapp erörtert.[752] Unter den verfügbaren Urteilen der bulgarischen Gerichte findet sich keines, das sich intensiv mit Art. 40 Abs. 1 Nr. 3 AEuHBG beschäftigt. Die Norm wird in einigen Urteilen kurz erwähnt und für unanwendbar erklärt, weil keine Verurteilung in einem Drittstaat vorliegt.[753] Aufgrund der Tatsache, dass einschlägige Gerichtsbeschlüsse fehlen, können über Effizienz begünstigende Aspekte keine Aussagen getroffen werden.

e) Territorialitätsvorbehalt

aa) Ausgangslage

Der vollstreckenden Behörde steht es nach Art. 4 Nr. 7 Rb-EuHB frei, bei Straftaten, die auf dem Territorium ihres Staates ganz oder teilweise begangen wurden, den Zugriff auf die gesuchte Person zu versagen. Den Vorgaben des BVerfG[754] folgend wird z. B. im deutschen Umsetzungsgesetz zwischen Taten mit einem maßgeblichen Inlandsbezug und solche mit Auslandsbezug differenziert. Demnach ist die Übergabe deutscher Staatsbürger bei Taten mit einem maßgeblichen Inlandsbezug unzulässig.[755] Die Umsetzung des Rb-EuHB in Deutschland zeigt, dass diese Vorschrift dem vollstreckenden Staat die Möglichkeit eröffnet, bei eigenen Staatsbürgern eine privilegierende Behandlung vorzusehen. Das mag dem Schutz Betroffener eigener Nationalität dienen, könnte sich aber auf die effektive Strafverfolgung negativ auswirken.

bb) Nationale Regelung

Art. 4 Nr. 7 Rb-EuHB wurde durch Art. 40 Abs. 1 Nr. 5 AEuHBG auf Vorschlag des leitenden Rechtsausschusses mit kleinen, lediglich der Präzision dienenden

---

751 *Панова,* Съдебна практика, стр. 154 (*Panova,* Gerichtspraxis, S. 154).

752 *Ebd.; Маринова*, стр. 91 (*Marinova*, S. 91).

753 Решение по ВЧНД № 51/2007 от 26.03.2007 г. на Варненския апелативен съд (Appellationsgericht Varna, Beschluss Nr. 51/2007 vom 26.03.2007), Решение № 318 на Варненски окръжен съд от 12.04.2007 г. (Bezirksgericht Varna, Beschluss Nr. 318 vom 12.04.2007); Решение на Добричкия окръжен съд № 23 от 19.05.2011 г. (Bezirksgericht Dobritsch, Beschluss Nr. 23 vom 19.05.2011); Решение на Кюстендилския Окръжен съд без номер от 19.12.2012 г. (Bezirksgericht Kyustendil, Beschluss o. Nr. vom 19.12.2012, online abrufbar unter: http://kos-bg.eu/post/0070d812/481c1912.htm, Stand: 14.09.2015).

754 BVerfGE 113, 273, BVerfG, 18.07.2005 – 2 BvR 2236/04.

755 *Tinkl*, S. 173

Abweichungen, umgesetzt.[756] Die erste Alternative sieht die Möglichkeit vor, die Vollstreckung eines EuHB zu verweigern, wenn er sich auf Straftaten erstreckt, die ganz oder zum Teil im Hoheitsgebiet des ersuchten Staates begangen wurden. In dem bulgarischen Umsetzungsgesetz fehlt es an einer besonderen Regelung über Taten mit einem maßgeblichen Inlandsbezug. Dies hat zur Folge, dass der bulgarische Staat die Übergabe gesuchter Personen grundsätzlich auch bei Taten, die ganz oder teilweise auf bulgarischem Territorium[757] begangen[758] werden, bewilligt. Die Anwendbarkeit des fakultativen Ablehnungsgrundes aus Art. 40 Abs. 1 Nr. 5 AEuHBG setzt nicht voraus, dass in der Republik Bulgarien konkrete Maßnahmen für die Realisierung der Strafgewalt unternommen wurden. Es reicht aus, dass die Tat, die dem EuHB zugrunde liegt, der bulgarischen Strafgewalt unterliegt.[759]

Die zweite Alternative des Art. 40 Abs. 1 Nr. 5 AEuHBG ist in den Fällen anwendbar, in denen der Ausstellungsmitgliedstaat seine Strafhoheit auf Umstände stützt, die den in Bulgarien anerkannten Prinzipien des Strafanwendungsrechts widersprechen. Diese Bestimmung hat so gut wie keine praktische Bedeutung, weil das bulgarische Recht die Strafverfolgung von außerhalb des Hoheitsgebiets des Ausstellungsstaates begangenen Taten generell zulässt.[760]

---

756 Доклад на комисията по правни въпроси № 553-03-40 от 17.05.2005 (Bericht des Rechtsausschusses Nr. 553-03-40 vom 17.05.2005).

757 Das bulgarische Strafterritorium schließt die Landfläche innerhalb der international anerkennten Grenzen der Republik Bulgarien, einschließlich des Untergrundes, die innerhalb derselben gelegenen Binnengewässer, Grenzmeere, -flüsse und -seen, den Kontinentalschelf, den Luftraum über dem Landesterritorium, Schiffe auf Hohem Meer unter bulgarischer Nationalflagge und Staatsschiffe, s. Стойнов, стр. 102 (Stojnov, S. 102).

758 Nach der bulgarischen Strafrechtsdogmatik ist eine Tat an dem Ort begangen, an dem der Täter gehandelt hat und/oder an dem die gesellschaftsgefährlichen Folgen eingetreten sind. Nach der bulgarischen Strafrechtsdogmatik gliedert sich die Straftat in objektive Seite (Handlung, gesellschaftliche Gefährlichkeit) und subjektive Seite, vgl. *Lipowschek* in: ders./ Lyon (Hrsg.), S. 23. Anders im deutschen Recht, wo die Verwirklichung eines Tatbestands regelmäßig indiziert, dass ein solches Verhalten ein Unrecht darstellt und das Unrecht kann durch sog. Rechtfertigungsgründe ausgeschlossen wird, vgl. *Seiler*, § 2 II. Rz. 98. Keine Straftat im Sinne des bulgarischen Strafrechts ist eine Handlung, die zwar formell die Merkmale einer im Gesetz vorgesehenen Straftat verwirklicht, wegen ihrer Geringfügigkeit aber nicht gesellschaftsgefährlich ist oder deren Gesellschaftsgefährlichkeit offensichtlich unbedeutend ist. Gesellschaftsgefährlich ist eine Handlung, die die Persönlichkeit, die Rechte der Bürger, das Eigentum, die durch die Verfassung errichtete Rechtsordnung in der Republik Bulgarien oder andere rechtlich geschützte Interessen, schädigt oder bedroht, vgl. Art. 10 bgStGB.

759 *Панова*, Съдебна практика, стр. 215 (*Panova*, Gerichtspraxis, S. 215).

760 *Ebd.*

Auf der Ebene der Umsetzung sind keine Unterschiede zu dem Rb-EuHB feststellbar, welche die Übergabeentscheidung hinsichtlich der Effizienz beeinflussen können.

cc) Anwendung in der Übergabepraxis

Bei Art. 4 Nr. 7 AEuHBG handelt es sich um einen fakultativen Ablehnungsgrund, bei dem die Übergabe in das Ermessen des Gerichts gestellt ist. Anhand der präsenten Gerichtspraxis können relevante Faktoren ermittelt werden, die das effektive Strafverfolgungsinteresse fördern und für das Modell übernahmefähig erscheinen.

(1) Bewilligende Entscheidungen

(aa) Appellationsgericht Sofia, Beschluss in der Strafsache Nr. 471/09 Nr. 314 vom 14.07.2009

In einer Entscheidung aus dem Jahre 2009 setzte das Appellationsgericht Sofia eine bereits im Jahre 2007 eingeschlagene Richtung[761] fort und ließ die Übergabe eines türkischen Staatsangehörigen zum Zwecke der in Deutschland laufenden Ermittlungen zu. Gegen I. bestand der Verdacht des unerlaubten Handeltreibens mit Betäubungsmitteln in verschiedenen europäischen Ländern einschließlich Bulgariens. Seitens der Verteidigung wurde vorgetragen, dass die Übergabe des Betroffenen seine Rechte verletzen würde, weil er einen festen Wohnsitz und familiäre Bindungen in Bulgarien habe. Der türkische Staatsbürger erklärte sich bereit, sich einem Strafverfahren in Bulgarien zu stellen und ersuchte das Gericht um Verweigerung der Übergabe.

Das Gericht stellte sich im Hinblick auf den grenzüberschreitenden Charakter der Straftat auf den Standpunkt, dass ihre effektive Verfolgung unter der Gerichtsbarkeit des ausstellenden Staates durchgeführt werden kann. Dem Umstand des Aufenthaltsortes des Betroffenen in Bulgarien wurde keine Rechnung getragen. Zur Begründung seiner Entscheidung zog das Gericht neben dem Kriterium der effektiven Strafverfolgung ergänzend heran, dass die bulgarische Staatsanwaltschaft gegen die gesuchte Person keine Verfolgungsmaßnahmen ergriffen hatte. Bei der Ermessensausübung des Gerichts spielte der Standpunkt der bulgarischen Staatsanwaltschaft, die sich für die Vollstreckung des EuHB aussprach, eine entscheidende Rolle. Ähnliche Vorgehensweise findet sich in den Entscheidungen des Bezirksgerichts Kyustendil aus dem Jahre 2009[762] und des Appellationsgerichts Varna aus

761 Решение № 513 от 18.10.2007 г. на Софийския апелативен съд (Appellationsgericht Sofia, Beschluss Nr. 513 vom 18.10.2007).

762 Решение на Кюстендилския Окръжен съд без номер от 19.12.2012 г. (Bezirksgericht Kyustendil, Beschluss o. Nr. vom 19.12.2012, online abrufbar unter: http://kos-bg.eu/post/0070d812/481c1912.htm, Stand: 14.09.2015).

dem Jahre 2011[763]. Ihre vollständige Wiedergabe würde keine neuen Erkenntnisse bringen, weshalb darauf verzichtet wird.

(bb) Bezirksgericht Burgas, Beschluss in der Strafsache Nr. 170/09 vom 22.07.2009

In dieser Entscheidung geht es um einen belgischen EuHB, der gegen den bulgarischen Staatsbürger T. zur Strafverfolgung wegen drei Fällen des Menschenhandels zum Zwecke der sexuellen Ausbeutung erlassen wurde. Aus den dem Bezirksgericht Burgas vorliegenden Unterlagen wurde bekannt, dass gegen T. im Mai 2009 ein Ermittlungsverfahren in Sliven eingeleitet wurde. Gegenstand der Ermittlungen war der Verdacht, dass T. die Geschädigte V. in dem Zeitraum 2005 bis 2007 anwarb, sich für die Ausübung unsittlicher Handlungen ausnutzen zu lassen.

Das Gericht stellte fest, dass während der Ermittlungen in Bulgarien lediglich zwei Zeugen vernommen wurden und dass T. selbst nicht in die Beschuldigung einbezogen[764] wurde. Aufgrund der Tatbeschreibung im EuHB war davon auszugehen, dass die zum Tatbestand des Menschenhandels gehörenden Merkmale auf dem Territorium beider Staaten – Bulgarien und Belgien – erfüllt wurden. Aus Sicht des Gerichts war ein wesentlicher Teil des Sachverhalts, derentwegen in Belgien ermittelt wurde, von den Ermittlungen in Bulgarien nicht erfasst. Dazu gehörten das Über-die-Grenze-Bringen von Menschen, die Tatbeteiligung weiterer Personen, die erzielten Geldeinnahmen aus der kriminellen Tätigkeit u.s.w. Bezüglich der in beiden Staaten durchgeführten Ermittlungen erklärte das Gericht, dass der in Belgien erreichte Verfahrensstand fortgeschrittener und der Umfang der in seinem Rahmen gesammelten Beweismittel größer war. Deshalb stellte sich das Gericht auf den Standpunkt, dass die Strafverfolgung der grenzüberschreitenden Tätigkeit von T. unter der Jurisdiktion des ersuchenden Staates effizienter wäre. Im Hinblick auf die effektive Strafverfolgung beschloss das Gericht, die Vollstreckung des EuHB zuzulassen.[765]

(cc) Sofioter Stadtgericht, Beschluss in der Strafsache Nr. 1291/2009 vom 08.05.2009

Das Gericht hatte über die Vollstreckung eines EuHB aus Frankreich zu entscheiden, der gegen den bulgarischen Bürger O. wegen bandenmäßigen Diebstahls und Besitz von „Skimming-Equipment“ erlassen wurde. Aus dem Inhalt des EuHB ging hervor, dass in Frankreich bereits diverse Ermittlungsmaßnahmen ergriffen und Beweise

763 Решение на Варненския апелативен съд без номер и дата от 2011 г. по ВЧНД № 141 (Appellationsgericht Varna, Beschluss o. Nr. o. D. vom 2011 in der Strafsache Nr. 141, online abrufbar unter: http://www.appealcourt-varna.org/cp/upload/N-141-2011.htm, Stand: 14.09.2015).

764 Zum Begriff s. oben Kap. A. III. 3. b).

765 Решение на Бургаски окръжен съд по НЧД № 170/09 от 22.07.2009 г. (Bezirksgericht Burgas, Beschluss in der Strafsache Nr. 170/09 vom 22.07.2009).

erhoben wurden, so dass anzunehmen war, dass dort die wesentlichen Tatumstände aufgeklärt waren. Die Übergabe von O. wurde zugelassen und die Entscheidung wie folgt begründet: Die Strafverfolgung ist in der Gerichtsbarkeit durchzuführen, in der die meisten Beweismittel zusammengetragen wurden und eine realistische Chance auf die Herbeiführung einer zügigen und angemessenen Verurteilung besteht. Wenn sich die Ermittlungen auf das Territorium des ausstellenden Staates erstrecken, wo die Beweismittel im vollen Umfang gesammelt werden, sei aus Sicht des Gerichts logisch, dass sich das vollstreckende Gericht nicht auf den Ablehnungsgrund des Art. 40 Abs. 1 Nr. 5 berufen könne.[766]

(2) Ablehnende Entscheidung

Das Verfahren vor dem Appellationsgericht[767] hatte die Beschwerde des Betroffenen gegen die Entscheidung des Bezirksgerichts Vidin, mit der seine Übergabe an Italien zwecks Strafverfolgung wegen des Verdachts der Geldwäsche zugelassen wurde. Dem bulgarischen Beschuldigten *Milev* wurde vorgeworfen, im Zeitraum von 14.07.2003 bis 31.07.2007 nach und nach die Erlöse aus einer schwer wiegenden Betrugstat zulasten einer italienischen Finanzagentur in der Absicht transferiert zu haben, ihre kriminelle Herkunft zu verschleiern. Aus den Angaben im EuHB war zu entnehmen, dass die gesuchte Person an der Betrugstat, die teilweise in Bulgarien, teilweise in Italien begangen wurde, nicht beteiligt war. In den Tatsachenfeststellungen des Gerichts finden sich keine Hinweise auf das Zielland oder den Empfänger der Gelder. Darauf ging das Gericht nicht näher ein, weil aus seiner Sicht feststand, dass die inkriminierte Handlung ganz auf dem bulgarischen Territorium begangen wurde. Das Appellationsgericht stellte aufgrund der Tatbeschreibung im EuHB fest, dass die Tat, derentwegen die Zwangsüberstellung gefordert wird, in dem Hoheitsgebiet Bulgariens begangen wurde. Somit war das bulgarische Strafrecht gemäß des in Art. 3 Abs. 1 bgStGB verankerten Territorialitätsprinzips anwendbar und die Tat unterlag der bulgarischen Gerichtsbarkeit. In dem dadurch eröffneten Ermessensspielraum führte das Gericht folgende Kriterien auf, die dazu führten, dass die Übergabe an Italien verweigert wurde. Wegen der verfahrensgegenständlichen Tat wurde in Bulgarien ein Ermittlungsverfahren eingeleitet, das bereits in eine Anklageerhebung vor dem Eingang des EuHB gipfelte. Infolgedessen erachtete das Gericht die Verfolgung der Tat in Bulgarien als effizienter als im ausstellenden Staat, zumal aus seiner Sicht die Kompetenz der bulgarischen Strafverfolgungsbehörden keinesfalls unterschätzt werden dürfe. Des Weiteren argumentierte das Gericht, dass die Straftat gesellschaftliche Interessen beeinträchtigt, die für den bulgarischen Staat bedeutend sind. Außerdem sei der bulgarische Staat allein in der Lage, seine Strafpolitik zu realisieren und für Genugtuung infolge des begangenen Unrechts zu sorgen.

---

766 Решение на Софийския градски съд от 08.05.2009 г. по НЧД № 1291/2009 (Stadtgericht Sofia, Beschluss in der Strafsache Nr. 1291/2009 vom 08.05.2009).

767 Решение на Софийския апелативен съд № 188 от 04.04.2008 г. (Appellationsgericht Sofia, Beschluss Nr. 188 vom 04.04.2008).

(3) Zielorientierte Ermessensausübung als effizienzsteigernder Faktor

Der Rb-EuHB enthält keine näheren Vorgaben darüber, nach welchen Maßstäben und Kriterien die Ermessensentscheidung bei den fakultativen Übergabehindernissen zu treffen ist. Dieser Ausgangssituation haftet die Gefahr erheblicher Unsicherheit v. a. bei der Vollstreckung von EuHB an, die wegen Straftaten mit Bezug zu mehreren Staaten erlassen wurden. Somit stellt sich die Frage, ob auf EU-Ebene Regelungen bestehen, die der Vorbeugung von eventuellen Strafverfolgungslücken dienen. Es existieren zwar einige sekundäre Rechtsakte der Union[768], die den nationalen Strafverfolgungsbehörden bei bestimmten Kriminalitätsarten die Bündelung aller parallelen Strafverfolgungsmaßnahmen bei einem einzigen Gericht vorschreiben. Im Übrigen gibt es jedoch keine verbindlichen Regeln darüber, welcher Staat für die Strafverfolgung zuständig ist, wenn die Tat mehrere Rechtsordnungen berührt. Aus Sicht der Kommission kann diese Frage erst zu einem Zeitpunkt angemessene Antwort finden, wenn die für eine sorgfältige Zuständigkeitsprüfung erforderlichen Informationen vorliegen.[769] Bis zur Erhebung der Anklage soll die Entscheidung, welcher Staat am besten für die Strafverfolgung geeignet ist, den Strafverfolgungsbehörden jedes einzelnen Mitgliedstaates überlassen bleiben.[770] Die Entscheidung soll auf der Grundlage der konkreten Einzelfallumstände[771] und unter Berücksichtigung der von Eurojust aufgestellten Leitlinien[772] getroffen werden.[773] Demnach soll grundsätzliches Einvernehmen darüber bestehen, dass die Strafverfolgung möglichst in der Gerichtsbarkeit durchzuführen ist, in der die Straftat schwerpunktmäßig verübt oder der meiste Schaden erlitten wurde.[774] Als weitere Kriterien können der Aufenthaltsort des Beschuldigten, die Möglichkeiten für seine Überstellung, die maßgeblichen Opferinteressen, die eventuellen Probleme mit Beweismitteln u.s.w. herangezogen werden.[775] Die Gewichtung

768 Art. 6 Abs. 2 des Übereinkommens über den Schutz der finanziellen Interessen der Europäischen Gemeinschaften, Art. 9 Abs. 2 des Übereinkommens über die Bekämpfung der Bestechung, ABl. C 195 vom 25.6.1997, S. 2; Art. 4 Abs. 2 der gemeinsamen Maßnahme betreffend die Beteiligung an einer kriminellen Vereinigung, ABl. L 351 vom 29.12.1998, S. 1; Art. 10 Abs. 4 des Rahmenbeschlusses über Angriffe auf Informationssysteme, ABl. L 69 vom 16.3.2005, S. 67.

769 KOM (2005) 696 endg., S. 8

770 *Ebd.*

771 Ratsdok. 5208/09 + ADD 1 + ADD 2.

772 Eurojust-Jahresbericht 2003, Anhang IV – Entscheidungsleitlinien für die Lösung von Kompetenzkonflikten, S. 92 ff.

773 Erwägungsgrund Nr. 9 zum Rahmenbeschluss 2009/948/JI DES RATES vom 30. November 2009 zur Vermeidung und Beilegung von Kompetenzkonflikten in Strafverfahren.

774 Eurojust-Jahresbericht 2003, Anhang IV – Entscheidungsleitlinien für die Lösung von Kompetenzkonflikten, S. 92 ff.

775 *Ebd.*

und Priorität der einzelnen Kriterien hängt vom konkreten Sachverhalt ab und kann von den Gerichten flexibel gehandhabt werden.[776]

Die Auswertung der bulgarischen Gerichtsentscheidungen hat ergeben, dass die bulgarischen Gerichte bemüht sind, dem Vorzug der Strafverfolgung demjenigen Staat zu gewähren, der aus ihrer Sicht eine Aburteilung herbeizuführen imstande ist. Aufgrund der Entscheidungen, in denen das Gericht trotz Inlandsbezugs der Tat die Übergabe bewilligt, könnte der Eindruck entstehen, dass vorwiegend dem Interesse des ausstellenden Staats gedient wird. Zieht man die oben geschilderte Praxis einer Gesamtschau durch, kann man feststellen, dass die bulgarischen Gerichte ihr Ermessen eigentlich zugunsten der effektiven Strafverfolgung innerhalb Europas ausüben. Im Rahmen der Ermessensausübung bei konkurrierenden Strafgewalten werden die von Eurojust entwickelten Kriterien nur teilweise herangezogen. Die bulgarischen Gerichte scheinen einer eigenen Logik zu folgen und zusätzliche Kriterien entwickelt zu haben. Die Effizienz der Strafverfolgung im ausstellenden Staat wird zwar überwiegend als maßgebliches Kriterium genannt.[777] Den Entscheidungsgründen ist zu entnehmen, dass sich die Gerichte mit dem Tatgeschehen und dem erreichten Verfahrensstand in dem ausstellenden und vollstreckenden Land auseinandersetzen. Dann lassen sie sich von der Überzeugung leiten, dass die Durchsetzung des staatlichen Strafanspruchs dort zu erfolgen hat, wo die meisten Beweismittel gesammelt wurden und das Verfahren effizient abgeschlossen werden kann. Die Bestimmung des Staates, der für die Durchführung des Strafverfahrens geeignet ist, erfolgt i. d. R. nach dem erreichten Ermittlungsstand. Die vorzitierten Entscheidungen sprechen dafür, dass die bulgarischen Gerichte selbst bei laufenden inländischen Ermittlungsverfahren geneigt sind, der Strafhoheit eines Mitgliedstaates den Vorzug zu geben. Das gilt vor allem in Fällen, wenn wesentliche Teilakte des Geschehens außerhalb des Visiers der bulgarischen Ermittlungsbehörden geblieben sind und eine erschöpfende Sachverhaltsaufklärung im Ausstellungsstaat möglich erscheint. Dass die bulgarischen Gerichte Übergabeersuchen nicht *per se* nachkommen, nur weil sie aus einem EU-Mitgliedstaat kommen, ergibt sich aus der Entscheidung *Milev*[778]. Bei seiner Ermessensausübung misst das Gericht der effizienten Durchführung der Strafverfolgung das entscheidende

---

776 KOM (2005) 696 endg., S. 8.

777 Решение на Варненския апелативен съд №79 от 16.05. 2007 г. (Appellationsgericht Varna, Beschluss o. Nr. 79 vom 16.05.2007); Решение на Софийски апелативен съд № 513 от 18.10.2007 г. (Appellationsgericht Sofia, Beschluss Nr. 513 vom 18.10.2007); Решение на Софийски апелативен съд №188 от 04.04.2008 г. (Appellationsgericht Sofia, Beschluss Nr. 188 vom 04.04.2008); Решение на Софийски апелативен съд № 314 от 14.07.2009 г. (Appellationsgericht Sofia, Beschluss Nr. 314 vom 14.07.2009); Решение на Варненския апелативен съд без номер и дата от 2011 г. (Appellationsgericht Varna, Beschluss o. Nr. o. D. 2011, online abrufbar unter: http://www.appealcourt-varna.org/cp/upload/N-141-2011.htm, Stand: 19.09.2015).

778 Решение на Софийския апелативен съд № 188 от 04.04.2008 г. (Appellationsgericht Sofia, Beschluss Nr. 188 vom 04.04.2008).

Gewicht bei und entscheidet sich, der bulgarischen Strafgewalt Vorzug zu geben. Zur Begründung trägt das Gericht der Tatsache Rechnung, dass in Bulgarien wegen der Tat bereits Anklage[779] erhoben wurde. Infolgedessen war anzunehmen, dass die bulgarischen Strafverfolgungsbehörden über die zur Wahrheitsermittlung erforderlichen Beweise verfügen. Die Beibringung der Beweise in Italien hätte dagegen einen doppelten Aufwand an Zeit, Geld und Energie verursacht, der in dem einheitlichen europäischen Raum zu vermeiden ist.[780] In diesem Zusammenhang fällt sehr positiv die Tatsache auf, dass das bulgarische Gericht auf die Interessen des ausstellenden Staates Rücksicht nimmt, bevor eine negative Entscheidung getroffen wird. Das Gericht fragte sich, ob die Verweigerung der Übergabe *Milevs* die Sachverhaltsaufklärung in dem italienischen Verfahren beeinträchtigen würde. Angesichts der Tatsache, dass der Betroffene an der Vortat nicht beteiligt war, erscheint die Auffassung des Gerichts richtig, dass er nichts zur Wahrheitsermittlung beitragen konnte. Es ist zwar offen, wie das Gericht entscheiden würde, wenn die Übergabe der gesuchten Person zur Sachverhaltsaufklärung erforderlich erscheinen würde. Trotzdem kann die Entscheidung, der bulgarischen Strafgewalt Vorzug zu gewähren, nicht beanstandet werden. Bei der Ermessensausübung spielt in der bulgarischen Übergabepraxis der Standpunkt der bulgarischen Staatsanwaltschaft, die sich für die Vollstreckung des EuHB aussprach, eine entscheidende Rolle.[781]

Der EuHB soll den Nachteil der Strafverfolger, grdl. an die nationalen Grenzen gebunden zu sein, ausgleichen und den Weg hin zu einem „echten Europäischen Rechtsraum“ öffnen.[782] Nach der Rechtsprechung des EuGH soll der Rb-EuHB nicht nur die justizielle Zusammenarbeit erleichtern und beschleunigen, sondern auch zur Verwirklichung des der Union gesteckten Ziels, zu einem Raum der Freiheit, der Sicherheit und des Rechts beitragen.[783] Eine Bestrafung des Täters erscheint dort am meisten wahrscheinlich, wo sich das wesentliche Beweismaterial befindet. Innerhalb des Raums der Freiheit, der Sicherheit und des Rechts kann es sich nicht negativ auf die effektive Strafverfolgung auswirken, wenn statt des bulgarischen Staats der deutsche Staat seinen nationalen Strafanspruch verwirklicht. In diesem Sinne kann die an den Zielen des Rb-EuHB orientierte Ermessensausübung der bulgarischen Gerichte als effizienzsteigernder Faktor pointiert werden. *Panova*[784] betrachtet die

---

779 Gemäß Art. 246 Abs. 1 bgStPO wird eine Anklage erhoben, wenn die für Sachverhaltsaufklärung erforderlichen Beweismittel gesammelt sind und keine Gründe für die vorläufige oder endgültige Einstellung des Verfahrens oder Verfahrensfehler vorliegen.

780 Ratsdok. 5208/09 + ADD 1 + ADD 2, S. 4.

781 Решение № 314 от 14.07.2009 г. на САС по в. ч. н. д. № 471/09 (Appellationsgericht Sofia, Beschluss Nr. 314 vom 14.07.2009 in der Strafsache Nr. 471/09).

782 *Satzger*, 5. Aufl., § 10 Rz. 24.

783 EuGH, Urteil vom 29.01.2013, Rs. C-396/11 (*Radu*), noch nicht in der amtl. Slg. veröff., Rz. 34 und EuGH, Urteil vom 26.02.2013, Rs. C-399/11 (*Melloni*), noch nicht in der amtl. Slg. veröff., Rz. 37.

784 *Панова*, Съдебна практика, стр. 216 (*Panova*, Gerichtspraxis, S. 216).

staatsanwaltschaftliche Position als zusätzliches Kriterium, das von der Rechtsprechung ausgearbeitet wurde und in die gerichtliche Abwägung bei konkurrierenden Strafansprüchen einzubeziehen ist. Auf nationaler Ebene wurde somit ein zusätzliches Kriterium entwickelt, dass zum einen aufgrund der europarechtlich bestehenden Möglichkeit zur flexiblen Ermessensausübung nicht zu beanstanden ist. Zum anderen erscheint die Position der Staatsanwaltschaft als Strafverfolgungsbehörde zur Auswahl des Staates, der die besseren Chancen hat, zu einer Aburteilung der Tat zu gelangen, geeignet. Dadurch wird der effektiven Strafverfolgung im engeren Sinne, d. h. bezüglich der dem EuHB konkret zugrundeliegenden Straftat, gedient.

c) Sonstige Übergabehindernisse

aa) Aufgeschobene oder vorübergehende Übergabe

(1) Ausgangslage

Die Übergabe der Person kann gemäß Art. 24 Rb-EuHB aufgeschoben oder unter Bedingungen gestellt werden, wenn diese im Vollstreckungsmitgliedstaat wegen einer anderen Handlung strafrechtlich verfolgt wird oder dort eine Strafe verbüßt. Der Rb-EuHB enthält keine Vorgaben darüber, ob in Fällen der innerstaatlichen Strafverfolgung der aufgeschobenen oder bedingten Übergabe der Vorzug zu geben ist.[785]

(2) Nationale Regelung

Art. 52 AEuHBG stellt in Anlehnung an Art. 24 Rb-EuHB beide Alternativen nebeneinander und überlässt die Entscheidung der vollstreckenden Behörde. Der Aufschub bzw. die alternativ mögliche bedingte Übergabe setzen die vorherige Durchführung eines Übergabeverfahrens voraus.[786] Art. 52 AEuHBG trifft folglich eine Regelung über den Vollzug der Übergabe und greift erst nach Prüfung der positiven und negativen Zulässigkeitsvoraussetzungen.[787] Seine Anwendung setzt die Feststellung des Gerichts voraus, dass die gesuchte Person wegen einer anderen Straftat als der, derentwegen um Überstellung ersucht wird, verfolgt oder in seinem Hoheitsgebiet eine Strafe zu verbüßen hat. Dabei muss es für das Gericht feststehen, dass es sich bei dem Gegenstand der innerstaatlichen Strafverfolgung bzw. -verurteilung um eine andere Tat handelt. Während die Gerichte bei Art. 39 Nr. 2 und Art. 40 Abs. 1 Nr. 1, 1a und 5 die Tatidentität prüfen, kommt es bei der aufgeschobenen bzw. bedingten Übergabe auf das genaue Gegenteil an. Für die Durchführung des Strafverfahrens ist i. d. R. die Anwesenheit des Betroffenen erforderlich,[788] d. h. dass ihre Überstellung für die effektive Strafverfolgung im engeren Sinne wichtig ist. Die aufgeschobene Übergabe wird für den Ausstellungsstaat daher meistens mit einer Verzögerung des Strafverfahrens gegen die gesuchte Person verbunden sein.

785 Vgl. Teil 1, Kap. B. IV. 3. f), cc), (1).
786 Vgl. *Vogler/ Wilkitzki*, § 37 IRG Rz. 2.
787 Vgl. oben Kap. A. III. 2.
788 Art. 6 EMRK.

(3) Anwendung in der bulgarischen Übergabepraxis

Der Aufschub der Übergabe der gesuchten Person kann die Durchsetzung des Strafanspruchs des ausstellenden Staates verzögern und die effektive Strafverfolgung beeinträchtigen. Aus diesem Grund erscheint ein Überblick über die Tendenzen in der bulgarischen Vollstreckungspraxis wichtig. Möglicherweise können daraus Aspekte erkannt werden, welche die Effizienz positiv beeinflussen.

In der bulgarischen Übergabepraxis wird strikt überprüft, ob die Handlungen, die dem EuHB zugrunde liegen, anders sind als diejenigen, derentwegen ein innerstaatliches Verfahren geführt wird bzw. wurde.[789] Aus den einschlägigen Gerichtsentscheidungen entsteht der Eindruck einer präzisen Auseinandersetzung mit allen Umständen der jeweiligen Verfahrensgegenstände.[790] Die Prüfung wird unter Berücksichtigung der strafbaren Handlungen[791], der Personen der Geschädigten[792], den Orten[793] oder Zeiträumen[794] der Handlungsbegehung unternommen.

---

789 Решение на Варненски апелативен съд по ВЧНД № 161 от 23.04.2008 г. (Appellationsgericht Varna, Beschluss in der Strafsache Nr. 161 vom 23.04.2008); Решение на Софийския апелативен съд № 308 от 16.07.2009 г. (Appellationsgerichts Sofia, Beschluss Nr. 308 vom 16.07.2009); Решение на Пазарджишки окръжен съд по частно наказателно дело № 370 от 11.05.2007 г. (Beschluss des Bezirksgerichts Pasardschik in der privaten Strafsache Nr. 370 vom 11.05.2007), Решение № 129 от 9.08.2011 г. на ПАС по в. ч. н. д. № 420/2011 г. (Appellationsgericht Plovdiv, Beschluss Nr. 129 v. 9.08.2011 in der Strafsache Nr. 420/2011); Решение на Варненския окръжен съд № 78 от 02.04.2008 г. (Beschluss des Bezirksgerichts Varna Nr. 78 vom 02.04.2008); Решение на Габровския окръжен съд № 49 от 10.05.2012 г. (Beschluss des Bezirksgerichts Gabrovo Nr. 49 vom 10.05.2012).

790 *Ebd.*

791 Решение на Варненски апелативен съд по ВЧНД № 161 от 23.04.2008 г. (Appellationsgericht Varna, Beschluss in der Strafsache Nr. 161 vom 23.04.2008); Решение на Софийския апелативен съд № 308 от 16.07.2009 г. (Appellationsgericht Sofia, Beschluss Nr. 308 vom 16.07.2009); Решение на Габровския окръжен съд № 49 от 10.05.2012 г. (Beschluss des Bezirksgerichts Gabrovo Nr. 49 vom 10.05.2012).

792 Решение № 129 от 09.08.2011 г. на ПАС по в. ч. н. д. № 420/2011 г. (Appellationsgericht Plovdiv, Beschluss Nr. 129 vom 09.08.2011 in der Strafsache Nr. 420/2011); Решение на Варненския апалативен съд по ВЧНД № 161 от 23.04.2008 г. (Appellationsgericht Varna in der Strafsache Nr. 161 от 23.04.2008).

793 Решение № 129 от 09.08.2011 г. на ПАС по в. ч. н. д. № 420/2011 г. (Appellationsgericht Plovdiv, Beschluss Nr. 129 vom 09.08.2011 in der Strafsache Nr. 420/2011); Бургаски апелативен съд, Решение № 46 от 30.04.2008 г. по в. ч. н. д. № 79/2008 (Appellationsgericht Burgas Nr. 46 vom 30.04.2008 in der Strafsache Nr. 79/2008).

794 Решение № 129 от 09.08.2011 г. на ПАС по в. ч. н. д. № 420/2011 г. (Appellationsgericht Plovdiv, Beschluss Nr. 129 vom 09.08.2011 in der Strafsache Nr. 420/2011); Решение на Варненския апелативен съд по ВЧНД № 161 от 23.04.2008 г. (Appellationsgericht Varna in der Strafsache Nr. 161 от 23.04.2008).

Die Auswertung der verfügbaren Entscheidungen ergibt, dass die Gerichte in der Regel bei einer Strafverfolgung- bzw. -verurteilung wegen einer anderen Tat in Bulgarien die Übergabe der Person bis zum Abschluss des Strafverfahrens bzw. bis zur Verbüßung der Strafe aufschieben. Die Aufschubsentscheidung scheint aus dem Vorliegen der Voraussetzungen des Art. 52 Abs. 1 AEuHBG zu folgen, ohne dass eine explizite Ermessensausübung erkennbar wird. Es besteht zwar Einigung darüber, dass die aufgeschobene Übergabe in Art. 52 Abs. 1 AEuHBG als eine Möglichkeit und nicht als zwingende Folge normiert ist.[795] Trotzdem werden in den meisten Gerichtsentscheidungen zu Art. 52 Abs. 1 AEuHBG keine Ermessenserwägungen angestellt, sondern automatisch der Aufschub verfügt, sobald in Bulgarien wegen einer anderen Tat ein Ermittlungsverfahren geführt oder eine Strafe vollstreckt wird.[796] Somit kann geschlussfolgert werden, dass die bulgarischen Gerichte in Fällen innerstaatlicher Strafverfolgung dazu neigen, der nationalen Gerichtsbarkeit Vorschub zu leisten.

Panova schlägt eine analoge Anwendung der *ratio legis* des Art. 18 Abs. 2 AEuHBG bei der Entscheidung zwischen der aufgeschobenen und bedingten Übergabe vor.[797] Ihrer Ansicht nach korrespondiert die Norm des Art. 52 mit Art. 18 AEuHBG, der für den Auslieferungsverkehr mit Nichtmitgliedstaaten der EU vorsieht, unter welchen Voraussetzungen der bedingten Übergabe vor dem Aufschub der Auslieferung den Vorzug zu geben ist. Gemäß Art. 18 Abs. 2 AEuHBG kann das Gericht die vorübergehende Auslieferung zulassen, wenn die Aufschiebung dazu führen würde, dass im Verfolgungsstaat Verjährung eintritt oder die Strafverfolgung erheblich verhindert wird. Die vorübergehende Auslieferung wird an der Bedingung geknüpft, dass die gesuchte Person nach Durchführung der Strafverfolgungsmaßnahmen, für welche die Auslieferung zugelassen worden ist, zurückgeliefert wird. Dieser

---

795 In der Literatur s. *Панова,* ЕЗА, стр. 192 (*Panova,* EuHB, S. 192); in der Rechtsprechung s. Решение на Варненския апалативен съд по ВЧНД № 161 от 23.04.2008 г. (Appellationsgericht Varna, Beschluss in der Strafsache Nr. 161 vom 23.04.2008); Решение на Бургаския апелативен съд по ВЧНД № 147 от 07.08.2009 г. (Appellationsgericht Burgas in der Strafsache Nr. 147 vom 07.08.2009); Решение на Софийския апелативен съд № 308 от 16.07.2009 г. (Appellationsgerichts Sofia Nr. 308 vom 16.07.2009).

796 Решение на Варненския апалативен съд по ВЧНД № 161 от 23.04.2008 г. (Appellationsgericht Varna, Beschluss vom 23.04.2008 in der Strafsache Nr. 161); Решение на Софийския апелативен съд № 308 от 16.07.2009 г. (Appellationsgericht Sofia, Beschluss Nr. 308 vom 16.07.2009); Решение № 129 от 09.08.2011 г. на ПАС по в. ч. н. д. № 420/2011 г. (Appellationsgericht Plovdiv, Beschluss Nr. 129 vom 09.08.2011 in der privaten Strafsache Nr. 420/2011); Решение на Пазарджишкия окръжен съд по частно наказателно дело № 370 от 11.05.2007 г. (Bezirksgericht Pasardschik, Beschluss vom 11.05.2007 in der Strafsache Nr. 370); Решение на Варненския окръжен съд № 78 от 02.04.2008 г. (Bezirksgericht Varna, Beschluss Nr. 78 vom 02.04.2008); Решение на Габровския окръжен съд № 49 от 10.05.2012 г. (Beschluss des Bezirksgerichts Gabrovo Nr. 49 vom 10.05.2012).

797 *Панова,* ЕЗА, стр. 196 (*Panova,* EuHB, S. 196).

Auffassung, die dem Zweck des Rb-EuHB entspricht, dass nämlich keine Lücken der Strafverfolgung im Rahmen des einheitlichen europäischen Raumes entstehen, ist zuzustimmen. Auf Art. 52 Abs. 2 übertragen hat sie zur Folge, dass die vorübergehende Übergabe der gesuchten Person dann zugelassen werden kann, wenn die Strafverfolgung im ausstellenden Staat ohne ihre Anwesenheit erheblich vereitelt wäre. Diese Auslegung der Norm wird auch in einer Entscheidung des Appellationsgerichts Sofia aus dem Jahre 2009 bestätigt.[798] Dort wurden dem Gericht seitens des ersuchenden Staates Informationen vorgelegt, nach denen die gesuchte Person für die Durchführung von verschiedenen Ermittlungsmaßnahmen, darunter eine Gegenüberstellung, benötigt wurde. Da es sich bei den aufgelisteten Maßnahmen aus Sicht des Gerichts um solche handelte, die keinen Aufschub duldeten, wurde die Übergabe für sechs Monate zugelassen.[799]

(4) Zielorientierte Ermessensausübung als effizienzsteigernder Faktor

Die Risiken, die aus 24 Rb-EuHB für die effektive Strafverfolgung resultieren können, werden durch die Möglichkeit der vorübergehenden Übergabe unter Bedingungen relativiert. In Fällen, in denen die aufgeschobene Übergabe dazu führen könnte, dass der Ausstellungsstaat seinen Strafanspruch etwa aufgrund drohender Verjährung nicht durchsetzen kann, erscheint die bedingte Übergabe vorzugswürdig. Weiterhin kann der bedingten Übergabe der Vorzug gegeben werden, wenn bestimmte Ermittlungsmaßnahmen geplant sind, die keinen Aufschub dulden und deren Durchführung die Anwesenheit der Person erfordert. Was den Aufschub der Übergabe bei Strafverfahren wegen einer anderen Tat betrifft, deutet sich in Bulgarien ebenfalls eine Tendenz an, die geeignet ist, die Effizienz positiv zu beeinflussen. Falls die aufgeschobene Übergabe dazu führen würde, dass die dem EuHB zugrundeliegende Tat aufgrund der Verfahrensumstände wie z. B. Verjährung nicht mehr verfolgt werden könnte, wird die vorübergehende Übergabe vorgezogen. Dadurch wird der effektiven Strafverfolgung i. e. S. Rechnung getragen. Diese Tendenz ist eine Ausprägung der zielorientierten Ermessensausübung, weil sie den Anwendungsbereich des Art. 24 Rb-EuHB nicht ändert, sondern lediglich den Abwägungsprozess bestimmt.

Die zielorientierte Ermessensausübung kann bei anderen Ermessensgründen außerhalb des Anwendungsbereichs des Art. 4 Nr. 7 Rb-EuHB ebenfalls befürwortet werden, zumal die vollstreckenden Behörden zur unionsrechtskonformen Anwendung des EuHB ohnehin verpflichtet sind[800]. Der Rb-EuHB gibt keine konkreten Vorgaben bezüglich der Ermessensausübung, was an sich auch nicht unbedingt erforderlich ist. Der unionsrechtliche Effektivitätsgrundsatz kann nur durch die

---

798 Решение на Софийския апелативен съд № 308 от 16.07.2009 г. (Appellationsgericht Sofia, Beschluss Nr. 308 vom 16.07.2009).

799 *Ebd.*

800 EuGH, Urteil vom 16.06.2005, Rs. C-105/03 (*Pupino*), Slg. 2005, I-5285.

Ausübung des Beurteilungsspielraums im Lichte des Rb-EuHB gewahrt werden.[801] Die rahmenbeschlusskonforme Anwendung fordert somit die umfassende Berücksichtigung der Ziele der Union bei der Prüfung der fakultativen Übergabehindernisse. Diese Verpflichtung wird durch das Loyalitätsgebot verstärkt, das die vollstreckenden Behörden verpflichtet, alle geeigneten Maßnahmen zur Erfüllung der Ziele des Rb-EuHB zu treffen.[802] D. h. dass die vollstreckenden Behörden von den fakultativen Verweigerungsgründen in einer Art und Weise Gebrauch machen müssen, die mit den Zielen des Rb-EuHB vereinbar ist. Dazu gehört auch die Achtung des gemeinsamen Interesses der Mitgliedstaaten an effektiver Strafverfolgung innerhalb des einheitlichen Rechtsraums. Dem steht nicht die Tatsache entgegen, dass der Rb-EuHB durch Art. 4 Nr. 2, 3, 7 der vollstreckenden Behörde die Möglichkeit gibt, ihre nationalen Interessen während der Strafverfolgung im eigenen Land den Vorzug zu gewähren. Gemäß Art. 67 Abs. 1 AEUV müssen innerhalb des Raums der Freiheit, der Sicherheit und des Rechts die Rechtsordnungen und -traditionen der Mitgliedstaaten geachtet werden. Gerade der fakultative Charakter der Übergabehindernisse soll dem einzelnen Mitgliedstaat ermöglichen, zu entscheiden, welchen Interessen der Vorrang einzuräumen ist.

bb) Garantien

(1) Nationale Regelung

Art. 41 Abs. 2 AEuHBG ist mit Art. 5 Abs. 2 Rb-EuHB deckungsgleich, weshalb sich aus der Umsetzung keine für die Effizienz relevanten Kriterien ergeben können.

Ist ein EuHB zum Zwecke der Strafverfolgung gegen einen bulgarischen Staatsangehörigen oder gegen eine Person mit ständigem Wohnsitz in Bulgarien ausgestellt worden, wird die Übergabe gemäß Art. 41 Abs. 3 AEuHBG von einer im Voraus angeforderten Garantie[803] vom Ausstellungsstaat abhängig gemacht. Der ausstellende Staat muss zusichern, dass die betreffende Person nach Gewährung rechtlichen

---

801 Zum Effektivitätsgebot s. *von Bogdany* in: Grabitz/ Hilf/ Nettesheim (Hrsg.), Art. 10 EUV, Rz. 46.

802 O*bwexer* in: von der Groeben/ Schwarze/ Hatje (Hrsg.), Art. 10, Rz. 116 ff.

803 Das Schreiben, in dem die Rücklieferung der gesuchten Person zugesichert wird, soll von einer Justizbehörde stammen, die im Rahmen des entsprechenden Verfahrensabschnitts für die Abgabe der Garantie zuständig ist, vgl. Решение на Софийски апелативен съд № 223 от 08.06.2009 г. (Appellationsgericht Sofia, Beschluss Nr. 223 vom 08.06.2009); Решение № 87 от 13.06.2013 г. на ВнАС по в. ч. н. д. № 159/2013 г. (Appellationsgericht Varna Nr. 87 vom 13.06.2013 in der Strafsache Nr. 159/2013). Im Übergabeverfahren zwischen Bulgarien und Deutschland reicht es aus, wenn die Rücküberstellungsgarantie von der zuständigen Staatsanwaltschaft in einem Brief, der per Fax an das zuständige bulgarische Gericht übermittelt wird, erklärt wird, vgl. Решение на Кюстендилския Окръжен съд без номер от 19.12.2012 г. (Bezirksgericht Kyustendil, Beschluss o. Nr. vom 19.12.2012, online abrufbar unter: http://kos-bg.eu/post/0070d812/481c1912.htm, Stand: 04.04.2015); Решение № 16 от 21.02.2011 г. на ВнАС по в. ч. н. д.

Gehörs[804] zur Verbüßung der Freiheitsstrafe oder der freiheitsentziehenden Maßregel der Sicherung, in die Republik Bulgarien an ihren Grenzübergangspunkt zurück überstellt wird. Die Rücküberstellungsgarantie muss vom Ausstellungsmitgliedstaat eingereicht werden, bevor das Gericht die Übergabeentscheidung trifft. Diese zeitliche Modalität folgt aus dem Wortlaut des Art. 41 Abs. 3 und wird in mehreren gerichtlichen Entscheidungen[805] widergespiegelt. Beim Vergleich der bulgarischen Vorschrift mit Art. 5 Nr. 3 Rb-EuHB fällt auf, dass Art. 40 Abs. 3 AEuHBG den Ort konkretisiert, an dem die gesuchte Person zurückgeliefert werden soll. Während nach dem Rahmenbeschluss die zu überstellende Person in den Vollstreckungsmitgliedstaat zurück zu überstellen ist, bestimmt Art. 41 Abs. 3 AEuHBG, dass die Rücküberstellung in die Republik Bulgarien an einem Grenzübergangspunkt zu erfolgen hat. Diese hat lediglich organisatorischen Wert und ist nicht geeignet, die wirksame Vollstreckung des EuHB zu beeinflussen.

Im Zusammenhang mit der Übergabe von bulgarischen Staatsbürgern wird hingegen die Anforderung einer Rückkehrgarantie zur obligatorischen Bedingung der Übergabe erhoben.[806]

(2) Ständiger Wohnsitz als zusätzliches Tatbestandsmerkmal

Der persönliche Anwendungsbereich des Art. 41 Abs. 3 AEuHBG ist enger derjenige des Art. 5 Nr. 3 Rb-EuHB, wo die Anforderung einer Rücküberstellungsgarantie auch bei Personen vorgesehen ist, die in dem Vollstreckungsstaat wohnhaft sind. Die Bedingung findet nach dem bulgarischen Umsetzungsgesetz keine Anwendung bei Personen, die dort zwar wohnhaft sind, aber keinen ständigen Wohnsitz haben.[807] Nach Art. 25 des Gesetzes über die Ausländer setzt die Begründung einen ständigen Wohnsitzes bzw. eine ununterbrochene Aufenthaltsdauer von fünf

---

№ 36/2011 г. (Appellationsgericht Varna, Beschluss Nr. 16 vom 21.02.2011 in der Strafsache Nr. 36/2011).

804 Der Begriff der Anhörung wird dahingehend verstanden, dass der Verfolgte durch die Teilnahme am Strafverfahren in die Lage versetzt wird, seine Verteidigungsrechte wahrzunehmen. Demnach soll der Ausstellungsstaat gemäß Art. 41 Abs. 3 AEuHBG zusichern, dass die ausgelieferte Person nach Abschluss des Strafverfahrens – *Панова,* Съдебна практика, стр. 263 (*Panova,* Gerichtspraxis, S. 263), *Маринова,* стр. 87 (*Marinova,* S. 87) – bzw. nachdem der Bedarf an ihrer persönlichen Anwesenheit, entfallen ist, zurück überstellt wird: Решение на Софийския Апелативен съд по ВНЧД № 467 от 30.09.2009 г. (Appellationsgericht Sofia, Beschluss vom 30.09.2009 in der Strafsache Nr. 467).

805 Решение на Ямболския окръжен съд № 105 от 27.11.2008 г. (Bezirksgericht Yambol, Beschluss Nr. 105 vom 27.11.2008).

806 Vgl. Art. 41 Abs. 3 AEuHBG.

807 Art. 41 Abs. 3 AEuHBG, *Панова,* Съдебна практика, стр. 263 (*Panova,* Gerichtspraxis, S. 263).

Jahren in Bulgarien voraus.[808] Das bulgarische Umsetzungsgesetz sieht mithin keine Möglichkeit vor, die Übergabe gemäß Art. 5 Abs. 3 Rb-EuHB von einer Rücküberstellungsgarantie abhängig zu machen, wenn der Betroffene weniger als fünf Jahre in Bulgarien aufhältig war. Dadurch wird der Kreis der privilegierten Personen enger gezogen und die Effizienz positiv beeinflusst. Im Übrigen ist das Merkmal des „ständigen" Wohnsitzes rahmenbeschlusskonform. Nach der Rechtsprechung des EuGH bezweckt Art. 5 Nr. 3, dass der Frage, ob die Resozialisierungschancen der gesuchten Person nach Verbüßung der gegen sie verhängten Strafe erhöht werden können, besondere Bedeutung beigemessen wird.[809] Dieses Ziel kann es nach den Ausführungen des EuGH in der Sache *Wolzenburg* nicht ausschließen, dass die Mitgliedstaaten bei der Durchführung des Rb-EuHB die Fälle, in denen die Übergabe verweigert werden kann, im Sinne der in Art. 1 Abs. 2 des genannten Rahmenbeschlusses aufgestellten Grundregel begrenzen.[810] Mittels des Erfordernisses einer ununterbrochenen Aufenthaltsdauer von mindestens fünf Jahren kann sich der vollstreckende Staat vergewissern, dass die Vollstreckung EuHB nur dann verweigert wird, wenn sie gegen gesuchte Personen ausgestellt worden seien, die eine tatsächliche Zukunftsperspektive im Vollstreckungsmitgliedstaat haben.[811]

Zwischenergebnis

Die Untersuchung der fakultativen Verweigerungsgründe anhand der bulgarischen Übergabepraxis unter dem Gesichtspunkt der effektiven Strafverfolgung ergab mehrere Faktoren, die geeignet sind, die Effizienz des EuHB zu erhöhen. Durch die teilweise Abschaffung der beiderseitigen Strafbarkeit sind die Risiken, die sich durch das veraltete bgStGB für die Entstehung von Straflücken ergeben können, weitgehend zurückgedrängt worden. Dabei handelt es allerdings um einen Aspekt, der bei den rahmenbeschlussrechtlichen Vorgaben bereits berücksichtigt wurde,[812] sodass das ursprüngliche Modell in dieser Hinsicht keiner Ergänzung bedarf. Anders stellt sich die Lage bei den fakultativen Übergabehindernissen, die gemäß Art. 4 Nr. 2 und Nr. 3 Rb-EuHB bei konkurrierenden Strafgewalten eingreifen können. Der bulgarische Gesetzgeber hat die im Vorfeld des *ne bis in idem*-Prinzips angesiedelten Übergabehindernisse nur zum Teil umgesetzt. Nach Art. 40 AEuHBG kann die Übergabe der gesuchten Person bei einem parallelen Strafverfahren im bulgarischen Staat nur in zwei Konstellationen abgelehnt werden. Zum einen kann der bulgarischen Strafbarkeit den Vorzug gegeben werden, wenn die gesuchte Person wegen

---

808 Закон за чужденците в Република България, обн. ДВ. бр. 153 от 23.12.1998 г. (Gesetz über die Ausländer in der Republik Bulgarien, aktual. Staatsanzeiger Nr. 153 vom 23.12.1998).

809 Vgl. EuGH, Urteil vom 17.07.2008, Rs. C-66/08 (*Kozlowski*), Slg. 2008, I-6041, Rz. 45; EuGH, Urteil vom 06.10.2009, Rs. C-123/08 (*Wolzenburg*), Slg. 2009, I-9621, Rz. 62.

810 EuGH, Urteil vom 06.10.2009, Rs. C-123/08 (*Wolzenburg*), Slg. 2009, I-9621, Rz. 62.

811 *Ebd.*, Rz. 66.

812 Vgl. Teil 1, Kap. B. IV. 3. f.). bb), (1).

derselben Tat, die dem EuHB zugrunde liegt, in Bulgarien in die Beschuldigung einbezogen oder angeklagt worden ist. Zweitens kann die Übergabe verweigert werden, wenn ein in Bulgarien eingeleitetes Ermittlungsverfahren wegen derselben Tat endgültig eingestellt worden ist. In beiden Fällen sind die fakultativen Verweigerungsgründe an einem in dem Rb-EuHB nicht vorgesehenen Tatbestandsmerkmal geknüpft. Ihre Voraussetzungen müssen vor dem Eingang des EuHB erfüllt worden sein. Das Zeitmoment ist geeignet, den Anwendungsbereich der in Vorfeld des *ne bis in idem*-Prinzips angesiedelten Übergabehindernisse einzuschränken und die Effizienz des EuHB zu steigern. Vor seiner Übernahme in das ausbalancierte Modell muss jedoch eine Überprüfung unter dem Gesichtspunkt des Betroffenenschutzes erfolgen.

In Abweichung von dem Art. 4 Nr. 3 Rb-EuHB sieht das bulgarische Umsetzungsgesetz keine fakultative Verweigerung für den Fall, dass gegen die gesuchte Person aufgrund derselben Handlung in Bulgarien eine rechtskräftige Entscheidung ergangen ist. Die unionsrechtskonforme Auslegung des bulgarischen Gesetzes gebietet jedoch, dass dem Recht auf Einmaligkeit der Strafverfolgung gemäß Art. 50 GRC Rechnung getragen wird.

Der Verweigerungsgrund aus Art. 4 Nr. 4 Rb-EuHB wurde in Bulgarien richtig umgesetzt und findet in Bulgarien entsprechend den nationalen Verjährungsvorschriften Anwendung. Da seine praktischen Auswirkungen als gering einzuschätzen sind, wurde von ihrer ausführlichen Darstellung abgesehen. Art. 40 Nr. 3 AEuHBG eröffnet in Umsetzung des Rb-EuHB einen fakultativen Ablehnungsgrund bei Verurteilung in einem Drittstaat wegen derselben Handlung, derentwegen der EuHB ausgestellt wurde. Die Auswertung der Übergabepraxis ergab keine Effizienz beeinflussende Faktoren, weil der Ablehnungsgrund so gut wie nie einschlägig ist.

Die Untersuchung der bulgarischen Übergabepraxis hinsichtlich des Territorialitätsvorbehalt ergab auf der Ebene der Umsetzung keine relevanten Differenzen zum Art. 4 Nr. 7 Rb-EuHB. Art. 40 Nr. 5 AEuHBG enthält ähnlich wie der Rb-EuHB keine Vorgaben für die Ermessensausübung. Die Analyse der Entscheidungen in denen die Übergabe trotz Vorliegen der Voraussetzungen des Art. 40 Abs. 1 Nr. 5 AEuHBG bewilligt wurde, ergab, dass die bulgarischen Gerichte das Interesse des ausstellenden Staates an effektiver Strafverfolgung berücksichtigen. Die Entscheidungen, in denen die Übergabe trotz Vorliegens der Voraussetzungen des Art. 40 Abs. 1 Nr. 5 AEuHBG verweigert wurde, zeigten, dass die bulgarischen Gerichte das gemeinsame Interesse an effektiver Strafverfolgung innerhalb der EU erkennen und in ihre Ermessensentscheidung einbeziehen. Eine ähnliche Tendenz ergab die Auswertung der Übergabepraxis hinsichtlich der Anwendung des Art. 24 Rb-EuHB, der in das bulgarische Recht ohne relevante Änderungen übernommen wurde. Bei einem Strafverfahren gegen die Person wegen einer anderen als der dem EuHB zugrunde liegenden Tat, sehen sich die bulgarischen Gerichte aufgrund des Effizienzgebots veranlasst, der vorübergehenden Übergabe anstatt der aufgeschobenen vorzuziehen.

Die Untersuchung der durch Art. 5 Abs. 3 Rb-EuHB vorgesehenen Garantien in der bulgarischen Übergabepraxis ergab auf der Ebene der Umsetzung und der

Anwendung Differenzen zu den rahmenbeschlussrechtlichen Vorgaben. Die Abweichungen im Wortlaut des Art. 41 Abs. 3 AEuHBG, die sich auf Modalitäten der Rücküberstellung beziehen, sind aufgrund ihres rein organisatorischen Charakters nicht geeignet, die Effizienz zu beeinflussen. Die Beschränkung des Anwendungsbereichs auf Personen, die entweder Staatsangehörige der Republik Bulgarien sind oder dort einen ständigen Wohnsitz haben, kann sich hingegen positiv auf die Durchsetzung des EuHB auswirken. Die Übernahme in das erstrebte Modell setzt jedoch die Vereinbarkeit mit den europäischen Grundrechten voraus, die unten zu überprüfen ist.

III. Die effizienzsteigernden Faktoren unter dem Gesichtspunkt des Betroffenenschutzes

Im vorausgegangenen Kapitel wurden die effizienzsteigernden Faktoren im Wege der Analyse der Umsetzung und Anwendung der rahmenbeschlussrechtlichen Vorgaben in Bulgarien herausgearbeitet. Die Zeitgrenze und die zielorientierte Ermessensausübung können in das austarierte Modell der Übergabeentscheidung nur übernommen werden, wenn dadurch der Betroffenenschutz nicht beeinträchtigt wird. Deshalb werden diese Faktoren im Folgenden auf ihre Vereinbarkeit mit den europäischen Grundrechten überprüft.

1. *Zeitschranke der im Vorfeld der* ne bis in idem *angesiedelten fakultativen Übergabehindernisse*

Durch das zusätzliche Merkmal des Eingangs des EuHB im vollstreckenden Staat bei Art. 4 Nr. 2 und Nr. 3 Alt. 2 Rb-EuHB werden die Verteidigungsmöglichkeiten des Betroffenen in Fällen von parallelen Strafverfahren eingeschränkt. Konkret wird dadurch das Recht des Betroffenen auf Einmaligkeit der Strafverfolgung[813] berührt. Es stellt sich deshalb die Frage, ob es zulässig ist, im Bereich der im Vorfeld des *ne bis in idem* angesiedelten Übergabehindernisse eine Zeitschranke zu ziehen. Gemäß Art. 50 GRC darf niemand wegen einer Straftat, derentwegen er bereits in der Union nach dem Gesetz rechtskräftig verurteilt oder freigesprochen worden ist, in einem Strafverfahren erneut verfolgt oder bestraft werden. Die Anwendung des Grundsatzes *ne bis in idem* hat drei Voraussetzungen: Identität des Sachverhalts, Identität des Zuwiderhandelnden und Identität des geschützten Rechtsguts.[814] Entscheidend ist, dass innerhalb der Union eine abschließende Entscheidung vorliegt, die den Vorgang vollständig und abschließend materiell mit Rechtskraftwirkung beurteilt

813 *Hecker*, 4. Aufl., § 13 Rz. 14.

814 EuGH, Urteil vom 07.01.2004, verb. Rs. C-204/00 P, C-205/00 P, C-211/00 P, C-213/00 P, C-217/00 P und C-219/00 P (*Aalborg Portland/ Kommission*), Slg. 2004, I-123, Rz. 338; EuG, Urteil vom 18.06.2008, T-410/03 (*Hoechst/ Kommission*), Slg. 2008, II-881, Rz. 600; EuG, Urteil vom 19.5.2010, T-11/05 (*Wieland-Werke*), Slg. 2010, II-86, Rz. 81.

hat.[815] Nach der h. M. wird die Strafklage im gesamten Rechtsraum durch das von einer Vertragspartei[816] gefällte freisprechende[817] oder verurteilende Gerichtsurteil[818] verbraucht.[819]

Durch die Zeitschranke wird dem Betroffenen lediglich die Möglichkeit verwehrt, ein nach Eingang des EuHB in dem volltreckenden Staat eingeleitetes Ermittlungsverfahren der Übergabe entgegenzuhalten. Da durch Art. 4 Nr. 3 Alt. 3 die fakultative Ablehnung bei rechtskräftiger Entscheidung sichergestellt ist, stellt die Zeitschranke kein Verstoß gegen Art. 50 GRC dar und kann in das Modell übernommen werden. Die Zeitschranke soll der Gefahr einer missbräuchlichen Anwendung des Art. 4 Nr. 2 und Nr. 3 Alt. 2 abhelfen. Die Verteidigungsmöglichkeiten des Betroffenen können somit im Interesse der effektiven Strafverfolgung eingeschränkt werden.

2. *Zielorientierte Ermessensausübung bei den fakultativen und sonstigen Übergabehindernissen*

Als effizienzsteigernder Faktor wurde die Berücksichtigung der effektiven Strafverfolgung bei der Ermessensausübung im Rahmen der fakultativen Übergabehindernisse ermittelt. Fraglich ist, ob dadurch der Betroffenenschutz tangiert wird. Auch wenn der Rb-EuHB keine ausdrückliche Bestimmung über die Einbeziehung der schutzwürdigen Belange des Betroffenen bei den fakultativen Übergabehindernissen enthält, müssen diese sowohl nach der Intention des Rb-Gesetzgebers[820] als auch nach Art. 6 EUV berücksichtigt werden. Wie bereits festgestellt wurde, sind die Mitgliedstaaten bei der Durchführung des Rb-EuHB an die europäische Grundrechte gebunden.[821] Diese Bindung besteht nach der Rechtsprechung des EuGH auch dann, wenn dem Mitgliedstaat durch das Unionsrecht Ermessensspielräume eröffnet sind. Bei der Ausübung des ihnen eingeräumten Beurteilungsspielraums müssen die Mitgliedstaaten nämlich den Erfordernissen des wirksamen Grundrechtsschutzes

---

815 *Streinz* in: ders. (Hrsg.), Art. 50 GRC, Rz. 10.

816 Seit 01.01.2007 ist Art. 54 auch im Verhältnis zu Bulgarien anwendbar, s. Beitrittsakte, Anhang II, ABl. vom 21.6.2005 L 157/224. Nach der Rechtsprechung des EuGH besteht gemäß Art. 54 SDÜ ein Verfahrenshindernis für das deutsche Strafverfahren auch dann, wenn jemand in Bulgarien vor dessen Beitritt verurteilt wurde (EuGH, Urteil vom 09.03.2006, Rs. C-436/04 (*van Esbroeck*), Slg. 2006, I-02333, Rz. 24).

817 EuGH, Urteil vom 28.09.2006, Rs. C-467/04 (*Gasparini*), Slg. 2006, I-09199; BGH, 28.02.2006 – 2 StR 458/00; *Satzger*, 6. Aufl., § 10, Rz. 73.

818 BGH, 13.05.1997 – 5 StR 596/96; BGHSt 45, 123, 127; BayOLG StV 2001, 263; *Ambos*, 4. Aufl., § 10 Rz. 108; *Mansdörfer*, S. 148, 179 f.

819 *Hecker*, 4. Aufl., § 13, Rz. 23.

820 KOM (2001) 522 endg., S. 4.

821 Vgl. Teil 1, Kap. C. I.

Rechnung tragen.[822] Bei einer Auslegung nach dem Wortlaut und dem Zweck des Rb-EuHB sollen sämtliche mit ihm verfolgten Ziele berücksichtigt werden.[823] Die Achtung der Grundrechte bei der Anwendung des Rb-EuHB bildet die Grundlage für das wechselseitige Vertrauen der Mitgliedstaaten in ihre Rechtsordnungen und hat somit eine besondere Funktionalität.[824] Wenn es richtig ist, dass die gegenseitige Anerkennung ein Instrument zur Stärkung des Raums der Freiheit, der Sicherheit und des Rechts ist, so trifft es doch nicht weniger zu, dass der Schutz der Grundrechte und Freiheiten ein *prius* darstellt, das das Bestehen und die Entwicklung dieses Raums legitimiert.[825] Mithin sind die europäischen Grundrechte des Betroffenen in die Ermessensausübung bei den fakultativen Übergabehindernissen einzubeziehen. Die Analyse der bulgarischen Übergabepraxis hat ein deutliches Ungleichgewicht zwischen der effektiven Strafverfolgung und dem Betroffenenschutz ergeben. Während das Strafverfolgungsinteresse des Staats konsequent berücksichtigt wird, finden die Belange des Betroffenen keine Erwähnung. Im Hinblick auf das unionsrechtliche Ziel des Aufbaus eines einheitlichen Raums der Sicherheit, Freiheit und des Rechts wäre es bedenklich, wenn der Sicherheit weitgehend der Schwerpunkt zukäme. Um den Dreiklang auszubalancieren, erscheint es notwendig, den Interessen des Betroffenen neben dem Interesse an effektiver Strafverfolgung Rechnung zu tragen.[826] Auf die fakultativen Übergabehindernisse im Vorfeld des *ne bis idem* bezogen, erfordert der Betroffenenschutz konkret, dass die Unschuldsvermutung und das Recht auf effektive Verteidigung mitberücksichtigt werden. Das Überstellungsverfahren stellt einen integralen Bestandteil der nachfolgenden Strafverfolgung im ausstellenden Staat dar, weshalb sich der Betroffene auf die Unschuldsvermutung berufen kann.[827] Demnach muss die vollstreckende Stelle während des Übergabeverfahrens davon ausgehen, dass unbeschadet eines bestehenden Verdachts die Schuld des Betroffenen noch nicht erwiesen ist.[828] Die Unannehmlichkeiten, welche sich für den Betroffenen bei parallelen Strafverfahren in den beteiligten Staaten aus der Überstellung an den ersuchenden Staat ergeben können, müssen in die Abwägung einbezogen werden. Das bedeutet, dass z. B. das Interesse des Betroffenen an der Strafverfolgung im vollstreckenden Staat etwa aufgrund sozialer und familiärer Bindungen gegen das Interesse an effektiver Strafverfolgung aufzuwiegen ist. Darüber hinaus gibt Art. 6 Abs. 3 lit. d EMRK dem Betroffenen das Recht, die Ladung von

---

822 EuGH, Urteil vom 27.06.2006, Rs. C-540/03 (*Parlament/ Rat*), Slg. 2006, I-5769, Rz. 104 f.

823 GA Villalón, Schlussanträge vom 06.07.2010 zur Rechtssache C-306/09 I.B., Slg. 2010, I-10341, Rz. 43.

824 *Röben* in: Grabitz/ Hilf/ Nettesheim (Hrsg.), Art. 67, Rz. 75.

825 GA Villalón, Schlussanträge vom 06.07.2010 zur Rechtssache C-306/09 I.B., Slg. 2010, I-10341, Rz. 43.

826 *Weiß/ Satzger* in: Streinz (Hrsg.), Art. 67, Rz. 31.

827 EGMR, Urteil vom 01.04.2010, Nr. 27804/05 (*Buijen/ Deutschland*), Rz. 42; EGMR, Urteil vom 01.04.2010, Nr. 27801/05 (*Smith/ Deutschland*), Rz. 41.

828 *Gollwitzer*, Art. 6 EMRK, Rz. 132.

Entlastungszeugen zu erwirken und Fragen an Belastungszeugen zu stellen. Dieses Recht dient der Waffengleichheit zwischen Strafverfolgern und Verteidigung und unterstreicht die Subjektstellung des Beschuldigten im Strafverfahren.[829] Fall der Betroffene im Strafprozess innerhalb der Rechtsordnung des vollstreckenden Staats bessere Chancen auf Widerlegung der Beschuldigung hat, müssen seine Interessen an der Verweigerung der Übergabe zwecks Strafverfolgung im ausstellenden Staat gebührend berücksichtigt werden.

3. „Ständiger" Wohnsitz als zusätzliches Tatbestandsmerkmal der Rücküberstellungsbedingung

Die Möglichkeit, dass ein Verurteilter die Strafe an dem Ort verbüßen kann, an dem er seine persönlichen und gefühlsmäßigen Bindungen hat, ist eine aus Art. 8 EMRK abgeleitete Garantie, die der Rb-EuHB widerspiegelt.[830] Nach dem Inkrafttreten der Charta, in deren Art. 7 das Grundrecht auf persönliche und familiäre Intimsphäre verankert ist, ist die Notwendigkeit, den Resozialisierungschancen des Betroffenen Rechnung zu tragen, noch dringlicher geworden.[831] Das Erfordernis eines ununterbrochenen Aufenthalts von fünf Jahren verstößt an sich nach der Rechtsprechung des EuGH nicht gegen das Diskriminierungsverbot gemäß Art. 18 AEUV.[832] Fraglich ist, ob durch das Aufstellen der zusätzlichen Bedingung des „ständigen" Wohnsitzes innerhalb des Art. 5 Abs. 3 Rb-EuHB die Rechtsposition des Betroffenen verschlechtert wird. In der Entscheidung *Wolzenburg* geht der EuGH davon aus, dass ein Unionsbürger im Allgemeinen stärkere Verbindungen mit seinem Herkunftsmitgliedstaat hat als mit der Gesellschaft des Vollstreckungsmitgliedstaats. Es sei denn, dass er sich während eines bestimmten Zeitraums ununterbrochenen im Hoheitsgebiet dieses Staates aufgehalten hat.[833] Diese Feststellung ist an sich nicht zu beanstanden, jedoch muss bedacht werden, dass die Integration in einen anderen Mitgliedstaat als den Ursprungsstaat einen individuellen Prozess darstellt, der persönlichkeitsabhängig ist. Man dürfte kaum der Behauptung widersprechen können, dass sich manche Unionsbürger nach einer Aufenthaltsdauer von weniger als fünf Jahren vollständig in die Kultur und die gesellschaftlichen Strukturen einleben können. In solchen Fällen würde die Resozialisierung in einem anderen Staat, sei es aufgrund beruflicher oder familiärer Verbindungen, unzumutbar erscheinen. Andererseits können dem vollstreckenden Staat Konstellationen begegnen, in denen trotz einer längeren Aufenthaltsdauer die Gefühlsbande zu dem Heimatland so stark ist, dass die Resozialisierung des Betroffenen nur dort Erfolg versprechend ist. M. a. W. erfordert eine sachgerechte Abwägung zw. den Grundrechten des Betroffenen auf

---

829 *Heine*, S. 39.

830 GA Villalón, Schlussanträge vom 06.07.2010 zu Rechtssache C-306/09 I.B., Slg. 2010, I-10341, Rz. 43.

831 *Ebd.*, Rz. 44.

832 EuGH, Urteil vom 06.10.2009, Rs. C-123/08 (*Wolzenburg*), Slg. 2009, I-9621, Rz. 66 ff.

833 *Ebd.*, Rz. 68.

Schutz des Privat- und Familienlebens und der effektiven Strafverfolgung, dass die individuelle Situation berücksichtigt wird. Aus diesem Grund erscheint die Übernahme des Erfordernisses des ständigen Wohnsitzes in das erstrebte Modell nicht geeignet, die Balance zwischen Effizienz und Betroffenenschutz herzustellen.

B. Der Schutz des Betroffenen in der bulgarischen Übergabepraxis

Im ersten Teil der Untersuchung wurde konstatiert, dass dem Rb-EuHB die Annahme zugrunde liegt, dass der ausstellende Staat einerseits die formellen und inhaltlichen Anforderungen erfüllt und andererseits die Grundrechte des Betroffenen wahrt.[834] Im Folgenden wird überprüft, inwiefern die Idealvorstellung des europäischen Gesetzgebers durch die Praxis bestätigt wird und ob der vollstreckende Staat doch mit Versäumnissen des ausstellenden Staates konfrontiert wird.

I. Nationale Rechtsgrundlage

Die Analyse der Rechtswirklichkeit unter dem Gesichtspunkt des Betroffenenschutzes am Beispiel Bulgariens gestaltet sich auf der Ebene der Umsetzung sehr einfach. Das bulgarische Umsetzungsgesetz enthält keine wie auch immer geartete Grundrechtsklausel, die innerhalb der Übergabeentscheidung zu prüfen ist. Im Folgenden werden die praktischen Auswirkungen der fehlenden Grundrechtsklausel in der gerichtlichen Praxis anhand konkreter Entscheidungen dargestellt.

II. Formell-rechtliche Fragestellungen

Der Rb-EuHB erlegt die Einhaltung der formellen Voraussetzungen dem ausstellenden Staat auf und trifft keine Aussage darüber, ob und wenn ja, welche Konsequenzen der vollstreckende Staat ziehen kann. Wenn in der Praxis keine Probleme diesbezüglich auftreten, könnte man es bei der Regelung des Rb-EuHB belassen. Anderenfalls müsste überlegt werden, ob dem vollstreckenden Staat aufgrund rechtsstaatlicher Erwägungen die Prüfung bzw. Verweigerung der Übergabe bei formellen Fehlern zukommt.

1. Unzuständigkeit der ausstellenden Behörde

Die Frage, ob die Zuständigkeit der ausstellenden Behörde zu den allgemeinen verfahrensrechtlichen Voraussetzungen der Vollstreckung gehört, ist offen. In dem Rb-EuHB ist nicht geregelt, ob die vollstreckende Behörde die Zuständigkeit der Behörde überprüfen soll, welche den EuHB erlassen hat. Es kann deshalb nicht ausgeschlossen werden, dass das Vollstreckungsverfahren durch eine unzuständige Behörde in Lauf gesetzt wird. Die Auswertung der bulgarischen Vollstreckungspraxis

---

834 Teil 1, B. IV. 1. u. 2.

ergab keine Fälle, in denen der EuHB von einer Nicht-Justizbehörde erlassen wurde. Theoretisch kann jedoch die Ausstellung eines EuHB durch eine nicht justizielle Behörde nicht ganz ausgeschlossen werden.

2. Form- und Inhaltsfehler in der Übergabepraxis

Nach der Rechtsprechung des EuHB können die Mitgliedstaaten die Vollstreckung eines EuHB nur in den Fällen ablehnen, in denen sie gemäß Art. 3 des Rahmenbeschlusses abzulehnen ist oder gemäß Art. 4 oder 4a des Rahmenbeschlusses abgelehnt werden kann.[835] Es stellt sich deshalb die Frage nach der Verfahrensweise, wenn die Ordnungsmäßigkeit durch den ausstellenden Staat doch nicht eingehalten wird. Hierzu soll die gerichtliche Praxis unter die Lupe genommen werden.

Die Auswertung der gerichtlichen Entscheidungen zeigt, dass der Inhalt eines eingegangenen Ersuchens von den bulgarischen Gerichten regelmäßig überprüft wird,[836] obwohl das in dem bulgarischen Umsetzungsgesetz nicht ausdrücklich vorgesehen ist.[837] Aus den gerichtlichen Entscheidungen geht hervor, dass bei eingehenden Ersuchen verschiedene Probleme in Verbindung mit den Anforderungen des Art. 37 Abs. 1 AEuHBG aufkommen können. In einigen Fällen wurde festgestellt, dass die seitens der ausstellenden Behörde übermittelten Informationen zur Identifizierung der gesuchten Person nicht ausreichen.[838] Ferner treten Fälle auf, in denen der EuHB nicht alle in Art. 37 Abs. 1 Nr. 2 AEuHBG vorgesehenen Kontaktdaten

835 Vgl. in diesem Sinne EuGH, Urteil vom 01.12.2008, Rs. C-338/08 PPU (*Leymann und Pustovarov*), Slg. 2008, I-8983, Rz. 51; EuGH, Urteil vom 29.01.2013, Rs. C-396/11 (*Radu*), noch nicht in der amtl. Slg. veröff., Rz. 34; EuGH, Urteil vom 16.11.2010, Rs. C-261/09 (*Mantello*), Slg. 2010, I-11477, Rz. 37.

836 Решение на Софийския апелативен съд № 54 от 25.10.2007 г. (Appellationsgericht Sofia, Beschluss Nr. 54 v. 25.10.2007); Решение на Софийския апелативен съд № 105 от 12.03.2008 г. (Appellationsgericht Sofia, Beschluss Nr. 105 vom 12.03.2008); Решение на Пловдивския апелативен съд № 408 от 02.08.2011 г. (Appellationsgericht Plovdiv, Beschluss Nr. 408 vom 02.08.2011, online aufrufbar unter http://www.apelsad-pd.bg/protocoli/NR00408_11_020811.html, Stand: 20.09.2015); Решение на Окръжен съд Благоевград № 80 от 14.04.2008 г. (Bezirksgericht Blagoevgrad, Beschluss Nr. 80 vom 14.04.2008).

837 Art. 37 AEuHBG enthält im Einklang mit Art. 8 Abs. 1 Rb-EuHB ausführliche Vorgaben über die Angaben, welche der EuHB enthalten muss, lässt aber die Frage, welche Konsequenzen bei Form- und Inhaltsfehlern zu ziehen sind, offen. In Art. 44 Abs. 6 AEuHBG werden die Vorschriften genannt, welche vom Gericht im Verfahren der Vollstreckung des EuHB zu prüfen sind. Die Überprüfung der Form und des Inhalts des EuHB zählt nicht zu dem gesetzlich vorgeschriebenen Prüfungsprogramm.

838 Решение на Добричкия Окръжен съд № 18 от 13.11.2007 г. (Bezirksgericht Dobritsch, Beschluss Nr. 18 vom 13.11.2007); Решение на Добричкия Окръжен съд № 4 от 05.06.2007 г. (Bezirksgerichts Dobritsch, Beschluss Nr. 4 vom 05.06.2007); Решение на ПАС № 408 от 02.08.2011 г. (Beschluss des Appellationsgerichts

der ausstellenden Behörde enthält[839] oder die Tatbeschreibung unzureichend ist[840]. Des Weiteren werden in einigen Fällen lediglich Kopien des EuHB übermittelt, was seitens der Verteidigung der gesuchten Person der Vollstreckung des EuHB entgegengesetzt wird.[841] Im Jahre 2007 kam es sogar zur Ablehnung der Vollstreckung eines EuHB (s. Anhang II), weil dieser keine Angaben über die ihm zugrunde liegende nationale Entscheidung enthielt.

a) *Verweigerung der Übergabe wegen Form- und Inhaltsfehler des EuHB*

aa) Appellationsgericht Sofia Nr. 38, Beschluss o. D. 2012 in der Strafsache Nr. 1150/2011

Hier geht es um einen Fall, in dem das Appellationsgericht Sofia in zweiter Instanz[842] die Vollstreckung eines deutschen EuHB aufgrund der inhaltlichen Fehler ablehnte.[843] Vor dem Beschwerdegericht machte die Verteidigung geltend, dass die Identität von *Garvanov*[844] aufgrund der eingereichten Informationen nicht festgestellt werden könne. Das Gericht folgte dieser Meinung und stellte fest, dass die deutsche StA völlig unzureichende Angaben bezüglich des Namens, des Geburtsdatums und der Adresse der gesuchten Person gemacht hatte. Das Erstgericht hat fünf Anfragen an die ausstellende Behörde geschickt und vergeblich um weitere Informationen und Unterlagen zur eindeutigen Feststellung der Identität der betroffenen Person ersucht. Dem Appellationsgericht fiel zudem auf, dass dem EuHB eine schlecht leserliche Kopie eines Reisepasses beigefügt war, die zur Identifizierung der gesuchten Person dienen sollte. Auf der linken Seite der Kopie war der Name des Betroffenen samt einem unklaren Foto zu sehen, das Geburtsdatum war nicht ersichtlich. Der vom Gericht durchgeführte gründliche Vergleich zwischen der eingereichten

---

Plovdiv Nr. 408 vom 02.08.2011); Решение на САС № 131 от 18.03.2008 г. (Beschluss des Appellationsgerichts Sofia Nr. 131 vom 18.03.2008).

839 Решение на Софийския апелативен съд № 176 от 19.03.2007 г. (Appellationsgericht Sofia, Beschluss Nr. 176 vom 19.03.2007).

840 Решение на Софийския апелативен съд № 223 от 08.06.2009 г. (Appellationsgericht Sofia, Beschluss Nr. 223 vom 08.06.2009); Решение на Пловдивския апелативен съд № 408 от 02.08.2011 г. (Appellationsgericht Plovdiv, Beschluss Nr. 408 vom 02.08.2011).

841 Решение на Софийския апелативен съд № 502 от 08.10.2007 г. (Appellationsgerichts Sofia, Beschluss Nr. 502 vom 08.10.2007); Решение на Софийския апелативен съд № 105 от 12.03.2008 г. (Appellationsgericht Sofia, Beschluss Nr. 105 vom 12.03.2008); Решение на Софийския апелативен съд № 131 от 18.03.2008 г. (Appellationsgerichts Sofia, Beschluss Nr. 131 vom 18.03.2008).

842 Die Stadtstaatsanwaltschaft Sofia legte gegen den Beschluss des Stadtgerichts Sofia, mit dem die Übergabe eines bulgarischen Staatsbürgers an Deutschland abgelehnt wurde, Beschwerde ein.

843 Grund für die ablehnende Entscheidung war die fehlende Rücküberstellungsgarantie gemäß Art. 41 Abs. 3 AEuHBG.

844 Die Namen aller Betroffenen sind aus Datenschutzgründen geändert worden.

Kopie und dem echten Reisepass des Betroffenen ergab, dass es sich bei der von deutscher Seite eingereichten Unterlagen um eine offensichtliche Fälschung handle. Das Ausstellungsdatum und die Gültigkeitsdauer in der übermittelten Kopie und in dem Reisepass der gesuchten Person stimmten miteinander nicht überein. Die gesuchte Person selbst bestritt, Bulgarien verlassen zu haben und trug vor, dass ihr Reisepass gerade innerhalb des Tatzeitraums, der in dem EuHB angegeben war, entwendet worden sei.

Die Identität der gesuchten Person wurde aus Sicht des Gerichts *„anhand blasser Vermutungen, gefälschter Unterlagen und falscher Angaben"* belegt. Insgesamt zeigte sich das Gericht erschüttert, dass *„das Ersuchen des ausstellenden Staates auf eine oberflächliche, an Verantwortungslosigkeit grenzende Art und Weise vorbereitet"* gewesen sei.[845] Es fragte sich, was die Strafverfolgungsbehörden des ausstellenden Staates seit der Tatbegehung vor 14 Jahren gemacht haben und warum sich diese trotz der Schwere der Tat (Einfuhr von 47 kg Kokain) keine Mühe gemacht haben, die Identität des wahren Täters festzustellen. Dann fragte sich das Gericht, wie sich solche Fälle zwar nicht auf die betroffene Person, sondern auf die unbeteiligte Bevölkerung auswirken würden. Welche Reaktionen würde die Verbreitung der Informationen über diesen Fall in der bulgarischen Gesellschaft auslösen? Was würde sich der normale Bürger denken, wenn er erfahren würde, „nach welch absurden Kriterien jeder Einzelne von einem EuHB betroffen werden kann", so das Gericht. Im Ergebnis verweigerte das Gericht die Übergabe des bulgarischen Staatsbürgers.

bb) Keine Berücksichtigung des Betroffenenschutzes

Die Entscheidung des Appellationsgerichts Sofia ist richtig. Auffällig ist, dass das Gericht in dem vorliegenden Fall nicht mit den Interessen des Betroffenen, sondern mit den möglichen Auswirkungen einer Übergabe auf die unbeteiligte Bevölkerung argumentiert. Auch wenn die Verweigerung der Übergabe im Interesse des Betroffenen liegt, stand sein Schutz offensichtlich nicht im Vordergrund bei der Entscheidung, sondern war ein Nebeneffekt.

Gemäß Art. 6 GRC und Art. 5 Abs. 1 EMRK hätte die vollstreckende Behörde den Betroffenen vor den willkürlichen Eingriffen in seine Freiheit beschützen müssen.[846] Der Schwerpunkt des Gewährleistungsinhaltes des Willkürverbots liegt auf der Einhaltung verfahrensrechtlicher Vorgaben.[847] Da die Übergabe ein Eingriff in das geschützte Freiheitsrecht darstellt, hätte diese rechtmäßig und in der gesetzlich vorgeschriebenen Weise vorgenommen werden müssen. Da das Gericht in dem

---

845 Решение на Софийския апелативен съд № 38 без дата от 2012 г. по в. ч. н. д. № 1150/2011 (Appellationsgericht Sofia, Beschluss Nr. 38 o. D. von 2012 in der Strafsache Nr. 1150/2011).

846 Vgl. Teil 1, Kap. C. III. 1, b.

847 Gollwitzer, Art. 5 EMRK, Rz. 32. Nach *Trechsel* ist die Freiheitsentziehung bei einem Verfahrensfehler konventionswidrig, wenn eine Entscheidung über sie ohne diesen Fehler ein anderes Ergebnis gehabt hätte (*Trechsel,* EuGRZ 1980, S. 521).

vorliegenden Fall festgestellt hat, dass der Betroffene nicht der gesuchten Person entspricht, mangelte es an einer Rechtfertigung für die Freiheitsentziehung. Unter diesen Umständen stellt sich die Frage, ob die vollstreckende Behörde trotz der offensichtlichen Inhaltsfehler dem Übergabeersuchen Folge leisten muss. Die Verweigerung würde dem rahmenbeschlussrechtlichen Modell widersprechen, nach dem aus Form- und Inhaltsfehlern keine negativen Konsequenzen für die Übergabeentscheidung gezogen werden dürfen.[848] Jedenfalls ist in dem Rb-EuHB lediglich die Anforderung zusätzlicher Informationen gemäß Art. 15 Rb-EuHB, nicht aber die Übergabeverweigerung vorgesehen. Der Fall Garvanov zeigt jedoch, dass es in der Praxis vorkommen kann, dass die ausstellende Behörde trotz mehrfachen Anfragen keine zusätzlichen Informationen liefert. Ob die vollstreckende Behörde unter diesen Umständen dem Ersuchen stattgeben muss, ist aus rechtsdogmatischer Sicht ungeklärt.

cc) Bezirksgericht Dobritsch, Beschluss Nr. 4 vom 05.06.2007

In diesem Fall verweigerte das Bezirksgericht Dobritsch die Übergabe des bulgarischen Staatsbürgers *Naskov* an Polen, weil die gerichtliche Überprüfung ergab, dass es sich bei dem Betroffenen nicht um die gesuchte Person handle. In dem EuHB waren der Name und die richtige Adresse des *Naskov* enthalten. Die polnische Ausstellungsbehörde übermittelte ein Lichtbild der gesuchten Person und die bulgarische StA holte ein kriminalistisches Sachverständigengutachten ein. Der Vergleich zwischen dem eingereichten Lichtbild und der anthropologischen Merkmale von *Naskov* führte zum Ergebnis, dass es sich bei ihm nicht um die gesuchte Person handelt. In einem polizeilichen Bericht, der dem vollstreckenden Gericht von der bulgarischen Staatsanwaltschaft vorgelegt wurde, war vermerkt, dass auf dem seitens der polnischen Behörde übermittelten Foto eine andere Person namens Ezhkov abgebildet war.

dd) Konsequenzen für den Betroffenen

Der Fall stellt die Frage, welche Handlungspflichten sich für die vollstreckende Behörde bei Zweifeln bzgl. der Identität der gesuchten Person ergeben. Die Freiheitsentziehung kann gemäß Art. 5 EMRK nur in den dort abschließend aufgelisteten Fällen beschränkt werden.[849] Gegen eine Person, die weder aufgrund eines hinreichenden Tatverdachts strafrechtlich verfolgt noch in einem Auslieferungsverfahren tatsächlich gesucht wird, können im Umkehrschluss keine freiheitsentziehenden Maßnahmen ergriffen werden. Da die vollstreckende Behörde bei der Entscheidung über die Übergabe des Betroffenen seine Grund- und Menschenrechte beachten muss, müsste sie verpflichtet sein, etwaigen Zweifeln bezüglich der Identität der Person nachzugehen. Ansonsten liefe die Behörde Gefahr, die falsche Person zu

---

848 Vgl. Teil 1, Kap. B. IV. 3.
849 Vgl. Teil 1, Kap. C. III. 1, b.

übergeben und dadurch ihre Persönlichkeitsrechte zu verletzen, weil der Eingriff mangels eines wirksamen EuHB sich nicht rechtfertigen lässt.

b) Bewilligung der Übergabe trotz Form- und Inhaltsfehler

aa) Appellationsgericht Sofia, Beschluss Nr. 176 vom 19.03.2007

(1) Sachverhalt

Gegenstand des Verfahrens war die Vollstreckung eines polnischen EuHB gegen den bulgarischen Staatsangehörigen *Karlov*, der zur Strafverfolgung wegen eines Betäubungsmitteldeliktes erlassen wurde. In der ersten Instanz wurde die Übergabe *Karlovs* für zulässig erklärt. Er machte in der Beschwerdeinstanz geltend, dass der EuHB den formellen und inhaltlichen Anforderungen des Art. 37 Abs. 1 AEuHBG nicht entspreche, weil in ihm weder die E-Mail-Adresse der ausstellenden Behörde angegeben noch die Tatbeschreibung genügend war.

Das Appellationsgericht wies die Einwendungen der Verteidigung gegen den Inhalt des EuHB zurück. Aus Sicht des Gerichts sei die Angabe der E-Mail-Adresse keine Voraussetzung für die Gültigkeit des EuHB. Diese Angabe diene der praktischen Durchführung eines EuHB, indem sie ermögliche, dass die vollstreckende und ausstellende Behörde bei Bedarf in direkten Kontakt zueinander treten können. In dem konkreten Fall habe der EuHB genügend Angaben wie Telefon- und Telefaxnummer enthalten, damit die beteiligten Behörden im Notfall schnell Kontakt aufnehmen können, so dass das Fehlen der E-Mail-Adresse die Gültigkeit des EuHB nicht beeinflussen könne. Weiteres stellte das Gericht fest, dass der EuHB genug Informationen enthalte, um die ihm zugrunde liegende Tat konkretisieren zu können und zwar auf eine Weise, die keine Zweifel bezüglich der Tatzeit, des Tatorts und der Art der Tatbeteiligung der gesuchten Person zulässt.

(2) Konsequenzen für den Betroffenen

Eine Freiheitsentziehung ist nur zulässig, wenn sie in Übereinstimmung mit dem gesetzlich vorgeschriebenen innerstaatlichen Verfahren erfolgt. Diesbezüglich verlangt der EGMR, dass das innerstaatliche Recht selbst konventionskonform ist, also die in Art. 5 enthaltenen Zulässigkeitsvoraussetzungen umgesetzt hat, und dass das gesetzlich vorgesehene Verfahren im Einzelfall tatsächlich eingehalten wurde.[850] Vor einer willkürlichen Freiheitsentziehung ist der Einzelne nur dann wirklich gesichert, wenn für ihn nicht nur ersichtlich ist, unter welchen Voraussetzungen er in Haft genommen und gehalten werden darf.[851] Gemäß Art. 8 Rb-EuHB muss jeder EuHB die E-Mail-Adresse der ausstellenden Behörde[852] und die Beschreibung der Umstände, unter denen die Straftat begangen wurde[853], enthalten. Nach den

850 EGMR, Urteil vom 30.06.2005, Nr. 5379/02 (*Nakach/ Niederlande*), Rz. 37 ff.
851 *Gollwitzer*, Art. 5, Rz. 9; *Grabenwarter/ Pabel*, § 21 Rz. 2.
852 Art. 8 Abs. 1 lit. b.
853 Art. 8 Abs. 1 lit. e.

rahmenbeschlussrechtlichen Vorgaben darf die Übergabe bei Form- und Inhaltsfehlern des EuHB unabhängig von dem Verstoß nicht verweigert werden.[854]

Im Hinblick auf das Willkürverbot, dass die Einhaltung der formellen Voraussetzungen gebietet[855], stellt sich die Frage, ob die Vorgaben des Rb-EuHB uneingeschränkt gelten. Jedenfalls muss noch geklärt werden, ob z. B. schwerwiegende Formverstöße die vollstreckende Behörde verpflichten, das Ersuchen abzulehnen.

bb) Appellationsgericht Sofia, Beschluss Nr. 502 vom 08.10.2007

(1) Sachverhalt

Das Bezirksgericht Blagoevgrad ließ im Jahre 2007 die Übergabe des rumänischen Staatsbürgers *Peshov* an Deutschland aufgrund eines EuHB zur Strafverfolgung wegen Vergewaltigung und bewaffneten Raubs zu. Im Beschwerdeverfahren forderte die Verteidigung die Verweigerung der Vollstreckung des deutschen EuHB auf, weil 1) *Peshov* nicht mit der gesuchten Person identisch sei und 2) kein Original des EuHB übermittelt worden sei.

Das Appellationsgericht stellte fest, dass sich der Betroffene in der Vergangenheit verschiedenen Namen bedient hat. Dem Erstgericht waren von Interpol Lichtbildaufnahmen und daktyloskopische Abdrücke vorgelegt worden, die aus Sicht des Beschwerdegerichts zur eindeutigen Identifizierung geeignet waren. Aufgrund der Tatsache, dass die vorgelegten Materialien dem Peshov zugeordnet werden konnten, nahm das Gericht an, dass er die gesuchte Person sei.

Die Einwendung des Beschwerdeführers bezüglich des fehlenden Originals des Übergabeersuchens wurde zurückgewiesen. Aus Sicht des Gerichts ist es nicht unbedingt erforderlich, dass der EuHB im Original übermittelt wird, weil dessen Übermittlung per Fax genug Beweis für die Echtheit bietet. Beim Verfahren zur Vollstreckung des EuHB handelt es sich um ein vereinfachtes Verfahren, in dem es zulässig ist, die Vorteile der modernen Kommunikationsmittel zu nutzen. Hingegen sei es zwingend erforderlich, dass sich die vollstreckende Behörde vom Vorliegen eines Haftbefehls überzeugt, der von einem EU-Mitgliedstaat ordnungsgemäß ausgestellt worden sei. An dieser Stellt lässt das Gericht anklingen, dass das Fehlen einer nationalen Haftentscheidung möglicherweise die Verweigerung der Übergabe zur Folge gehabt hätte. Der Frage nach den Konsequenzen aus rechtsdogmatischer Sicht wird im nächsten Teil der Untersuchung nachgegangen.

(2) Konsequenzen

Die Entscheidung des Appellationsgerichts Sofia ist überzeugend. Gemäß Art. 10 Abs. 4 Rb-EuHB kann die ausstellende Behörde den EuHB durch jedes sichere Mittel, das dem Vollstreckungsstaat die Feststellung der Echtheit gestattet, übermitteln. Dadurch wird deutlich, dass die Möglichkeit, den EuHB per Fax oder E-Mail zu

854 Vgl. Teil 1, Zusammenfassung.
855 Vgl. Teil 1, Kap. C. III. 1, b.

übermitteln, ausdrücklich vorgesehen ist. Die vollstreckende Behörde kann außerdem gemäß Art. 15 Abs. 2 Rb-EuHB um Übermittlung des Originals des EuHB ersuchen, falls die eingereichte Kopie aus ihrer Sicht nicht ausreichend ist. Aus den dargelegten Gründen erscheint eine Verweigerung der Übergabe beim fehlenden Original mit den Vorgaben des Rb-EuHB unvereinbar. Der Fall wirft die Frage auf, ob sich die vollstreckende Behörde vom Vorliegen eines nationalen Haftbefehls überzeugen muss, bevor sie die Übergabe der gesuchten Person bewilligt, was offen ist.[856] Da der EuHB von Natur aus im Anschluss an einem nationalen Haftbefehl ergehen muss, erscheint fraglich,[857] ob er ohne nationale Haftentscheidung wirksam ist.[858] Diese Frage ist bislang ungeklärt.

Zwischenergebnis

Das bulgarische Umsetzungsgesetz sieht keine Verweigerungsmöglichkeit für den Fall vor, dass die Übergabe des EuHB die europäischen Grundrechte der gesuchten Person verletzt. Die Analyse der Gerichtsentscheidungen belegt, dass sich in der Praxis das rahmenbeschlussrechtliche Modell der Verantwortungszuweisung nicht immer bewährt. Es sind Fälle vorgekommen, in denen den vollstreckenden Behörden EuHB übermittelt wurden, die formelle und inhaltliche Versäumnisse der ausstellenden Behörden in sich tragen. Die bulgarischen Gerichte sehen sich trotz Fehlen einer ausdrücklichen gesetzlichen Vorschrift veranlasst, den EuHB in formell rechtlicher Hinsicht zu überprüfen. Diese Tendenz ist sicherlich auf Art. 37 AEuHBG zurückzuführen, der entsprechend dem Art. 8 Rb-EuHB ausführliche Informationen über die Angaben enthält, die der EuHB enthalten muss. Die Auswertung der vorzitierten Entscheidungen zeigt, dass die Gerichte bei Form- und Inhaltsfehlern der eingehenden Ersuchen verschiedene Konsequenzen ziehen. Steht aufgrund der dem Gericht vorliegenden Informationen zweifelsfrei fest, dass es sich bei dem Betroffenen nicht um die gesuchte Person handelt, neigen die Gerichte dazu, die Übergabe zu verweigern. Wie der Fall *Peshov* zeigt, deutet sich eine Tendenz der vollstreckenden Behörden zur Ablehnung der Übergabe an, wenn es dem EuHB an einem nationalen Haftbefehl oder einer Entscheidung mit gleicher Wirkung fehlt. Im Übrigen wird auf den organisatorischen Charakter der erforderlichen Angaben hingewiesen und die Übergabe bei eventuellen Versäumnissen zugelassen.

856 Hierzu s. Teil 3, Kap. A. I. 2.
857 Vgl. Teil 1, Kap. B. II.
858 Hierzu s. Teil 3, Kap. A. I. 2.

III. (Keine) Beachtung der europäischen Grundrechte und des Verhältnismäßigkeitsgrundsatzes in der bulgarischen Übergabepraxis

Die Verwirklichung der Wirkungen des EuHB kann für die gesuchte Person gravierende Konsequenzen wie der Entzug der Freiheit, Entfernung von der Familie und der sozialen Umgebung, Arbeitsplatzverlust, psychische Belastung etc. haben. Deshalb stellt sich im Verfahren der Vollstreckung des EuHB die Frage, ob den vollstreckenden Staat neben den Pflichten gegenüber dem ausstellenden Staat bestimmte Schutzpflichten gegenüber dem Individuum treffen. In diesem Kontext wird die Frage diskutiert, ob sich aus der Verletzung von grund- und menschenrechtlich gesicherten Positionen ein Übergabehindernis ergeben kann. Das Problem gewinnt an Brisanz vor allem vor dem Hintergrund, dass die beteiligten Staaten nach dem Grundsatz der gegenseitigen Anerkennung darauf vertrauen sollen, dass die Grund- und Menschenrechte der gesuchten Person in jedem Mitgliedstaat gewahrt werden. Die Zulassung menschenrechtlicher Erwägungen als Übergabehindernisse ist geeignet, das gegenseitige Vertrauen der Mitgliedstaaten als tragende Säule des neuen Übergabesystems ins Wanken zu bringen. Es handelt sich also um eine äußerst schwierige und politische Frage, die sich im Fluss befindet und z. Z. nicht abschließend beantwortet ist. Da sich aus einem aktuellen Ratsbericht ergibt, dass in der Übergabepraxis Verletzungen der Grund- und Menschenrechte des Betroffenen selten zum Vorschein kommen, kann der Eindruck entstehen[859], dass es sich um ein rein theoretisches Problem handelt. Dass dem nicht so ist, wird anhand folgender Entscheidungen der bulgarischen Gerichte verdeutlicht.

1. Appellationsgericht Sofia, Beschluss Nr. 176 vom 19.03.2007

a) Sachverhalt

Im Jahre 2007 befasste sich das Sofioter Appellationsgericht mit der Beschwerde des polnischen Staatsbürgers *Michalowski* gegen die erstinstanzliche Entscheidung, die seine Übergabe an die polnischen Behörden zur Strafverfolgung wegen eines Betäubungsmitteldelikts zuließ. Aufgrund der politischen Situation in Polen ermahnte der Verteidiger das Gericht zur besonderen Vorsicht. Konkret wurde ausgeführt, dass sich bestimmte Kreise gegen die Mitgliedschaft Polen in der EU eingesetzt haben. Die Europäische Kommission habe den polnischen Präsidenten angemahnt, die Versuche zur Einschränkung der Rechte von Personen mit bestimmten, politischen Überzeugungen oder mit unkonventioneller, sexueller Orientierung einzustellen. Außerdem habe sich die polnische Regierung für die Wiedereinführung der Todesstrafe ausgesprochen. Der Beschwerdeführer wendete ein, dass er mit dem verfahrensgegenständlichen Verbrechen nichts zu tun habe und dass er sich in Bulgarien eingelebt habe. Ferner brachte er seine Befürchtungen zum Ausdruck,

---

859 Ratsdok. 13581/14, S. 9.

dass sein Recht auf Durchführung eines fairen Verfahrens in Polen nicht garantiert sei. Dies untermauerte er mit der Behauptung, dass der EGMR den polnischen Staat wegen Verletzung der Unschuldsvermutung verurteilt habe. Abschließend wurde vorgetragen, dass der Beschwerdeführer in Polen der Gefahr der Strafverfolgung aus politischen Gründen ausgesetzt wäre.

b) Entscheidung

Das Gericht wies die Einwendungen gegen die erstinstanzliche Entscheidung zurück und bestätigte die Zulässigkeit der Übergabe an Polen. Es stellte fest, dass sich das Verfahren zur Vollstreckung des EuHB aus seiner Sicht von dem klassischen Auslieferungsverfahren wesentlich unterscheidet. Anders als bei der Auslieferung sei der Entscheidungsspielraum des Gerichts im Übergabeverfahren auf eine Entscheidung über das Vorliegen von fakultativen und zwingenden Übergabehindernissen reduziert. Alle anderen Übergabehindernisse, welche im Bereich der Auslieferung vorgesehen sind, seien bei der Vollstreckung des EuHB nicht zu berücksichtigen. Aus diesem Grund spiele der politische oder militärische Charakter der dem EuHB zugrunde liegenden Tat keine Rolle. Auch sei die Frage, ob für die Tat eine Todesstrafe oder eine unmenschliche oder erniedrigende Strafe vorgesehen sei, in dem Übergabeverfahren irrelevant. Es komme auch nicht darauf an, ob das in dem ausstellenden Staat erkennende Gericht ein außerordentliches sei oder nicht. Denn bei all diesen Erwägungen handle es sich aus Sicht des Gerichts um solche, die zwar bei der Auslieferung, nicht aber bei dem EuHB statthaft sind. Nach dieser Zusammenfassung, die das Gericht am Anfang seiner Überlegungen anstellte und die offensichtlich mit den Erwägungen 12 und 13 des Rb-EuHB nicht in Einklang zu bringen ist, folgte eine Stellungnahme zu dem konkreten Fall. Das Gericht führte aus, dass die dem EuHB zugrundeliegende Tat weder ein politisches Delikt darstellt noch einen Zusammenhang zu anderen politischen Delikten aufweise. Es liegen keine Beweise vor, dass der EuHB zum Zwecke der Verfolgung aus Gründen der Religion, ethnischen Herkunft, politischer Überzeugung oder sexuellen Ausrichtung erlassen wurde.

Aus Sicht des Gerichts seien keine Anhaltspunkte gegeben, dass der Beschwerdeführer in dem ausstellenden Staat einer unmenschlichen oder erniedrigenden Behandlung ausgesetzt oder dass seine Verfahrensrechte verletzt worden wären. Bei dem ausstellenden Staat handle es sich um ein Mitglied der EU und des Europarates, außerdem habe Polen die EMRK ratifiziert. Dann äußert das Gericht seine Überzeugung, dass der polnische Staat es nicht zulassen würde, dass seine Strafverfolgungsbehörden die Menschenrechte der gesuchten Person beeinträchtigen.

c) Analyse

Begrüßenswert ist die Feststellung des bulgarischen Gerichts, dass sich das Übergabeverfahren wesentlich von dem klassischen Auslieferungsverfahren unterscheidet, denn sie zeigt Aufgeschlossenheit bezüglich der Neuerungen des Systems des EuHB. Es ist aber erstaunlich, dass das Gericht nicht davor abschreckt, festzustellen, dass es im Verfahren der Vollstreckung des EuHB überhaupt nicht darauf ankomme, ob dem Betroffenen im ausstellenden Staat die Todesstrafe oder eine andere unmenschliche oder erniedrigende Behandlung drohe. Auch wenn das Gericht dies nicht ausdrücklich ausführt, geht aus dem Gang seiner Überlegungen hervor, dass es den Widerspruch zu der EMRK und zu dem Erwägungsgrund 13 Rb-EuHB erkennt. Denn sonst hätte das Gericht keinen Grund gehabt, sich erneut mit den Einwänden des Betroffenen zu befassen und festzustellen, dass im konkreten Fall keine Beweise vorliegen.[860]

Die vollstreckenden Gerichte sind im Übergabeverfahren einerseits an die EMRK und andererseits an die europäischen Grundrechte i. S. v. Art. 6 EUV gebunden.[861] Entsprechend der Verpflichtungen, die Art. 4 GRC und Art. 3 EMRK jedem Staat auferlegen, muss das vollstreckende Gericht den Betroffenen vor unmenschlicher bzw. erniedrigender Behandlung durch den ausstellenden Staat beschützen.[862] Vorliegend waren die Überlegungen des Gerichts, dass der ausstellende Staat der EU angehört und die EMRK zu beachten hat, zwar zutreffend. Zum Zeitpunkt der Entscheidung war aber festzustellen, dass sich die politische Situation in Polen nach dem Betritt zur EU geändert hat.[863] Einem offiziellen und allgemein zugänglichen Bericht der Amnesty International konnte das Gericht entnehmen, dass Polen wg. Diskriminierung und Bescheidung von Rechten Angehöriger sexueller Minderheiten massiver Kritik ausgesetzt war.[864] Weiteres hat der Generalsekretär im Jahre 2006 seine offizielle Einschätzung bzgl. den laut gewordenen Vorwürfen[865] gegen Polen

---

860 Решение на Софийския апелативен съд № 176 от 19.03.2007 г. (Appellationsgericht Sofia, Beschluss Nr. 176 v. 19.03.2007).

861 Vgl. Teil 1, Kap. C. I.

862 Vgl. Teil 1, Kap. C. III. 1. a).

863 Aus den Parlamentswahlen im September und den Präsidentschaftswahlen vom Oktober ging die Partei Recht und Gerechtigkeit (Prawo i Sprawiedliwość – PiS) als Siegerin hervor. Vor den Wahlen hatte die PiS Befürworter der Rechte von Homosexuellen kritisiert und sich für die Todesstrafe ausgesprochen. Nach der Wahl von Lech Kaczyński zum Staatspräsidenten wies die Europäische Kommission Polen in einer formellen Note darauf hin, dass das Land sein Wahlrecht in der EU verlieren könnte, sollte man weiterhin Homosexuellen ihre Rechte absprechen und eine Wiedereinführung der Todesstrafe anstreben, s. Amnesty International, Jahresbericht 2006.

864 Offen homosexuell feindliche Äußerungen von Politikern und Behördenvertretern, einschließlich der Ermunterung zu Gewalt gegen friedliche Demonstranten, führten zu einer weiteren Verschlechterung des politischen Klimas, das von der Diskriminierung und Einschüchterung sexueller Minderheiten geprägt war (s. Amnesty International, Jahresbericht 2006).

865 Zu Geheimgefängnissen in Polen s. u. a. Die Zeit Online, In Polen getan, was in den USA verboten war, 12.12.2014, online abrufbar unter: http://www.zeit.de/politik/ausland/2014-12/polen-cia-folter-gefaengnis, Stand: 19.09.2015; Süddeutsche Zeitung Online, Im Wald des Schreckens, 07.02.2013, online abrufbar unter: http://www.sueddeutsche.de/politik/cia-folter-in-polen-im-wald-des-

wg. Unterhaltung von geheimen Foltergefängnissen veröffentlicht. Demnach war Polen am unerlaubten Freiheitsentzug von Terrorverdächtigen und deren Transport innerhalb oder über ihr Hoheitsgebiet auf Veranlassungen ausländischer Dienste beteiligt.[866] Ferner wird in einem CPT-Bericht[867] aus dem Jahr 2004 Polen ermahnt, dass körperliche oder verbale Übergriffe gegenüber Inhaftierten keinesfalls geduldet werden. Außerdem gehört Polen zu den fünf Staaten, auf welche der EGMR die meisten Verletzungen der Konventionsgarantien (u. a. Art. 6 EMRK) festgestellt hat.[868] Aufgrund der grundrechtlichen Schutzpflicht des bulgarischen Gerichts gegen den Betroffenen hätte sich dieses mittels zugänglicher Informationsquellen über die damalige Situation in Polen erkundigen können. In diesem Zusammenhang könnte man einwenden, dass die fraglichen Berichte lediglich in wenigen Sprachen verfügbar sind, weshalb es dem bulgarischen Gericht aufgrund eventuell fehlender Sprachkenntnisse[869] schwer gefallen wäre, diese zu nutzen. Allerdings dürfen solche Probleme nicht zulasten des Betroffenen gehen. Es wäre jedoch zu überlegen, wie die praktischen Schwierigkeiten gelöst werden können.

Auf die Frage, ob das Gericht die Übergabe des Betroffenen bei drohenden Grundrechtsverletzungen verweigern kann, wird unten näher einzugehen sein. An dieser Stelle soll lediglich festgehalten werden, dass ein vollstreckendes Gericht beim Ausklammern menschenrechtlicher Erwägungen von der Übergabeentscheidung das Risiko einer Verletzung der EMRK und der Grundrechtecharta eingeht.

2. Appellationsgericht Sofia, Beschluss Nr. 1 vom 09.01.2013

a) Sachverhalt

In dieser Entscheidung ging es um die Übergabe des bulgarischen Staatsangehörigen *Kirilov* an Italien zur Strafverfolgung wg. Fälschung von Zahlungsmitteln. Das Sofioter Stadtgericht hat die Übergabe des Betroffenen angeordnet. In dem Beschwerdeverfahren machte er unter anderem geltend, dass in der ersten Instanz seine familiäre und persönliche Situation nicht berücksichtigt wurde. *Kirilov* war Vater von drei Kindern und Alleinverdiener in der fünfköpfigen Familie, seine Lebensgefährtin sei arbeitslos. Gegenüber den italienischen Behörden hat er sich nach seinen Angaben immer kooperativ verhalten und es bestand kein Risiko, dass er sich dem Strafverfahren entziehen würde. Die Übergabe an die italienischen Behörden würde bewirken, dass seine Familie verhungert, da sich niemand bis auf *Kirilov* um

schreckens-1.1593451, Stand: 19.09.2015; Focus Online, Folter mit Folgen: Menschenrechtsgerichtshof verurteilt Polen, 25.07.2014, online abrufbar unter: http://www.focus.de/politik/Aand/justiz-menschenrechtsgerichtshof-verurteilt-polen-wegen-cia-gefaengnis_id_4014175.html, Stand: 19.09.2015.

866 SG/Inf (2006) 5 vom 28.02.2006.

867 CPT/Inf (2006) 11 vom 02.03.2006, S. 53.

868 Overview 1959–2013, ECRG.

869 Ratsdok. 8265/1/09 REV 1, S. 32.

die finanzielle Absicherung kümmerte. Der Sachverhalt mag auf den ersten Blick trivial klingen, aber es lohnt sich ein Blick in die Entscheidungsgründe.

b) Entscheidung

Nachdem das Gericht festgestellt hat, dass weder ein fakultativer noch ein obligatorischer Ablehnungsgrund vorlag, führte das Gericht aus, dass die Berücksichtigung von persönlichen und wirtschaftlichen Gründen nicht in seine Entscheidungsbefugnisse fällt. Die familiäre Situation des Betroffenen sei ohne jegliche Relevanz für das Verfahren der Vollstreckung des EuHB. Sowohl die bulgarische Verfassung als auch die EMRK und das Recht der EU schützen das Recht auf Leben als ein grundlegender Wert der Menschlichkeit. Gleichzeitig sei aber die italienische Rechtsordnung im Einklang mit den vorgenannten Vertragswerken und kann der bulgarischen Verfassung nicht widersprechen. Da in dem AEuHBG nirgendwo eine Pflicht des vollstreckenden Staates normiert ist, wonach die familiäre und wirtschaftliche Situation der gesuchten Person zu prüfen ist, erschienen dem Gericht derartige Erwägungen völlig irrelevant.[870]

c) Analyse

Die Feststellung des Gerichts, das das Fehlen einer Grundrechtsklausel im bulgarischen Umsetzungsgesetz zur Folge hat, dass die persönlichen Belange des Betroffenen im Rahmen der Übergabeentscheidung nicht berücksichtigt werden dürfen, ist falsch. Aus der Bindung der vollstreckenden Behörden an die Menschenrechtsgarantien der EMRK und die EU-Grundrechte ergibt sich eine Pflicht zur Berücksichtigung im Übergabeverfahren. Da hier das Recht des Betroffenen auf Privat- und Familienleben gemäß Art. 7 GRC und Art. 8 EMRK betroffen ist, hätte der Eingriff in der Form der Übergabe unter Berücksichtigung des Verhältnismäßigkeitsgrundsatzes erfolgen sollen. Hierzu hätte das Gericht die Rechte des Betroffenen gegen das Interesse des italienischen Staates an der Strafverfolgung aufwiegen müssen. Möglicherweise hätte der Abwägungsprozess ergeben, dass mit milderen Maßnahmen dem Strafverfolgungsinteresse gleichermaßen gedient wäre. Die Übergabe konnte gegen das Übermaßverbot verstoßen haben, weil zur Sachverhaltsaufklärung ausgereicht hätte, dass der Beschuldigte und seine Lebensgefährtin in Bulgarien im Wege der Rechtshilfe[871] vernommen worden wären. Die Mitgliedstaaten haben ohnehin vereinbart, gemeinsam den Einsatz der Videokonferenz zum Schutz der Verfahrensbeteiligten und Senkung der Kosten zu fördern.[872]

---

870 Vgl. Решение на Софийския апелативен съд № 1 от 09.01.2013 г. (Appellationsgericht Sofia, Beschluss Nr. 1 vom 09.01.2013).

871 Vernehmung per Videokonferenz nach Art. 10 Übereinkommen über die Rechtshilfe in Strafsachen zwischen den Mitgliedstaaten der Europäischen Union, ABl. Nr. 197 vom 12.7.2000, S. 1.

872 Vgl. Anhang zum Übereinkommen über die Rechtshilfe in Strafsachen zwischen den Mitgliedstaaten der Europäischen Union, ABl. Nr. 197 vom 12.7.2000, S. 1.

Der Rb-EuHB sieht eine Verhältnismäßigkeitsprüfung weder vor Ausstellung des EuHB noch bei seiner Vollstreckung ausdrücklich vor.[873] Aus Art. 51 Abs. 2 GRC ergibt sich hingegen, dass die Übergabe der Person als Eingriff in seine Persönlichkeitsrechte unter Wahrung der Verhältnismäßigkeit zu erfolgen hat. Das Spannungsverhältnis zw. dem Schweigen des Rb-EuHB bezüglich der Verhältnismäßigkeitsprüfung und der primärrechtlichen Regelung ist bislang unaufgelöst.

3. Appellationsgericht Sofia, Beschluss Nr. 27 vom 11.02.2008

a) Sachverhalt und gerichtliche Entscheidung

Im Jahre 2007 ersuchten die niederländischen Behörden um die Überstellung eines bulgarischen Staatsangehörigen *Yordanov*, der des Menschenhandels verdächtig war. Vor dem Beschwerdegericht machte die gesuchte Person geltend, dass die Vollstreckung des EuHB zur Verletzung ihrer Verteidigungsrechte führen würde. Als Begründung trug er vor, dass seine Verteidigungsmöglichkeiten in Bulgarien diejenigen in dem ausstellenden Staat bei Weitem übertreffen. In diesem Zusammenhang ist einzufügen, dass gegen *Yordanov* wegen derselben Tat in Bulgarien ein Parallelverfahren eingeleitet worden war. Das Gericht verwarf trotzdem seine Einwendungen und führte aus, dass aus seiner Sicht unstreitig ist, dass das niederländische Gerichtssystem auf eine Art und Weise organisiert ist, dass die Rechte der beschuldigten Personen „maximal" geschützt werden. Es wurde nicht erläutert, woher das Gericht seine Überzeugung schöpfte.

b) Analyse

Es kann kaum bezweifelt werden, dass sich die Strafprozesssysteme der Mitgliedstaaten unterschiedlich entwickelt haben und verschieden geregelt sind. Alle Mitgliedstaaten sind zwar einerseits Vertragsteile der EMRK und haben sich andererseits gemäß Art. 2 EUV der Wahrung der Menschenrechte und der Rechtsstaatlichkeit verschrieben. Da aber das Strafprozessrecht nach wie vor Sache der nationalen Gesetzgebung ist, können etwaige Unterschiede in der Art und Weise, wie ein Strafverfahren geführt wird, nicht von vornherein ausgeschlossen werden.[874] Somit ist es nicht völlig von der Hand zu weisen, wenn der Betroffene behauptet, im vollstreckenden Staat bessere Chancen auf eine effektive Verteidigung zu haben. In diesem Zusammenhang soll v. a. bedacht werden, dass die gesuchte Person im Falle ihrer Überstellung für gewöhnlich weder die Sprache noch die prozessualen Besonderheiten des verfolgenden Staates kennen wird. Des Weiteren können aufgrund der Entfernung von der vertrauten Rechtsordnung konkrete Nachteile etwa in Form geringerer Möglichkeiten auf der Suche nach Entlastungsbeweisen eintreten. Diese tatsächliche Schwächung der Betroffenenposition wird durch die Sprachbarriere, die mit der Überstellung in eine ausländische JVA einhergeht, zusätzlich

---

873 Vgl. Teil 1, Kap. B. IV.
874 *Satzger*, 6. Aufl., § 9 Rz. 7 ff. m. w. N.

verstärkt. Das Recht des Betroffenen auf eine effektive Verteidigung ist in Art. 6 EMRK verankert und gehört nach der Rechtsprechung des EuGH zu den allgemeinen Rechtsgrundsätzen des Unionsrechts, weshalb die Beachtung durch die nationalen Gerichte zwingend geboten ist. Auch im Rahmen des Übergabeverfahrens können die schutzwürdigen Interessen des Betroffenen nicht komplett außer Acht gelassen werden. Dieses Recht dient der Waffengleichheit zwischen Strafverfolgern und Verteidigung und unterstreicht die Subjektstellung des Beschuldigten im Strafverfahren.[875] Gleichwohl ist die Frage, inwieweit eine eventuelle Schwächung der Beschuldigtenposition durch die Übergabe an den ausstellenden Staat ein Übergabehindernis begründet, offen.[876]

4. Appellationsgericht Varna, Beschluss Nr. 16 vom 21.02.2011 in der Strafsache Nr. 36/2011

a) Sachverhalt und Entscheidung

Im Jahre 2009 verlangte die Staatsanwaltschaft München I mittels eines EuHB die Übergabe der bulgarischen Staatsangehörigen *Sancheva*[877] zur Strafverfolgung wegen drei tatmehrheitlichen Raubtaten im Zeitraum vom 03.10. bis 25.10.2004 mit einem weiteren tatmehrheitlichen Fall des Raubes in der zweiten Septemberhälfte 2005, begangen in Mittäterschaft mit dem bulgarischen Staatsangehörigen Dorev. Die bulgarischen Behörden haben wegen der Raubtaten aus dem Jahre 2004 eigene Ermittlungen eingeleitet, die eingestellt wurden. Insoweit wurde das deutsche Übergabeersuchen abgelehnt. In dem Übergabeverfahren wurde diskutiert, ob Sancheva wegen der Raubtat, die nach den Angaben des EuHB im Jahre 2005 begangen wurde, überstellt wird. Aus den Verfahrensunterlagen war ersichtlich, dass sich der mutmaßliche Mittäter zur angeblichen Tatzeit (September 2015) in U-Haft befand. Es stand außerdem fest, dass Sancheva zu dieser Tatzeit in Bulgarien war, wo sie als Kassiererin im Einzelhandel arbeitete. Trotzdem leistete das bulgarische Gericht dem Übergabeersuchen hinsichtlich dieser Raubtat (September 2015) Folge und Sancheva wurde nach Deutschland überstellt. Zur Begründung wurde ausgeführt, dass die dargelegten Umstände, die eine Beteiligung der Betroffenen ausschließen, in dem Übergabeverfahren nicht berücksichtigt und erörtert werden dürfen. Das folge seiner Ansicht nach aus dem Grundsatz der gegenseitigen Anerkennung, der durch die Pflicht des nationalen Gerichts verwirklicht werde, die Gerichtsentscheidung eines anderen EU-Mitgliedstaates wie eine eigene anzuerkennen. Das Gericht brachte sein Vertrauen zum Ausdruck, dass jeder EU-Mitgliedstaat ein Minimum am Schutz der Menschenrechte und der allgemeinen rechtsstaatlichen Prinzipien erreicht hat.

Nachdem Sancheva ca. drei Monate in der U-Haft verbrachte, stellte sich heraus, dass die im deutschen Haftbefehl angegebene Tatzeit falsch war. Der ursprüngliche

875 *Heine*, S. 39.
876 Ausführlich hierzu Teil 3, Kap. B.
877 Name aus Rücksicht auf die Person geändert.

Haftbefehl wurde durch einen neuen ersetzt, in dem die Tatzeit vom September 2005 auf September 2004 korrigiert wurde.[878] Sancheva wurde auf freien Fuß gesetzt[879] und kehrte nach Bulgarien zurück.

Im Jahre 2012 musste die Betroffene aufgrund eines neuen EuHB wieder nach Deutschland gebracht werden. Das bulgarische Jugendamt sprach sich nach Erkundschaften der familiären Verhältnisse gegen die Trennung Sanchevas von ihren zwei Kindern. Der Vater der Kinder war unbekannten Aufenthalts. Die Tochter der Betroffenen war z. Z. der Übergabe neun Monate alt und wurde von der Mutter gestillt. Ihr Sohn war drei Jahre alt und auf die elterliche Sorge ebenfalls angewiesen. Trotzdem wurde die Übergabe der Betroffenen bewilligt.[880] Während der Inhaftierung erlitt Sancheva eine Fehlgeburt[881] und litt jeden Tag unter der schmerzhaften Trennung von ihren Kindern, was sie an die Grenzen ihrer psychischen Überlebenskraft brachte.[882] Im Anschluss wurde sie zu einer Bewährungsstrafe verurteilt[883].

b) Analyse

An diesem Fall zeigt sich, dass ein grenzloses Vertrauen der vollstreckenden Justizbehörden zu schwerwiegenden Konsequenzen für den Betroffenen führen kann. Die Bewilligung der Übergabe könnte vorliegend gegen Art. 6, 7 und 48 Abs. 1 GRC sowie Art. 5, 6 und 8 EMRK und den Verhältnismäßigkeitsgrundsatz verstoßen.

Die U-Haft darf gemäß Art. 5 Abs. 1 lit. c EMRK angeordnet werden, wenn genügend Tatsachen vorliegen, die objektiv daraus schließen lassen, dass der Betroffene die strafbare Handlung möglicherweise begangen hat.[884] Der EGMR unterscheidet zwischen Haftbefehlen, die evident unwirksam sind und solchen, die *prima face* wirksam sind. Soweit der Mangel nicht grob und offensichtlich ist, kann dieser im gerichtlichen Prüfungsverfahren von den nationalen Beschwerdegerichten geheilt werden.[885] Ein Haftbefehl ist nach seiner Rechtsprechung evident unwirksam, wenn der Mangel in einem groben offensichtlichen Fehler, beispielsweise eine Zuständigkeitsüberschreitung

---

878 Aufgrund des Spezialitätsgrundsatzes musste der bulgarische Staat erneut um Bewilligung der Übergabe aufgrund des neuen Haftbefehls entscheiden.

879 AG München, Az.: ER VI Gs 2802/11.

880 Решение на Варненския окръжен съд номер 19 от 25.01.2011 г. (Bezirksgericht Varna, Beschluss Nr. 19 vom 25.01.2011).

881 Laut Auskunft der Frau S gg. der Verfasserin, die als ihre Pflichtverteidigerin in Deutschland tätig war, vgl. AG München, Az.: ER VIII Gs 106/13.

882 Eigene Einschätzung der Verfasserin, die als Verteidigerin von Frau S. in Deutschland tätig war.

883 LG München I, Az: 9 KLs 231 Js 213864/05 (2).

884 EGMR, Urteil vom 30.08.1990, Nr. 12244/86 (*Fox, Campbell u. Hartley/ Vereinigtes Königreich*), Rz. 32 ff.; EGMR, Urteil vom 16.10.2001, Nr. 37555/97 (*O'Hara/ Vereinigtes Königreich*), Rz. 35 ff.; EGMR, Urteil vom 06.04.2000, Nr. 26772/95 (*Labita/ Italien*), Rz. 155.

885 EGMR, Urteil vom 09.07.2009, Nr. 11364/03 (*Mooren/ Deutschland*), Rz. 48.

besteht.[886] Durch die Unschuldsvermutung (Art. 48 Abs. 1 GRC, Art. 6 Abs. 2 EMRK) werden an den Tatverdacht anknüpfende Strafverfolgungsmaßnahmen zwar nicht ausgeschlossen und der Beschuldigte hat grundsätzlich die damit verbundenen Eingriffe in seine Rechte zu dulden. Dafür muss jedoch der Grad des Tatverdachts die dafür gesetzlich vorausgesetzte Schwelle überschreiten.[887] Alle beteiligten Staaten müssen während des ganzen Strafverfahrens davon ausgehen, dass unbeschadet eines bestehenden Verdachts die Schuld noch nicht erwiesen ist und für jedes Verfahrensergebnis offen bleiben.[888] Auf Grund der ihm vorliegenden Unterlagen war es für das bulgarische Gericht offensichtlich, dass der gegen Sancheva bestehende hinreichende Tatverdacht in dem ersten Haftbefehl unbegründet war. Trotzdem hat das Gericht keine Maßnahmen unternommen, um die Betroffene vor einer Verletzung ihrer Freiheitsrechte zu schützen. Welche Reaktionsmöglichkeiten der vollstreckenden Behörde beim fehlenden Tatverdacht in Betracht kommen, ist ungeklärt.[889]

Jede Person hat gemäß Art. 7 GRC und Art. 8 EMRK das Recht auf Achtung des Privat- und Familienlebens. Eingriffe in das Familienleben dürfen nur unter Wahrung des Grundsatzes der Verhältnismäßigkeit vorgenommen werden. Ihrer Rechtfertigung setzt voraus, dass sie erforderlich sind und den von der Union anerkannten, dem Gemeinwohl dienenden Zielsetzungen oder den Erfordernissen des Schutzes der Rechte und Freiheiten anderer tatsächlich entsprechen. Das Strafverfolgungsinteresse des ersuchenden Staats darf – auf OLG Hamm[890] zurückgreifend – nicht absolut ohne jede Rücksicht auf die Schwere des betroffenen Deliktes durchgesetzt werden. Hier wurde die Betroffene von ihren Kindern trotz einer Warnung des Jugendamtes getrennt, was sowohl ihre als auch die Rechte ihrer Kinder verletzt hat. Es ist streitig, inwieweit die vollstreckende Behörde berechtigt war, die Übergabe unter den gegebenen Umständen zu verweigern.[891]

5. *Appellationsgericht Veliko Tarnovo, Beschluss Nr. 172/2012 vom 28.06.2012*

a) *Sachverhalt und gerichtliche Entscheidung*

Im Jahre 2012 bewilligte das Appellationsgericht Veliko Tarnovo die Übergabe des Betroffenen *Itanov* zum Zwecke der Strafverfolgung in Deutschland wg. des Verdachts des Menschenhandels zum Zwecke der sexuellen Ausbeutung und Vergewaltigung. Dem EuHB lag der Verdacht zugrunde, dass Itanov seine Lebensgefährtin[892]

886 EGMR, Urteil vom 04.03.2008, Nr. 63154/00 (*Marturana/ Italien*), Rz. 78.
887 *Gollwitzer*, Art. 6 EMRK, Rz. 124, eingehend *Esser*, Strafverfahrensrecht, S. 223 ff.
888 *Gollwitzer*, Art. 6 EMRK, Rz. 132.
889 Hierzu s. Teil 3, Kap. B. V.
890 OLG Hamm 4 A 163/08 – 89/09.
891 Mehr dazu s. Teil 3, Kap. 3.
892 Dass die vermeintlich Geschädigte die Ehefrau war, ergibt sich aus den Unterlagen der Verfasserin, die den Betroffenen vertreten hat.

in einem Bordellbetrieb in Villingen der Prostitution zugeführt haben soll. Ferner wurde er verdächtigt, die angeblich Geschädigte Mara gegen ihren Willen zum oralen Geschlechtsverkehr gezwungen zu haben.[893] Der Betroffene, ein ehemaliger Ranger, und seine Lebensgefährtin beteuerten während des Übergabeverfahrens seine Unschuld. Diese Einwände verwarf das bulgarische Gericht mit dem knappen Hinweis, dass es im Übergabeverfahren nicht auf die Schuld ankommt.[894] Das Ansehen des Betroffenen in der bulgarischen Gesellschaft wurde durch das deutsche Übergabeersuchen so beeinträchtigt, dass er und seine Familie in eine andere Stadt umziehen mussten.[895]

Der Betroffene wurde am 13.07.2012 an die deutsche Strafverfolgungsbehörde übergeben. Während der Inhaftierung wurden er und seine Lebensgefährtin von der Polizei vernommen. Wie bereits im bulgarischen Verfahren deutlich geworden war, ergaben die Vernehmungen, dass die Lebensgefährtin von Itanov freiwillig der Prostitution nachgegangen war. Der Vorwurf der Vergewaltigung, der lediglich auf der Aussage von M. basierte, wurde von Itanov bestritten. Der deutsche Haftbefehl wurde am 07.08.2012 aufgehoben und das Ermittlungsverfahren gemäß §170 Abs. 2 StPO eingestellt.[896]

b) Analyse

Die Übergabe des Betroffenen stellt einen Eingriff in sein Recht auf Freiheit gemäß Art. 6 GRC und Art. 5 EMRK und in sein Recht auf Privat- und Familienleben nach Art. 7 GRC und Art. 8 EMRK dar. Nach dem Grundsatz der Verhältnismäßigkeit hätte das bulgarische Gericht prüfen müssen, ob weniger einschneidende Maßnahmen in Betracht kommen. Im Hinblick auf die Aussage der Lebensgefährtin, die von deutscher Seite zur Geschädigten erklärt wurde, hätte das bulgarische Gericht zumindest erwägen können, die deutschen Behörden über seine Erkenntnisse zu informieren. Dadurch hätten nicht nur dem Betroffenen, sondern auch dem ausstellenden Staat erhebliche Nachteile z. B. finanzieller Natur erspart werden können. Zur Verweigerung der Übergabe wg. der Unverhältnismäßigkeit siehe oben.

Zwischenergebnis

Was die Wahrung der europäischen Grundrechte auf der materiellen Ebene der Übergabeentscheidung betrifft, ist die Übergabepraxis ernüchternd. Wie in Teil 1 bereits festgestellt wurde, sind die vollstreckenden Behörden im Übergabeverfahren an

893 EuHB der StA Konstanz, Az. 61 Js 24080/11.

894 Решение на ВтАС от 28.06.2012 г. по в. ч. н. д. № 172/2012 (Appellationsgericht Veliko Tarnovo, Beschluss vom 28.06.2012 in der Strafsache Nr. 172/2012).

895 Vgl. Решение № 103 от 10.04.2014 г. на ОС Велико Търново по в. гр. д. № 171/2014 (Entschädigungsverfahren vor dem Bezirksgericht Veliko Tarnovo Nr. 103 vom 10.04.2014 in der Zivilsache Nr. 171/2014).

896 StA Konstanz, Az. 61 Js 24080/11.

die europäischen Grundrechte und allgemeinen Rechtsgrundsätze gebunden. Diese Erkenntnis kann angesichts der primärrechtlichen Natur des Grundrechtsschutzes als gesichert anerkannt werden. Streit besteht lediglich hinsichtlich der Frage, ob aus dem europäischen Grundrechtsschutz Übergabehindernisse resultieren können. Die bulgarischen Gerichte vertreten hingegen die Überzeugung, dass die Grund- und Menschenrechte des Betroffenen im europäischen Übergabeverfahren keinen Platz haben. Diese Ansicht wird durch die Tatsache begünstigt, dass das bulgarische Umsetzungsgesetz keinen wie auch immer gearteten Grundrechtsvorbehalt kennt. Es wurde bereits festgestellt, dass sich aus der GRC und der EMRK zahlreiche Handlungspflichten für die vollstreckende Behörde ergeben. Auch wenn diese Pflichten die Schwelle zu einem Übergabehindernis nicht zwingend überschreiten müssen, ist ihre Einhaltung europarechtlich und völkerrechtlich obligatorisch. Die Auswertung der vorzitierten Entscheidungen hat ergeben, dass die Übergabeentscheidung in die Schutzbereiche der europäischen Grundrechte eingreift. Als praxisrelevant können Verstöße gegen das Folterverbot und das Verbot der unmenschlichen und erniedrigenden Behandlung, gegen die Freiheitsrechte oder das Recht auf ein faires Verfahren bezeichnet werden. Bei allen Entscheidungen, die eine Übergabe des Betroffenen zur Durchsetzung des legitimen Zwecks der effektiven Strafverfolgung zulassen, könnte der Grundsatz der Verhältnismäßigkeit zu einer anderen Beurteilung führen.

Ergebnis

Der eingangs angestellte Vergleich zwischen Bulgarien und den anderen Mitgliedstaaten ergab eine überdurchschnittliche Effizienz der bulgarischen Übergabepraxis. Für die erfolgreiche Durchführung des Rb-EuHB sind mehrere Faktoren ursächlich, die im Wege der Untersuchung der Ebenen der Umsetzung und Anwendung entdeckt wurden. Das bulgarische Umsetzungsgesetz wurde während der Beitrittsverhandlungen zwischen Bulgarien und der EU verabschiedet. Seinem Entwurf gingen intensive Vorbereitungsaktivitäten voraus, die unter einem integrationspolitischen Druck standen. Das Verfassungsgericht der Republik Bulgarien hat einen beachtenswerten Beitrag zur erfolgreichen Umsetzung der rahmenbeschlussrechtlichen Vorgaben geleistet. Es hat durch seine Entscheidung nicht nur die Überstellung bulgarischer Staatsangehöriger als mit der bulgarischen Verfassung vereinbar erklärt, sondern den Paradigmenwechsel unterstrichen, den der Unionsgesetzgeber mit dem EuHB erstrebt. Durch die Erklärung der Mitgliedstaaten als Partnerstaaten, die den europäischen Grundrechtsschutz wahren, verschaffte das Verfassungsgericht dem Gesetzgeber freie Bahn für die stringente Implementierung des effizienzgesteuerten, rahmenbeschlussrechtlichen Prüfungsrasters. Das AEuHBG führt ein Modell der Übergabeentscheidung ein, das weitgehend den rahmenbeschlussrechtlichen Vorgaben gerecht wird.

Die in dem bulgarischen Umsetzungsgesetz vorgesehenen obligatorischen Verweigerungsgründe werden in der Praxis entsprechend den unionsrechtlichen Vorgaben und der Auslegung der autonomen Tatbestandsmerkmale durch den EuGH angewendet. Es konnten keine Anhaltspunkte für eine Erstreckung der

Übergabehindernisse auf gesetzlich nicht vorgeschriebene Fälle festgestellt werden. Positiv hervorzuheben ist die weitgehende Einigkeit in der bulgarischen Literatur und Rechtsprechung bezüglich des weiten Verständnisses des Begriffs *derselben Tat* nach Art. 3 Nr. 2 Rb-EuHB, das den europarechtlichen Vorgaben entspricht. Dadurch wird dem individualschützenden Charakter der Vorschrift genüge getan.

Aufgrund der geringen Anzahl der Fälle, in denen die Übergabe der gesuchten Person gemäß Art. 39 AEuHBG abgelehnt wurde, kann angenommen werden, dass sich ihre praktische Auswirkung auf die effektive Strafverfolgung im Rahmen hält. Gleichwohl ist festzustellen, dass dem Interesse an effektiver Strafverfolgung gedient ist, wenn die zwingenden Verweigerungsgründe – wie in Bulgarien – restriktiv umgesetzt und angewendet werden.

Die Untersuchung der fakultativen und sonstigen Verweigerungsgründe der bulgarischen Übergabepraxis unter dem Gesichtspunkt der effektiven Strafverfolgung ergab mehrere Faktoren, die geeignet sind, die Effizienz des EuHB zu erhöhen. Zur Effizienzsteigerung wurde sogar das ursprüngliche Umsetzungsgesetz geändert und eine restriktive Anwendung der im Vorfeld des *ne bis in idem*-Prinzips angesiedelten fakultativen Verweigerungsgründe normiert. Der Vergleich des Rb-EuHB mit dem bulgarischen Umsetzungsgesetz hat ergeben, dass Art. 4 Nr. 2 und Nr. 3 Rb-EuHB in das bulgarische Recht nur zum Teil implementiert worden sind, was der Effektivität Vorschub leistet. Die Auswertung der restriktiven Umsetzung der Übergabehindernisse hat nur ein Kriterium ergeben, dass außerhalb Bulgariens transportiert werden kann. Das bulgarische Umsetzungsgesetz knüpft die Verweigerungsoptionen nach Art. 4 Nr. 2 und Nr. 3 Alt. 2 Rb-EuHB an eine zusätzliche Zeitkomponente, die der Wirksamkeit des EuHB verhilft. Dem Rb-EuHB konnte eine Begriffsbestimmung der Zeitkomponente abgewonnen werden, die für alle Mitgliedstaaten aufgrund der Pflicht zur rahmenbeschlusskonformen Auslegung bindend erschien. Zugunsten der effektiven Strafverfolgung wird deshalb in das ausbalancierte Modell das Merkmal des Eingangs des EuHB als Zeitschranke der in Art. 4 Nr. 2 und Nr. 3 Rb-EuHB aufgelisteten Übergabehindernisse aufgenommen.

Bei der Analyse der bulgarischen Übergabepraxis kam ferner als effizienzsteigernder Faktor die zielorientierte Ermessensausübung zum Vorschein. Es wurde festgestellt, dass die bulgarischen Gerichte bei den fakultativen bzw. sonstigen Verweigerungsgründen das Interesse an effektiver Strafverfolgung in ihre Entscheidung einbeziehen. Die zielorientierte Ermessensausübung kann auch von anderen Mitgliedstaaten hinsichtlich der fakultativen und sonstigen Übergabehindernisse übernommen werden. Aufgrund des fakultativen Charakters ist die Wahrung der nationalen Interessen sichergestellt. Im Übrigen kann dieses effizienzsteigernde Kriterium aus der Pflicht zur rahmenbeschlusskonformen Auslegung ohnehin abgeleitet werden.[897]

Der Tatbestand des Art. 5 Abs. 3 Rb-EuHB wurde in das bulgarische Recht für Personen nichtbulgarischer Nationalität durch den Zusatz des „ständigen“

---

897 S. oben Kap. A. III. 3. e), cc).

Wohnsitzes verschärft, was den Anwendungsbereich einengt. Dadurch wurde die Rücküberstellungsbedingung bei Personen, die sich weniger als fünf Jahre vor der Übergabe in Bulgarien aufgehalten haben, ausgeschlossen, was die Durchsetzung des EuHB erleichtert. Die Überprüfung aus Sicht des Betroffenenschutzes hat jedoch ergeben, dass die Einschränkung des Anwendungsbereichs des Art. 5 Abs. 3 Rb-EuHB dem Schutzumfang des Art. 8 EMRK nicht gerecht wird.

Die bulgarische Übergabepraxis wurde einer Untersuchung unter dem Gesichtspunkt des Betroffenenschutzes unterzogen, die sich mit formell rechtlichen und materiell-rechtlichen Fragen beschäftigte. Die Vermutung, die dem Rb-EuHB zugrunde liegt, dass der ausstellende Staat die Grundrechte des Betroffenen ausreichend beachten würde, weshalb eine Kontrolle im vollstreckenden Staat überflüssig ist, muss angesichts der praktischen Ergebnisse überdacht werden.

Auch wenn die gerichtlichen Entscheidungen bei formellen Versäumnissen des Ausstellungsstaates eher auf einer intuitiven Begründung als auf einer dogmatischen Argumentation basieren, erscheinen ihre Ergebnisse aus Sicht des Willkürverbots zutreffend. Im dritten Teil der Untersuchung muss deshalb versucht werden, das rahmenbeschlussrechtliche Modell durch die Übernahme von formellen Zulässigkeitskriterien zum Schutz des Betroffenen zu optimieren. Man könnte überlegen, ob eine Verweigerung der Übergabe bei Personenverwechslung oder fehlendem, nationalen Haftbefehl oder Entscheidung mit gleicher Wirkung aus rechtsstaatlichen Erwägungen zuzulassen wäre.

Das bulgarische Umsetzungsgesetz sieht keinen Grundrechtsvorbehalt vor, der von den vollstreckenden Gerichten im Rahmen der Übergabeentscheidung zu beachten ist. Das hat zur Folge, dass in der bulgarischen Gerichtspraxis die europäischen Grund- und Menschenrechte des Betroffenen und die allgemeinen Rechtsgrundsätze keine Beachtung finden. Die Auswertung der Entscheidungen hat gezeigt, dass sich die Annahme des Rb-EuHB, der ausstellende Staat würde für die Wahrung der Grundrechte sorgen, in der Praxis nicht immer bestätigt. Aufgrund der rahmenbeschlussrechtlichen Vorgaben deutet sich die Tendenz an, grundrechtliche Erwägungen bei der Übergabeentscheidung komplett außen vor zu lassen, was innerhalb der EU nicht hinnehmbar ist. Außerdem läuft der vollstreckende Staat auf diese Weise ernsthaft Gefahr, vom EGMR wegen Verletzung der Konvention verurteilt zu werden, was nicht in seinem Interesse liegt. Interessant ist die Tatsache, dass die bulgarischen Gerichte mit Form- und Inhaltsfehlern etwas vorsichtiger umgehen, was m. E. auf die ausführlichen Verfahrensregelungen des Rb-EuHB zurückzuführen ist. Die Achtung der europäischen Grundrechte ist zwar in Art. 1 Abs. 3 Rb-EuHB gesetzlich normiert und ergibt sich primärrechtlich ohnehin aus Art. 6 EUV. Trotzdem scheint die Unverbindlichkeit der Rahmenbeschlussregelung die Gerichte dazu zu verleiten, die europäischen Grundrechte bei der Übergabeentscheidung außer Betracht lassen.

Die Übergabe des Betroffenen wird selbst bei möglichen Verletzungen seiner Grundrechte bei Erlass des ursprünglichen Haftbefehls zugelassen. Eine Verhältnismäßigkeitsprüfung wird selbst bei schreienden Interessen des Betroffenen nicht einmal in Erwägung gezogen. Die Gefahren, die sich aus der Überstellung des

Betroffenen an den ausstellenden Staat und der nachfolgenden Strafverfolgung ergeben können, werden schlichtweg ausgeblendet. Ganz zu schweigen von den ganzen Schutzpflichten, die sich aus der EMRK ergeben und deren Beachtung in Bulgarien sogar verfassungsrechtlich geboten wäre. Insgesamt kann festgestellt werden, dass die europäischen Grundrechte, ungeachtet des Art. 6 EUV und der völkerrechtlichen Bindung an die EMRK, aus der bulgarischen Übergabepraxis verbannt wurden.

Teil 3. Verbesserung des Betroffenenschutzes

Die Untersuchung der Rechtswirklichkeit hat ergeben, dass das rahmenbeschlussrechtliche Modell der Übergabeentscheidung ein Ungleichgewicht zulasten des Betroffenen bewirkt. Entgegen der Vermutung, die dem Rb-EuHB zugrunde liegt, wird in der Praxis ein ausreichender Grundrechtsschutz durch den ausstellenden Staat nicht immer sichergestellt.[898] Die Vollstreckung des EuHB begegnet in der Praxis unterschiedlichen formell- und materiell-rechtlichen Problemen, die mit möglichen Verletzungen der europäischen Grundrechte und allgemeinen Rechtsgrundsätze verbunden sind.[899] Die Herstellung der Balance zwischen der effektiven Strafverfolgung und dem Betroffenenschutz erfordert die Komplementierung des unionsrechtlichen Prüfungsrasters. Das Gleichgewicht ist aufseiten des Betroffenen beeinträchtigt, deshalb kann für einen Ausgleich durch die Optimierung der formell- und materiell-rechtlichen Prüfungskriterien unter dem Gesichtspunkt des Betroffenenschutzes gesorgt werden. Im Folgenden werden deshalb Lösungsvorschläge ermittelt, die dazu dienen sollen, den Schutz des Betroffenen bei Versäumnissen des ausstellenden Staates in formeller und materieller Hinsicht zu stärken. Da die Balance auf keiner Seite der Waage gestört werden darf, wird bei der Entwicklung der eigenen Lösungswege das Interesse an der effektiven Strafverfolgung mitberücksichtigt.

A. Formell-rechtliche Übergabevoraussetzungen

Der Rb-EuHB erlegt die Einhaltung der formellen Voraussetzungen dem ausstellenden Staat auf und trifft keine Aussage darüber, ob und wenn ja, welche Konsequenzen der vollstreckende Staat ziehen kann. Die Untersuchung der Praxis hat ergeben, dass diesbezüglich Schwierigkeiten auftreten, die den Schutz des Betroffenen zu schwächen geeignet sind. Es müsste überlegt werden, ob der vollstreckende Staat bei formellen Fehlern die Übergabe der gesuchten Person verweigern kann, was zusätzliche Prüfungskriterien für die Übergabeentscheidung ergeben könnte. In Betracht kommen Handlungspflichten bei Ausstellung des EuHB durch eine nicht justizielle Behörde und bei Form- und Inhaltsfehlern.

I. Justizcharakter der ausstellenden Behörde

Die Frage, ob die Zuständigkeit der ausstellenden Behörde zu den allgemeinen verfahrensrechtlichen Voraussetzungen der Vollstreckung gehört, ist offen. In dem Rb-EuHB ist nicht geregelt, ob die vollstreckende Behörde die Zuständigkeit der Behörde überprüfen soll, welche den EuHB erlassen hat. Es kann deshalb nicht

898 Vgl. Teil 2, Kap. B.
899 *Ebd.*

ausgeschlossen werden, dass das Vollstreckungsverfahren durch eine unzuständige Behörde in Lauf gesetzt wird. Im klassischen Auslieferungsverkehr besteht prinzipiell eine Vermutung der Wirksamkeit der innerstaatlichen Anordnung im ersuchenden Staat. Das bedeutet, dass die abstrakte und konkrete Zuständigkeit grundsätzlich nicht nachzuprüfen sind.[900] Nachgegangen werden sollen nur ernsthaften Bedenken an der Zuständigkeit, welche die Unwirksamkeit des Haftbefehls begründen würden.[901] Im Hinblick auf den Grundsatz der gegenseitigen Anerkennung erscheint fraglich, ob die vollstreckende Behörde aus Zweifeln an der Zuständigkeit der ausstellenden Behörde das Ersuchen zurückweisen könnte. Andererseits würde es dem gesetzgeberischen Willen widersprechen, wenn ein von einer Polizeibehörde oder vom Zollamt eingereichten Ersuchen die Festnahme oder Übergabe des Verfolgten bewirkt. In ihrem Vorschlag hat die Kommission ausdrücklich darauf hingewiesen, dass die Polizei für die Ausstellung des EuHB nicht zuständig ist.[902] Die fehlende Definition des Begriffs „Justizbehörde" in dem Rb-EuHB birgt aber die Gefahr unterschiedlicher Vorgehensweisen und Unsicherheit in der Vollstreckungspraxis der Mitgliedstaaten.[903] Damit die unterschiedliche Interpretationsweise des Begriffs „Justizbehörde" kein Hindernis mehr darstellt, fordert das Europäische Parlament die Einführung eines Validierungsverfahren, bei dem eine Maßnahme der gegenseitigen Anerkennung bei Bedarf im Ausstellungsmitgliedstaat von einem Richter, einem Gericht, einem Ermittlungsrichter oder einem Staatsanwalt bestätigt werden kann.[904] Im Hinblick auf die grundsätzliche Verpflichtung[905] der Mitgliedstaaten, einen EuHB zu vollstrecken, ist die Empfehlung des Parlaments zu begrüßen. Angesichts der gravierenden Eingriffe in die Rechtsposition des Einzelnen, die mit der Vollstreckung eines EuHB einhergehen, erscheint es wichtig, dass er durch eine Justizbehörde ausgestellt wird. Durch ein Bestätigungsverfahren kann erreicht werden, dass der EuHB nur auf der Grundlage einer justiziellen Entscheidung zum Einsatz kommt, ohne die Effizienz der Strafverfolgung durch Verweigerung der Übergabe reduzieren zu müssen.

II. Formelle und inhaltliche Mängelfreiheit

Entspricht ein EuHB den formellen und inhaltlichen Anforderungen des Art. 8 Rb-EuHB, berechtigt das nach dem Konzept des Rb-EuHB nicht zur Ablehnung des Ersuchens.

900 *Vogel* in: Grützner/ Pötz (Hrsg.), § 10, Rz. 1.
901 *Ebd.*
902 KOM (2001) 522 endg., S. 8
903 Vgl. Erwägung F, Entwurf einer Entschließung des EP (2013/2109(INL)), S. 5, 7.
904 *Ebd.*, Nr. 7 a.
905 Vgl. Teil 1, Kap. B. IV. 1.

1. *Lösungsansätze in der Lehre*

In der Lehre wird es für erforderlich gehalten, dass das Übergabeersuchen eine angemessene Überprüfung der betroffenen Grundrechte erlaubt.[906] Damit wird teilweise für unvereinbar gehalten, wenn Mindestangaben nicht zu zwingenden Voraussetzungen der Zulässigkeitsentscheidung gemacht würden.[907] Hiernach muss die Übergabe verweigert werden, wenn im EuHB der Wortlaut der anwendbaren gesetzlichen Bestimmung nicht mitgeteilt wird und zwar auch dann, wenn die beiderseitige Strafbarkeit nicht zu prüfen ist und der Wortlaut der ausländischen Bestimmung den Beteiligten zuverlässig bekannt geworden ist.[908] Der Ansicht kann insoweit beigepflichtet werden, dass eine grundsätzliche Überprüfung der formellen Anforderungen möglich sein muss. Der Unionsgesetzgeber unterstellt einerseits die Einhaltung der formellen und inhaltlichen Anforderungen durch den ausstellenden Staat und trifft keine Regelung über die Zulässigkeit der Vollstreckung für den Fall, dass der EuHB die erforderlichen Angaben nicht enthält. Anderseits ist in Art. 15 Abs. 2 Rb-EuHB vorgesehen, dass die vollstreckende Behörde um zusätzliche Informationen ersuchen kann, wenn die ihr übermittelten Informationen insbesondere diese nach Art. 8 Rb-EuHB nicht ausreichen, um die Übergabeentscheidung treffen zu können. Ein Ersuchen um zusätzliche Information ergibt nur dann Sinn, wenn die vollstreckende Behörde die ihr übermittelten Informationen überprüfen kann und dadurch feststellen kann, ob zusätzliche Informationen benötigt werden. Somit kann aufgrund der Systematik des Rb-EuHB davon ausgegangen werden, dass die Form und der Inhalt des EuHB grundsätzlich einer Überprüfung durch die vollstreckende Behörde zugänglich sind. Für diese Auslegung spricht auch der Grundsatz der unionsrechtskonformen Auslegung, der gebietet, dass der Rb-EuHB grundrechtskonform ausgelegt wird.[909] Würde eine formelle oder inhaltliche Kontrolle von vornherein ausscheiden, könnte ein Verstoß gegen das durch Art. 5 EMRK normierte Willkürverbot vorliegen. In Bezug auf die Tatbeschreibung zwecks Überprüfung der beiderseitigen Strafbarkeit muss m. E. zwischen Katalogdelikten und anderen Delikten differenziert werden. Da die vollstreckenden Behörden nach dem Grundsatz der gegenseitigen Anerkennung auf die Subsumtion durch die ausstellende Behörde vertrauen müssen, erscheint das Erfordernis zusätzlicher Angaben nicht zwingend. Das erklärte Ziel des Rb-EuHB besteht darin, durch die Einführung eines neuen und vereinfachten Systems der Übergabe von Personen die Komplexität und Verfahrensverzögerungen, die dem klassischen Auslieferungsrecht innewohnen, zu beseitigen. Während nach dem klassischen Auslieferungsrecht dem Auslieferungsersuchen diverse Unterlagen hätten beigefügt werden sollen,[910] werden durch den Rb-EuHB die formellen und inhaltlichen Anforderungen auf die im Art. 8 Abs. 1 Rb-EuHB

906 *Vogel* in: Grützner/ Pötz (Hrsg.), § 10 Rz. 48.
907 *Ebd.*
908 Vertiefend *Böse* in: Grützner/ Pötz (Hrsg.), § 83a, Rz. 7 m.w. N.
909 Vgl. Teil 1, Kap. C. III. 3.
910 Vgl. Teil 1, Kap. B. IV. 2.

aufgeführten Angaben reduziert. Dieses System würde nicht funktionieren, wenn die vollstreckenden Behörden die Möglichkeit hätten, bei jedem Form- und Inhaltsfehler die Übergabe zu verweigern. Im Hinblick auf die innerhalb der EU bestehenden Möglichkeiten zum Informationsaustausch zwischen den beteiligten Behörden soll m. E. die Versagung der Überstellung als *ultima ratio* in Betracht kommen. Ansonsten könnten innerhalb der EU Strafverfolgungslücken entstehen. Wie aus Art. 15 Abs. 2 Rb-EuHB hervorgeht, ist die Nachbesserung eines lückenhaften Ersuchens möglich. Wenn die vom Ausstellungsmitgliedstaat übermittelten Informationen nicht ausreichen, damit die Vollstreckungsbehörde entscheiden kann, soll sie sich um die unverzügliche Übermittlung der notwendigen zusätzlichen Informationen bemühen. Im traditionellen Auslieferungsverkehr hätte ein Auslieferungsersuchen auch nicht an formellen Unzulänglichkeiten scheitern sollen.[911]

2. *Lösungsansätze in der Rechtsprechung des EuGH*

Nach der Rechtsprechung des EuGH können die Mitgliedstaaten die Vollstreckung eines EuHB nur in den Fällen ablehnen, in denen sie gemäß Art. 3 des Rahmenbeschlusses abzulehnen ist oder gemäß Art. 4 oder 4a des Rahmenbeschlusses abgelehnt werden kann.[912] GA *Sharpston* beschäftigte sich mit dieser Frage und vertritt in ihren Schlussanträgen in der Sache *Radu*[913] die Auffassung, dass die vollstreckende Behörde die Übergabe ablehnen kann, wenn eine Verletzung wesentlicher Formvorschriften beim Erlass des Haftbefehls nachgewiesen wird. Wenn z. B. aus dem EuHB das Vorliegen eines nationalen Haftbefehls entgegen Art. 8 Abs. 1 lit. c Rb-EuHB nicht ordnungsgemäß hervorgehe, sollte der EuHB aus ihrer Sicht nicht vollstreckt werden.[914] Der EuGH hat sich nicht explizit dazu geäußert, welche Folgen etwaige Formfehler des EuHB nach sich ziehen können.

3. *Stellungnahme (und formelle Wirksamkeitshindernisse)*

Im Rahmen der Übergabeentscheidung ist zwischen geringfügigen Verstoßen, insbesondere solchen die durch Anfordern zusätzlicher Informationen behoben werden können und solchen, die eine Grundrechtsverletzung zur Folge hätten, zu differenzieren. Dabei ist der Schutz des Betroffenen vor willkürlichen Freiheitsentziehungen gegen das Interesse an effektiver Strafverfolgung abzuwägen. Nach dem Grundsatz

---

911 Vgl. Teil 1, Kap. B. IV. 2.

912 Vgl. in diesem Sinne EuGH, Urteil vom 01.12.2008, Rs. C-338/08 PPU (*Leymann und Pustovarov*), Slg. 2008, I-8983, Rz. 51, EuGH, Urteil vom 29.01.2013, Rs. C-396/11 (*Radu*), noch nicht in der amtl. Slg. veröff., Rz. 34, EuGH, Urteil vom 16.11.2010, Rs. C-261/09 (*Mantello*), Slg. 2010, I-11477, Rz. 37.

913 EuGH, Urteil vom 29.01.2013, Rs. C-396/11 (*Radu*), noch nicht in der amtl. Slg. veröff.

914 GA *Sharpston*, Schlussanträge zu EuGH, Urteil vom 29.01.2013, Rs. C-396/11 (*Radu*), noch nicht in der amtl. Slg. veröff., Rz. 95.

der gegenseitigen Anerkennung kann sich die vollstreckende Behörde grundsätzlich darauf verlassen, dass der EuHB ordnungsgemäß erlassen worden ist. Das bedeutet, dass die Übergabe des Betroffenen an den ausstellenden Staat nicht automatisch bei jedem Verstoß gegen Verfahrensvorschriften verweigert werden kann. Andererseits kann sich die grundsätzliche Übergabeverpflichtung nur auf wirksame EuHB beziehen. Im ersten Teil der Arbeit wurde festgestellt, dass der ausstellende Staat die rahmenbeschlussrechtlichen Vorgaben bezüglich der Zuständigkeit der ausstellenden Behörde und der formellen und inhaltlichen Anforderungen, die an den EuHB gestellt werden, einhalten muss. In diesem Kontext erscheint einleuchtend, dass für die Fälle vorgesehen, dass der EuHB durch eine nicht justizielle Behörde erlassen wurde oder ihm formelle Versäumnisse anhaften, kein ausdrücklicher Verweigerungsgrund vorgesehen wurde. Andererseits kann davon ausgegangen werden, dass sich die grundsätzliche Vermutung der Ordnungsmäßigkeit des EuHB auf solche Entscheidungen bezieht, die nicht offensichtlich unwirksam sind. M. a. W. ist der vollstreckende Staat grundsätzlich verpflichtet einen EuHB zu vollstrecken, es sei denn, dass ein Fehler vorliegt, der die Wirksamkeit des Fahndungsmittels zu annullieren geeignet ist. Der Europäische Rat hat beteuert, dass inhaltliche Anforderungen an den EuHB, die über Art. 8 Abs. 1 Rb-EuHB hinausgehen, dem Grundsatz der gegenseitigen Anerkennung widersprechen.[915]

Da die vollstreckende Behörde den Betroffenen vor willkürlichen Eingriffen in seine Freiheit beschützen muss, ist sie verpflichtet, etwaigen Zweifeln bezüglich der Identität zwischen ihm und der gesuchten Person nachzugehen. Ansonsten liefe die Behörde Gefahr, die falsche Person zu übergeben und ihre Persönlichkeitsrechte zu verletzen, weil sich mit dem EuHB lediglich die Übergabe der gesuchten Person rechtfertigen lässt. Die effektive Strafverfolgung wäre hingegen durch die Verweigerung der Übergabe einer falschen Person nicht beeinträchtigt, weil dadurch die Durchsetzung des staatlichen Strafanspruchs nicht vereitelt wird. Alle Mitgliedstaaten sind bei der Ausstellung und Vollstreckung des EuHB an die EMRK und die GRC gebunden. Die Verfolgung der falschen Person und die damit einhergehenden Grundrechtsverletzungen würden den Verpflichtungen der Mitgliedstaaten aus der Charta und der EMRK widersprechen. Somit lässt sich die Übergabe eines Betroffenen, der zur Strafverfolgung im ausstellenden Staat gerade nicht gesucht wird, mit dem Willkürverbot kaum vereinbaren. In diesem Zusammenhang ist die Entscheidung des deutschen Gesetzgebers zu begrüßen, die Freilassung der Person in Art. 22 Abs. 3 IRG vorzuschreiben, wenn sich ergibt, dass der Ergriffene nicht die Person ist, auf die sich das Ersuchen bezieht.

Die vollstreckende Behörde muss sich ferner vom Vorliegen eines nationalen Haftbefehls überzeugen, bevor die Übergabe der gesuchten Person zugelassen wird. Der EuHB stellt per Definition die einen nationalen Haftbefehl nachfolgende justizielle Entscheidung dar.[916] Fehlt ein nationaler Haftbefehl oder eine andere

915 *Rohlff*, S. 113, *Freund*, S. 260, Ratsdok. 8302/4/09 REV 4, Anlage, S. 12.
916 Vgl. Teil 1, Kap. B. II.

vollstreckbare Entscheidung mit gleicher Wirkung, ist die vollstreckende Behörde nicht verpflichtet, die Übergabe der gesuchten Person zuzulassen. Die Angabe der nationalen Haftentscheidung in dem Formblatt ist hingegen als Beweis für seine Existenz ausreichend, da hier dem Ersuchen anders als im Auslieferungsverkehr keine zusätzlichen Urkunden beizufügen sind.[917] Da ein hohes Maß an Vertrauen zwischen den Mitgliedstaaten die Grundlage für den Mechanismus des EuHB bildet[918], muss die vollstreckende Behörde grundsätzlich auf die Richtigkeit der angegebenen Informationen vertrauen. Gemäß Art. 10 Abs. 4 Rb-EuHB kann die ausstellende Behörde den EuHB durch jedes sichere Mittel, das dem Vollstreckungsstaat die Feststellung der Echtheit gestattet, übermitteln. Dadurch wird die ausdrückliche Möglichkeit eröffnet, den EuHB per Fax oder E-Mail zu übermitteln. Die vollstreckende Behörde kann außerdem gemäß Art. 15 Abs. 2 Rb-EuHB um Übermittlung des Originals des EuHB ersuchen, falls die eingereichte Kopie aus ihrer Sicht nicht ausreichend ist. Aus den dargelegten Gründen erscheint eine Verweigerung der Übergabe beim fehlenden Original mit den Vorgaben des Rb-EuHB unvereinbar. Anders ist der Fall zu entscheiden, wenn dem EuHB kein nationaler Haftbefehl bzw. Entscheidung mit gleicher Wirkung zugrunde liegt. Da sich die grundsätzliche Vollstreckungsverpflichtung auf wirksame EuHB bezieht, soll in solchen Fällen die Nichtzulassung der Übergabe möglich sein. Das Fehlen einer nationalen Entscheidung eines Mitgliedstaates führt zur Unwirksamkeit des EuHB, weil das Übergabeersuchen ohne eine mitgliedstaatliche Strafentscheidung, in der die Freiheitsentziehung des Betroffenen angeordnet ist, gegenstandslos wird.

Bevor die Vollstreckung aufgrund der fehlenden Informationen verweigert wird, soll die vollstreckende Behörde Versuche unternehmen, die erforderlichen Informationen von der ersuchenden Behörde zu bekommen. Hierzu ist auf die Möglichkeit hinzuweisen, mittels der Kontaktstellen des EJN[919] von der zuständigen Ausstellungsstelle die notwendigen Angaben anzufordern. Da die Vollstreckung des EuHB im Interesse des ausstellenden Staates liegt, kann davon ausgegangen werden, dass dieser bei Bedarf Abhilfe leisten und die notwendigen Informationen beschaffen wird. Derzeit wird an einem e-CODEX[920] gearbeitet, der den elektronischen Austausch

---

917 Vgl. Teil 1, Kap. B. IV. 2. b).

918 Erwägungsgrund 10 zum Rb-EuHB.

919 Ziel des Europäischen Justiziellen Netzes in Strafsachen (EJN) ist es, die Zusammenarbeit zwischen den Mitgliedstaaten der EU, insbesondere bei der Bekämpfung schwerer Kriminalität, durch die Unterstützung und Beschleunigung justizieller Zusammenarbeit, die Bereitstellung rechtlicher und praktischer Informationen für zuständige Behörden sowie die Hilfestellung bei Rechtshilfeersuchen zu verbessern. Die ausstellende Behörde kann gemäß Art. 10 Abs. 2 Rb-EuHB den EuHB über das gesicherte Telekommunikationssystem des EJN übermitteln (Gemeinsame Maßnahme vom 29.06.1998 zur Errichtung eines Europäischen Justiziellen Netzes, ABl. L 191 vom 17.07.1998, S. 4).

920 Mehr dazu unter http://www.e-codex.eu/pilots/european-arrest-warrent.html (Stand: 19.09.2015).

von Akten betreffend des EuHB zwischen den Justizbehörden ermöglichen soll.[921] Wenn der elektronische Austausch von Informationen zwischen den beteiligten Justizbehörden reibungslos funktioniert, besteht kein Grund für die Versagung der Vollstreckung. Solange sich der Informationsaustausch in der Praxis immer noch zeitaufwendig gestaltet, sollen die ausstellenden Behörden dafür Sorge tragen, dass den inhaltlichen Anforderungen genüge getan wird. Dadurch können Ersuchen um Zusatzinformationen und zeitliche Verzögerungen von vornherein vermieden werden.[922] Es soll auch an die vollstreckenden Behörden appelliert werden, die bestehenden Möglichkeiten zu nutzen und den Kontakt zu der Ausstellungsbehörde zu suchen, bevor dem Ersuchen eine Absage erteilt wird.

Werden die Form- und Inhaltsfehler im Wege der Kommunikation zw. den Justizbehörden der beteiligten Staaten nicht behoben, stellt sich die Frage, ob die vollstreckende Behörde die Übergabe verweigern kann.

B. Der europäische *ordre public*

Die Verwirklichung der Wirkungen des EuHB kann für die gesuchte Person gravierende Konsequenzen wie den Entzug der Freiheit, die Entfernung von der Familie und der sozialen Umgebung, den Arbeitsplatzverlust, psychische Belastung etc. haben. Deshalb stellt sich im Verfahren der Vollstreckung des EuHB die Frage, ob den vollstreckenden Staat neben den Pflichten gegenüber dem ausstellenden Staat bestimmte Schutzpflichten gegenüber dem Individuum treffen. In diesem Kontext wird die Frage diskutiert, ob sich aus der Verletzung von grund- und menschenrechtlich gesicherten Positionen ein Übergabehindernis ergeben kann. Das Problem gewinnt an Brisanz vor allem vor dem Hintergrund, dass die beteiligten Staaten nach dem Grundsatz der gegenseitigen Anerkennung darauf vertrauen sollen, dass die Grund- und Menschenrechte der gesuchten Person in jedem Mitgliedstaat gewahrt werden. Das Eingreifen menschenrechtlicher Erwägungen als Übergabehindernisse ist geeignet, das gegenseitige Vertrauen der Mitgliedstaaten als tragende Säule des neuen Übergabesystems ins Wanken zu bringen. Es handelt sich also um eine äußerst schwierige und politische Frage, die sich im Fluss befindet und z. Z. unbeantwortet ist. Dem Rb-EuHB kann keine eindeutige Stellungnahme dazu entnommen werden, ob Grund- und Menschenrechte als Vollstreckungshindernis in Betracht kommen.[923] Die Frage, ob der vollstreckende Staat die Übergabe der gesuchten Person aus grund- und menschenrechtlichen Erwägungen verweigern kann, gehört zu den umstrittensten Fragen im Europäischen Strafrecht überhaupt. Im Folgenden werden die einzelnen Lösungsansätze systematisiert dargestellt.

921 *Brodowski*, ZIS 2013, S. 470.
922 Ratsdok. 8302/4/09 REV 4, Anlage, S. 20.
923 Vgl. *Rohlff*, S. 57.

I. Lösungsansatz des EuGH

1. *Die* Radu*-Entscheidung*

Nach den Grundsatzentscheidungen des EuGH in Sachen Radu, Melloni und Jeremy F. können die Mitgliedstaaten die Vollstreckung eines EuHB nur in den Fällen ablehnen, in denen sie gemäß Art. 3 des Rahmenbeschlusses abzulehnen ist oder gemäß Art. 4 oder 4a des Rahmenbeschlusses abgelehnt werden kann. Außerdem kann die vollstreckende Justizbehörde die Vollstreckung eines EuHB nur an die in Art. 5 des Rahmenbeschlusses angeführten Bedingungen knüpfen.[924]

In der Sache *Radu* wurde der EuGH vom Berufungsgericht Constanta im Wege der Vorabentscheidung ersucht, über die grund- und menschenrechtliche Auslegung des Rb-EuHB zu befinden. Es ging – verkürzt dargestellt – um die Übergabe des rumänischen Staatsangehörigen Radu aufgrund von vier EuHB zum Zwecke der Strafverfolgung in Deutschland. In der Verhandlung vor dem rumänischen Berufungsgericht trug Radu vor, dass die Vollstreckung der EuHB abgelehnt werden müsse, weil sie unter Verletzung seiner Verteidigungsrechte ausgestellt worden seien. Zur Begründung führt er aus, dass die EuHB ausgestellt worden seien, ohne dass er von den ausstellenden Justizbehörden vor der Ausstellung dieser Haftbefehle angehört worden sei, was aus seiner Sicht einen Verstoß gegen Art. 47 und 48 der Charta sowie Art. 6 EMRK darstelle.

In dem Vorabentscheidungsverfahren vor dem EuGH fragte das rumänische Gericht, ob es die Vollstreckung des EuHB ablehnen darf, wenn der EuHB unter Verstoß gegen die Grundrechte der gesuchten Person ausgestellt wurde, obwohl ein solcher Ablehnungsgrund weder in dem Rb-EuHB noch in den umsetzenden nationalen Rechtsvorschriften vorgesehen sei. Zu diesem spannenden Themenkreis hat der EuGH nicht wirklich Stellung genommen[925]. Stattdessen konzentriert er sich darauf zu erklären, warum die Übergabe nicht mit der Begründung abgelehnt werden kann, dass die ausstellende Justizbehörde die gesuchte Person vor der Ausstellung dieses Haftbefehls nicht angehört hat.[926] In diesem Zusammenhang traf das Gericht seine grundsätzliche Aussage zu dem abschließenden Charakter der Übergabehindernisse.[927] Eine Abwägung zwischen den Grundrechten der gesuchten Person und den Zielen des Rb-EuHB wird von EuGH nicht vorgenommen. Der Rb-EuHB sei darauf gerichtet, die justizielle Zusammenarbeit zu erleichtern und

---

924 EuGH, Urteil vom 29.01.2013, Rs. C-396/11 (*Radu*), noch nicht in der amtl. Slg. veröff., Rz. 31, EuGH, Urteil vom 26.02.2013, Rs. C-399/11 (*Melloni*), noch nicht in der amtl. Slg. veröff., Rz. 38, EuGH, Urteil vom 30.05.2013, Rs. C-168/13 (*Jeremy F.*), noch nicht in der amtl. Slg. veröff., Rz. 36.

925 Vgl. *Böhm*, StraFO 2013, S. 183.

926 EuGH, Urteil vom 29.01.2013, Rs. C-396/11 (*Radu*), noch nicht in der amtl. Slg. veröff., Rz. 31.

927 Vgl. *Böhm*, StraFo 2013, S. 177 ff.; *Brodowski*, HRRS 2013, S. 54 ff.; *Gaede*, NJW 2013, S. 1279 ff.; *Streinz*, JuS 2013, S. 661 ff.; *Vogel*, StV 2013, S. I.

zu beschleunigen, um zur Verwirklichung des der Union gesteckten Ziels beizutragen, zu einem Raum der Freiheit, der Sicherheit und des Rechts zu werden.[928] Zur Erreichung dieses Ziel soll durch den Rb-EuHB ein neues System der Übergabe von Personen eingeführt werden, das auf dem Prinzip der gegenseitigen Anerkennung basiert.[929] Dieses Prinzip beruht auf der Vermutung, dass alle Mitgliedstaaten einen ausreichenden und gleichwertigen Grundrechtsschutz gewährleisten.[930] Ob etwaige schutzwürdige Belange des Betroffenen der Übergabe entgegengehalten werden können, diskutiert der EuGH nicht.

Es ließ sich zunächst nicht abschließend beurteilen, ob dem Urteil des EuGH in der Sache Radu eine abschließende Aussage dahingehend zu entnehmen ist, dass dem jeweiligen Vollstreckungsmitgliedstaat eine Grundrechtsprüfung grundsätzlich verwehrt sei.[931] Ein solches Verständnis möchte man gerade nicht innerhalb der EU, die eine Rechts- und Wertegemeinschaft ist, und auch nicht unter dem Deckmantel der gegenseitigen Anerkennung akzeptieren.[932] Es soll abgewartet werden, wie der EuGH in einer Vorlegungssache entscheiden wird, wo „die Rechtswidrigkeit des erlassenen EuHB auf der Stirn steht"[933]. Fakt ist aber, dass der EuGH mit seiner Entscheidung der Haltung der bulgarischen Gerichte Vorschub leistet. Stellt man die vorgenannten bulgarischen Entscheidungen, wo die Grund- und Menschenrechte vom Übergabeverfahren verbannt werden, den Ausführungen des EuGH gegenüber, erstaunt das Ergebnis. Denn die Praxis der bulgarischen Gerichte wird durch den EuGH zumindest dem ersten Anschein nach bestätigt. Es ist bedenklich, wenn es aus Sicht des EuGH unerheblich wäre, ob für die Tat im ausstellenden Staat eine unmenschliche oder erniedrigende Behandlung gar eine Todesstrafe vorgesehen ist.[934]

2. *Gutachten des EuGH über den Beitritt der EU zur EMRK*

Dem aktuellen Gutachten[935] über den Beitritt der EU zur EMRK[936] können weitere Erkenntnisse über den Standpunkt des EuGH hinsichtlich der zuvor aufgeworfenen Frage entnommen werden. Hier weist der oberste Gerichtshof der EU auf die „fundamentale Bedeutung" des Grundsatzes der gegenseitigen Anerkennung für

928 EuGH, Urteil vom 29.01.2013, Rs. C-396/11 (*Radu*), noch nicht in der amtl. Slg. veröff., Rz. 34.
929 *Ebd.*, Rz. 33.
930 *Callewaert*, StV 2014, S. 507.
931 Vgl. *Böhm*, StraFo 2013, S. 182; *Brodowski*, HRRS 2013, S. 54; *Gaede*, NJW 2013, S. 1279; *Streinz*, JuS 2013, 661; *Vogel*, StV 2013, S. I.
932 OLG München, Beschluss vom 15.05.2013, Az. OLG A. 31 A. A 442/13 (119/13), Rz. 8.
933 *Böhm*, StraFo 2013, S. 183.
934 Решение на Софийския апелативен съд № 176 от 19.03.2007 г. (Appellationsgericht Sofia, Beschluss Nr. 176 vom 19.03.2007).
935 Gutachten 2/13 des Gerichtshofes (Plenum) vom 18. Dezember 2014.
936 *Ebd.*

die Schaffung und Aufrechterhaltung eines Raums ohne Binnengrenzen.[937] Dieser Grundsatz verlangt laut EuGH von jedem Mitgliedstaat, dass dieser grundsätzlich davon ausgeht, dass alle anderen Mitgliedstaaten das Unionsrecht und insbesondere die dort anerkannten Grundrechte beachten.[938] Bei der Durchführung des Unionsrechts können die Mitgliedstaaten somit unionsrechtlich verpflichtet sein, die Beachtung der Grundrechte den übrigen Mitgliedstaaten zu unterstellen.[939] In solchen Fällen haben die Mitgliedstaaten grundsätzlich keine Möglichkeit zu prüfen, ob ein anderer Mitgliedstaat in einem konkreten Fall die durch die Union gewährleisteten Grundrechte tatsächlich beachtet hat.[940]

3. Bewertung

Die Rechtsprechung des EuGH kann m. E. nur unter Gesamtwürdigung aller oben zitierten Aussagen verstanden werden. Der Sache ist wenig gedient, wenn man versucht, sich die Sicht des EuGH allein aufgrund der Rs. Radu zu erschließen. In diesem Fall beschäftigt sich der EuGH mit der Erforderlichkeit der Anhörung vor Ausstellung eines EuHB und beantwortet konkret diese Frage. Es mag sein, dass der Gerichtshof im Zusammenhang mit der Vorlagefrage nach der Verweigerungsfähigkeit aus grundrechtlichen Erwägungen die enumerative Aufzählung der Verweigerungsgründe des Rb-EuHB postuliert hat. Richtig ist auch, dass der EuGH mit solchen Ausführungen für Verunsicherung in grundrechtsbewussteren Staaten sorgt und gleichzeitig die grundrechtsunfreundliche Praxis der bulgarischen Gerichte bestätigt. Auch wenn sich der EuGH nicht ausschließlich als Menschenrechtsgerichtshof versteht, soll man m. E. innerhalb der vielfältigen EU die vorgenannten Auswirkungen im Blick behalten. Der Lösung des Problems ist aber allein mit der Kritik an dem EuGH auch nicht weitergeholfen. Da der EuGH als oberste Instanz in der EU für die Wahrung und Einhaltung der EU-Verträge zuständig ist,[941] lohnt sich eine aufgeschlossene Auseinandersetzung mit seinem Verständnis. In diesem Sinne ist das vorgenannte Gutachten zum EMRK-Beitritt besonders ergiebig. Laut EuGH ist ein Mitgliedstaat nach dem Grundsatz der gegenseitigen Anerkennung verpflichtet zu unterstellen, dass alle anderen Mitgliedstaaten die Grundrechte der Person beachten. Auf die Übergabe aufgrund des EuHB bezogen, bedeuten die oben zitierten Aussagen des Gerichtshofs, dass eine vollstreckende Stelle diese nicht deswegen verweigern kann, weil der Ausstellungsmitgliedstaat die Grundrechte des Betroffenen verletzt hat bzw. verletzen wird. Ein negatives Votum würde seiner Verpflichtung, der Rechtsordnung des ausstellenden Mitgliedstaats und dem dort bestehenden Grundrechtsschutz zu vertrauen, widersprechen. Die Evaluation der Rechtswirklichkeit ergab, dass der ausstellende Staat nicht immer die Grundrechte

---

937 Gutachten 2/13 des Gerichtshofes (Plenum) vom 18. Dezember 2014, Rz. 191.
938 *Ebd.*
939 *Ebd.*, Rz. 192.
940 *Ebd.*
941 Vgl. Teil 1, Kap. C. IV. 1.

der gesuchten Person ausreichend beachtet. In bestimmten Fällen (vor allem wenn die Grundrechtsbeeinträchtigung vor dem Eingang des EuHB zurückliegt) kann der vollstreckende Staat erkennen, dass der EuHB die Grundrechte des Betroffenen verletzt. Es stellt sich deshalb die Frage, ob dem vollstreckenden Staat die Möglichkeit zu eröffnen ist, in bestimmten Fällen zum Schutz des Betroffenen die Überstellung zu verweigern. Man könnte meinen, dass den Grundrechten wegen ihrer überragenden Bedeutung das größere Gewicht beizumessen ist, weshalb die Frage zu bejahen ist. Dem könnte aber das Postulat des gegenseitigen Vertrauens entgegenstehen, das als Fundament des Anerkennungskonzeptes dient.

Der Grundsatz der gegenseitigen Anerkennung bildet die Grundlage der justiziellen Zusammenarbeit in Zivil- und Strafsachen zw. den Mitgliedstaaten, die ein wichtiger Baustein des Raums der Freiheit, Sicherheit und des Rechts darstellt. An prominenter Stelle eröffnet Art. 3 abs. 2 EUV, dass sich die Union zum Ziel gesetzt hat, ihren Bürgern einen Raum der Freiheit, der Sicherheit und des Rechts ohne Binnengrenzen zu bieten. In dem einheitlichen Raum soll sich der Einzelne einerseits ungehindert von Grenzkontrollen, andererseits aber auch sicher vor kriminalitätsbedingten Gefahren bewegen können.[942] Der RFSR lässt sich insofern auch als Komplementärziel zum Binnenmarkt verstehen. Er ist aus der Erkenntnis entstanden, dass es auf Dauer nicht möglich ist, die grenzüberschreitenden Freiheiten wesentlich zu erhöhen, ohne parallel Sicherheit und Recht grenzüberschreitend zu entwickeln.[943] Würden Strafverfolgungsbehörden nicht in der Lage sein, flüchtige Straftäter der Verantwortung zuzuführen, könnten dadurch Gefahren für den Binnenmarkt entstehen.[944] Kaum ein Integrationsziel der Union vermochte in der Vergangenheit eine solche Bedeutung zu erlangen wie das Binnenmarktziel, das als Motor für Wachstum und Wohlstand in der EU gilt.[945] Mit der Positionierung des RFSR in Art. 3 Abs. 2 EUV haben die Mitgliedstaaten deutlich gemacht, dass dieser operative Teil des Unionsrechts in den nächsten Jahren eine zentrale Position im weiteren Verlauf der Integration einnehmen wird.[946] Aus Sicht des EuGH soll das Prinzip der gegenseitigen Anerkennung nicht außer Kraft gesetzt werden, indem die Mitgliedstaaten verpflichtet werden, den Grundrechtsschutz in einem anderen Mitgliedstaat zu überprüfen.[947] Dadurch könnte das Gleichgewicht, auf dem die Union beruht, sowie die Autonomie des Unionsrechts beeinträchtigt wird.[948] Der Erfolg der EU hängt von der Fähigkeit ab, ihre Mitgliedstaaten zusammenzuführen, um auf der Basis gemeinsamer Grundwerte die Unionsziele zu verwirklichen.[949] In diesem Sinne hat das gegenseitige Vertrauen zw. den Mitgliedstaaten existenzielle

942 *Weiß/ Satzger* in: Streinz (Hrsg.), Art. 67, Rz. 26.
943 *Suhr* in: Calliess/ Ruffert, Art. 67, Rz. 73, 76.
944 *Vogel* in: Grabitz/ Hilf/ Nettesheim (Hrsg.), Art. 82, Rz. 5.
945 *Terchechte* in: Grabitz/ Hilf/ Nettesheim (Hrsg.), Art. 3, Rz. 46.
946 *Craig*, S. 337.
947 Gutachten 2/13 des Gerichtshofes (Plenum) vom 18. Dezember 2014, Rz. 192.
948 *Ebd.*
949 *von Bogdandy* in: ders./ Bast (Hrsg.), S. 53.

Bedeutung für den Bestand der EU und es wäre kontraproduktiv, dieses bei jedem geringfügigen Verstoß gegen die Grundrechte zu sabotieren. Der neuralgische Punkt des gesamten Modells sind letztlich die Grenzen des Vertrauens und damit verbunden die Sicherung der Individualrechte.[950] Es leuchtet ein, wenn der EuGH konstatiert, dass die grundsätzliche Verpflichtung zum gegenseitigen Vertrauen nur *ausnahmsweise* und beim Vorliegen von *außergewöhnlichen Umständen* widerlegt wird.[951] Zur Auslegung des Merkmals „außergewöhnliche Umstände" verweist der Gerichtshof auf seine Entscheidungen in den Rechtssachen *N.S.* und *Melloni.*

4. EuGH, Urteil vom 21.11.2011, Rs. C-411/10 und C-493/10 (N.S.)

Diese Entscheidungen betreffen die Vereinbarkeit von mitgliedstaatlichen Maßnahmen im Rahmen des Gemeinsamen Europäischen Asylsystems. In diesem Urteil trifft der EuGH grundsätzliche Aussagen zur Reichweite des gegenseitigen Vertrauens und erklärt, dass das Unionsrecht keine unwiderlegbare Vermutung der Achtung der Grundrechte durch die Mitgliedstaaten zulässt.[952] Das Gericht erläutert, unter welchen außergewöhnlichen Umständen die Vermutung, dass alle Mitgliedstaaten die Unionsgrundrechte beachten, keine Geltung hat. Einige Autoren schlagen vor, die N.S.-Linie auf das europäische Haftbefehlsverfahren anzuwenden[953], weshalb sich eine nähere Auseinandersetzung damit lohnt.

Der Entscheidung lag folgender Sachverhalt zugrunde: Der afghanische Staatsangehörige N.S. reiste über Griechenland nach Großbritannien ein und stellte dort einen Asylantrag. Im Juli 2009 wurde ihm angekündigt, dass er im August jenen Jahres an Griechenland überstellt werde, weil nach der maßgeblichen „Dublin II-Verordnung" Nr. 343/2003[954] für die Prüfung des Asylantrags der griechische Staat zuständig war. Obwohl GR nach den entsprechenden Regelungen zu den „sicheren Drittstaaten" zählt, in welche eine Rückführung prinzipiell zulässig ist, wies N.S. auf die Gefahr hin, dass es aufgrund der schlechten Bedingungen für Antragssteller im griechischen Asylverfahren zu einer Missachtung seiner Menschenrechte kommen

---

950 *Suhr* in Calliess/ Ruffert, Art. 82, Rz. 7.

951 Gutachten 2/13 des Gerichtshofs (Plenum) vom 18. Dezember 2014, Rz. 192.

952 EuGH, Urteil vom 21.11.2011, verb. Rs C-411/10 u. C-493/10 (*N.S.*), Slg. 2011, I-13905, Rz. 99.

953 *Janssens*, S. 206, für eine allgemeine Anwendung der N.S.-Rechtsprechung auf den Bereich des Inneren und der Justiz sprechen sich *Canor*, ZaöRV 2013, S. 260 und *Franzius*, ZaöRV 2015, S. 408.

954 Verordnung (EG) Nr. 343/2003 des Rates vom 18. Februar 2003 zur Festlegung der Kriterien und Verfahren zur Bestimmung des Mitgliedstaats, der für die Prüfung eines von einem Drittstaatsangehörigen in einem Mitgliedstaat gestellten Asylantrags zuständig ist (ABl. L 50, S. 1).

könnte.[955] Der EuGH wurde gefragt, ob die Behörden eines Mitgliedstaats unter den bekannten Umständen verpflichtet sind, vor der Abschiebung zu prüfen, ob der aufnehmende Staat die Grundrechte tatsächlich beachtet.

In seinem Urteil weist der Gerichtshof zunächst darauf hin, dass das Gemeinsame Europäische Asylsystem in einem Kontext entworfen wurde, der die Annahme zulässt, dass alle daran beteiligten Staaten die Grundrechte beachten, und dass die Mitgliedstaaten insoweit ein gegenseitiges Vertrauen ineinander haben dürfen. Dennoch könnte die Überstellung eines Asylbewerbers mit Art. 4 der Charta unvereinbar sein, wenn eine unmenschliche oder erniedrigende Behandlung der an diesen Mitgliedstaat überstellten Asylbewerber zu befürchten wäre. Das sei dann der Fall, wenn das Asylverfahren und die Aufnahmebedingungen für Asylbewerber im zuständigen Mitgliedstaat systemische Mängel aufweisen.[956] In diesem Fall sei die Geltung einer unwiderlegbaren Vermutung, dass die Grundrechte des Asylbewerbers in dem für die Entscheidung über seinen Antrag normalerweise zuständigen Mitgliedstaat beachtet werden, unvereinbar mit der Pflicht der Mitgliedstaaten zu grundrechtskonformer Auslegung und Anwendung des Unionsrechtsaktes.[957]

5. *Bewertung*

Der EuHB kann wie das europäische Asylsystem nur erfolgreich sein, wenn das „Sprungbrett", auf dem er basiert, dass sich die teilnehmenden Staaten gegenseitig vertrauen, aufrechterhalten wird. In der vorgenannten Entscheidung tritt der Konflikt zwischen den Verpflichtungen eines Mitgliedstaats, die sich aus einer sekundärrechtlichen Norm ergibt und der Bindung an die europäischen Grundrechte zutage. In der Normenpyramide „übertrumpft" der Schutz der europäischen Grundrechte konfligierende Verpflichtungen, die sich aus dem Sekundärrecht ergeben. Der EuGH entbindet die Mitgliedstaaten von den Verpflichtungen, die sich aus den Rechtsvorschriften der EU ergeben, wenn deren Befolgung eine Verletzung der durch die Charta geschützten Grundrechte zur Folge haben würde.[958] Das ist einleuchtend, denn ein schematisches blindes Vertrauen erscheint unter dem Gesichtspunkt des

955 Zwischen den Verfahrensbeteiligten war unstreitig, dass im Jahr 2010 fast 90% der illegalen Einwanderer über Griechenland in die Union gelangten, sodass die auf diesem Staat liegende Last außer Verhältnis zu der Belastung der anderen Mitgliedstaaten steht und es den griechischen Behörden tatsächlich unmöglich ist, diesen Zustrom zu bewältigen. In der Tat weist das nationale Gericht darauf hin, dass in Griechenland die Asylverfahren schwere Mängel aufwiesen und die Asylgewährungsquote äußerst niedrig, der Rechtsweg unzureichend und schwer zugänglich und die Aufnahmebedingungen für Asylbewerber unzureichend seien.

956 EuGH, Urteil vom 21.11.2011, verb. Rs C-411/10 u. C-493/10 (*N.S.*), Slg. 2011, I-13905, Rz. 86.

957 *Ebd.*, Rz. 99.

958 *Canor*, ZaöRV 2013, S. 249

Betroffenenschutzes unvertretbar, zumal die praktische Untersuchung ergeben hat, dass innerhalb der EU tatsächliche Gefährdungslagen für die überstellte Person entstehen können.[959] Der vom EuGH vorgeschlagene Lösungsweg bedeutet nicht, dass ein Mitgliedstaat *jede Verletzung* oder den *geringsten Verstoß* gegen Grundrechte zum Anlass nehmen kann, sich von der sekundärrechtliche Pflicht zu befreien. Unter dem Prinzip des gegenseitigen Vertrauens zwischen den Mitgliedstaaten besteht die Kooperation, *solange* alle Mitgliedstaaten wesentliche Unionsgrundrechte befolgen. Liegen demgegenüber Beweise vor, dass in einem Mitgliedstaat systematische Verletzungen stattfinden, werden andere Mitgliedstaaten von der Beachtung des Unionsrechts suspendiert.[960] Der zur Befreiung von sekundärrechtlichen Pflichten für erforderlich gehaltene „systemische Mangel" wurde von EuGH nicht konkret definiert. Die fehlende Begriffsbestimmung auf europäischer Ebene hat die deutschen Verwaltungsgerichte veranlasst, dem Begriff Konturen zu verleihen, um mit diesem operieren zu können. Inzwischen scheint sich die Annahme verfestigt zu haben, dass das Vorliegen systemischer Mängel voraussetzt, dass das Asylverfahren oder die Aufnahmebedingungen im zuständigen Mitgliedstaat aufgrund größerer Funktionsstörungen regelhaft defizitär sind. Es muss davon auszugehen sein, dass unter den vorgenannten Voraussetzungen dem Asylsuchenden im konkret zu entscheidenden Einzelfall mit beachtlicher Wahrscheinlichkeit eine unmenschliche oder erniedrigende Behandlung droht[961] Die in diesem Zusammenhang festgestellten Tatsachen müssen auf hinreichend gesicherten Erkenntnissen beruhen und verallgemeinerungsfähig sein, um eine entsprechende Schlussfolgerung zu rechtfertigen[962]. Die Feststellung systemischer Mängel ist nach dieser Rechtsprechung Ausdruck der Vorhersehbarkeit solcher Defizite, die im Rechtssystem eines Mitgliedstaates angelegt sind oder dessen Vollzugspraxis strukturell prägen. Solche Mängel treffen den Einzelnen in dem zuständigen Mitgliedstaat nicht unvorhersehbar oder schicksalhaft, sondern lassen sich aus Sicht der deutschen Gerichte wegen ihrer systemimmanenten Regelhaftigkeit verlässlich prognostizieren.[963]

Aus Sicht des Betroffenen ist diese Vorgehensweise zu begrüßen. Grundrechtsverletzungen, die ihm im Falle der Überstellung im Aufnahmemitgliedstaat drohen, lassen sich zum Zeitpunkt der Entscheidung des zuständigen Gerichts schwer vorhersehen. Die Konstruktion des systemischen Mangels räumt dem Gericht eine verlässliche Methode ein, um den Betroffenen bei prognostizierbaren Verletzungen

---

959 Vgl. Teil 2, Kap. B.

960 *Franzius*, ZaöRV 2015, S. 383 ff.

961 BVerwG, Beschl. vom 19.3.2014, Az.10B614 10 B 6.14.

962 VGH Baden-Württemberg, Urt. v. 16.4.2014, Az. 11 S 1721/13.

963 *Ebd.*; OVG Nordrhein-Westfalen, Urt. vom 07.03.2014, Az. 1A 21/12A und Urt. vom 24.04.2015, Az. 14 A 2356/12; Bay. VGH, Urt. vom 28.02.2014, Az. 13a B 13 302/95; OVG Sachsen-Anhalt, Urt. vom 02.10.2013, Az. 3 L 643/12; Niedersächsisches OVG, Urt. vom 27.05.2014, Az. 2 LA 308/13, Urt. vom 18.03.2014, Az. 13 LA 75/13 u. Urt vom 30.01.2014 – 4 LA 167/13.

seiner Grundrechte zu beschützen. Eine kurzschlüssige Übertragung der N.S.-Linie auf die Vollstreckung des EuHB, verbunden mit der Messlatte des systemischen Mangels, kann für den Raum der Freiheit, Sicherheit und des Rechts verheerende Konsequenzen haben und ist aus Sicht der Autorin äußerst bedenklich. Dadurch könnte ein Kriminalitätsexport vom nicht geahnten Ausmaß ausgelöst werden, der den einheitlichen Sicherheitsraum zum Scheitern bringt. Wenn man die Mitgliedstaaten bei systemischen Mängeln gegenüber anderen Mitgliedstaaten von der Pflicht befreien würde, gesuchte Personen aufgrund des EuHB zu übergeben, könnte das zur Entstehung von attraktiven Tatortstaaten führen. Unter den potentiellen Straftätern könnte sich schnell die Information verbreiten, an welche Mitgliedstaaten ihre Überstellung aufgrund systemischer Mängel nicht erfolgen würde. Dies wiederum könnte dazu führen, dass geplante Straftaten nach Mitgliedstaaten verlagert werden, die von der Kooperation im europäischen Haftbefehlsverfahren ausgeschlossen werden. Möchte man z. B. eine Person töten und unbestraft davonkommen, könnte man mit ihr unter einem Vorwand nach Mitgliedstaat X fliegen, die Tat dort ausführen und sich in einen anderen Mitgliedstaat absetzen, der aufgrund systemischer Mängel des Staates X die Überstellung verweigern würde. Die Prognostizierbarkeit der Mängel kann dadurch den Strafverfolgungsbehörden zum Verhängnis werden. Zahlreichen Gruppierungen der organisierten Kriminalität wäre es möglich, legale Schlupflöcher zu nutzen und von Anomalien in den verschiedenen Systemen zu profitieren.

Ferner erscheint fragwürdig, ob die für Asylsuchenden entwickelte Lösung den Wertungsmaßstäben im Übergabeverfahren gerecht wird. Während die gemeinsame Asylpolitik darauf angelegt ist, jedem schutzbedürftigen Flüchtling einen angemessenen Status innerhalb der EU anzubieten[964], zielt der EuHB auf die Strafverfolgung des Betroffenen wegen begangenen Unrechts ab. Die gemeinsame Asylpolitik dagegen hat sich einerseits den Schutz der Asylsuchenden zum Ziel gesetzt und andererseits die Verhütung der illegalen Migration.[965] Sofern es um die Unterbringung schutzbedürftiger Personen geht, ist anders als bei dem EuHB kein gegenläufiges Interesse festzustellen, das die Waage in eine gegenteilige Richtung bringen kann. Der EuHB dient der Bekämpfung der Kriminalität und verfolgt das Ziel, das Recht der Allgemeinheit auf Sicherheit zu beschützen, sodass die durch ihn bewirkten Eingriffe gerechtfertigt werden können.[966] Gemäß Art. 51 Abs. 1 S. 2 GRC können die europäischen Grundrechte zur Verfolgung eines legitimen Ziels eingeschränkt werden.[967] Somit stehen sich in diesem Bereich konträre Interessen gegenüber, die anders als bei Asylsuchenden, aufzuwiegen sind.

Die bisherige Rechtsprechung des EuGH kann für die Auflösung des Spannungsverhältnisses zw. effektiver Strafverfolgung und Betroffenenschutz nur begrenzt

964 *Weiß* in: *Streinz* (Hrsg.), Art. 78 Rz. 5.
965 *Suhr* in: Calliess/ Ruffert (Hrsg.), Art. 67, Rz. 79.
966 *Jarass*, Art. 51 GRC, Rz. 31 f.
967 *Ebd.*, Rz. 30.

fruchtbar gemacht werden. Aufgrund der fundamentalen Funktion des Grundsatzes der gegenseitigen Anerkennung für den Raum der Freiheit, Sicherheit und des Rechts kann eine Übergabeverweigerung aus grundrechtlichen Erwägungen laut EuGH nur ausnahmsweise gerechtfertigt werden. Da ein ausreichender Grundrechtsschutz aber die Basis für das gegenseitige Vertrauen bildet, muss man bei der Ausarbeitung der Ausnahmefälle besondere Achtsamkeit walten lassen. Die Herausforderung besteht darin, das Spannungsverhältnis aufzulösen, ohne dass die Betroffenenrechte auf „dem Altar der effektiven Strafverfolgung geopfert werden"[968]. Ansonsten läuft der Grundsatz der gegenseitigen Anerkennung Gefahr, seine Glaubwürdigkeit zu verlieren, was für den Aufbau des einheitlichen Rechtsraums bedrohlich ist.

II. Lösungsansatz der GA *Sharpston*, Schlussanträge zu C-396/11 (*Radu*)

In ihrem Schlussvortrag[969] in der Rs. *Radu* nimmt die GA Sharpston eine beispielhafte Abwägung zw. der Pflicht der Mitgliedstaaten zur Durchführung des Rb-EuHB und zur Achtung der Grundrechte vor. Zusätzlich unternimmt sie den Versuch, Kriterien für die Entscheidungsfindung der vollstreckenden Behörde darüber zu entwickeln, ob die Vermutung des ausreichenden Grundrechtsschutzes ausnahmsweise widerlegt worden ist. Da sich die vorliegende Arbeit zum Ziel gesetzt hat, ein ausgewogenes Modell für die Übergabeentscheidung herauszuarbeiten, lohnt es sich, ihre Argumentation näher anzuschauen.

Die GA Sharpston skizziert zunächst die Zielsetzung des Rb-EuHB und weist auf seine Bedeutung für den Aufbau der Union zu einem Raum der Freiheit, der Sicherheit und des Rechts hin.[970] Interessant ist, dass sie in ihrerAbwägung neben den Vorteilen des Rb-EuHB für die Strafverfolgungsbehörden auch die Interessen der Opfer strafbarer Handlungen auf zügige und wirkungsvolle Strafverfolgung einbezieht.[971] Auf der anderen Seite teilt sie die in der Literatur[972] wiederholt geäußerten Bedenken, dass allein aufgrund der Tatsache, dass die Überstellung der gesuchten Person von einem anderen Mitgliedstaat beantragt wird, noch nicht davon ausgegangen werden kann, dass die Menschenrechte dieser Person bei ihrer Ankunft dort auch automatisch garantiert sind.[973] Um dieses Spannungsverhältnis aufzulösen, nimmt sich *Sharpston* dem Rb-EuHB an und stellt fest, dass dort zwar kein ausdrücklicher Ablehnungsgrund für etwaige Menschenrechtsbeeinträchtigungen

---

968 *Ahlbrecht*, StV 2005, S. 40 ff.

969 GA *Sharpston*, Schlussanträge zu EuGH, Urteil vom 29.01.2013, Rs. C-396/11 (*Radu*), noch nicht in der amtl. Slg. veröff.

970 *Ebd.*, Rz. 34.

971 *Ebd.*, Rz. 40 u. 81.

972 Exemplarisch *Murschetz*, S. 348.

973 GA *Sharpston*, Schlussanträge zu EuGH, Urteil vom 29.01.2013, Rs. C-396/11 (*Radu*), noch nicht in der amtl. Slg. veröff., Rz. 41.

vorgesehen sei.[974] Gleichwohl spricht sie sich gegen einen engen Ansatz aus, wonach Erwägungen, die die Menschenrechte betreffen, vollkommen ausgeschlossen wären.[975] Aus Art. 1 Abs. 3 folgt ihrer Auffassung nach die Pflicht zur Achtung der in Art. 6 EUV niedergelegten Grundrechte und allgemeinen Grundsätze durchgängig für den gesamten Rb-EuHB.

„Daraus folgt, dass diese Rechte im Rahmen der Begründung einer Entscheidung, einen Haftbefehl nicht zu vollstrecken, berücksichtigt werden können. Bei einer gegenteiligen Auslegung von Art. 1 Abs. 3 bestünde die Gefahr, dass diese Vorschrift – außer vielleicht als elegante Plattitüde – keinerlei Bedeutung hat.“[976]

Im Ergebnis stellt sie fest: *Für mich ist offensichtlich, dass die Justizbehörden eines Vollstreckungsmitgliedstaats gehalten sind, bei der Prüfung der Frage, ob sie einen Europäischen Haftbefehl vollstrecken sollen, die in der EMRK und der Charta niedergelegten Grundrechte zu berücksichtigen.*[977]

Anschließend wird die Frage erörtert, in welchen Fällen sich die vollstreckenden Behörden weigern müssen, die Übergabe zuzulassen, und welche Kriterien bei der Entscheidung herangezogen werden sollen. Als Ausgangspunkt nimmt sie die Rechtsprechung des EGMR, weil aus ihrer Sicht die Funktion der EMRK tief in dem Unionsrecht verwurzelt ist.[978] Außerdem bezieht sie sich auf die Entscheidung des EuGH in der Rs. N.S. u. a. und stellt Gemeinsamkeiten zwischen EGMR und EuGH fest, was die Anforderungen an eine Verweigerung aufgrund des Art. 3 EMRK bzw. Art. 4 GRC betrifft. So ist es beiden Gerichtshöfen zufolge entscheidend, *ob „begründete Tatsachen für die Annahme“ bzw. „ernsthafte und durch Tatsachen bestätigte Gründe für die Annahme“ vorliegen, dass ein „reales Risiko“ bzw. die „tatsächliche Gefahr“ besteht, dass die genannte Bestimmung in dem Staat, an den der Betreffende ansonsten zu überstellen wäre, verletzt wird.“*[979]

Im Hinblick auf das Recht auf ein faires Verfahren nach Art. 6 EMRK äußert sie, dass der eigentliche Zweck des Rb-EuHB ausgehöhlt worden wäre, wenn es möglich wäre, *„aufgrund nomineller Menschenrechtsverletzungen als ‚routinemäßig‘ zu bezeichnende Einwendungen zu erheben“*[980]. Diese Überlegungen voranstellend, empfiehlt sie, den in der Rechtsprechung des EGMR verwendetem Kriterium der „offenkundigen“ Verletzung nicht zu übernehmen, weil dadurch eine einheitliche Auslegung kaum zu gewährleisten wäre. Stattdessen soll es ihrer Ansicht nach darauf ankommen, ob die Verletzung des in Frage kommenden Rechts (konkret Art. 6 EMRK) so tiefgreifend sei, dass sie auf eine vollständige Versagung oder Aufhebung

974 GA *Sharpston*, Schlussanträge zu EuGH, Urteil vom 29.01.2013, Rs. C-396/11 *(Radu)*, noch nicht in der amtl. Slg. veröff., Rz. 66.
975 *Ebd.*, Rz. 69.
976 *Ebd.*, Rz. 70
977 *Ebd.*, Rz. 73.
978 *Ebd.*, Rz. 46, 74 ff.
979 *Ebd.*, Rz. 77.
980 *Ebd.*, Rz. 81.

des Rechts auf ein faires Verfahren hinausläuft.[981] Diesbezüglich differenziert sie zwischen zukünftigen und zurückliegenden Rechtsverletzungen und stellt fest, dass die zugrunde liegenden Fragen in einer Einzelfallprüfung von den nationalen Gerichten zu entscheiden sind. Ferner hält sie die Festlegung unumstößlicher Regeln nicht für möglich.[982] Jedenfalls dürften abhilfefähige Rechtsverletzungen eine Ablehnung der Überstellung der gesuchten Person an den „zuwiderhandelnden" Mitgliedstaat nicht rechtfertigen. Solche Verstöße können nicht schwerer wiegen als die Verwirklichung des Ziels einer zügigen und wirksamen Rechtspflege, die mit dem Rahmenbeschluss gefördert werden soll.[983]

„In Fällen, in denen die Art. 5 und 6 EMRK und/oder die Art. 6, 47 und 48 der Charta betroffen sind, muss die in Rede stehende Rechtsverletzung dergestalt sein, dass die Fairness des Verfahrens fundamental zerstört wird. Die Person, die den Rechtsverstoß geltend macht, muss den Entscheider davon überzeugen, dass ihre Einwände in der Sache begründet sind. Zurückliegende Verstöße, denen abgeholfen werden kann, sind zur Begründung solcher Einwände nicht geeignet."[984]

Auch wenn der EuGH den Ausführungen der GA Sharpston in der Begründung seiner Entscheidung *Radu* keine besondere Beachtung schenkte, sind aufgrund Ihrer Ausgewogenheit in der Literatur auf erheblichen Zuspruch gestoßen.[985] Für die vorliegende Untersuchung[986] ist die von der GA Sharpston angeregte Differenzierung zwischen drohenden und bereits begangenen Grundrechtsbeeinträchtigungen sehr inspirierend.

III. Lösungsansätze in der Lehre

1. *Art. 1 Abs. 3 Rb-EuHB als „geschriebener"* ordre public

Es wird von vielen Autoren angenommen, dass die vollstreckende Behörde bei Grundrechtsbeeinträchtigungen die Übergabe der Person verweigern kann. Zur Begründung werden die Erwägungsgründe 10, 12 und 13 zum Rb-EuHB und Art. 1 Abs. 3 Rb-EuHB angeführt.[987] Es wird behauptet, dass die vorgenannten Erwägungsgründe nicht nur Bemerkungen zum Inhalt des Rb-EuHB, sondern zusätzliche Bestimmungen besonderer Art enthalten.[988] Diese Position werde durch Art. 1

981 GA *Sharpston*, Schlussanträge zu EuGH, Urteil vom 29.01.2013, Rs. C-396/11 (*Radu*), noch nicht in der amtl. Slg. veröff., Rz. 77 ff.

982 *Ebd.*, Rz. 91.

983 *Ebd.*, Rz. 88 u. 90.

984 *Ebd.*, Rz. 98.

985 *Brodowski*, HRRS 2013, S. 54; *Klimek*, S. 268; *Arcarazo/ Murphy*, S. 80; *Maggio* in: Ruggeri (Hrsg.), S. 139 f.; *Williams* in: Arnull/ Chalmers (Hrsg.), S. 259 ff.

986 Vgl. Einleitung.

987 *Панова*, ЕЗА, стр. 169 (*Panova*, EuHB, S. 169); *Murschetz*, S. 347; eingehend *Ahlbrecht*, StV 2005, S. 45; *Kluge*, S. 47, *Ambos*, 4. Aufl., § 12, Rz. 43, Garlick in Blextoon et. al, S. 167 ff.; vertiefend *Pohl*, S. 122 ff.

988 *Панова*, ЕЗА, стр. 169 (*Panova*, EuHB, S. 169); *Murschetz*, S. 347.

Abs. 3 Rb-EuHB bekräftigt, wo es heißt, dass der Rb-EuHB die Pflicht zur Achtung der Grundrechte und der allgemeinen Rechtsgrundsätze nach Art. 6 EUV nicht berühre.[989] Diese Verpflichtung ergebe sich aus der Rechtsprechung des EuGH im Fall *Pupino*, wonach der Rb-EuHB so auszulegen sei, dass er mit den Vorgaben des Primärrechts, in diesem Fall mit den nach Art. 6 EUV garantierten Grund- und Menschenrechten vereinbar ist.[990] Im Hinblick auf die Entscheidung Radu kann dieser Ansicht nicht zugestimmt werden. Dem EuGH steht die Kompetenz für die Auslegung des Rb-EuHB zu[991] und die hier vertretene Ansicht steht im Widerspruch zu der Aussage des Gerichts, dass die Übergabehindernisse nach Art. 3, 4 und 5 Rb-EuHB abschließend sind.[992]

2. *EGMR-orientierte Stimmen*

In der Literatur stützt man sich bei der Annahme eines Ablehnungsgrundes im Falle von Grundrechtsbeeinträchtigungen überwiegend auf die Rs. des EGMR[993] und speziell auf die Sache *Soering*[994], der wegweisende Bedeutung[995] beigemessen wird. In dem Fall ging es um die Auslieferung eines deutschen Staatsangehörigen, der in dem US-Bundesstaat Virginia des zweifachen Mordes an den Eltern seiner Freundin angeklagt wurde.[996] Der Beschwerdeführer machte geltend, dass die Ausführung seiner Auslieferung wegen der ihm drohenden Gefahr des so genannten Todeszellentrakt-Syndroms eine Verletzung des Art. 3 EMRK durch den ersuchten Staat darstelle.[997]

Der EGMR hat zum ersten Mal[998] im Fall *Soering* entschieden, dass die Verantwortung eines Staates dadurch zum Tragen kommen kann, dass dieser eine Person

989 *Панова*, ЕЗА, стр. 170 (*Panova*, EuHB, S. 170).
990 *Ebd.; Böse* in: Grützner/ Pötz (Hrsg.), vor § 78 Rz. 24.
991 Vgl. Teil 1, Kap. C. IV. 1.
992 Zum abschließenden Charakter der Übergabehindernisse s. oben Kap. B. I.
993 *Marinova*, S. 121 ff., Kolarov, S. 109 ff., *Ambos*, 4. Aufl., § 12 Rz. 43; *Lagodny* in: Schomburg/ Lagodny/ Gleß/ Hackner (Hrsg.), § 73 Rz. 107 f.; *Коларов*, Бюлетин на асоциацията на прокурорите в България 3/2010, стр. 79 (*Kolarov*, Bûletin na asociaciâta na prokurorite v Bulgariâ 3/2010, S. 79).
994 EGMR, Urteil vom 07.07.1989, Nr. 14038/88 (*Soering/ Vereinigtes Königreich*).
995 *Marinova*, S. 121; *Kolarov*, S. 109; *Tinkl*, S. 56; grundlegend *Vogler*, S. 33 ff.
996 Die amerikanische Regierung ersuchte das Vereinigte Königreich aufgrund eines bilateralen Auslieferungsabkommens um die Auslieferung des Tatverdächtigen. Die seitens des britischen Innenministers angeordnete Auslieferung von Soering wurde aufgrund einer einstweiligen Anordnung durch den EGMR vorläufig ausgesetzt.
997 EGMR, Urteil vom 07.07.1989, Nr. 14038/88 (*Soering/ Vereinigtes Königreich*), Rz. 80.
998 Gemäß Art. 1 EMRK sind die Vertragsstaaten grundsätzlich verpflichtet, allen ihrer Hoheitsgewalt unterstehenden Personen die in der Konvention bestimmten Rechte und Freiheiten zu sichern. Die Konvention regelt weder die Handlungen

ausliefert, die im Aufnahmeland der Gefahr einer Misshandlung ausgesetzt ist.[999] Darüber hinaus betont der EGMR die Verantwortlichkeit des ersuchten Staates für Beeinträchtigungen, die außerhalb seines Hoheitsgebiets eintreten und die er durch schlichtes Nichtausliefern verhindern kann.[1000] In den Gründen nimmt der EGMR eine Abwägung zwischen dem Strafverfolgungsinteresse der Staaten und den Menschenrechten des Individuums vor und versucht ein Gleichgewicht herzustellen.[1001] Die weltweit vereinfachte Mobilität und die internationale Dimension der Kriminalität führen aus Sicht des EGMR zu einem wachsenden Interesse aller Nationen, dass Tatverdächtige, die ins Ausland fliehen, der Justiz überstellt werden. Die Schaffung sicherer Zufluchtsstätten stellt nicht nur eine Gefahr für den Staat dar, der verpflichtet ist, der geschützten Person Unterschlupf zu gewähren, sondern ist auch geeignet, die Grundlagen der Auslieferung zu untergraben.[1002] Das Gericht erkennt auch an, dass im vorliegenden Fall das ersuchte Land keine Einflussmöglichkeit auf die Praxis und Regelungen der Behörden in Virginia hat.[1003] Trotzdem entscheidet das Gericht, dass die Vertragsstaaten nicht aus ihrer Verantwortlichkeit nach Art. 3 EMRK für alle und besonders die vorhersehbaren Auslieferungsfolgen außerhalb ihres Herrschaftsbereichs entlassen werden können.[1004] Zur Begründung hebt das Gericht den besonderen Charakter der Konvention als Vertrag für die kollektive Durchsetzung der Menschenrechte und Grundfreiheiten hervor. Aus dem Zweck der Konvention als Instrument zum Schutz des Individuums ergebe sich für die Vertragsstaaten die Verpflichtung, ihre Garantien praktisch wirksam und effektiv zu gestalten.[1005]

In Bezug auf das Verbot der Folter und unmenschlicher und erniedrigender Behandlung weist das Gericht darauf hin, dass es sich dabei um einen der fundamentalen Werte der demokratischen Gesellschaften des Europarates handelt. Für die Zurechnung der drohenden Menschenrechtsverletzung reiche es aus, dass tatsächliche Anhaltspunkte für eine Beeinträchtigung gegeben sind und dies dem ersuchten Staat bekannt ist. Soweit eine Konventionspflicht tatsächlich oder potentiell verletzt wird, handelt es sich um cinc Pflichtverletzung des ausliefernden Mitgliedstaates, die durch die Auslieferungsmaßnahme bewirkt wird.[1006]

---

von Nichtvertragsstaaten noch bezweckt sie eine Weisung an die Vertragsstaaten, den Konventionsstandard anderen Staaten aufzuerlegen.

999 EGMR, Urteil vom 07.07.1989, Nr. 14038/88 (*Soering/ Vereinigtes Königreich*), Rz. 91.

1000 *Lagodny* in: Schomburg/ Lagodny/ Gleß/ Hackner (Hrsg.), § 73, Rz. 19.

1001 EGMR, Urteil vom 07.07.1989, Nr. 14038/88 (*Soering/ Vereinigtes Königreich*), Rz. 83, 89, 110.

1002 *Ebd.*, Rz. 89.

1003 *Ebd.*, Rz. 86.

1004 *Ebd.*

1005 *Ebd.*, Rz. 87.

1006 *Ebd.*, Rz. 91.

Kolarov[1007] meint, dass der Gerichtshof in der Entscheidung *Öcalan/ Türkei*[1008] eindeutig festgestellt hat, dass bei der internationalen Zusammenarbeit in Strafsachen sämtliche von der EMRK garantierten Rechte einzuhalten sind. Auf den Auslieferungsverkehr bezogen bedeutet diese Rechtsprechung, dass der ersuchende Staat verpflichtet sei, alle Menschenrechte zu beachten. Werden die Garantien der Konvention verletzt, könne daraus ein Auslieferungshindernis entstehen.[1009] Ein ähnlich weites Verständnis der Rechtsprechung des Straßburger Gerichtshofs teilen auch andere Autoren[1010], wobei nach wie vor umstritten ist, in welchem Umfang Grund- und Menschenrechte bei der Leistung von Rechtshilfe anwendbar sind.[1011] Teilweise wird in der Literatur angenommen, dass diese Rechtsprechung auf besonders zentrale Rechte der EMRK, wie das Recht auf ein faires Verfahren gemäß Art. 6 EMRK, begrenzt sei.[1012]

3. Bewertung

Die Durchführung des Rb-EuHB durch die Mitgliedstaaten unterliegt einer Kontrolle durch den EGMR.[1013] Das bedeutet, dass die Übergabeentscheidung sowohl vom EuGH, als auch vom Menschenrechtsgerichtshof überprüft werden kann.[1014] Vor dem Hintergrund, dass die Beitrittsverhandlungen der EU zur ERMK gescheitert sind, kann es in Luxemburg und Straßburg zu einer unterschiedlichen Beurteilung

---

1007 *Коларов*, Бюлетин на асоциацията на прокурорите в България 3/2010, стр. 89 (*Kolarov*, Bûletin na asociaciâta na prokurorite v Bulgariâ 3/2010, S. 89).

1008 EGMR, Urteil vom 12.3.2003, Nr. 46221/99 (*Öcalan/ Türkei*).

1009 *Коларов*, Бюлетин на асоциацията на прокурорите в България 3/2010, стр. 89 (*Kolarov*, Bûletin na asociaciâta na prokurorite v Bulgariâ 3/2010, S. 89); *Marinova* beschränkt sich auf eine Analyse der Straßburger Rechtsprechung und geht davon aus, dass auch eine Verletzung der Art. 5, 6, 8 und 13 EMRK der Auslieferung im Wege stehen können (S. 131–140).

1010 *Keijzer* in: Blekxtoon/ van Ballegooij (Hrsg.), S. 193; *Schilling* in: Lagodny/ Wiederin/ Winkler (Hrsg.), S. 117; *Schallmoser*, S. 130, *Vennemann*, ZaöRV 2003, S. 115, *Vogel* in: Grützner/ Pötz (Hrsg.), § 73 Rz. 39 ff. u. 131 ff. m.w.N.

1011 *Vogel* in: Grützner/ Pötz (Hrsg.), § 73 Rz. 39 ff.

1012 *Ambos*, 4. Aufl., § 12, Rz. 27.

1013 Der EGMR hat insoweit betont, dass ein Konventionsstaat zwar internationalen Organisationen beitreten und auch Hoheitsrechte auf supranationale Organisationen übertragen darf, dass damit aber nicht die Verantwortung für die Einhaltung der Konventionsrechte endet (EGMR, Urteil vom 18.02.1999, Nr. 26083/94 (*Waite u. Kennedy/ Deutschland*), Rz. 67; EGMR, Urteil vom 12.07.2001, Nr. 42527/98 (*Prinz Hans-Adam II/ Deutschland*), Rz. 47 f.). Die Konventionsstaaten sind deshalb auch im Hinblick auf gemeinschaftsrechtliche Rechtsakte zur Einhaltung der Konventionsrechte verpflichtet, was durch den EGMR überprüft wird, vgl. EGMR, Urteil vom 18.02.1999, Nr. 24833/94 (*Matthews/ Vereinigtes Königreich*), Rz. 32 ff.); EGMR, Urteil vom 30.06.2005, Nr. 45036/98 (*Bosphorus/ Irland*), Rz. 154).

1014 Vgl. Teil 1, Kap. C. IV.

der Grundrechtskonformität kommen. Das könnte dazu führen, dass der EuGH die Vereinbarkeit der Entscheidung mit der Charta bejaht, während der EGMR in ihr einen Verstoß gegen die EMRK sieht[1015]. In dieser Situation würde sich der Mitgliedstaat einander widersprechenden Pflichten ausgesetzt sehen: Bewilligt er die Übergabe in Anwendung des Rb-EuHB und kommt damit seiner sekundärrechtlichen Pflicht nach, verletzt er die EMRK. Lehnt er die Übergabe ab, um seine Pflichten als Konventionsstaat zu erfüllen, verstößt er gegen seine europarechtliche Umsetzungspflicht. Der EGMR löst die Kollision durch die Statuierung einer widerlegbaren Vermutung, wonach staatliches Handeln, das unionsrechtlichen Verpflichtungen entspricht, solange gerechtfertigt ist, als die jeweilige Organisation die Grundrechte ausreichend schützt.[1016] Hierzu muss der Grundrechtsschutz innerhalb der EU hinsichtlich der materiellen Garantien und des Mechanismus zur Überprüfung ihrer Einhaltung als zumindest gleichwertig mit dem durch die EMRK gewährten Schutz angesehen werden können.[1017] Die Vermutung des gleichwertigen Grundrechtsschutzes kann widerlegt werden, wenn im konkreten Einzelfall der auf der Ebene der EU gewährleistete Grundrechtsschutz offensichtlich unzureichend ist.[1018] Nach dem von der EGMR aufgestellten Prüfungsschema[1019] wird im Einzelfall geprüft, ob das im Rahmen einer Beschwerde geltend gemachte Grundrecht auch auf Unionsebene besteht und ob im Falle einer Verletzung Rechtsschutz gewährleistet ist.[1020] Die vorgenannten Erwägungen vorangestellt, muss die neue Lösung sicherstellen, dass die Gewährleistungen der EMRK in jedem konkreten Einzelfall eingehalten werden. Anderenfalls liefe der vollstreckende Staat Gefahr, wegen einer Konventionsverletzung verurteilt zu werden.

Fraglich ist, inwieweit der vollstreckende Staat konventionsrechtlich zur Verantwortung gezogen werden kann, wenn er die grundsätzliche Entscheidung *Soering* nicht befolgt und die Bedingungen im ausstellenden Staat vor der Übergabe nicht überprüft. Aus der allgemeinen Verpflichtung der Vertragsstaaten zur Sicherung der Konventionsgarantien wird eine Pflicht abgeleitet, zukünftige Verletzungen zu verhindern.[1021] Auf das europäische Haftbefehlsverfahren bezogen haben die Ausführungen zur Folge, dass die vollstreckende Behörde das konventionsrechtliche Prinzip der Verantwortungszuweisung im Auge behalten soll. Nach der h. M. kann man den staatlichen Gerichten dennoch nicht versagen, im Einzelfall auch von der Rechtsprechung des EGMR abzuweichen, nicht zuletzt, um auf diesem Wege eine Korrektur bzw. Präzisierung dieser Auslegung anzustoßen.[1022] Die „normative Leitfunktion“ der Rechtsprechung des EGMR verpflichtet den nationalen Richter

---

1015 Vgl. *Frenz*, Rz. 98.
1016 Vgl. Teil 1, Kap. C. IV.
1017 Vgl. Teil 1, Kap. C. IV. 3.
1018 EGMR, Urteil vom 30.06.2005, Nr. 45036/98 (*Bosphorus/ Irland*), Rz. 156, 166.
1019 *Ebd.,* Rz. 159 ff.
1020 Eingehend *Schmidt*, S. 372 ff.
1021 *Meyer-Ladewig/ Petzold*, NJW 2005, S. 18.
1022 *Böse* in: Sieber/ Brüner/ Satzger/ von Heintschel-Heinegg (Hrsg.), § 52 Rz. 14.

in diesem Fall allerdings, sich eingehend mit der Auslegung durch den EGMR auseinanderzusetzen und die besonderen Gründe für eine Abweichung sorgfältig darzulegen.[1023]

In ihrer Begründung setzen sich die meisten Befürworter einer Geltung der EGMR-Rechtsprechung im europäischen Haftbefehlsverfahren so gut wie nicht mit den grundlegenden Differenzen zwischen der klassischen Auslieferung und der Übergabe aufgrund eines EuHB auseinander. Dabei verfolgt der Rb-EuHB gerade das Ziel, die klassischen Auslieferungsformen durch ein neues System der Übergabe zwischen Justizbehörden zu ersetzen.[1024] Nach dem Grundsatz der gegenseitigen Anerkennung besteht kein Anlass, einer Entscheidung eines anderen Mitgliedstaates zu misstrauen, weil alle Mitgliedstaaten der EU auch an die Garantien der EMRK gebunden sind.[1025] Daher ergibt sich die Frage, ob die im Bereich der klassischen Auslieferung entwickelten Grundsätze auf den EuHB ohne Weiteres übertragbar sind. Wie der EGMR im Fall *Soering* festgestellt hat, ist mit der Verantwortlichkeit des ersuchenden Staates unvermeidlich eine Bestandsaufnahme der Bedingungen in dem ersuchenden Staat verbunden.[1026] Bei begründeten Zweifeln wird der ersuchte Staat sogar verpflichtet zu überprüfen, ob die Verhältnisse im Aufnahmeland beispielsweise den Anforderungen des Art. 3 EMRK entsprechen.[1027] Die Prüfung, ob der ausstellende Staat seine Pflichten aus der Konvention einhält und die Menschenrechte wahrt, steht aber im diametralen Widerspruch zu dem gegenseitigen Vertrauen.[1028] Da aber Grundrechtsbeeinträchtigungen in jedem Mitgliedstaat begangen werden können, erscheint es wichtig, dass Mechanismen bestehen, die sicherstellen, dass etwaige Verletzungen behoben bzw. entschädigt werden.[1029] Insoweit kann den EGMR orientierten Stimmen im Ansatz beigepflichtet werden. Zu bedenken ist aber, dass der EuHB spezifische Gefährdungslagen hervorbringt, die von der EMRK nicht adäquat erfasst werden. Als Beispiel könnte die Tatsache angeführt werden, dass in der Konvention zwar von Auslieferung, nicht aber von Übergabe aufgrund gegenseitigen Vertrauens gesprochen wird.[1030] Die Rechtsstellung des Individuums soll gerade durch das Inkrafttreten der Grundrechtecharta

1023 BVerfGE 110, 203, 210, 213.

1024 Erwägungsgrund 5 zum Rb-EuHB.

1025 Maßnahmenprogramm zur Umsetzung des Grundsatzes der gegenseitigen Anerkennung gerichtlicher Entscheidungen in Strafsachen, Amtsblatt Nr. C 012 vom 15.01.2001 S. 0010 – 0022, Einleitung.

1026 EGMR, Urteil vom 07.07.1989, Nr. 14038/88 (*Soering/ Vereinigtes Königreich*), Rz. 91.

1027 *Ebd.*

1028 Maßnahmenprogramm zur Umsetzung des Grundsatzes der gegenseitigen Anerkennung gerichtlicher Entscheidungen in Strafsachen, Amtsblatt Nr. C 012 vom 15.01.2001 S. 0010 – 0022, Einleitung.

1029 *Коларов*, Бюлетин на асоциацията на прокурорите в България 3/2010, стр. 99 (*Kolarov*, Bûletin na asociaciâta na prokurorite v Bulgariâ 3/2010, S. 99).

1030 Vgl. Art. 5 Abs. 1 EMRK.

im Vergleich zu der EMRK verstärkt werden.[1031] Im Hinblick auf die Stärkung der grenzüberschreitenden Strafverfolgung bedarf die Herstellung der Balance einer adäquaten Komplementierung des Betroffenenschutzes.[1032] Deshalb ist die Suche nach modernen Lösungen geboten. Der EGMR betrachtet die EMRK als „living instrument“ zur Wahrung der Menschenrechte und Rechtsstaatlichkeit, das im Lichte der gegenwärtigen, gesellschaftlichen Bedingungen und Anforderungen dynamisch ausgelegt werden muss.[1033] Diese Auslegungsgrundsätze gelten auch für nationale Behörden und Gerichte,[1034] sodass die Fortführung der klassischen Auslieferungsrechtsprechung ungeachtet aller Neuerungen ungünstig erscheint. Ausgangspunkt der Überlegungen soll hier – auf *Callewaert* zurückgreifend – die Erkenntnis sein, dass die Beachtung der Grundrechte einer Einzelfallprüfung zugänglich ist.[1035] Die Einzelfallprüfung ist auch der Sinn der von der EMRK vorgesehenen Menschenrechtsbeschwerde, die zu einer Prüfung *in concreto*, also einer Prüfung der einzelnen Umstände eines jeden Falles führt.[1036] Auch wenn manche Urteile des EGMR allgemeine Grundsätze enthalten, wird von ihnen stets das persönliche Schicksal des Einzelnen bewertet und beschieden.[1037]

4. Limitierung des Grundsatzes der gegenseitigen Anerkennung

Die Einführung des Prinzips der gegenseitigen Anerkennung als Grundlage von Rechtsakten im Bereich der Zusammenarbeit in Strafsachen, darunter Rb-EuHB, stößt in Deutschland auf herbe Kritik.[1038] In der Diskussion über das Anerkennungsprinzip wird der EuHB oftmals als Paradebeispiel für seine Defizite und nachteiligen Auswirkungen auf die Position des Betroffenen angeführt.[1039] Die Übertragung des Herkunftslandprinzips vom freien Warenverkehr auf die justizielle Zusammenarbeit in Strafsachen wird als „kurzschlüssig“[1040] bezeichnet und löst nach wie vor große

1031 Vgl. Teil 1, Kap. C. I. 1.
1032 Vgl. *Meyer* in: von der Groeben/ Schwarze/ Hatje (Hrsg.), Art. 67 AEUV, Rz.31 und Art. 82 AEUV, Rz. 7 f.
1033 *Esser*, Strafverfahrensrecht, S. 851.
1034 *Kreicker* in: Sieber/ Brüner/ Satzger/ von Heintschel-Heinegg (Hrsg.), § 12 Rz. 13.
1035 *Callewaert*, S. 4.
1036 *Ebd.*
1037 *Ebd.; ders.*, StV 2014, S. 508.
1038 Vgl. Kainer, Friedemann, Bericht zum FIDE 2012 Kongress – Thema 3 – Deutschland, S. 7, online abrufbar unter: http://www.fide2012.eu/index.php?doc_id=146, Stand: 20.09.2015.
1039 Vgl. *Böse* in: FS-Maiwald, S. 233; *Fuchs*, ZStW 2004, 368; *Gleß*, ZStV 2004, 353; *Braum*, GA 2005, 681; *Kaiafa-Gbandi* in: Schünemann (Hrsg.), S. 72 ff.; *Kotzurek*, ZIS 2006, S. 23 ff., *Satzger* in: Streinz (Hrsg.), Art. 82 AEUV, Rz. 13 ff.; zusammenfassend zu den wichtigsten Kritikpunkten am Grundsatz der gegenseitigen Anerkennung s. *Zimmermann*, S. 55 ff.; zum EuHB s. *Schallmoser*, S. 70 ff.
1040 *Leuthesser-Schnarrenberger*, StraFo 2007, S. 269.

Bedenken aus.[1041] Während das Anerkennungsprinzip im Binnenmarkt der Sicherung bzw. Ausbau von Freiheiten gegenüber staatlicher Begrenzung dient, bewirkt es im Bereich der polizeilichen und justiziellen Zusammenarbeit in Strafsachen einen Abbau an rechtsstaatlichen Individualsicherungen. Die „grundrechtsintensive Strafrechtswissenschaft“[1042] befürchtet, dass die Effektivierung der Strafverfolgung auf Kosten der Betroffenen geschieht.[1043] Der individuell zu entrichtende Preis für die hiermit verbundenen Effizienzgewinne wird oft für unverhältnismäßig hoch erachtet.[1044] Als Beispiel dazu werden die Beseitigung von klassischen Rechtshilfehindernissen und insbesondere die partielle Abschaffung der beiderseitigen Strafbarkeit genannt.[1045] In der deutschen Literatur wird eingewendet, dass die Positivliste mit Blick auf ihre Reichweite erhebliche Unschärfe aufweist, weil auf Unionsebene keine harmonisierte Definitionen der privilegierten Delikte bestehen[1046]. Ferner sei es nur schwer beantwortbar, wann eine Tat z. B. der „Cyberkriminalität“, der „Nachahmung“, der „Produktpiraterie“, dem „Rassismus“ oder der „Fremdenfeindlichkeit“ zuzuordnen sei.[1047] Diesbezüglich wird das Anerkennungsprinzip als Verstoß gegen den *nullum crimen*-Grundsatz verstanden, insbesondere wenn die verfolgte Tat keinen erkennbaren Bezug zum ersuchenden Staat aufweist.[1048] Ferner kommen Vorbehalte zum Ausdruck gegen die Anerkennung nichtdeutscher Maßnahmen, weil niedrigere rechtsstaatliche Standards eingeführt werden könnten[1049] und die Gefahr einer punitiven Verschärfung entsteht.[1050] Ein noch viel grundsätzlicheres Problem sind die von manchen Autoren[1051] geäußerten Zweifel an dem gegenseitigen

---

1041 *Böse* in: Momsen/ Bloy/ Rackow (Hrsg.), S. 236 ff.; *Gleß*, ZStW 2004, S. 360 ff., Satzger in: Streinz (Hrsg.), Art. 82 AEUV, Rz. 13., *Zimmermann*, S. 55; *Epiney*, S. 365 ff.

1042 Vgl. Kainer, Friedemann, Bericht zum FIDE 2012 Kongress – Thema 3 – Deutschland, S. 7, online abrufbar unter: http://www.fide2012.eu/index.php?doc_id=146, Stand: 20.09.2015.

1043 *Schünemann*, ZRP 2003, S. 691 ff.; *Pohl*, S. 75 f.; eingehend *Heine*, S. 73 ff. speziell zum EuHB s. S. 101 ff.; *Zimmermann*, S. 61 ff.

1044 *Pohl*, S. 274 f.

1045 *Satzger*, JuS 2004, S. 943 ff.

1046 *von Heintschel-Heinegg in: Böse (Hrsg.)*, § 37 Rz. 50, *Rohlff*, S. 88.

1047 *Satzger*, 5. Aufl., § 10 Rz. 27. Zur Kritik s. *Schünemann*, GA 2002, S. 507 f., *Roxin/ Schünemann*, § 3 Rz. 21 f., *Petter* in: Schünemann (Hrsg.), S. 132.

1048 Vgl. zum Ganzen auch *Kaiafa-Gbandi*, ZIS 2006, S. 530, *Fuchs*, ZStW 2004, S. 368.

1049 Vgl. etwa *Böse*, in: FS-Maiwald, S. 233; *Fuchs*, ZStW 2004, S. 368; *Gleß*, ZStV 2004, S. 353; *Braum*, GA 2005, 681; *Kaiafa-Gbandi*, in: Schünemann (Hrsg.), S. 72 ff.; *Kotzurek*, ZIS 2006, S. 23, *Zimmermann*, S. 55 ff.

1050 S. *Schünemann*, ZRP 2003, S. 187 („illiberaler Effekt“). Dagegen zutreffend *Vogel* in: Grabitz/ Hilf/ Nettesheim (Hrsg.), Art. 82 AEUV Rz. 24. Laut *Leutheusser-Schnarrenberger* führt das Prinzip der gegenseitigen Anerkennung zu einem exekutivischen, demokratisch fragwürdigen und grundrechtsblinden auf strafrechtliche Repression fixierten Kooperations- und Rechtsetzungsaktionismus, vgl. StraFo 2007, S. 269.

1051 *Schallmoser*, S. 80 ff., *Zimmermann*, S. 55 f., s. etwa *Suominen*, S. 47 ff., *Pohl*, S. 65 f.

Vertrauen, das geradezu das eigentliche Fundament des Anerkennungsprinzips[1052] darstellt. Auf die Frage nach den Gründen für die Skepsis geht explizit *Zimmermann* ein und liefert eine durchaus einleuchtende Erklärung ab. Zum einen weist er zu Recht darauf hin, dass die Umsetzung des *„acquis communautaire"* den teils jungen und rechtsstaatlich noch nicht allzu erfahrenen Demokratien in den neuen osteuropäischen Mitgliedstaaten einen immensen Aufwand abverlangt hat. Dem ist zuzustimmen, führt man sich vor Augen, welche Anstrengungen z. B. der bulgarische Staat unternehmen musste, um in die EU aufgenommen zu werden.[1053] Deshalb wäre es aus seiner Sicht unfair, von ihnen zu verlangen, dass sich ihre Rechtsordnungen im Gleichklang mit denjenigen langjähriger Mitgliedstaaten befinden.[1054] Für seine Ansicht sprechen die Divergenzen zwischen den nationalen Strafrechtsordnungen der Mitgliedstaaten, die trotz aller europäischen Harmonisierungsbestrebungen auf europäischer Ebene nicht wegzudiskutieren sind.[1055]

Zum anderen verweist *Zimmermann* auf die Berichte der Kommission zur Lage in Rumänien und macht auf die dort aufgeführten rechtsstaatlichen Defizite[1056] aufmerksam.[1057] Tatsächlich äußert die Kommission „schwerwiegende Bedenken" hinsichtlich der Wahrung der Rechtsstaatlichkeit und Unabhängigkeit der Justiz in Rumänien. Wie *Zimmermann* zutreffend bemerkt, ist es tatsächlich kein Rätsel, warum in Deutschland unter diesen Umständen eine vorbehaltslose Vollstreckung abgelehnt wird. Allerdings stellt sich die Frage, ob die Skepsis gegenüber sämtlichen osteuropäischen Staaten, sei es Slowenien oder Tschechien, ebenfalls begründet ist. Mit dem Bericht über Rumänien wird lediglich die dortige Situation beleuchtet, ohne Rückschlüsse auf die Situation in anderen osteuropäischen Staaten zu ziehen, deshalb können diese m. E. nicht unter einen gemeinsamen Nenner gebracht werden.

Auf große Verwunderung stößt in Deutschland die Tatsache, dass anders als bei der Warenverkehrsfreiheit[1058] im Rb-EuHB kein expliziter *ordre-public*-Vorbehalt vorgesehen ist, zumal seine Durchführung mit besonders gravierenden Eingriffen in die Rechtsposition des Bürgers einhergeht.[1059] Gemäß § 73 S. 2 IRG ist die Auslieferung aufgrund eines EuHB unzulässig, wenn die Erledigung zu den in Art. 6 EUV enthaltenen Grundsätzen im Widerspruch stünde. Die deutsche Literatur bewegt sich meist auf Linie des deutschen Gesetzgebers und folgt dessen Begründung.[1060] Nach der Regelung des IRG wäre bei der Übergabeentscheidung im Falle von drohenden oder vergangenen Grundrechtsverletzungen auf den *europäischen ordre*

1052 Vgl. Teil 1, Kap. B. IV.1, a).
1053 Vgl. Teil 2, Kap. A. II. 1.
1054 *Zimmermann*, S. 55 f.
1055 *Satzger*, 6. Aufl., § 9, Rz. 7 ff. m. w. N.
1056 KOM (2012) 410 endg., S. 2 f.
1057 *Zimmermann*, S. 56.
1058 Art. 36 AEUV.
1059 *Heine*, S. 181.; *Schallmoser*, S. 95.
1060 Vgl. exemplarisch *Ambos*, 3. Aufl., §12 Rz. 42.

public abzustellen.[1061] Somit wird das Spannungsverhältnis zwischen effektiver Strafverfolgung und Betroffenenschutz im Wege der Auslegung des Art. 6 EUV aufgelöst, was eine ausdifferenzierte Rechtsprechung hervorgebracht hat.[1062]

5. *Bewertung*

Die Verfasserin teilt die Kritik am Prinzip der gegenseitigen Anerkennung nicht. Einerseits hat Art. 82 AEUV zu einer Konstitutionalisierung des Anerkennungsgrundsatzes geführt[1063], sodass seine Beachtung als Strukturprinzip europarechtlich geboten ist. Andererseits hat die Analyse der bulgarischen Rechtswirklichkeit ergeben, dass das Anerkennungskonzept zu einer immensen Erleichterung der Übergabe verdächtiger Personen geführt hat. Der bulgarische Staat, der in vielerlei Hinsicht bei der Bekämpfung der innerstaatlichen Kriminalität versagt,[1064] wird dadurch in einen Verbund integriert, wo die effektive Strafverfolgung wirksam betrieben wird.[1065] Der Grundsatz der gegenseitigen Anerkennung führt zu einem Mehrwert für den Sicherheitsraum, ohne das Straf- und Strafverfahrensrechts als *„domaine reservée“* der Mitgliedstaaten[1066] übermäßig zu harmonisieren.

Vor allem die teilweise erfolgte Abkehr von dem traditionellen Erfordernis der beiderseitigen Strafbarkeit wirkt sich auf den Rechtshilfeverkehr positiv aus und neutralisiert die Schwächen der bulgarischen Strafrechtspolitik[1067]. Die Befugnis der Union zur Rechtsangleichung auf dem Gebiet des materiellen Strafrechts beschränkt sich auf den Erlass von Mindestvorschriften und reicht nicht zur Schaffung supranationaler Straftatbestände.[1068] Wäre das Erfordernis der Strafbarkeit nach dem Recht des Vollstreckungsstaates hinsichtlich sämtlicher Deliktsarten beibehalten worden, hätte das in Kombination mit der begrenzten Harmonisierungskompetenz der EU zu erheblichen Strafverfolgungslücken geführt. Nach Tatbegehung in einem anderen Mitgliedstaat könnten Täter in Bulgarien dank fehlender Inkriminierung moderner Straftatbestände einen sicheren Hafen finden und sich der Strafverfolgung entziehen. Angesichts des unionsrechtlichen Ziels zur Bekämpfung der Kriminalität erscheinen derartige Folgen schwer hinnehmbar. Unter dem Gesichtspunkt des Betroffenenschutzes ist die Verwirklichung des Grundsatzes der gegenseitigen Anerkennung nur punktuell zu beanstanden. Die konsequente Umsetzung der rahmenbeschlussrechtlichen Vorgaben in Bulgarien hat zwar zu vereinzelten Entscheidungen geführt, welche die Grundrechte von einzelnen Betroffenen berühren. Diese

---

1061 BT-Drs-15/118 S. 14, so auch *Schröder* in: Sieber/ Brüner/ Satzger/ von Heintschel-Heinegg (Hrsg.), § 33 Rz. 23.

1062 *Lagodny* in: Schomburg/ Lagodny/ Gleß/ Hackner (Hrsg.), § 73, Rz. 6 ff.

1063 *Satzger* in: Streinz (Hrsg.), § 82 Rz. 10.

1064 Vgl. Kap.

1065 Vgl. Teil 2, Kap. A. I.

1066 *Vogel* in: Grabitz/ Hilf/ Nettesheim (Hrsg.), Art. 82 AEUV, Rz. 1.

1067 Vgl. Teil 2, Kap. A. III. 4. a) bb).

1068 *Satzger* in: Streinz (Hrsg.), Art. 83, Rz. 1 f.

nachteiligen Folgen sind aber konkret auf das Fehlen einer Grundrechtsklausel in dem nationalen Umsetzungsgesetz zurückzuführen. Da diese Ursache – wie später argumentiert wird – behoben werden kann[1069], besteht kein Grund, dem Grundsatz der gegenseitigen Anerkennung die Wirkung vollständig zu versagen. Die Untersuchung der bulgarischen Gerichtspraxis hat zudem ergeben, dass die Richter ihren Kollegen aus den anderen Mitgliedstaaten ein hohes Maß an Vertrauen entgegenbringen, das in der Mehrzahl der Fälle gerechtfertigt war.[1070] Daher muss das Anerkennungsprinzip – wie *Burchard* zutreffend bemerkt – in Zukunft nicht mehr „als politisches Effektivitätsdogma verteufelt", sondern konstruktiv begleitet werden.[1071]

In den Mittelpunkt der Überlegungen rückt der Vertrauensbegriff, dass zu den Gelingensbedingungen effektiver rechtlicher Normativität im Raum der Freiheit, der Sicherheit und des Rechts zählt. Das gegenseitige Vertrauen ist hier nicht nur eine Leistung des Rechts, sondern auch eine Voraussetzung wirksamer rechtlicher Regelungen. Es ist zum einen Bedingung für die Wirksamkeit sekundärrechtlicher Regelungen der justiziellen Zusammenarbeit im engeren Sinne, also für die tatsächliche Umsetzung ihrer Anordnungen. Zum anderen ist es tatsächliche Voraussetzung der rechtlichen Gestaltung des einheitlichen Binnenraums, in dem Titel frei zirkulieren und zugleich die Vielfalt der nationalen Rechtskulturen erhalten bleibt.[1072] Wie das Stockholmer Programm zum Ausdruck bringt, wird das gegenseitige Vertrauen zugleich als Instrument und Ziel für die Verwirklichung des Raums der Freiheit, der Sicherheit und des Rechts verstanden. Die Darstellung der oben zitierten Entscheidungen der deutschen Gerichte macht die Skepsis an der Tragfähigkeit und Belastbarkeit des gegenseitigen Vertrauens deutlich. Es liegt in der Natur des Vertrauens, dass es nicht von oben „angeordnet" werden kann, sondern Zeit zum Wachsen braucht. Andererseits ist sein Bestehen für die justizielle Zusammenarbeit in Strafsachen unabdingbar, zumal auf umfassende Kontrollen ausländischer Rechtsakte verzichtet werden soll.[1073] Mithin erscheint die Förderung des Vertrauens in die unterschiedlichen Rechtssysteme der Mitgliedstaaten als „eine der wichtigsten Aufgaben in der Zukunft".[1074]

Die fehlende Grundrechtsklausel in dem Rb-EuHB führt zu einer Verunsicherung sowohl in Deutschland als auch in Bulgarien, wobei sich die Folgen in der Rechtsprechung beider Länder unterschiedlich auswirken.[1075] Die vollstreckenden Gerichte in Bulgarien wagen zu behaupten, dass die europäischen Grundrechte im Übergabeverfahren keine Rolle spielen, was in Europa unerhört klingt. Diese Haltung droht nicht nur die Menschenrechte der Person zu verletzen, sondern die

---

1069 S. unten Kap. B. V.

1070 Vgl. Teil 2.

1071 *Burchard* in: Böse (Hrsg.), § 14, Rz. 21.

1072 *Kaufhold*, EuR 2012, S. 408.

1073 Stockholmer Programm (ABl. C 115 vom 04.05.2010, S. 13).

1074 *Ebd.*

1075 Vgl. Teil 2, Kap. B. und oben Kap. B. IV.

Prinzipien der EU[1076] zu untergraben. Für noch mehr Verwunderung sorgen die Aussagen der europäischen Institutionen[1077], die allen Ernstes weismachen möchten, dass die Übergabe nur aus den im Rb-EuHB aufgelisteten Gründen abgelehnt werden kann. Dass unter diesen Bedingungen das europäische Prinzip der gegenseitigen Anerkennung wenig Befürworter findet, erstaunt nicht. Im gemeinsamen Interesse muss aber aus Sicht der Autorin nach Wegen gesucht werden, um die Balance zwischen der effektiven Strafverfolgung und dem Betroffenenschutz wiederherzustellen. Die Optimierung des Betroffenenschutzes durch die Anpassung des Grundsatzes der gegenseitigen Anerkennung an die praktischen Bedürfnisse könnte das gegenseitige Vertrauen stabilisieren. Dieses Ziel kann nicht durch die Abschaffung bzw. Ersetzung des Anerkennungsprinzips durch Alternativmodele verwirklicht werden, sondern durch seine flexible Auslegung und punktuelle Limitierung.[1078]

6. Vorschlag der European Criminal Policy Initiative

Die European Criminal Policy Initiative (im Folgenden: ECPI) ist eine Forschungsgruppe, die aus 16 Europastrafrechtswissenschaftlern aus zehn EU-Mitgliedstaaten besteht[1079] und bestrebt ist, zur Entwicklung einer kohärenten Strafrechtspolitik auf der Ebene der EU beizutragen.[1080] ECPI fördert die Achtung der allgemeinen Rechtsgrundsätze[1081] und die Rechte des Einzelnen durch die Analyse von bereits bestehenden und künftig geplanten europäischen Rechtsakten. Im Jahre 2009 veröffentlichte die Initiative ihr erstes Manifest zur Europäischen Kriminalpolitik[1082], das sowohl bei den zuständigen EU-Institutionen als auch in der wissenschaftlichen Diskussion viel Beachtung erfahren hat.[1083] Im Jahre 2013 legte die internationale Arbeitsgruppe nach intensiven Überlegungen und vorausgegangenen Diskussionen mit Praktikern und Wissenschaftlern[1084] ein weiteres Manifest[1085] vor, das sich inhaltlich dem europäischen Strafverfahrensrecht widmet. Auch wenn das Manifest eine Reihe von Forderungen enthält, die sich ursprünglich an den EU-Gesetzgeber richten[1086], können ihm wertvolle Erkenntnisse für die Lösung des aufgezeigten Problems abgewonnen werden. Besonders aufschlussreich erscheint

---

1076 Art. 2 EUV.
1077 KOM (2006) 8 endg., S. 6 f., KOM (2011) 175 endg., S. 6 f., Ratsdok. 8302/4/09 REV 4 Anlage S. 14.
1078 Exemplarisch *Schünemann.*
1079 Vgl. *Satzger/ Zimmermann*, ZIS 2013, S. 406.
1080 S. dazu http://www.crimpol.eu (Stand: 19.09.2015).
1081 Z. B. Rechtmäßigkeit, Verhältnismäßigkeit, Subsidiarität, Kohärenz, Grundsatz der Schuld oder Rechtsstaatlichkeit.
1082 European Criminal Policy Initiative, ZIS 2009, 697 ff.
1083 Vgl. *Satzger/ Zimmermann*, ZIS 2013, S. 416 m.w.N.
1084 *Ebd.*
1085 European Criminal Policy Initiative, ZIS 2009, 697 ff.
1086 Vgl. *Satzger/ Zimmermann*, ZIS 2013, S. 410.

die Forderung nach einer Limitierung der gegenseitigen Anerkennung durch Individualrechte und durch den Grundsatz der Verhältnismäßigkeit. Die Rechtsordnungen der Mitgliedstaaten werden von verschiedenen Prinzipien beherrscht, der Verfahrensablauf ist – nicht nur in Details – verschieden und die vom Verfahren betroffenen Individuen haben eine unterschiedlich stark ausgeprägte Stellung. Auch wenn jedes Strafverfahrensrecht auf seine eigene Weise versucht, die Fairness und Stimmigkeit des Verfahrens zu gewährleisten[1087], führt das Auseinanderfallen zwischen der Anordnungs- und Vollstreckungskompetenz zu einer Schwächung der Beschuldigtenstellung.[1088] Diese Überlegungen vorangestellt[1089], fordert ECPI, dass der Grundsatz der gegenseitigen Anerkennung in doppelter Hinsicht begrenzt wird. Es muss dort zurücktreten, wo durch das Strafverfahren schutzwürdige Interessen entweder des Individuums oder eines Mitgliedstaates verletzt würden. Wie stark die gegenseitige Anerkennung zu begrenzen ist, bestimmt sich unter Berücksichtigung der individuellen und staatlichen Interessen im Rahmen des Verhältnismäßigkeitsprinzips.[1090] Besondere Aufmerksamkeit verdient aus Sicht der Verfasserin die Forderung nach einer Verhältnismäßigkeitsprüfung im Vollstreckungsstaat. Obwohl es sich bei der Verhältnismäßigkeit um ein allgemein anerkanntes Rechtsstaatsprinzip von überragender Bedeutung handelt,[1091] sieht der Rb-EuHB seine Prüfung weder im ausstellenden noch im vollstreckenden Staat ausdrücklich vor. Wie die Erfahrungsberichte verschiedener EU-Institutionen[1092] und unabhängigen Organisationen[1093] belegen, kommt es in der Praxis vor, dass der EuHB wegen geringfügiger Vergehen ausgestellt wird. Auch wenn sich die Forderungen[1094] nach einer strikten Verhältnismäßigkeitskontrolle in der Praxis der ausstellenden Staaten durchsetzen können, ist die Prüfung der Verhältnismäßigkeit im vollstreckenden Staat immer noch wichtig. In dem Manifest weist ECPI zu Recht darauf hin, dass die vollstreckende Behörde aufgrund der größeren Nähe zu dem Betroffenen besser imstande ist, die zugrunde liegenden Tatsachen zu beurteilen. Richtig ist es auch, dass im Recht des Vollstreckungsstaates Maßnahmen existieren können, die den gewünschten Ermittlungserfolg mit milderen Mitteln herbeiführen können, die aber bei der Anordnung nicht berücksichtigt worden sind. ECPI fordert deshalb, dass es dem Vollstreckungsstaat ermöglicht wird, auf mildere, für die Zwecke des Anordnungsstaats evident gleich wirksame Mittel zurückzugreifen.[1095] Die Untersuchung

1087 *Satzger*, StV 2003, S. 140 f.; ders., JECL 2006, S. 35 f.; *Weigend*, ZStW 2004, S. 293 f.; *Braum*, GA 2005, S. 695 f.; *Gleß*, ZStW 2004, S. 365 f.; *Zimmermann*, S. 67.

1088 *Heine*, S. 75; *Zimmermann*, S. 65 m.w.N.

1089 Vgl. *Satzger/ Zimmermann*, ZIS 2013, S. 406 f.

1090 European Criminal Policy Initiative, ZIS 2009, 697 ff.

1091 S. oben Kap. B. I.

1092 KOM (2006) 6, S. 8; Ratsdok vom 17.12.2010, 17195/1/10, S. 8.

1093 FTI, The European Arrest Warrant seven years on – the case for reform May 2011, S. 2 ff.

1094 KOM (2011) 327 endgültig, S. 7., Ratsdok vom 17.12.2010, 17195/1/10, S. 8.

1095 European Criminal Policy Initiative, ZIS 2009, 697 ff.

der bulgarischen Rechtswirklichkeit hat ergeben, dass die betroffenen Personen vor dem Gericht des Vollstreckungsstaates Tatsachen offen legen können, die zu einer anderen Beurteilung der Sach- und Rechtslage führen können. Insbesondere wenn zwischen der Begehung der mutmaßlichen Tat und dem Zeitpunkt der Übergabeentscheidung eine gewisse Zeitspanne liegt, erscheint es durchaus geboten, dass die vollstreckende Behörde die Unverhältnismäßigkeit der Maßnahme in Erwägung zieht.

IV. Lösungsansätze in der Rechtsprechung der deutschen Gerichte

§ 73 S. 2 IRG lässt eine deutliche Distanzierung des deutschen Gesetzgebers vom Prinzip der gegenseitigen Anerkennung und des gegenseitigen Vertrauens erkennen. Der EuGH lehnt es ab, einen entsprechenden Ablehnungsgrund auf der Grundlage europäischer Grundrechte in diese Instrumente „hineinzulesen".[1096] Dies entfacht massive Konflikte mit nationalen Gerichten und bietet einen weiteren Grund zur Kritik an dem Anerkennungsprinzip.[1097] Entgegen der Entscheidung des EuGH in der Sache Melloni wird die Zulässigkeit der Übergabe aufgrund des EuHB von manchen deutschen OLG[1098] immer noch an verfassungsrechtlichen Prinzipien überprüft, die zum inländischen *ordre public* gehören.

1. OLG München

Die regionale Staatsanwaltschaft Varna, Bulgarien hat gegen den Verfolgten einen EuHB zum Zweck der Vollstreckung einer Freiheitsstrafe von zehn Monaten wegen Trunkenheit im Verkehr ausgestellt. Er wurde ursprünglich wegen derselben Tat zu einer Freiheitsstrafe verurteilt, deren Vollstreckung zur Bewährung gemäß Art. 42a bgStGB ausgesetzt war. Nachdem der Verfolgte der Bewährungsmaßnahme nicht nachkam, ersetzte das Bezirksgericht Varna die Bewährungsstrafe durch eine Freiheitsstrafe von zehn Monaten. Das Verfahren vor dem Bezirksgericht fand in Abwesenheit des Verurteilten statt und im Übergabeverfahren stellte sich die Frage, ob die Ersetzung einer Bewährungsmaßnahme durch eine Freiheitsstrafe im Abwesenheitsverfahren seine Rechte auf rechtliches Gehör und auf ein faires Verfahren verletzt hat. Wäre das der Fall gewesen, stünde das Abwesenheitsverfahren in Widerspruch zu den in Art. 6 EUV enthaltenen Grundsätzen, was aus Sicht des deutschen Gerichts zur Folge hätte, dass die Auslieferung gemäß § 73 S. 2 IRG unzulässig gewesen wäre.

Der Senat hat die Auslieferung für zulässig erklärt, weil der Betroffene vom bulgarischen Gericht persönlich geladen wurde und ihm ein Pflichtverteidiger bestellt

---

1096 *Zimmermann*, S. 55 ff.

1097 *Vogel*, StV 2013, S. I.

1098 OLG Hamm, Urt. vom 10.09.2013, Az. 2 A 95/15; OLG Hamm, 4 A 163/08 – 89/09; OLG Stuttgart, Beschluss vom 18.11.2009, 1 A (24) 1246/09.

worden war. Zuvor überprüfte das Gericht die Anwendbarkeit des europäischen *ordre public*-Vorbehalts im Lichte der Entscheidungen *Radu* und *Melloni*, aber unter gebührender Berücksichtigung der Entscheidung des BVerfG zur *Antiterrordatei*[1099]. Der Senat bezog sich auf das Urteil des EuGH in der Rs. *Pupino* und stellte zutreffend fest, dass die Pflicht zur rahmenbeschlusskonformen Auslegung[1100] nicht dazu führen kann, dass eine nationale Regelung dem geltenden Recht widerspricht.[1101] Im Anschluss an die Entscheidung des BVerfG äußerte das Gericht, dass „*...dem EuGH nicht unterstellt werden kann, er wolle nationale Gerichte und Behörden zwingen, EuHB auch dann zu vollstrecken, wenn sie oder die strafrechtlichen Verfahren, die ihnen zugrunde liegen, nachweislich auf einer Verletzung von Rechten beruhen, die in der Charta der Grundrechte der Europäischen Union oder der Konvention zum Schutze der Menschenrechte und Grundfreiheiten gewährleistet sind... Staaten dürfen nicht die Hand zu nachweislichen Menschenrechtsverletzungen anderer Staaten reichen, auch und gerade nicht innerhalb der Europäischen Union, die eine Rechts- und Wertegemeinschaft ist, und auch nicht unter dem Deckmantel der gegenseitigen Anerkennung...*“

Diese Entscheidung verdient Zustimmung. Der vollstreckende Staat ist bei der Übergabe in mehrfacher Hinsicht an die europäischen Grund- und Menschenrechte gebunden.[1102] Daher kann die Beachtung dieser Rechte nicht durch eine grundrechtswidrige Auslegung des Rb-EuHB ausgehöhlt werden.

2. *OLG Bremen*

Die bulgarischen Justizbehörden ersuchten im Jahre 2013 mit einem EuHB der Bezirksstaatsanwaltschaft V. um die Auslieferung des Verfolgten nach Bulgarien zum Zwecke der Strafverfolgung wegen Diebstahls. Der Rechtsanwalt des Verfolgten rügte unter Hinweis auf den Bericht des Ausschusses zur Verhütung von Folter und unmenschlicher oder erniedrigender Behandlung oder Strafe des Europarates[1103] (im Folgenden: CPT-Bericht) die Haftbedingungen im Falle einer Auslieferung in Bulgarien als menschenunwürdig. Der Senat ersuchte das Bundesamt für Justiz um Beantwortung einer Reihe von Fragen, insbesondere zu den Haftbedingungen in Bulgarien. Konkret wollte der Senat wissen, ob die Haftbedingungen in der Haftanstalt V. entgegen den Angaben aus dem CPT-Bericht mittlerweile den völkerrechtlichen Mindeststandards genügen. Ferner regte das Gericht an, verbindliche Zusicherungen der zuständigen bulgarischen Behörden über die Einhaltung völkerrechtlich verbindlicher Mindeststandards bei den Haftbedingungen für den Verfolgten im Falle seiner Auslieferung einzuholen. Nachdem dem Senat weder die angeforderten Erkenntnisse noch eine verbindliche Zusicherung übermittelt wurden, erklärte er die Auslieferung gemäß § 73 S. 1 IRG für unzulässig. Zur Begründung führte das

---

1099 BVerfG, Urteil vom 24.03.2013, 1 BvR 1215/07 Tz. 91.

1100 Vgl. Teil 2, Kap. C. I.

1101 EuGH, Urteil vom 16.06.2005, Rs. C-105/03 (*Pupino*), Slg. 2005, I-5285, Rz. 47.

1102 Vgl. Teil 1, Kap. C. I.

1103 CPT/Inf (2012) 33.

Gericht im Wesentlichen aus, dass eine Auslieferung unzulässig ist, wenn diese fundamentalen Grundsätzen der deutschen Rechtsordnung oder dem völkerrechtlich verbindlichen Mindeststandard auf dem Gebiet der Menschenrechte widerspricht. Das ist aus Sicht des Gerichts der Fall, weil der ersuchte Staat mit seiner Rechtshilfehandlung dazu beigetragen hätte, dass der Ausgelieferte der Folter oder einer unmenschlichen oder erniedrigenden Behandlung oder Strafe ausgesetzt würde.[1104] Gleichzeitig machte der Senat deutlich, dass er die Auslieferung bewilligt hätte, wenn es eine verbindliche Zusicherung der zuständigen bulgarischen Behörden gegeben hätte, dass die Haftbedingungen mittlerweile[1105] dem völkerrechtlichen Standard entsprechen.[1106]

3. *OLG Braunschweig, OLG Celle und KG Berlin*

In der Folgezeit haben auch das OLG Braunschweig[1107], OLG Celle[1108] und KG Berlin[1109] Bedenken gegen die Auslieferung nach Bulgarien geäußert, die auf den CPT-Bericht zurückzuführen waren. Während das OLG Braunschweig und KG Berlin die Auslieferung der Betroffenen zuließen, erklärte das OLG Celle die Vollstreckung des EuHB für unzulässig. Die Bedenken des OLG Braunschweig wurden durch die Auskunft der ausstellenden Behörde ausgeräumt, wonach die Unterbringung des Verfolgten unter (konkret dargelegten) menschenwürdigen Bedingungen gewährleistet war. Das KG Berlin wählte einen pragmatischen Weg und stellte die Übergabe des Verfolgten unter folgende Bedingung: Das bulgarische Justizministerium müsste zusichern, dass die Haft in einer JVA vollzogen wird, die europäischen Mindeststandards genügt und in der der Verfolgte keiner unmenschlichen oder erniedrigenden Behandlung ausgesetzt wird. In der Zusicherung müsste die für die Vollstreckung der Strafe vorgesehene Anstalt benannt und die konkreten Haftbedingungen näher beschrieben werden.[1110] Der gerichtlichen Anforderung, die Möglichkeit von Besuchen des Verfolgten durch diplomatische oder konsularische Vertreter der BRD explizit zuzusichern[1111], legt die Annahme nahe, dass man sich die Kontrolle über die Einhaltung der Zusicherung vorbehalten wollte. Inwieweit derartige Maßnahmen für das gegenseitige Vertrauen im einheitlichen europäischen Raum förderlich sind, ist fraglich.

1104 OLG Bremen, Beschluss vom 13.02.2014, A. A 20/13.
1105 Der Beschluss wurde im Jahre 2014 erlassen, der CPT-Bericht datiert vom 04.12.2012.
1106 OLG Bremen, Beschluss vom 13.02.2014, A. A 20/13, Rz. 6.
1107 OLG Braunschweig, Beschluss vom 22.10.2014, 1 AR (A) 6/14.
1108 OLG Celle, Beschluss vom 16.12.2014, 1 A 33/14.
1109 KG Berlin, Beschluss vom 27.03.2015, (4) 151 AA 61/15 (71/15).
1110 *Ebd.*, Rz. 8–10.
1111 *Ebd.*, Rz. 8.

4. *Bewertung*

Die vorgenannten Entscheidungen deutscher Gerichte sind unter dem Gesichtspunkt des Betroffenenschutzes zu begrüßen. Trotz der verunsichernden Rechtsprechung des EuGH tragen die Gerichte den Grund- und Menschenrechten des Betroffenen Rechnung. Aus Art. 3 EMRK wird eine Gewährleistungspflicht des Staates angenommen, einen Mindeststandard an Haftbedingungen einzuhalten.[1112] Der EGMR hat ausdrücklich festgestellt, dass kein noch so gewichtiges gegenläufiges Interesse einem Verstoß gegen die Folter rechtfertigen könne.[1113] Der Vollzug einer Freiheitsstrafe muss unter Bedingungen erfolgen, die die Menschenwürde des Häftlings nicht beeinträchtigen.[1114] Er darf nicht über ein unvermeidbares Maß hinaus unter der Art und Weise des Freiheitsentzugs leiden.[1115] Insbesondere darf die Haft nicht zu einer wesentlichen dauerhaften Beeinträchtigung der Gesundheit führen. Der Gerichtshof stellt diesbezüglich eine Einzelfallbetrachtung an und bewertet die Gesamtheit der Haftumstände sowie deren kumulative Auswirkungen. Bei der Beurteilung der Konformität der allgemeinen Haftbedingungen mit Art. 3 berücksichtigt der EGMR neben den spezifischen Anschuldigungen der betroffenen Person auch die kumulativen Effekte der Haftumstände. So bezieht er neben Überbelegungen in Gefängnissen insbesondere auch die Möglichkeiten zur Bewegung und zur Benutzung der Sanitäranlagen unter Beachtung der Intimsphäre, die Belüftungszustände, den Zugang zu Tageslicht, die Beheizungssituation und die Beachtung der Hygienevorschriften sowie die Dauer der Haft unter den gegebenen Umständen heran.[1116] Maßgeblich für die Zulässigkeit der Einzelhaft sind somit deren konkrete Umstände. Grenzen ergeben sich insbesondere dort, wo die Haft großes psychisches oder physisches Leiden bewirkt und ein Zusammenbruch oder ein Geständnis herbeiführen soll.[1117]

Das Europäische Komitee zur Verhütung von Folter und unmenschlicher oder erniedrigender Behandlung oder Strafe (CPT) wurde durch die gleichnamige Europaratskonvention von 1987 eingesetzt.[1118] Die wesentlichen Normen für

1112 *Grabenwarter/ Pabel*, § 20, Rz. 36.

1113 *Ebd.*, § 20, Rz. 32; EGMR, Urteil vom 15.11.1996, Nr. 22414/93 (*Chahal/ Vereinigtes Königreich*), Rz. 79 f.; EGMR, Urteil vom 01.06.2010, Nr. 22978/05 (*Gäfgen/ Deutschland*), Rz. 87.

1114 EGMR, Urteil vom 26.10.2000, Nr. 30210/96 (*Kudla/ Polen*), Rz. 92 ff.; EGMR, Urteil vom 15.07.2002, Nr. 47095/99 (*Kalashnikov/ Russland*), Rz. 95; EGMR, Urteil vom 29.04.2003, Nr. 38812/97 (*Poltoratskiy/ Ukraine*), Rz. 132.

1115 EGMR, Urteil vom 11.12.2003, Nr. 39084/97 (*Yankov/ Bulgarien*), Rz. 112 ff. (Erniedrigung durch Entfernen der Haare eines Häftlings); EGMR, Urteil vom 03.02.2009, Nr. 23052/05 (*Kaprykowski/ Polen*), Rz. 68 ff.

1116 EGMR, Urteil vom 22.10.2009, Nr. 17599/05 (*Sikorski/ Polen*), Rz. 128 f.; EGMR, Urteil vom 10.06.2010, Nr. 1555/04 (*Zakharkin/ Russland*), Rz. 122; EGMR, Urteil vom 15.06.2010, Nr. 35555/03 (*Ciupercescu/ Rumänien*), Rz. 127 ff.

1117 Zur Behandlung Inhaftierter vgl. Grabenwarter /Pabel, § 20 Rz. 36 ff.

1118 CPT/Inf/E (2002) 2.

die Behandlung von Personen, die von dem CPT in den Jahren seiner Tätigkeit entwickelt wurden, sind in der Broschüre „Die Standards des CPT"[1119] veröffentlicht.[1120] Wegen des uneingeschränkten Zugangs zu allen Haftanstalten kann das Anti-Folterkomitee einen nirgendwo sonst existierenden praktischen Schutz der Rechte von Inhaftierten gewährleisten.[1121] Das Komitee prüft durch Besuche[1122] die Behandlung von Personen, denen die Freiheit entzogen ist, um erforderlichenfalls ihren Schutz vor Folter und unmenschlicher oder erniedrigender Behandlung oder Strafe zu verstärken.[1123]

Wenn man die Entscheidungen der bulgarischen Gerichte[1124] der deutschen Praxis gegenüberstellt, fällt ein deutliches Ungleichgewicht auf. Während die bulgarischen Gerichte uneingeschränkt in die deutsche Rechtsordnung vertrauen, bezweifeln die deutschen Gerichte die Fähigkeit des bulgarischen Staates an der Einhaltung menschenrechtlicher Mindeststandards. Die Skepsis mag angesichts der CPT-Berichte begründet sein. Aber die bulgarischen Behörden hatten v. a. in der Sache *Sancheva* keinen geringeren Grund zur Sorge, dass die Rechte der Betroffenen durch den deutschen EuHB verletzt werden. Besorgniserregend ist die Tatsache, dass das Vertrauen zwischen Deutschland und Bulgarien auf keiner Gegenseitigkeit beruht. Während die bulgarischen Gerichte deutschen Übergabeersuchen stets bis auf einen Ausnahmefall[1125] vertrauensvoll begegnet sind, lässt sich das deutsche Misstrauen gegenüber dem bulgarischen Staat laut hören. Die Frage ist nicht, inwiefern die Zweifel der deutschen Richter an der bulgarischen Justiz gerechtfertigt sind. Angesichts der CPT-Berichte über Bulgarien wäre es ein Drama für die europäischen Grundrechte, wenn keine Maßnahmen zum Schutz des Betroffenen ergriffen worden wären. Das Problem ist aber, dass das Prinzip der gegenseitigen Anerkennung seine Glaubwürdigkeit zu verlieren droht, wenn das Vertrauen nur auf der einen Seite besteht. Es müssen deshalb Maßnahmen unternommen werden, um das Vertrauen grundrechtsbewusster Staaten wie Deutschland in die Rechtsordnungen der osteuropäischen Staaten[1126] zu stärken.

1119 CPT/Inf/E (2002) 1 – Rev. 2004.

1120 CPT/Inf/E (2002) 2.

1121 *Royer*, S. 25.

1122 Übersicht über die Besuche findet man unter http://www.cpt.coe.int/en/visits.htm (Stand: 20.09.2015).

1123 Europäisches Übereinkommen zur Verhütung von Folter und unmenschlicher oder erniedrigender Behandlung oder Strafe vom 26.11.1987, Art. 1.

1124 S. Teil 2, Kap. B.

1125 *Ebd.*

1126 S. oben Kap. B. III. 3 a).

V. Ein vermittelnder Lösungsvorschlag zwischen dem Grundsatz der gegenseitigen Anerkennung und der „*Bosphorus*"-Doktrin

1. Konträre Pflichten des vollstreckenden Staates als Ausgangspunkt

Der Rb-EuHB gebietet, dass die am Übergabeverfahren beteiligten Staaten die europäischen Grundrechte beachten[1127] und enthält nach bislang geltender Rechtsprechung keinen Ablehnungsgrund[1128] für den Fall, dass diese verletzt worden sind oder eine Verletzungsgefahr bevorsteht. Das System beruht auf der Vermutung, dass in dem ausstellenden Staat ein ausreichender Grundrechtsschutz besteht. Mithin wird die Verantwortung für die Wahrung der Grundrechte und allgemeinen Rechtsgrundsätze in den Verantwortungsbereich des Ausstellungsmitgliedstaates verlagert.[1129] Ausdruck und Konsequenz des gegenseitigen Vertrauens ist die Pflicht, auf eine Kontrolle der Entscheidungen anderer Mitgliedstaaten zu verzichten.[1130]

Da der Rb-EuHB keine explizite Grundrechtsklausel beinhaltet, stellt sich in der Praxis die Frage nach den Reaktionsmöglichkeiten des Vollstreckungsstaates, falls die Grundrechte des Betroffenen vom Ausstellungsmitgliedstaat doch nicht ausreichend oder gar nicht beachtet werden. Der Beantwortung kommt große Bedeutung zu, weil die vollstreckende Behörde u. U. durch die Erfüllung ihrer sekundärrechtlichen Pflichten einerseits Gefahr läuft, die europäischen Grundrechte nach Art. 6 EUV zu verletzen. Andererseits besteht das Risiko einer Konventionsverletzung, wenn der Vollstreckungsmitgliedstaat etwaige drohende Menschenrechtsverletzungen nicht abwendet.[1131] Der EuGH hat bislang die Verweigerung der Übergabe weder bei bereits vergangenen noch bei künftig drohenden Grundrechtsverletzungen zugelassen.[1132] Führt man sich die Entscheidung *Radu* vor Augen, wo der Gerichtshof die Vorlagefrage auf das Erfordernis der Anhörung reduziert und im Übrigen den abschließenden Charakter der Übergabehindernisse betont hat, kann man sich vorstellen, in welch einer Zwickmühle ein vollstreckendes Gericht derzeit steckt. Die Verweigerung der Übergabe scheint nach der bisherigen Auslegung des Rb-EuHB durch den EuGH selbst in Fällen drohenden Folterns im ausstellenden Staat nicht in Frage zu stehen. Der EGMR würde aber den vollstreckenden Staat nicht von der Verantwortung befreien, falls sich im Einzelfall ergeben würde, dass die Gefahr durch ein schlichtes Nicht-Überstellen hätte abgewendet werden können.[1133]

Durch Art. 1 Abs. 2 Rb-EuHB wird der Grundsatz der gegenseitigen Anerkennung zur Grundlage der Vollstreckung europäischer Haftbefehle erhoben. Seine

1127 Art. 1 Abs. 3 Rb-EuHB.

1128 Vgl. oben Kap. B. I.

1129 Vgl. *Burchard* in: Böse (Hrsg.), § 14 Rz. 49.

1130 *Kaufhold*, EuR 2012, S. 408.

1131 Vgl. Teil 1, Kap. C.III und IV. 2 und 3.

1132 S. oben Kap. B. I. 1.

1133 Vgl. Teil 1, Kap. C. III. 1, a).

Bedeutung für den einheitlichen Binnenraum, also insbesondere für die Sicherheit und Freizügigkeit ist fundamental.[1134] In der Rechtswirklichkeit hat sich der Anerkennungsgrundsatz, was die effektive Strafverfolgung betrifft, bewährt.[1135] Seine bisherige praktische Anwendung führt aber in Einzelfällen zu einem Ungleichgewicht zum Nachteil des Betroffenen.[1136] Die Herstellung der Balance kann somit nur erfolgen, wenn eine punktuelle Beschränkung des Grundsatzes der gegenseitigen Anerkennung eingeführt wird. Deshalb stellt sich die Frage, ob und inwieweit die Verletzung der europäischen Grundrechte des Betroffenen für die aus dem Grundsatz der gegenseitigen Anerkennung herrührende Vollstreckungsverpflichtung eine Schranke setzt. Die Rechtsprechung des EGMR in Auslieferungssachen kann angesichts der immer enger werdenden Kooperation zwischen den Mitgliedstaaten innerhalb der EU nicht ohne Anpassung auf das Vollstreckungsverfahren des EuHB übertragen werden. Die Herausforderung besteht darin, eine Lösung zu finden, die den veränderten Realitätsbedingungen gerecht wird und gleichzeitig dem konventionsrechtlichen Verständnis der Menschenrechte entspricht.

2. Schranken der grundsätzlichen Übergabeverpflichtung des vollstreckenden Staates

Im Folgenden wird ermittelt, inwieweit der grundsätzlichen Übergabeverpflichtung des vollstreckenden Staates Schranken gesetzt werden können. Da es sich bei dem Grundsatz der gegenseitigen Anerkennung um einen Begriff des Unionsrechts handelt, dessen rechtlicher Gehalt und Voraussetzungen nicht abschließend geklärt sind[1137], müssen seine Schranken durch Auslegung autonom bestimmt werden.[1138]

a) Aus der Historie des Grundsatzes der gegenseitigen Anerkennung

Die Entstehungsgeschichte des EuHB wurde in die Erwägungsgründe[1139] zum Rb-EuHB aufgenommen, weshalb seine historische Auslegung Aufschluss über die Interpretation des Grundsatzes der gegenseitigen Anerkennung liefern könnte.[1140]

Das Prinzip der gegenseitigen Anerkennung stellt eine wesentliche Neuerung im Vergleich zur klassischen Rechtshilfe dar.[1141] Nach dem Völkerrecht entfaltet eine gerichtliche Entscheidung die ihr durch das Prozessrecht zugedachten Wirkungen nur in dem erlassenden Staat. Sollte sie die Grenze überschreiten, um in einem anderen Staatsgebiet Wirkungen zu entfalten, musste der jeweilige staatliche

1134 Vgl. oben Kap. B. I. 3.
1135 Vgl. Teil 2, Kap. A.
1136 Vgl. Teil 2, Kap. B.
1137 *Meyer* in: von der Groeben/ Schwarze/ Hatje (Hrsg.), Art. 82 a EUV.
1138 *Gaitanides* in: von der Groeben/ Schwarze/ Hatje (Hrsg.), Art. 19, Rz. 43.
1139 Erwägungsgründe 1, 2, 3, 4, 5 zum Rb-EuHB.
1140 *Gaitanides* in: von der Groeben/ Schwarze/ Hatje (Hrsg.), Art. 19, Rz. 43.
1141 *Vogel* in: Grabitz/ Hilf/ Nettesheim (Hrsg.), Art. 82 AEUV Rz. 25, *Schallmoser*, S. 9.

Souverän einwilligen.[1142] Eine völkerrechtliche Pflicht zur Vollstreckung ausländischer Entscheidungen bestand grundsätzlich nicht bzw. konnte nur durch einen zwischenstaatlichen Vertrag oder ein mehrseitiges Übereinkommen begründet werden.[1143] Auf europäischer Ebene bestehen zwar einige Übereinkünfte über die Anerkennung rechtskräftiger Entscheidungen in Strafsachen.[1144] Im internationalen Rahmen war aber die Vollstreckung ausländischer Straferkenntnisse bis zur Einführung des EuHB auf die in einem Staat „rechtskräftig ausgesprochene strafrechtliche Sanktionen“[1145] beschränkt. Im Verhältnis der Mitgliedstaaten fehlten bis zu dem Erlass des Rb-EuHB vertragliche Abmachungen über die Durchsetzung ausländischer Haftentscheidungen, die von Natur aus nicht rechtskräftig sind.[1146] Anders als Urteile oder strafrechtliche Verfügungen, die in Rechtskraft erwachsen können, stellt ein EuHB ein Fahndungsinstrument dar, das nicht rechtskraftfähig ist. Während bei der klassischen Vollstreckungshilfe eine Übertragung der Vollstreckung stattfand, zielt der EuHB auf die Anerkennung und Vollstreckung einer im ersuchenden Staat erlassenen Haftanordnung ab.[1147] Der EuHB soll bekanntlich nur angewandt werden, wenn auf nationaler Ebene ein Haftbefehl oder eine andere vollstreckbare justizielle Entscheidung mit gleicher Rechtswirkung vorliegt.[1148] Als grenzüberschreitendes Fahndungsmittel transportiert also der EuHB eine innerstaatliche Entscheidung, die in einem Mitgliedstaat ergangenen ist und in einem anderen Mitgliedstaat vollstreckt werden soll. Somit geht es bei der Vollstreckung des EuHB stets um die Vollstreckung einer ausländischen Entscheidung. Der Europäische Rat von Tampere hat ausdrücklich festgestellt, dass der Anerkennungsmechanismus nicht nur hinsichtlich rechtskräftiger Urteile, sondern auch für Anordnungen gelten soll, die

---

1142 *Vogel* in: Grabitz/ Hilf/ Nettesheim (Hrsg.), Art. 82 AEUV Rz. 25.

1143 Eingehend *Werkusch*, S. 1 ff.

1144 Europäisches Übereinkommen vom 28.05.1970 über die internationale Geltung von Strafurteilen (online abrufbar unter: http://www.conventions.coe.int/Treaty/ger/Treaties/Html/070.htm, Stand: 19.09.2015); Übereinkommen zwischen den Mitgliedstaaten der Europäischen Gemeinschaften über die Vollstreckung Ausländischer strafrechtlicher Verurteilungen (BGBl. II 1997 S. 1351–1354); Übereinkommen vom 17.06.1998 aufgrund von Artikel K.3 des Vertrags über die Europäische Union über den Entzug der Fahrerlaubnis (ABl. C 216 vom 10.7.1998, S. 2).

1145 *Werkusch*, S. 17.

1146 Das Übereinkommen über die internationale Geltung von Strafurteilen (Europäisches Übereinkommen über die internationale Geltung von Strafurteilen) hat die Vollstreckung europäischer Strafurteile durch die Signaturstaaten zum Gegenstand (online abrufbar unter: http://www.conventions.coe.int/Treaty/ger/Treaties/Html/070.htm, Stand: 19.09.2015). Sein Anwendungsbereich umfasst Strafen und Maßnahmen, die in einem anderen Vertragsstaat verhängt worden und dort vollstreckbar sind.

1147 *Schork*, S. 235.

1148 KOM (2001) 522 endg., S. 7, Handbuch mit Hinweisen zum Ausstellen eines Europäischen Haftbefehls (17195/1/10 REV 1), S. 4.

im Ermittlungsverfahren ergangen sind.[1149] Davon sind auch nationale Haftbefehle erfasst, deren gegenseitige Anerkennung erstmalig von den Verfassern des SDÜ[1150] erwogen wurde und ansonsten bis zur Tagung in Tampere in dem internationalen Rahmen völlig unbehandelt war[1151]. Die Wirkungserstreckung der ausländischen Haftentscheidung auf das Inland wird nach dem Grundsatz der gegenseitigen Anerkennung durch die Überzeugung erreicht, dass die in allen Mitgliedstaaten der EU ergangenen strafrechtlichen Entscheidungen gleichwertig sind.[1152] Die Beachtung ausländischer Entscheidung als gleichwertig setzt das gegenseitige Vertrauen der Mitgliedstaaten in ihre jeweiligen Strafjustizsysteme voraus. Es wird davon ausgegangen, dass ein Mitgliedstaat eine partnerschaftliche Haftanordnung anerkennen wird, auch wenn die Anwendung seines eigenen nationalen Rechts zu einem anderen Ergebnis führen würde[1153].

Aus einer ausländischen Entscheidung konnte vor der Einführung des EuHB grundsätzlich nur vorgegangen werden, wenn diese in dem vollstreckenden Staat anerkannt und für vollstreckbar erklärt war.[1154] Im Bereich der klassischen Vollstreckungshilfe ist der Anerkennungsvorgang von der Vollstreckung der ausländischen Entscheidung zu unterscheiden. Das Wort Anerkennung hat in der Rechtswissenschaft zwei Bedeutungen. Nach dem weit verbreiteten Verständnis wird als Anerkennung derjenige Vorgang bezeichnet, wodurch ein Staat fremden Entscheidungen Inlandswirkungen beilegt.[1155] Unter Anerkennung wird vielfach aber auch das Zulassen ausländischer Entscheidungen zur Vollstreckung im Inland verstanden. Eine Entscheidung anzuerkennen bedeuten i. d. R. sie als Vollstreckungstitel zu akzeptieren. Dazu muss das ausländische Urteil zumindest gedanklich vorrangig im Inland anerkannt werden.[1156] Nach der Gleichstellungslehre werden ausländische Entscheidungen durch die Anerkennung den inländischen gleichgestellt. Bei der technischen Durchführung der Gleichstellung ergeben sich Schwierigkeiten, weil

1149 Schlussfolgerungen des Vorsitzes, Europäischer Rat (Tampere), 15. u. 16.10.1999 (SN 200/99) – Empfehlung Nr. 36.

1150 Das Prinzip der gegenseitigen Anerkennung nationaler Haftbefehle ist in der Ausschreibung im SIS (Art. 95 SDÜ) angelegt. Die Besonderheit dabei besteht darin, dass die ausschreibende Behörde prüft, ob die Festnahme in den anderen Mitgliedstaaten nach deren Recht zulässig ist (Art. 95 Abs. 2 S. 1 SDÜ). Nach der Ausschreibung soll eine weitere Prüfung durch die Justizbehörden der anderen Mitgliedstaaten grundsätzlich nicht mehr stattfinden, da die Ausschreibung unmittelbar fahndungsrelevant ist, vgl. *Böse* in: Momsen/ Bloy/ Rackow (Hrsg.), S. 240 und *Mokros* in: Lisken/ Denninger, Rz. 151.

1151 Maßnahmenprogramm zur Umsetzung des Grundsatzes der gegenseitigen Anerkennung gerichtlicher Entscheidungen in Strafsachen (ABl. EG 2001 C 12 v. 14.01.2001, S. 10 ff.).

1152 KOM (2000) 495 endg., S. 4.

1153 *Satzger*, 5. Aufl., S. 166.

1154 *Geimer* in: Zöller/ Geimer/ Greger (Hrsg.), § 722 Rz. 1, 2.

1155 *Gottwald* in: Münchener Kommentar StGB, § 328 Rz. 2.

1156 *Asp*, S. 29.

man nur Entscheidungen mit wirklich gleichem Inhalt gleichstellen kann. Haben ausländische Entscheidungen einen Inhalt, den inländische Entscheidungen nicht haben, so müsste eine Gleichstellung ausscheiden. Diese Schwierigkeiten überwindet die überwiegende Lehre von der Wirkungserstreckung. Danach werden die Entscheidungswirkungen einer ausländischen Entscheidung durch Anerkennung auf das Inland erstreckt. Bei der automatischen Anerkennung hat die ausländische Entscheidung unmittelbare Inlandswirkung, sofern die rechtlichen Voraussetzungen erfüllt sind.[1157] Die Anerkennung der ausländischen Entscheidung als Vollstreckungstitel, der im Inland durchgesetzt werden kann, bildet eine Vorstufe zum Vollstreckungsvorgang. Während die Anerkennung die Erstreckung bestehender Wirkungen auf das Inland zur Folge hatte, verleiht die Vollstreckbarerklärung einem ausländischen Urteil eine neue Wirkung: seine Vollstreckbarkeit im Inland.[1158] Die Zulassung der ausländischen Entscheidung als Grundlage der Vollstreckung im Inland wurde im Bereich der klassischen Rechtshilfe in einem gesonderten Verfahren geprüft („Exequatur").[1159] In diesem Verfahren wird die ausländische Entscheidung für vollstreckbar erklärt und dadurch der Zugang zu den inländischen Organen der Zwangsvollstreckung eröffnet.[1160] Darin wird das Urteil bzw. die Entscheidung zwar nicht inhaltlich, wohl aber daraufhin überprüft, ob fundamentale Rechtsgrundsätze wie etwa das Recht auf rechtliches Gehör verletzt wurden. Verstößt die ausländische Entscheidung gegen den inländischen *ordre public*, so wird sie nicht anerkannt und kann im Inland nicht vollstreckt werden.[1161] Die Anerkennung der ausländischen Entscheidung als Vollstreckungstitel, der im Inland durchgesetzt werden kann, bildete also eine Vorstufe zum Vollstreckungsvorgang. In dem Rb-EuHB wird an zentraler Stelle normiert, dass der EuHB nach dem Grundsatz der gegenseitigen Anerkennung und den Bestimmungen des Rb-EuHB zu vollstrecken ist. Somit entfaltet der Grundsatz der gegenseitigen Anerkennung, wenn auch nur gedanklich, vorerst Wirkungen auf der Ebene der Anerkennung als Vorstufe der Vollstreckung einer ausländischen Haftentscheidung.

b) Aus dem Wortlaut des Rb-EuHB

Gemäß Art. 1 Abs. 2 vollstrecken die Mitgliedstaaten den EuHB nach dem Grundsatz der gegenseitigen Anerkennung und nach Maßgabe des Rb-EuHB. Die Bestimmungen des Rb-EuHB enthalten keine ausdrücklichen Anforderungen hinsichtlich der Anerkennung der dem EuHB zugrunde liegenden nationalen Haftentscheidung. Die Realisierung der Wirkungen eines EuHB erfolgt regelmäßig in einem anderen Mitgliedstaat als dem Ausstellungsstaat. Dem Wortlaut nach ist der Grundsatz auf die Anerkennung ausgerichtet.

1157 Eingehend *Gottwald* in: Münchner Kommentar StGB, § 328 Rz. 3 ff.

1158 *Gottwald/ Mock*, ZPO § 722 Rz. 2.

1159 *Nalewajko*, S. 89.

1160 *Geimer* in: Zöller/ Geimer/ Greger (Hrsg.), § 722 Rz. 1, 2.

1161 BGH, Beschluss vom 24.04.2014 – VII ZB 28/13.

c) *Aus der Zielsetzung des Grundsatzes der gegenseitigen Anerkennung*

Bei dem Prinzip der gegenseitigen Anerkennung handelt es sich – wie die Kommission bemerkt – um „ein ehrgeiziges Vorhaben, das schrittweise und realistisch betrieben werden sollte".[1162] Das endgültige Ziel ist, dass jeder Mitgliedstaat gerichtliche Urteile oder Entscheidungen jedes anderen Mitgliedstaats als solche anerkennt und diejenige Hilfe leistet, welche zur Vollstreckung des Urteils oder der Entscheidung erforderlich ist.[1163] Durch die gegenseitige Anerkennung wird erreicht, dass zwischen den Mitgliedstaaten gerichtliche Entscheidungen *zügig, ohne Verfahrenshürden und im Grundsatz ohne sachliche Nachprüfung* des zu vollstreckenden Urteils oder der zu vollstreckenden Entscheidung vollstreckt werden.[1164]

Die Anwendung des Anerkennungsprinzips im Übergabeverfahren soll nach der Vorstellung der Kommission zur Folge haben, dass der EuHB im gesamten Hoheitsgebiet der Union vollstreckt werden kann.[1165] Der Grundsatz der gegenseitigen Anerkennung könnte einerseits die Anerkennung der ausländischen Entscheidung als Voraussetzung der Vollstreckung im ersuchten Staat überflüssig machen. Andererseits könnte der Grundsatz der gegenseitigen Anerkennung den EuHB zu einem europaweit vollstreckbaren Titel erklären. Das wäre der Fall, wenn die Mitgliedstaaten nach dem Grundsatz der gegenseitigen Anerkennung verpflichtet wären, die dem EuHB zugrunde liegende nationale Haftanordnung[1166] automatisch zu vollstrecken. In der Literatur wird teilweise vertreten, dass es bei dem EuHB um den europaweiten Vollzug der unberührt bleibenden nationalen Entscheidung geht.[1167] Diese Auffassung ist mit Vorsicht zu genießen, weil sie den Eindruck erweckt, dass die nationale Entscheidung europaweite Wirkung erlangt, was ungenau ist.[1168] Wenn der nationale Haftbefehl europaweit vollstreckbar wäre, könnte sich der ausstellende Staat unmittelbar an die Vollstreckungsorgane jedes anderen Mitgliedstaates wenden und die Festnahme und Überstellung des Beschuldigten befehlen. Die Zulassung der ausländischen Entscheidung zum inländischen Vollstreckungsverfahren würde entfallen. Die Strafverfolgungsbehörden des ausstellenden Staates wären befugt, sich direkt an die Vollstreckungsorgane des ersuchten Staates zu wenden, ohne dass eine inländische Bewilligungsentscheidung vonnöten wäre. Dann würden jegliche Zwischenschritte entfallen und die Entscheidungen des ersuchten Staates entbehrlich werden. Der vollstreckende Staat könnte gezwungen werden, den sich auf seinem Territorium befindlichen Beschuldigten auf Befehl des erlassenden

---

1162 Maßnahmenprogramm zur Umsetzung des Grundsatzes der gegenseitigen Anerkennung gerichtlicher Entscheidungen in Strafsachen (ABl. EG 2001 C 12 vom 14.01.2001, S. 15).

1163 *Vogel* in: Grabitz/ Hilf/ Nettesheim (Hrsg.), Art. 82, Rz. 27.

1164 KOM (2001) 522 endg., S. 2 f.

1165 *Ebd.*, S. 6, 11.

1166 Vgl. Teil 1, Kap. B. II.

1167 *Unger*, S. 77, *Seitz*, NStZ 2004, S. 546; *Schork*, S. 206.

1168 Vgl. *Andreou*, S. 176.

Staates festzunehmen und zwecks Strafverfolgung ins Ausland zu transferieren. In einer solchen Konstellation würde die Vollstreckung eines EuHB keinen Hürden begegnen und automatisch vonstattengehen. Darüber, ob der europäische Gesetzgeber bei Einführung des EuHB seine automatische Anerkennung im Auge hatte, kann nur spekuliert werden. Dem Anerkennungskonzept nach sollen in dem angestrebten Rechtsraum Europa gerichtliche Entscheidungen und zwar auch solche, die im Ermittlungsverfahren getroffen werden, frei zirkulieren und ihre Wirkungen entfalten können.[1169] Die gegenseitige Anerkennung soll es ermöglichen, dass eine in einem Staat ergangene gerichtliche Entscheidung in einem anderen Mitgliedstaat nicht wieder in Frage gestellt wird.[1170] Die Kommission unterscheidet zwischen zwei möglichen Wegen der gegenseitigen Anerkennung. Zum einen kann die gegenseitige Anerkennung dadurch verwirklicht werden, dass die ausländische Entscheidung entsprechend den eigenen Vorstellungen des Vollstreckungsstaates angepasst wird. Zum anderen kann die gegenseitige Anerkennung dadurch erfolgen, dass die ersuchte Behörde eine formale Entscheidung trifft, in der die ursprüngliche Entscheidung vollständig wiederholt wird.[1171] Dort wird der Anerkennungsvorgang als der Vorgang verstanden, mit dem die in einer Entscheidung vorgesehene Rechtsfolge verwirklicht wird.[1172] Der Generalanwalt *Bot* konstatiert in seinen Schlussanträgen in der Sache *Wolzenburg,* dass einer Entscheidung, die eine Justizbehörde in Übereinstimmung mit ihrem staatlichen Recht trifft, aufgrund des Prinzips der gegenseitigen Anerkennung „vollständige und unmittelbare Wirkung in der gesamten Union“ zukommt.[1173] Diese Aussage kann dahingehend interpretiert werden, dass von dem Grundsatz der gegenseitigen Anerkennung der aus dem Bereich der traditionellen Rechtshilfe bekannte Anerkennungsvorgang erfasst werden soll.

Das Prinzip der gegenseitigen Anerkennung hat nicht zum Ziel, die automatische Anerkennung gerichtlicher Entscheidungen herzustellen, sondern stellt ein Instrument zum Aufbau des einheitlichen Raums der Freiheit, der Sicherheit und des Rechts[1174] dar. Als solches hat er die Aufgabe, die drei Elemente Recht, Sicherheit und Freiheit auszugleichen.[1175] Der primärrechtliche Begriff der „Freiheit“ umfasst neben der Freizügigkeit innerhalb des Binnenmarktes auch die Beachtung der Freiheitsrechte des Einzelnen. Somit meint der Raum der Freiheit neben der Gewährleistung des freien Personenverkehrs auch den Schutz der Grundrechte.[1176]

1169 Maßnahmenprogramm zur Umsetzung des Grundsatzes der gegenseitigen Anerkennung gerichtlicher Entscheidungen in Strafsachen (ABl. EG 2001 C 12 vom 14.01.2001, S. 10 ff.).

1170 *Ebd.*

1171 KOM (2000) 495 endg., speziell S. 8.

1172 *Ebd.*

1173 Schlussanträge des GA Yves Bot vom 24.05.2009 zu EuGH, Urteil vom 06.10.2009, Rs. C-123/08 (*Wolzenburg*), Slg. 2009, I-9621, Rz. 68.

1174 Art. 67 Abs. 1, 82 Abs. 1 AEUV

1175 *Janssens*, S. 253 ff.

1176 *Weiß/ Satzger* in: Streinz (Hrsg.), Art. 67, Rz. 27.

d) Aus der Systematik des Grundsatzes der gegenseitigen Anerkennung

Die Geltung der dem EuHB zugrunde liegenden Haftanordnung in anderen Mitgliedstaaten bedarf aber einer Rechtsnorm, die den ausländischen Haftbefehl dem inländischen gleichstellt und diese insoweit transnationale Wirkung zuweist.[1177] Der Eingriff in die Grundrechte – und somit auch die Vollstreckung der ausländischen Entscheidung – bedarf zunächst einer gesetzlichen Grundlage. Nach dem derzeitigen Entwicklungsstand der justiziellen Zusammenarbeit in Strafsachen in der EU ist es den Hoheitsträgern des Entscheidungsmitgliedstaats nicht erlaubt, das Urteil oder die Entscheidung im Vollstreckungsmitgliedstaat selbst zu vollstrecken.[1178] Das bedeutet, dass ein ausländischer Haftbefehl von den zuständigen Stellen des vollstreckenden Staats zuerst anerkannt und dann in eine eigene Entscheidung umgesetzt werden muss.[1179] In diesem Sinne ist ein EuHB aus Sicht des Vollstreckungsstaates kein Haftbefehl, der unmittelbar die Übergabe des Verfolgten begründet, sondern ein Festnahme- und Übergabeersuchen.[1180]

Aus Art. 10 Abs. 1 Rb-EuHB geht hervor, dass bei der Vollstreckung des EuHB vorkommen kann, dass bei Erlass des EuHB der Vollstreckungsstaat noch nicht feststeht. Es liegt also in der Natur des EuHB als grenzüberschreitendes Fahndungsmittel,[1181] dass er seine Wirkungen in einem anderen als den erlassenden Staat entfaltet.[1182] In dem Rb-EuHB wird zwischen der Anerkennung und Vollstreckung des EuHB nicht wirklich differenziert. Auch wenn es häufig heißt, gegenseitige Anerkennung müsse „automatisch" erfolgen und dem Urteil bzw. der Entscheidung müsse „direkte" Wirkung verschafft werden,[1183] dürfen diese Aussagen nicht dahingehend missverstanden werden, dass im Vollstreckungsmitgliedstaat auf eine Anerkennungsentscheidung verzichtet werden könnte.[1184] Im Übergabeverfahren kommt

1177 *Böse* in: Momsen/ Bloy/ Rackow (Hrsg.), S. 235: Die Geltung des EuHB in anderen Mitgliedstaaten wird nicht unmittelbar aus dem EuHB selbst begründet, sondern es bedarf einer Rechtsnorm, die den ausländischen Haftbefehl den inländischen gleichstellt und diesem insoweit transnationale Wirkung zuweist.

1178 *Vogel* in: Grabitz/ Hilf/ Nettesheim (Hrsg.), Art. 82 AEUV, Rz. 25; auch *Globke*, GA 2011, S. 415 spricht sich gegen eine Durchgriffswirkung aus.

1179 *Ebd.*

1180 Vgl. Teil 1, Kap. B. II.

1181 *Ebd.*

1182 *Globke*, GA 2011, S. 412 ff.

1183 Vgl. etwa Grünbuch zum strafrechtlichen Schutz der finanziellen Interessen der Europäischen Gemeinschaften und zur Schaffung einer Europäischen Staatsanwaltschaft vom 11.12.2001, KOM (2001) 715 endg., S. 63; Grünbuch: Erlangung verwertbarer Beweise in Strafsachen aus einem anderen Mitgliedstaat vom 11.11.2009, KOM (2009) 624 endg., S. 3. Ausgewogener hingegen ist die Mitteilung der Kommission an den Rat und das Europäische Parlament: Gegenseitige Anerkennung von Endentscheidungen in Strafsachen vom 26.07.2000, KOM (2000) 495 endg., S. 19.

1184 *Vogel* in: Grabitz/ Hilf/ Nettesheim (Hrsg.), Art. 82 AEUV, Rz. 27.

dem EuHB die Wirkung eines Übergabeersuchens zu.[1185] Er berechtigt nicht im Sinne eines unmittelbaren Durchgriffs zur Anwendung staatlicher Zwangsmittel gegen den Verfolgten, sondern es bedarf eines innerstaatlichen Umsetzungsakts.[1186] Dies wird deutlich aus Art. 15 Rb-EuHB, wo ausdrücklich geregelt ist, dass die vollstreckende Behörde über die Übergabe der gesuchten Person aufgrund des EuHB entscheidet. Die Übergabeentscheidung betrifft die Zulässigkeit der Vollstreckung der ausländischen Entscheidung nach Maßgabe der Bestimmungen des Rb-EuHB. Dafür spricht auch der Wortlaut des Art. 22 Rb-EuHB, wonach die vollstreckende Justizbehörde der Ausstellungsbehörde unverzüglich ihre Entscheidung über die Vollstreckung oder Nichtvollstreckung des EuHB mitzuteilen hat.[1187]

Aus der Tatsache, dass der Rb-EuHB zwingende und fakultative Übergabehindernisse enthält, kann darauf geschlussfolgert werden, dass dem EuHB keine unmittelbare Geltung bezüglich der Zwangsüberstellung zukommt.[1188] Vielmehr muss das Übergabeersuchen des Ausstellungsstaates von den zuständigen Stellen des vollstreckenden Staats anerkannt und in eigene Entscheidungen umgesetzt werden.[1189]

Wie bereits oben festgestellt wurde, musste vor der Einführung des Grundsatzes der gegenseitigen Anerkennung eine ausländische Entscheidung zuerst anerkannt und erst dann vollstreckt werden.[1190] Der Grundsatz der gegenseitigen Anerkennung bildet eine gedankliche Vorstufe zum Vollstreckungsvorgang, weil in dem Rb-EuHB die Anerkennung der ausländischen Haftentscheidung nicht explizit geregelt ist. So sind z. B. in dem Rahmenbeschluss über die Vollstreckung von Entscheidungen über die Sicherstellung von Vermögensgegenständen oder Beweismitteln[1191], der ebenfalls das Prinzip der gegenseitigen Anerkennung zur Grundlage hat, ausdrücklich Gründe für die Versagung der Anerkennung der ausländischen Sicherstellungsentscheidung vorgesehen. Paradebeispiel für die vielfältigen Versagungsmöglichkeiten bezüglich der Anerkennung gibt die Richtlinie

1185 Vgl. *Andreou*, S. 179.

1186 *Globke*, GA 2011, S. 415 spricht sich gegen eine Durchgriffswirkung aus; ähnlich *Böhm*, StraFo 2013, S. 178, *Böse* in: Momsen/ Bloy/ Rackow (Hrsg.), S. 235: Die Geltung des EuHB in anderen Mitgliedstaaten wird nicht unmittelbar aus dem EuHB selbst begründet, sondern es bedarf einer Rechtsnorm, die den ausländischen Haftbefehl den inländischen gleichstellt und diesem insoweit transnationale Wirkung zuweist.

1187 *Andreou*, S. 176 f.

1188 *Pohl*, S. 67, *Klimek*, S. 69.

1189 *Vogel* in: Grabitz/ Hilf/ Nettesheim (Hrsg.), Art. 82 AEUV, Rz. 25, auch *Globke*, GA 2011, S. 415.

1190 S. oben Kap. B. V. 2., a).

1191 Rahmenbeschluss 2003/577/JI des Rates vom 22.07.2003 über die Vollstreckung von Entscheidungen über die Sicherstellung von Vermögensgegenständen oder Beweismitteln in der EU (ABl. L 196 vom 02.08.2003, S. 45).

über die Europäische Ermittlungsanordnung[1192]. Das System, das diesen sekundären Rechtsakten inhärent ist, zeigt, dass ein genereller Ausschluss sämtlicher Kontrollen und somit ein Anerkennungsautomatismus auf dem Strafrechtsgebiet nicht in Sicht ist.[1193]

Das Fehlen von Verweigerungsgründen bezüglich der Anerkennung führt *de facto* zu einem Automatismus, der im Hinblick auf die betroffenen Freiheitsrechte der gesuchten Person bedenklich ist. Es kann nicht sein, dass dem Vollstreckungsstaat im Falle der Durchsetzung einer Überstellung im Vergleich zu teilweise weniger einschneidenden Maßnahmen[1194] keine Möglichkeit zugestanden wird, die Anerkennung zu versagen. Da gegenüber der Sicherheit das Freiheitsinteresse des Betroffenen auf der Waage steht, muss das Anerkennungsprinzip eine Balance zwischen beiden Elementen herstellen. Aufgrund der fundamentalen Bedeutung der gegenseitigen Anerkennung für den Raum der Freiheit, Sicherheit und des Rechts[1195] kann eine Durchbrechung nicht bei jedem geringfügigen Verstoß gegen Grund- und Menschenrechte zugelassen werden. Denn anderenfalls müsste die Komponente der Sicherheit in der Abwägung völlig zurücktreten.

Die Terminologie des Rb-EuHB verleitet zu der Schlussfolgerung, dass im Rahmen des EuHB stets der Vollstreckungsstaat die Entscheidungen des Ausstellungsstaates auszuführen habe. Mithin lässt seine flüchtige Lektüre die Annahme zu, dass die Anerkennungsrichtung stets zugunsten der Strafverfolgungsentscheidung des Ausstellungsstaates und zulasten einer etwaigen Straffreiheitsentscheidung des Vollstreckungsstaates verläuft.[1196] Dagegen spricht jedoch Art. 3 Nr. 2 Rb-EuHB, der das europäische Doppelbestrafungsverbot des Art. 54 SDÜ zu einem Ablehnungsgrund ausgestaltet und damit der justiziellen Entscheidung des Vollstreckungsstaates den Vorrang einräumt.[1197] Ein ähnliches Beispiel für die Pflicht zur Anerkennung der Entscheidung des Vollstreckungsmitgliedstaates liefert Art. 5 Rb-EuHB, nach dem die Übergabe an die Gewährung von bestimmten Garantien geknüpft werden kann. Die meisten Garantien rühren aus Erwägungen des Betroffenenschutzes her. So ist in der Rechtsprechung des EuGH anerkannt, dass die Resozialisierungschancen als Ausprägung des Rechts auf Privat- und Familienleben berücksichtigungsfähig sind.[1198] Die Anerkennung und Vollstreckung einer ausländischen Haftentscheidung

---

1192 Richtlinie 2014/41/EU des Europäischen Parlaments und des Rates vom 03.04.2014 über die Europäische Ermittlungsanordnung in Strafsachen (ABl. L 130 vom 01.05.2014, S. 1): In Art. 10 EEA werden eine Vielzahl von Fällen aufgelistet, in denen der Vollstreckungsstaat von der grundsätzlichen Pflicht entbunden wird, der übermittelten Europäischen Anordnung Wirkung zu verleihen.

1193 Vgl. *Nalewajko*, S. 90, der von einer eingeschränkten Form der Anerkennung spricht.

1194 Bei Sicherstellungsentscheidung und Ermittlungsanordnung.

1195 S. oben Kap. B. I. 3.

1196 *Pohl*, S. 67.

1197 *Ebd.*

1198 Vgl. Teil 1, Kap. B. IV. 3, f). bb), (7).

unterliegen mithin Schranken, die aus den unionsrechtlich anerkannten Grundrechten und allgemeinen Rechtsgrundsätzen resultieren können. Die flexible Natur des Grundsatzes der gegenseitigen Anerkennung lässt Raum für eine punktuelle Limitierung[1199] offen, einerseits auf der Stufe der Anerkennung und andererseits auf derjenigen der Vollstreckung.

3. Fallgruppenbezogene Lösungswege

Die Analyse der Übergabepraxis hat ergeben, dass sich grundrechtliche Probleme in drei verschiedenen Fallgruppen ergeben können.[1200] Beim Erlass der dem EuHB zugrunde liegenden Entscheidung können Verletzungen der in der EMRK oder in der Charta garantierten Rechte eintreten.[1201] Da die Ausstellung des EuHB eine justizielle Entscheidung darstellt, die im Anschluss an einen nationalen Haftbefehl getroffen wird, können auf dieser Ebene gleichfalls schutzwürdige Belange des Betroffenen berührt werden.[1202] Die Übergabe der Person zwecks Strafverfolgung eröffnet zusätzlich die Gefahr nachfolgender Grundrechtsverstöße im ausstellenden Staat.[1203] Für die Lösung der praktischen Probleme bietet sich eine differenzierte Betrachtung nach Fallgruppen an.

a) Die europäischen Grundrechte gemäß Art. 6 Abs. 1 und 3 EUV als Prüfungsmaßstab

Als Prüfungsmaßstab hierfür bieten sich Art. 6 Abs. 1 und Abs. 3 und insbesondere GRC an, die einen der Zukunft zugewandten Grundrechtskatalog enthält, der künftige Gefährdungslagen weitsichtig einbezieht und innovative Grundrechtstatbestände präzise formuliert.[1204] Die Charta bildet die Grundlage der künftigen Rechtsprechung des EuGH in Bezug auf die Fortentwicklung des Grundrechtsschutzes im Raum der Freiheit, Sicherheit und des Rechts[1205] und muss von den mitgliedstaatlichen Gerichten gebührend beachtet werden. Die Darstellung der Entscheidungen der deutschen Gerichte erweckt den Eindruck, dass man dazu neigt, sich im europäischen Übergabeverfahren ausschließlich an die betraute Rechtsprechung des EGMR zu orientieren. Dafür kann es mehrere Gründe geben, sei es die Sicherheit im Umgang mit einer vertrauten Rechtslage, sei es fehlender Mut zum Beschreiten neuer Wege. Man soll sich aber vor Augen führen, dass bei der Erarbeitung der EMRK

1199 *Janssens*, S. 253 ff.
1200 Vgl. Teil 2, Kap. B.
1201 Vgl. Teil 1, Kap. B. III. 2.
1202 Vgl. Teil 2, Kap. B.
1203 *Ebd.*
1204 *Schmitz*, EuR 2004, S. 697.
1205 Joint communication from Presidents Costa und Skouris vom 24.01.2011 (http://curia.europa.eu/jcms/upload/docs/application/pdf/2011-02/cedh_cjue_english.pdf; Stand: 18.09.2015).

der damaligen Realität entsprechend nur ein nationales Strafverfahren im Blickfeld der Normgeber war.[1206]

Eine Beschränkung der Verweigerungsmöglichkeit auf bestimmte Grundrechte erscheint weder erforderlich noch geeignet, der dynamischen Entwicklung des Integrationsprozesses und Grundrechtsschutzes gerecht zu werden. Als Beispiel sei nur das Recht auf Schutz der Privatsphäre genannt, das durch die primärrechtliche Erstreckung auf den Datenschutz eine neue Dimension erfahren hat.[1207] Angesichts der fortschreitenden Entwicklung der Zusammenarbeit in Strafsachen innerhalb der EU kann nicht von vornherein der Grundrechtsschutz auf bestimmte Grundrechte eingegrenzt werden. Außerdem haben die einzelnen Grundrechte vorbehaltlich ihrer Schrankenregelungen für jeden Betroffenen eine individuelle Bedeutung, die nicht verallgemeinert werden darf. Die Balance zwischen effektiver Strafverfolgung und Schutz des Betroffenen setzt eine Abwägung im konkreten Einzelfall voraus, die weder auf der einen noch auf der anderen Seite vorweggenommen werden kann. Denn anderenfalls besteht die Gefahr, dass Interessen aufgewogen werden, denen in der konkreten Situation, sei es aufgrund der Art und Schwere der dem EuHB zugrunde liegenden Tat, sei es aufgrund der Eingriffsintensität, unzutreffendes Gewicht beigemessen wird.

Außerdem stellt sich die Frage, nach welch sachlichen Kriterien der Kreis der zentralen Grundrechte gezeichnet wird. Es bestehen zwar bestimmte Gewährleistungen wie das Folterverbot, das Recht auf Freiheit und das Recht auf ein faires Verfahren, die im Übergabeverfahren aufgrund ihres Schutzbereichs öfters zur Sprache kommen. Die Frage ist aber, ob man von der heutigen Perspektive schauend für die Zukunft festlegen kann, ob nicht auch die Freiheitsrechte auf Kunst, Wissenschaft oder Berufsausübung genauso oft eine Rolle spielen werden. Die Häufigkeit der Anwendung eines Grundrechts in der Praxis kann doch nicht seine Bedeutung für das Individuum bestimmen. Die Lösung muss weitsichtig auch solche Problem- und Gefährdungslagen einbeziehen, welche sich erst am Horizont abzeichnen. Nur so kann er einen dauerhaften Rahmen für die Entwicklung in den nächsten Jahrzehnten bilden.

b) Einzelfallbetrachtung

Da nach der *Solange*-Rechtsprechung des EGMR die Vermutung des gleichwertigen Grundrechtsschutzes im Einzelfall widerlegt werden kann, ist einer Betrachtung der individuellen Lage jedes Betroffenen den Vorzug zu geben. Außerdem erscheint eine gerechte Entscheidung nur unter Würdigung der Einzelfallumstände möglich, weil die Interessen an effektiver Strafverfolgung und am Betroffenenschutz von Fall zu Fall unterschiedlich wiegen können. Der Lösungsansatz des EuGH für die gemeinsame Asylpolitik, wonach ein Mitgliedstaat bei „systemischen Mängeln" von der Kooperation im Verbund suspendiert wird, erscheint im Hinblick auf die effiziente

1206 *Schomburg/ Lagodny/ Schlallmoser* in: Böse (Hrsg.), § 13 Rz. 131.
1207 *Jarass*, Art. 8 GRC, Rz. 2.

Kriminalitätsbekämpfung kontraproduktiv.[1208] Diese Konstruktion bringt unter dem Gesichtspunkt des Betroffenenschutzes wenig Vorteile. Während sie den Schutz ganzer Personengruppen vor der Übergabe an einen bestimmten Staat bewirken kann, lässt sie schutzwürdige individuelle Belange im Einzelfall unberücksichtigt. Zum Wesen der europäischen Grundrechte gehört, dass sie einer Einzelfallprüfung zugänglich sind.[1209] Für die vollstreckende Behörde bedeutet das, die Augen offen zu halten, Einzelschicksale zu erkennen und wenn nötig, darauf zu reagieren.[1210]

c) Beweisführung durch den Betroffenen

Die vollstreckenden Behörden müssen nach der Rechtsprechung des EuGH unterstellen, dass der ausstellende Staat die Rechte des Betroffenen im Falle seiner Überstellung beachten wird. Damit unverträglich wäre die Aufforderung nach einer regulären Überprüfung der Einhaltung der Grundrechte in dem Ausstellungsstaat. Das Übergabeverfahren soll zügig vorangetrieben werden, d. h., dass unnötige Komplikationen vermieden werden. Die Analyse der Rechtswirklichkeit hat ergeben, dass die Gefahr künftiger Grundrechtsverletzungen nicht in jedem Übergabefall zu Tage tritt, sondern nur in Einzelfällen. Das bedeutet, dass die Auferlegung einer regelmäßigen Überprüfungspflicht den Bedürfnissen der Praxis nicht entsprechen würde und nur eine unnötige Verkomplizierung herbeiführen wird. Auf der anderen Seite kann aufgrund der bereits zum Vorschein getretenen Grundrechtsrisiken[1211] die Auseinandersetzung mit den Grundrechten des Betroffenen nicht gänzlich ausgeschlossen werden.

Zur Herstellung der Balance zwischen Strafverfolgungseffizienz und Betroffenenschutz erscheint eine Beweisverteilung zwischen dem vollstreckenden Gericht und dem Betroffenen erforderlich. Zum Beweismaßstab hat *GA Sharpston* vorgetragen, dass die verfolgte Person den „Entscheider davon überzeugen muss, dass ihre Einwände in der Sache begründet sind".[1212] Durch die Verlagerung der Beweislast in den Verantwortungsbereich des Betroffenen wird sichergestellt, dass der Betroffene seine individuellen schutzwürdigen Belange anführen kann, ohne dadurch das reguläre Prüfungsprogramm des vollstreckenden Gerichts zu überfrachten. M. a. W. sollen grundrechtliche Fragen nicht bei jedem Übergabeersuchen geprüft werden, sondern nur dann, wenn der Betroffene explizit eine Grundrechtsverletzung in den Raum stellt.

In der Grundrechte-Landschaft des Europäischen Mehrebenensystems gibt es eine Vielzahl von Einrichtungen, die zum Schutz der Grundrechte Mechanismen wie Folgenabschätzungen, Mainstreaming, Überwachungen und Datensammlungen

---

1208 S. oben Kap. B.I. 5.
1209 *Callewaert*, S. 4.
1210 *Callewaert*, StV 2014, S. 508.
1211 Vgl. Teil 2, Kap. B. II.
1212 GA *Sharpston*, Schlussanträge zu EuGH, Urteil vom 29.01.2013, Rs. C-396/11 (*Radu*), noch nicht in der amtl. Slg. veröff., Rz. 82 ff.

anwenden. Gemäß der Strategie aus dem Jahre 2010 zur wirksamen Umsetzung der Charta erstellt die Kommission Jahresberichte und informiert über die Anwendung der Charta und dokumentiert die Fortschritte.[1213] Im Jahr 2007 wurde die Agentur der EU für Grundrechte (FRA) gegründet. Die FRA erhebt und analysiert objektive, verlässliche und vergleichbare Daten zu einer Vielzahl von Grundrechtsfragen, sodass ihre Jahresberichte und themenbezogene Studien als Informationsquelle herangezogen werden können.[1214] FRA arbeitet zudem an dem Onlineportal CLARITY, das als allgemein zugängliches Instrument bei der Suche nach Nicht-Regierungseinrichtungen helfen kann, die sich den Schutz bestimmter Grundrechte zum Ziel gesetzt haben.[1215] Die meisten Organisationen, die sich dem Schutz der Menschenrechte verschrieben haben, verfügen über eigene Erkenntnisse und könnten den Betroffenen im Übergabeverfahren unterstützen. Die Umsetzung des Projekts verspricht eine leicht zugängliche Informationsquelle für den Betroffenen und ist an sich zu begrüßen. Durch die Vermittlung der für bestimmte Grundrechtsverletzungen zuständigen nichtgerichtlichen Organisation, wird dem Betroffenen ermöglicht, an Daten zu gelangen, die für sein betroffenes Grundrecht dienlich sein können.[1216] Als großes Manko erweist sich m. E. die begrenze Sprachwahl auf Englisch, Deutsch und Französisch[1217], die das Pilotprojekt vorsieht. Aus Gleichstellungsgründen soll das Onlineportal in allen 24 Sprachen der Mitgliedstaaten verfügbar sein, damit Betroffene aus jedem Mitgliedstaat die gleichen Chancen bei der Informationsbeschaffung haben.

Der Betroffene muss die Möglichkeit haben, sich über die Gestaltung des Strafverfahrens in dem Ausstellungsstaat über die Dokumente von internationalen Einrichtungen und Nicht-Regierungsorganisationen wie Amnesty International oder Fair Trials International zu erkundigen. Innerhalb des Europarates existieren verschiedene Organe, die dafür zuständig sind, die Umsetzung der Grundrechte zu beobachten. Das Europäische Antifolterkomitee (CPT), die Europäische Kommission

---

1213 Mitteilung der Kommission „Berücksichtigung der Charta der Grundrechte in den Rechtsetzungsvorschlägen der Kommission – Methodisches Vorgehen im Interesse einer systematischen und gründlichen Kontrolle" (KOM (2005) 172 vom 27.04.2005); in der Mitteilung „Intelligente Regulierung in der Europäischen Union" (KOM (2010) 543 vom 07.10.2010) hat die Kommission betont, dass sie entsprechend dem neuen Rechtsstatus der Charta die Auswirkungen auf die Grundrechte vermehrt prüfen und hierfür spezielle Leitlinien entwickeln wird, KOM(2010) 573 endg., S. 13 f.

1214 Für mehr Informationen dazu s. http://projects9814.rssing.com/browser.php?indx=37399133&item=1, Stand: 19.09.2015.

1215 Gajdosová, Rights and Redress Mechanisms: Innovative Tools for a Better Protection, ERA, Trier, 18.–19.06.2015.

1216 S. dazu: http://fra.europa.eu/en/project/2013/clarity-complaints-legal-assistance-and-rights-information-tool-you (Stand: 19.09.2015).

1217 Gajdosová, Rights and Redress Mechanisms: Innovative Tools for a Better Protection, ERA, Trier, 18.-19.06.2015.

gegen Rassismus und Intoleranz (ECRI) sowie die Europäische Kommission für die Wirksamkeit der Justiz (CEPEJ) veröffentlichen Studien, die Aufschluss über die Lage in den Mitgliedstaaten liefern können. Ergänzend kann auf die Berichte der UN-Vertragsorgane (z. B. Menschenrechtsrat, Menschenrechtsausschuss, Ausschuss gegen Folter), die sich auf einzelne Länder beziehen, zugegriffen werden.

Die beispielhafte Aufzählung zeigt, dass der Betroffene aus zahlreichen Informationsquellen seine Beweise schöpfen kann. Im Übergabeverfahren wird es dem Betroffenen allerdings praktisch nicht möglich sein, die Informationsquellen persönlich zu nutzen, weil sein Kontakt mit der Außenwelt während der möglichen Inhaftierung i. d. R. eingeschränkt ist. Erschwerend hinzu kommt die Tatsache, dass eine juristisch nicht ausgebildete Person wenig Ahnung von den aufgelisteten Datenquellen hat. Infolgedessen entsteht die Gefahr einer unzumutbaren Beweisführung, der nur durch den Einsatz von qualifizierten Verteidigern entgegengewirkt werden kann. Der Rb-EuHB räumt den Mitgliedstaaten die Möglichkeit der Beiordnung eines Rechtsanwalts für das Übergabeverfahren ein.[1218] Aufgrund der hier vertretenen Beweisverteilung erscheint die obligatorische Bestellung eines Rechtsanwalts auf Kosten der jeweiligen Staatskasse unbedingt erforderlich. Sofern dem Betroffenen die Beweisführung für drohende Menschenrechtsverletzungen auferlegt wird, muss ihm ein Rechtsbeistand auf die Seite gestellt werden, damit dem Gebot der Waffengleichheit[1219] entsprochen wird. Da sich die nachfolgende Strafverfolgung am Recht des Ausstellungsstaates orientiert, bedarf der Betroffene der Unterstützung eines dort zugelassenen Rechtsanwalts, so dass die effektive Umsetzung der Richtlinie auf rechtlichen Beistand[1220] umso wichtiger ist.

1218 Art. 11 Rb-EuHB.

1219 Vgl. Teil 1, Kap. C. III. 1.

1220 Richtlinie 2013/48/EU des Europäischen Parlaments und des Rates vom 22. Oktober 2013 über das Recht auf Zugang zu einem Rechtsbeistand in Strafverfahren und in Verfahren zur Vollstreckung des Europäischen Haftbefehls sowie über das Recht auf Benachrichtigung eines Dritten bei Freiheitsentzug und das Recht auf Kommunikation mit Dritten und mit Konsularbehörden während des Freiheitsentzugs (ABl. L 294 vom 06.11.2013, S. 1–12). Die Mitgliedstaaten müssen bis November 2016 die Richtlinie über das Recht auf Zugang zu einem Rechtsbeistand in Strafverfahren und in Verfahren zur Vollstreckung des Europäischen Haftbefehls sowie über das Recht auf Benachrichtigung eines Dritten bei Freiheitsentzug und das Recht auf Kommunikation mit Dritten und mit Konsularbehörden während des Freiheitsentzugs ins nationale Recht umsetzen. Die Richtlinie enthält Mindestvorschriften für die Rechte von Verdächtigen und beschuldigten Personen in Strafverfahren und von Personen, die von einem Verfahren gemäß Rb-EuHB betroffen sind. Die Richtlinie verpflichtet die Mitgliedstaaten, dafür zu sorgen, dass verdächtige und beschuldigte Personen folgende Rechte bekommen: Recht auf Zugang zu einem Rechtsbeistand (Art. 3 und Art. 10), Recht auf Benachrichtigung eines Dritten von dem Freiheitsentzug (Art. 5), Recht auf Kommunikation mit Dritten (Art. 6) und mit Konsularbehörden während des Freiheitsentzugs (Art. 7).

4. *Europäische Grundrechte als Übergabehindernisse*

Bei dem Grundsatz der gegenseitigen Anerkennung wird auf Basis der Gleichwertigkeit angenommen, dass die im anderen Staat ergangene Entscheidung in der eigenen Rechtsordnung Wirkung hat.[1221] Die tatsächliche Existenz des von dem europäischen Gesetzgeber „fingierten"[1222] gegenseitigen Vertrauen zwischen den Mitgliedstaaten der EU wird in der Literatur in Zweifel gezogen.[1223] Da in der Rechtswirklichkeit (wenn auch nur in vereinzelten Fällen) der unterstellte ausreichende Grundrechtsschutz nicht gewährleistet ist[1224], stellt das gegenseitige Vertrauen der Ausgangspunkt der Überlegungen dar. Es stellt sich die Frage, unter welchen Voraussetzungen der vollstreckende Staat von der Verpflichtung zum gegenseitigen Vertrauen entbunden wird bzw. wann die Vermutung des ausreichenden Grundrechtsschutzes im ausstellenden Staat als widerlegt gilt. Dem gegenseitigen Vertrauen ist ein Moment der Unwissenheit bzw. des Teilwissens bei den beteiligten Akteuren immanent. Entscheidend ist, dass diejenigen, die an einer Interaktion beteiligt sind, den Verlauf derselben nicht vollständig ein- und das Ergebnis nicht mit Gewissheit vorhersehen.[1225]

Die Widerlegung der Vermutungsregel kann bei vergangenen und drohenden Grundrechtsbeeinträchtigungen nicht nach den gleichen Kriterien erfolgen. Während Grundrechtsverletzungen, die bei Erlass der nationalen Haftentscheidung oder der Ausstellung eines EuHB rückblickend festgestellt werden können, lassen sich zukünftige Eingriffe durch den ausstellenden Staat in die Rechtsposition des Betroffenen lediglich durch Zukunftsvorhersage ermitteln.

a) *Verstoß der nationalen Haftentscheidung gegen die europäischen Grundrechte*

Der EuHB, der zur Strafverfolgung erlassen wurde, ergeht im Anschluss an eine nationale Haftentscheidung oder eine Entscheidung mit gleicher Wirkung.[1226] Dem Grundsatz der gegenseitigen Anerkennung liegt die Vermutung zugrunde, dass alle Mitgliedstaaten der EU einen ausreichenden Grundrechtsschutz gewährleisten können.[1227] Auf den Erlass der nationalen Haftentscheidung bezogen bedeutet die Vermutung, dass der ausstellende Staat die Haftanordnung unter Beachtung der jeweils vorgeschriebenen nationalen Verfahrensregeln erlassen hat.[1228] Ferner muss sich der vollstreckende Staat darauf verlassen, dass die nationale Haftentscheidung

1221 KOM (2000) 495 endg., S. 4
1222 *Satzger/ Zimmermann*, ZIS 2013, S. 408.
1223 S. oben Kap. B. III. 4.
1224 Vgl. Teil 1, Kap. B.
1225 Vgl. auch *Kaufhold*, EuR 2012, S. 408.
1226 Vgl. Teil 1, Kap. B. II.
1227 Vgl. Teil 1, Kap. B. III. 1.
1228 Vgl. Teil 1, Kap. C. III. 1. b).

aus einem der in Art. 5 Abs. 1 lit. a bis lit. f EMRK abschließend aufgezählten Haftgründen erfolgt ist.[1229]

Die beteiligten Staaten müssen hinsichtlich des Verfahrensablaufs nach Personenüberstellung davon ausgehen, dass sich das Geschehen auf eine bestimmte Weise entwickeln und daher zu einem bestimmten Ergebnis führen wird. Die Erwartung kann aufgrund eigener Erfahrungen, der persönlichen Vertrautheit mit den beteiligten Akteuren oder auf der Beobachtung vergleichbarer Abläufe basieren.[1230] Jedenfalls kann dem vollstreckenden Gericht nicht angeordnet werden, eine bestimmte Reaktion oder ein bestimmtes Verhalten des ausstellenden Staates zu erwarten. Aus diesem Grund kann das Vertrauen auf einen grundrechtskonformen Verfahrensablauf nach Übergabe der Person nicht erzwungen werden. Das gegenseitige Vertrauen verbindet Elemente des Unwissens, der Erwartung und des Wunsches.[1231] Wenn das Unwissen durch positive Kenntnis von Grundrechtsverletzungen ersetzt wird, kann das gegenseitige Vertrauen erschüttert werden.

Der Fall *Sancheva* zeigt, dass es in der Praxis vorkommen kann, dass die nationale Haftentscheidung auf unkorrekten Tatsachen basieren. Der als Haftgrund in Betracht kommende hinreichende Tatverdacht wäre gegeben, wenn genügend Tatsachen vorgelegen hätten, die nach einer objektiven ex ante Betrachtung darauf schließen lassen, dass der Betroffene die „nach dem Recht des jeweiligen Staates" strafbare Handlung begangen hat.[1232] Für das bulgarische Gericht war es aufgrund der Nähe zur Betroffenen ein Leichtes zu erkennen, dass *Sancheva* die ihr vorgeworfene zu der im ursprünglichen EuHB angegebenen Tatzeit nicht begangen hat bzw. dass der Haftgrund fehlte. Die dem bulgarischen Gericht bekannten Entlastungsgründe kannte die ausstellende Behörde beim Erlass des dem EuHB vorausgegangenen Haftbefehls nicht. Es stellte sich deshalb konkret die Frage, ob der vollstreckende Staat unter diesen Umständen die Übergabe der Betroffenen hätte verweigern sollen, um seiner Verpflichtung zum Schutz vor willkürlichen Freiheitsentziehungen[1233] nachzukommen.

Die obigen Ausführungen zur Bedeutung des Prinzips der gegenseitigen Anerkennung haben ergeben, dass er auf eine Anerkennung der mitgliedstaatlichen Entscheidungen abzielt, ohne dass ein Automatismus vorgegeben wird. Das Anerkennungsprinzip muss entsprechend seiner Zielsetzung, die Sicherheit und die Freiheit ins Gleichgewicht zu bringen, interpretiert werden. Die systematische Auslegung hat ergeben, dass in anderen Instrumenten, die auf dem Prinzip der gegenseitigen Anerkennung basieren, eine Versagung der Anerkennung vorgesehen ist, wenn berechtigte Gründe für die Annahme bestehen, dass die Vollstreckung der ausländischen Entscheidung mit den Verpflichtungen des Vollstreckungsstaats nach

1229 Vgl. Teil 1, Kap. C. III. 1. b).
1230 *Kaufhold*, EuR 2012, S. 408, 420.
1231 *Ebd.*
1232 *Ebd.*
1233 Vgl. Teil 1, Kap. B. II.

Art. 6 EUV unvereinbar wäre.[1234] Der Grundsatz der gegenseitigen Anerkennung kann mithin auf der Ebene der Anerkennung der nationalen Haftentscheidung, die dem EuHB zugrunde liegt, grundsätzlich limitiert werden. Die Mitgliedstaaten haben sich im Verhältnis zueinander zur engeren Kooperation im Bereich der Strafverfolgung verpflichtet. Diese Verpflichtung könnte ausgehebelt werden, wenn der vollstreckende Staat bei jedem Zweifel an der Rechtmäßigkeit einer mitgliedstaatlichen Haftentscheidung seine Mitwirkung an der Strafverfolgung verweigern könnte.

Wie bereits oben festgestellt wurde, kann die Anerkennungsrichtung bei der Vollstreckung des EuHB auch zugunsten einer Entscheidung des vollstreckenden Staates verlaufen. Es stellt sich deshalb die Frage, ob der vollstreckende Staat in Fällen, in denen er Kenntnis von grundrechtsrelevanten Tatsachen hat, diese zur Überprüfung der dem EuHB zugrunde liegenden Haftentscheidung heranziehen kann. Der vollstreckende Staat muss dem ausstellenden Staat auch insoweit vertrauen können, dass dieser eine grundrechtsmäßige Entscheidung getroffen hätte, wenn er die ihm unbekannten Umstände gekannt und bei seiner Haftentscheidung berücksichtigt hätte. Insgesamt kann festgestellt werden, dass der vollstreckende Staat die Anerkennung der dem EuHB zugrundeliegende Haftentscheidung versagen kann, wenn aus seiner Sicht ein Verstoß gegen die in Art. 6 EUV garantierten Grundrechte vorliegt.

b) Verstoß des EuHB gegen die europäischen Grundrechte

Die Verhältnismäßigkeit soll als allgemein anerkannter Rechtsgrundsatz der EU[1235] die unabdingbare Schranke legitimer Individualeinschränkungen[1236] setzen. Gleichwohl wundert es, dass Verhältnismäßigkeitserwägungen in dem Rb-EuHB keinen expliziten Niederschlag fanden.[1237] Lediglich anhand der eingezogenen Strafrahmengrenze sollen Bagatellfälle der Kriminalität von dem Wirkungsfeld des EuHB ausgenommen werden.[1238] Angesichts der schwerwiegenden Folgen, welche die Überstellung aufgrund eines EuHB für die gesuchte Person haben kann, wird seitens der Kommission[1239], des Rates[1240] und der internationalen Nichtregierungsorganisationen[1241] eine Verhältnismäßigkeitskontrolle im ausstellenden Staat befürwortet.

1234 Art. 11 EEA.
1235 *Streinz/ Michl* in: Streinz (Hrsg.), Art. 52 GRC Rz. 27 ff.
1236 *von Bubnoff*, EuHB, S. 73.
1237 *Schomburg/ Lagodny/ Schallmoser* in: Böse (Hrsg.), § 13 Rz. 108.
1238 *Sautner*, ÖJZ 2005, S. 328.
1239 KOM (2011) 327 endg., S. 7.
1240 Ratsdok. 17195/1/10, S. 8, Ratsdok. 13581/14, S. 7.
1241 FTI, The Implementation of the European Arrest Warrant: Comparative Research, 2011.

Eine Untersuchung der Praxis[1242] hat ergeben, dass die Anwendung der Verhältnismäßigkeitskontrolle in den einzelnen Mitgliedstaaten unterschiedlich ausfällt.[1243] Da der nationale Haftbefehl dem Verhältnismäßigkeitsgrundsatz unterliegt, verlassen sich z. B. die französischen Staatsanwälte auf die Beurteilung des Gerichts.[1244] In Deutschland weicht die Handlungsweise der Staatsanwaltschaften voneinander ab: In manchen Bezirken wird der EuHB „automatisch" ausgestellt, wenn ein Gericht einen nationalen Haftbefehl ausstellt; in anderen beurteilt der Staatsanwalt die Verhältnismäßigkeit des EuHB selbst.[1245]

Aus statistischen Daten geht aber hervor, dass der EuHB auch für geringfügige Vergehen[1246] eingesetzt wird. Laut einer EJN-Erhebung sind die Kriterien, die als die wichtigsten betrachtet werden, die Aussichten auf eine Verurteilung, die Schwere der Straftat und die erwartete Strafe. In geringfügigeren Fällen kann der Staatsanwalt von der Ausstellung eines EuHB gegen einen ausländischen Verdächtigen absehen, der sich im Ausland aufhält und der keine Aufenthaltsgenehmigung hat. Manche Kriterien (Haftbedingungen, effektive Ausübung des Verteidigungsrechts, Recht auf Privatsphäre und Familienleben) können nicht herangezogen werden, da die ausstellende Instanz in der Regel nicht den Ort kennt, in dem der Verdächtige verhaftet wird. Wenn die Umstände des Falles einen Verstoß gegen die Grundrechte erkennen lassen, führt dies normalerweise nicht dazu, dass ein EuHB als unverhältnismäßig angesehen wird.[1247] Obwohl dies nicht als ein Aspekt der Verhältnismäßigkeit im strengen Sinne betrachtet wird, werden auch die finanziellen Mittel, die für eine Ausstellung eines EuHB benötigt werden, berücksichtigt.[1248]

1242 Am Pilotprojekt *"Towards a common evalution framework to assess mutual trust in the field of EU judicial cooperation in criminal matters"* waren Frankreich, Deutschland und die Niederlande beteiligt.

1243 *Böse* in: Albers/ Beauvais/ Bohnert (Hrsg.), S. 27 ff.

1244 *Ebd.*, S. 29.

1245 *Ebd.*, S. 29. Gemäß der EJN-Erhebung ist das Bild in den meisten anderen Mitgliedsstaaten ähnlich, in denen für die Ausstellung eines EuHB ein nationaler Haftbefehl von einem Richter ausgestellt wird, der eine Verhältnismäßigkeitsprüfung durchführt. So basiert die Entscheidung des Staatsanwalts vor allem auf dem Gerichtsbeschluss; die vorab durchgeführte gerichtliche Überprüfung sichert den Rechtsschutz der persönlichen Freiheit der gesuchten Person. S. dazu auch Stellungnahme der European Criminal Bar Association zu der Home Office Extradition Review, S. 4 (online abrufbar unter: http://www.ecba.org/extdocserv/projects/EAW/20110331_ECBA_RespExtradHomeOffice.pdf, Stand: 19.09.2015). Hier wird dargestellt, dass EuHB oft von Staatsanwälten ohne Mitwirkung von Richtern oder einer Instanz, die „die nötige Garantie der Unabhängigkeit" im Sinne von Art. 5 (3) EMRK bietet, ausgestellt werden.

1246 Z. B. Diebstahl von Gegenständen geringen Wertes, Beleidigung, Sachbeschädigung, etc.

1247 *Böse* in: Albers/ Beauvais/ Bohnert (Hrsg.), S. 27 ff.

1248 *Ebd.*

Die Untersuchung der bulgarischen Vollstreckungspraxis und insb. die Fälle *Sancheva* und *Itanov* erwecken einerseits Zweifel, ob im ausstellenden Staat stets vor Erlass des EuHB eine Verhältnismäßigkeitsprüfung durchgeführt wird. Andererseits können in Wirklichkeit Fälle auftreten, bei denen der vollstreckende Staat aufgrund der Sachnähe zum Betroffenen die Voraussetzungen der Verhältnismäßigkeit der Übergabe besser als der erlassende Staat beurteilen kann. Zu denken wäre an die familiäre Situation des Betroffenen – wie im Fall *Sancheva* – oder an das soziale Umfeld wie bei *Itanov*. Da es sich um Umstände handelt, die der Ausstellungsstaat aus der Ferne weder kennen noch beurteilen kann, erscheint es sachgerecht – auf den Vorschlag des ECPI zurückgreifend – ausnahmsweise eine Verhältnismäßigkeitskontrolle im vollstreckenden Staat zuzulassen.

c) Drohende Verstöße gegen die europäischen Grundrechte durch die nachfolgende Strafverfolgung

Bei der Frage, ob die Übergabe bei drohenden Grundrechtsverletzungen durch die nachfolgende Strafverfolgung im ausstellenden Staat verweigert werden kann, ist die Ebene der Vollstreckung angesprochen. Anders als bei der Anerkennung der dem EuHB zugrunde liegenden nationalen Haftentscheidung, geht es hier darum zu vermeiden, dass der Betroffene in dem ausstellenden Staat Beeinträchtigungen seiner Grundrechte ausgesetzt wird. Somit lautet die Frage, ob der vollstreckende Staat die Verwirklichung der Wirkungen des EuHB versagen kann.

Das gegenseitige Vertrauen, das dem Mechanismus des EuHB zugrunde liegt, wird vom EuGH dahingehend definiert, dass die Mitgliedstaaten unterstellen müssen, dass die Grundrechte der Person bei Ankunft des Betroffenen im ausstellenden Staat hinreichend beachtet werden.[1249] Bei künftigen Grundrechtsverletzungen handelt es sich um eine zunächst unbekannte Größe, deren Ausmaß und Tragweite im Zeitpunkt der Übergabeentscheidung schwer abschätzbar sind. Anders als bei vergangenen Rechtsverletzungen kann hier die vollstreckende Behörde nicht mit Gewissheit feststellen, ob ein Grundrecht des Betroffenen verletzt wird, weil es sich dabei um eine Frage der Zukunft handelt. Dem vollstreckenden Staat soll nach dem rahmenbeschlussrechtlichen Konzept mit der Vermutung abgeholfen werden, dass der ausstellende Staat die Rechte des Betroffenen beachten wird. Ein grundsätzliches Misstrauen gegenüber fremden Rechtsordnungen mag im Bereich der traditionellen Rechtshilfe angebracht sein, kann aber im einheitlichen Raum der Freiheit, Sicherheit und des Rechts zu unüberwindbaren Schwierigkeiten führen. Im Hinblick auf die Tatsache, dass sich alle Mitgliedstaaten für die Einführung des Rb-EuHB und damit für die Neuordnung des Auslieferungsverkehrs entschlossen haben, kann die grundsätzliche Vermutung des ausreichenden Grundrechtsschutzes nicht beanstandet werden. Für die Vermutung spricht Art. 2 EUV, in dem die Wahrung der Menschenrechte als gemeinsamer Wert der Mitgliedstaaten aufgeführt wird und als eines der Kopenhagener Kriterien von

1249 Vgl. Teil 1, Kap. B. IV. 1. a).

jedem Beitrittskandidaten zu erfüllen ist. Probleme können sich aber aus der Tatsache ergeben, dass weder die Mitgliedschaft in der EU noch die Ratifizierung der EMRK genügend Garantie dafür bieten, dass die Rechte der Person in der Praxis tatsächlich beachtet werden.[1250] Zum einen kann sich die politische Lage in einem EU-Land nach erfolgtem Beitritt ändern, was durch die jüngsten Ereignisse in Ungarn, wo u. a. die Wiedereinführung der Todesstrafe diskutiert wird,[1251] bestätigt wird. Zum anderen sind einige europäische Länder wie Italien, Bulgarien, Griechenland oder Zypern[1252] immer noch nicht in der Lage, die internationalen Menschenrechtsstandards lückenlos einzuhalten. Die Analyse der Entscheidungen der bulgarischen und deutschen Gerichte bestätigt die Zweifel an einem ausreichenden Grundrechtsschutz, weshalb darauf zurückverwiesen wird, um Wiederholungen zu vermeiden.[1253] Besorgniserregend tritt in diesem Zusammenhang die Tatsache hinzu, dass das Anti-Folterkomitee neulich in Bezug auf Bulgarien eine öffentliche Erklärung[1254] abgab. Das lässt darauf schließen, dass das Land die Zusammenarbeit verweigert bzw. es trotz mehrfacher Aufforderung ablehnt[1255], für konventionskonforme Haftbedingungen zu sorgen. Nicht nur Verletzungen des Art. 3 EMRK durch die Mitgliedstaaten geben Anlass zur Sorge, sondern auch die hohe Quote an Verurteilungen durch den EGMR wg. Verletzung des enorm wichtigen Rechts auf ein faires Verfahren[1256]. Angesichts der Tatsache, dass europäische Staaten wie Frankreich, Italien, Polen oder Rumänien in einer Vielzahl von Fällen wegen Verstößen gegen Art. 6 EMRK verurteilt werden, erscheint ein blindes Vertrauen in den ausreichenden Grundrechtsschutz blauäugig. Erschwerend tritt der Umstand hinzu, dass unter den Mitgliedstaaten die Vorstellungen, wann die Grundrechte einer Person ausreichend eingehalten werden, voneinander abweichen. Die EMRK stellt nur Mindestgarantien auf, die von den Mitgliedstaaten erweitert oder ausgebaut werden können.

Was die europäischen Grundrechte betrifft, kann aufgrund des jungen Alters der Charta noch keine allgemeingültige Auslegung in Bezug auf alle Gewährleistungen verzeichnet werden. Das bedeutet, dass grundrechtliche Fragestellungen in Bezug auf künftige Verletzungen aufgrund unterschiedlicher Erwartungen der Mitgliedstaaten vorprogrammiert sind. Die Analyse der bulgarischen Übergabepraxis liefert

---

1250 Exemplarisch *Murschetz*, S. 348.

1251 Pressemitteilung des Europäischen Parlaments vom 19.05.2015: *Views on Hungary, fundamental rights and EU values* (online abrufbar unter: http://www.europarl.europa.eu/news/de/news-room/content/20150513IPR55481/html/Views-on-Hungary-fundamental-rights-and-EU-values, Stand: 20.09.2015).

1252 Human Rights Watch 2015, S. 231.

1253 S. Teil 2, Kap. B.

1254 Public statement concerning Bulgaria, CPT/Inf (2015) 17.

1255 Vgl. Art 10 Abs. 2 Europäisches Übereinkommen zur Verhütung von Folter und unmenschlicher oder erniedrigender Behandlung oder Strafe, CPT/Inf/C (2002) 1.

1256 European Court of Human Rights, Overview 1959–2013, online abrufbar unter: http://www.echr.coe.int/Documents/Overview_19592013_ENG.pdf, Stand: 20.09.2015.

einen Beleg dafür, dass von jungen Demokratien nicht die gleiche Sensibilität bezüglich grundrechtlicher Risiken erwartet werden kann wie beispielsweise von westeuropäischen Staaten mit einer langen Verfassungstradition. Während die deutschen Gerichte trotz der Aussagen des EuGH auf die Einhaltung der völkerrechtlichen Mindeststandards pochen[1257], werden von bulgarischen Gerichten die dem Betroffenen im ausstellenden Staat drohenden Gefahren schlichtweg ignoriert.[1258] Die Bemühungen der EU, mittels sekundärrechtlicher Instrumente den Schutz elementarer Rechte zu gewährleisten bzw. zu verbessern[1259], sind zu begrüßen. Das Stockholmer Programm des Europäischen Rates erklärt die Schaffung strafverfahrensrechtlicher Mindeststandards zum Ziel[1260] und hat zum Erlass von Rahmenbeschlüssen geführt, dessen Bedeutung an sich nicht zu unterschätzen ist.[1261] Da die Umsetzung und Anwendung der Mindeststandards dem einzelnen Mitgliedstaat überlassen ist, können diese Rechtsakte Verletzungen der Grund- und Menschenrechte nicht von vornherein ausschließen. Diese Überlegungen voranstellend, erscheint m. E. im Interesse des Betroffenen erforderlich, dass der grundsätzlichen Vermutung des ausreichenden Grundrechtsschutzes Schranken gesetzt werden.

Die Beweisführung für Grundrechtsverletzungen kann einen juristischen Laien überfordern, was sich auf die Verbesserung des Betroffenenschutzes kontraproduktiv auswirkt. Entwickelt werden deshalb Lösungen, die dem Betroffenen diese Aufgabe ermöglichen bzw. erleichtern können. Diesbezüglich kann auf die Konstruktion der „systemischen Mängel“[1262] vorbehaltlich einer Einzelfallbetrachtung zurückgegriffen werden. Dabei soll der Begriff wie in der Literatur vorgeschlagen so konzipiert werden, dass die kontrollierte Nutzung sozialwissenschaftlicher Erkenntnisse im Rahmen einer rechtlichen Argumentation erlaubt wird.[1263] Das Vorliegen systemischer Mängel kann die Annahme einer abstrakten Gefahr für das betroffene Grundrecht des Betroffenen begründen. Im konkreten Einzelfall müssen neben den systemischen Mängeln Umstände hinzutreten, die geeignet sind, die abstrakte Gefahr zu einer konkreten Gefahr für den Betroffenen erstarken zu lassen.

5. Lösungsvorschläge unter dem Gesichtspunkt der effektiven Strafverfolgung

Die vorgenannten Lösungsvorschläge sorgen dafür, dass das in der Praxis festgestellte Ungleichgewicht zwischen der effektiven Strafverfolgung und dem Betroffenenschutz ausgeglichen wird. Es stellt sich aber die Frage, ob durch die

---

1257 Vgl. oben Kap. B. IV.

1258 Vgl. Teil 2, Kap. B. II.

1259 Stockholmer Programm (ABl. C 115 vom 04.05.2010, S. 4, 10).

1260 *Ebd.*; dazu *Brodowski*, ZIS 2010, S. 377 ff.; *Beukelmann*, NJW 2010, S. 2083 f.; exemplarisch *Ambos*, 4. Aufl., § 10, Rz. 99.

1261 *Ambos*, 4. Aufl., § 10, Rz. 99.

1262 Vgl. oben Kap. B. I. 4. und 5.

1263 Vgl. *von Bogdandy/ Ioannidis*, ZaöRV 2014, S. 283.

aufgezeigten Lösungen die Balance zum Nachteil der effektiven Strafverfolgung erschüttert wird. Dem Vollstreckungsmitgliedstaat kommt neben dem Schutz des Betroffenen die Pflicht zu, die Allgemeinheit vor Kriminalität und terroristischen Aktivitäten zu schützen.[1264] Die Optimierung des Betroffenenschutzes im Übergabeverfahren gebietet, dass die vollstreckenden Behörden bei vergangenen oder drohenden Verstößen gegen die europäischen Grundrechte des Betroffenen die Übergabe verweigern können. Nach hier vertretener Ansicht sollen die vollstreckenden Behörden ihre Übergabeentscheidung nach einer Gesamtschau der Einzelfallumstände treffen. Durch die Aufforderung nach Einzelfallentscheidungen könnte die Gefahr entstehen, dass die Einheitlichkeit der Unionsrechtsordnung beeinträchtigt wird. Die EU hat derzeit 28 Mitgliedstaaten und in jedem Mitgliedstaat existieren mehrere Gerichte, die für die Vollstreckung des EuHB zuständig sind, sodass einzelfallorientierte Entscheidungen eine vielfältige, bunte Übergabepraxis verursachen können. Es ist davon auszugehen, dass die Vollstreckungsbehörden in grundrechtsbewussteren Staaten häufiger oder großzügiger von der Ausnahmeklausel Gebrauch machen als Mitgliedstaaten, die in Bezug auf den Schutz des Betroffenen zurückhaltender sind. Dies könnte wiederum zu einer Ungleichbehandlung der Betroffenen innerhalb der EU führen, was aus Gleichstellungsgesichtspunkten zu verhindern ist. Neben der Achtung der Grundrechte verpflichtet Art. 67 Abs. 1 AEUV im Bereich Justiz und Inneres auf die Achtung der verschiedenen Rechtsordnungen und - traditionen der Mitgliedstaaten.[1265] Die unterschiedliche Sensibilität der Mitgliedstaaten in Bezug auf die Grundrechte kann somit der einzelfallorientierten Betrachtung bei Grundrechtsverletzungen nicht entgegengehalten werden.

a) Verweigerung der Übergabe als ultima ratio

Bei der Überprüfung der Lösungsvorschläge unter dem Gesichtspunkt der effektiven Strafverfolgung darf nicht die überragende Bedeutung der europäischen Grundrechte als Fundament der Wertegemeinschaft vergessen werden. Dabei geht es, um auf *Callewaert* zurückzukommen, nicht darum, wie viel Grundrechtsschutz das System verträgt, sondern wie viel System die Grundrechte vertragen.[1266] Die Mitgliedstaaten sind aber nach ständiger Rechtsprechung des EuGH verpflichtet, im Anwendungsbereich des Unionsrechts untereinander bei der Erfüllung der übernommenen Verpflichtungen loyal zusammenzuarbeiten.[1267] Da die Beachtung der Grundrechte nach dem Konzept des Rb-EuHB dem ausstellenden Staat obliegt, muss der vollstreckende Staat alle verfügbaren Möglichkeiten ausschöpfen, um einen grundrechtsverträglichen Zustand zu schaffen, bevor die Übergabe verweigert wird. Diese Pflicht ergibt sich auch vor dem Hintergrund des gemeinsamen Ziels zur Bekämpfung der Kriminalität innerhalb der EU, dem die Vollstreckung des EuHB

1264 *Calliess* in: ders./ Ruffert (Hrsg.), Art. 67 AEUV, Rz. 9.
1265 *Suhr* in: Calliess/ Ruffert (Hrsg.), Art. 67 AEUV, Rz. 78.
1266 *Callewaert*, S. 6 ff.
1267 *Obwexer* in: von der Groeben/ Schwarze/ Hatje (Hrsg.), Art. 4 Rz. 151 ff.

verbunden ist. Nach dem Effektivitätsgebot müssen die Mitgliedstaaten alle Maßnahmen ergreifen, um einem Unionsrechtsakt zur Wirksamkeit zu verhelfen, was wiederum nicht auf Kosten der Grundrechte geschehen darf.

Am Bespiel der bulgarischen Praxis hat sich – wenn auch in einem anderen Zusammenhang[1268] gezeigt – dass der ausstellende Staat den Aufforderungen des vollstreckenden Staates etwa um Übermittlung zusätzlicher Informationen nicht immer Folge leistet. Trotz Einsatz moderner Kommunikationsmittel kann nicht ausgeschlossen werden, dass der ausstellende Staat bei der Behebung einer vergangenen Grundrechtsverletzung keine Abhilfe schafft. Da die Übergabe der gesuchten Person im Interesse des ausstellenden Staates liegt, dürften solche Fälle in der Praxis eher selten vorkommen. Trotzdem gebietet die Achtung der Grundrechte, dass den vollstreckenden Behörden grundsätzlich ermöglicht wird, in Ausnahmefällen die Übergabe zu verweigern. Das gilt erst recht, wenn diesen Informationen vorliegen, deren Kenntnis die ausstellende Behörde aus Gründen des Grundrechtsschutzes zur Rücknahme des EuHB hätten bewegen können bzw. müssen. Das gegenseitige Vertrauen rechtfertigt die Annahme, dass der ausstellende Staat die grundrechtswidrige Haftanordnung so nicht erlassen hätte, wenn ihm die Umstände bekannt gewesen wären, die den vollstreckenden Staat zur Verweigerung der Übergabe bewogen haben. Da die Übergabe der Person aufgrund des EuHB auf dem gegenseitigen Vertrauen beruht, ist die ausstellende Behörde, die ebenfalls die Grundrechte zu achten hat, in solchen Fällen verpflichtet, die Entscheidung der vollstreckenden Behörde anzuerkennen. Das Prinzip läuft auf das Gleiche hinaus wie beim *ne bis in idem*-Grundsatz, der eine Anerkennung in umgekehrter Richtung bewirkt[1269], d. h. dass der ausstellende Staat die Entscheidung des vollstreckenden Staates anzuerkennen hat.

b) Abhilfemaßnahmen

aa) Bei Verstößen der nationalen Haftentscheidung gegen die europäischen Grundrechte

Innerhalb der EU bestehen Kommunikationsmöglichkeiten wie EJN oder Eurojust, die einen Informationsaustausch zwischen den beteiligten Mitgliedstaaten ermöglicht. Die Bekämpfung der Kriminalität in dem einheitlichen Rechtsraum als gemeinsame Aufgabe erfordert die Bereitschaft zur Kommunikation und das

1268 Vgl. Teil 2, Kap. B. I. 2.

1269 Zwar verführt vor allem die Terminologie des EHB zu der Schlussfolgerung, dass im Rahmen des EuHB stets der Vollstreckungsstaat die Entscheidungen des Ausstellungsstaates auszuführen habe, mithin die Anerkennungsrichtung zugunsten der Strafverfolgungsentscheidung des Ausstellungsstaates und zulasten einer etwaigen Straffreiheitsentscheidung des Vollstreckungsstaates verläuft. Genau dagegen spricht jedoch Art. 3 Nr. 2 Rb-EuHB, der das europäische Doppelbestrafungsverbot des Art. 54 SDÜ zu einem Vollstreckungsablehungsgrund ausgestaltet und damit der justiziellen Entscheidung des Vollstreckungsstaates den Vorrang einräumt, s. *Pohl*, S. 67.

gegenseitige Verständnis für die Aufgaben des jeweiligen „Gegenüber".[1270] M. a. W. muss der vollstreckende Staat vor der Verweigerung zumindest versuchen, dem ausstellenden Staat die ihm bekannt gewordenen Informationen mitzuteilen und ihm dadurch die Möglichkeit einräumen, Abhilfe zu schaffen. Die Vermutung des ausreichenden Grundrechtsschutzes berechtigt grundsätzlich zur Annahme, dass der Partnerstaat seine ursprüngliche Entscheidung, die dem EuHB zugrunde liegt, bei Grundrechtsverletzungen ändert oder zurücknimmt.

Eine andere Möglichkeit verschafft die Richtlinie über das Recht auf einen Rechtsbeistand[1271], die für das Verfahren der Vollstreckung des EuHB besondere Unterrichtungspflichten der vollstreckenden Behörden vorsieht. Diese müssen die gesuchte Person unverzüglich nach dem Entzug der Freiheit darüber unterrichten, dass sie das Recht hat, einen Rechtsbeistand im Ausstellungsmitgliedstaat zu benennen.[1272] Der Rechtsbeistand im Ausstellungsmitgliedstaat kann die gesuchte Person z. B. bei der Ausübung ihrer Rechte im Verfahren der Vollstreckung des EuHB unterstützen.[1273] Die Rolle des Rechtsanwalts in dem Ausstellungsstaat ist besonders wichtig, weil die Voraussetzungen der dem EuHB zugrunde liegenden nationalen Entscheidung nach dem Recht des ausstellenden Staates zu beurteilen sind.[1274] Durch die Hinzuziehung eines Rechtsanwaltes im ausstellenden Staat wird dem Betroffenen das Eingreifen des nationalen Haftbefehls ermöglicht. Die Behörden des ausstellenden Staates müssen dem Betroffenen auf der Suche nach

---

1270 *Burchardt* in: Böse (Hrsg.), § 13 Rz. 141.

1271 Richtlinie 2013/48/EU des Europäischen Parlaments und des Rates vom 22. Oktober 2013 über das Recht auf Zugang zu einem Rechtsbeistand in Strafverfahren und in Verfahren zur Vollstreckung des Europäischen Haftbefehls sowie über das Recht auf Benachrichtigung eines Dritten bei Freiheitsentzug und das Recht auf Kommunikation mit Dritten und mit Konsularbehörden während des Freiheitsentzugs (ABl. L 294 vom 06.11.2013, S. 1–12). Die Mitgliedstaaten müssen bis November 2016 die Richtlinie über das Recht auf Zugang zu einem Rechtsbeistand in Strafverfahren und in Verfahren zur Vollstreckung des Europäischen Haftbefehls sowie über das Recht auf Benachrichtigung eines Dritten bei Freiheitsentzug und das Recht auf Kommunikation mit Dritten und mit Konsularbehörden während des Freiheitsentzugs ins nationale Recht umsetzen. Die Richtlinie enthält Mindestvorschriften für die Rechte von Verdächtigen und beschuldigten Personen in Strafverfahren und von Personen, die von einem Verfahren gemäß Rb-EuHB betroffen sind. Die Richtlinie verpflichtet die Mitgliedstaaten, dafür zu sorgen, dass verdächtige und beschuldigte Personen folgende Rechte bekommen: Recht auf Zugang zu einem Rechtsbeistand (Art. 3 und Art. 10), Recht auf Benachrichtigung eines Dritten von dem Freiheitsentzug (Art. 5), Recht auf Kommunikation mit Dritten (Art. 6) und mit Konsularbehörden während des Freiheitsentzugs (Art. 7).

1272 Vgl. Art. 10 Abs. 4.

1273 *Ebd.*

1274 Der Rechtsanwalt des Beschuldigten in dem vollstreckenden Staat müsste über Rechtskenntnisse in 28 Verfahrensordnungen verfügen, um die Hintergründe der Freiheitsentziehung zu prüfen, was praktisch unmöglich ist.

einem Rechtsanwalt im ausstellenden Staat behilflich sein. Hierzu sollen zuerst die Behörden des vollstreckenden Staates den Ausstellungsstaat vom Anliegen der gesuchten Person in Kenntnis setzen. Durch die zuständigen Behörden des Verfolgungsstaates sollen der gesuchten Person unverzüglich Informationen zur Verfügung gestellt werden, um es ihr zu erleichtern, dort einen Rechtsbeistand zu benennen.[1275] Als ein großes Manko der Richtlinie kann das Fehlen einer Regelung über die Kostenübernahme bezeichnet werden. Anders als in der Richtlinie über das Recht auf Dolmetscherleistungen und Übersetzungen in Strafverfahren[1276] ist hier keine Kostentragungspflicht der Mitgliedstaaten vorgesehen. Die vorliegende Richtlinie enthält in den Erwägungsgründen nur vage Hinweise auf die Möglichkeit der Gewährung von Prozesskostenhilfe[1277] und verweist auf die Vorschriften der Mitgliedstaaten[1278]. Die Mitgliedstaaten sollen dafür sorgen, dass die in der Richtlinie vorgesehenen Rechte sowohl vermögenden als auch mittellosen Personen zugutekommen. Um dem Recht auf einen Rechtsbeistand konkrete Wirkung zu verleihen[1279], sollen die Mitgliedstaaten den von einem EuHB betroffenen Personen ein Recht auf Prozesskostenhilfe einräumen.[1280] Dieses Recht sollen zumindest Betroffene erhalten, die aufgrund ihrer finanziellen Situation nicht über ausreichende Mittel verfügen, um die Verteidigungskosten selbst zu tragen.[1281]

Nach einem im November 2009 vom Europäischen Rat angenommenen Fahrplan zur Stärkung der Verfahrensrechte[1282] sollen die Verfahrensrechte von Verdächtigen und Beschuldigten in Strafverfahren europaweit schrittweise vereinheitlicht werden. Der Fahrplan ist Teil einer politischen Agenda, die künftig von der EU weiterentwickelt und vorangetrieben werden wird, um u. a. die Rechte Einzelner im Strafverfahren zu stärken.[1283] Entsprechend der europäischen Strategie zur Prävention und Bekämpfung der organisierten Kriminalität sollen die Formen der Zusammenarbeit zwischen den Mitgliedstaaten weiter ausgebaut und verstärkt

---

1275 Vgl. Art. 10 Abs. 5.

1276 Richtlinie 2010/64/EU des Europäischen Parlaments und des Rates vom 20.10.2010 über das Recht auf Dolmetscherleistungen und Übersetzungen in Strafsachen, ABl. L 280 v. 26.10.2010, S. 1.

1277 Erwägungsgründe 28 und 45 zum Rb-EuHB.

1278 Erwägungsgrund 48 zum Rb-EuHB und Art. 11 RL.

1279 Erwägungsgrund 1 zum Rb-EuHB.

1280 Richtlinie 2013/48/EU des Europäischen Parlaments und des Rates vom 22. Oktober 2013 über das Recht auf Zugang zu einem Rechtsbeistand in Strafverfahren und in Verfahren zur Vollstreckung des Europäischen Haftbefehls sowie über das Recht auf Benachrichtigung eines Dritten bei Freiheitsentzug und das Recht auf Kommunikation mit Dritten und mit Konsularbehörden während des Freiheitsentzugs (ABl. L 294 vom 06.11.2013, S. 1 ff), Abschnitt 1 Nr. 2 Empfehlung.

1281 *Ebd.*, Abschnitt 2 Nr. 4 Empfehlung.

1282 ABl. C 295 vom 04.12.2009, S. 1–3.

1283 Stockholmer Programm (ABl. C 115 vom 04.05.2010, S. 1).

werden.[1284] Die Kenntnis der Rechtsakte der Union auf den vorgenannten Gebieten ist für die vollstreckenden Behörden ebenso wichtig wie die Beherrschung mehrerer Sprachen, um mit der ausstellenden Behörde leichter kommunizieren zu können. Da die Kenntnis aller 24 Sprachen der Union kaum einem Richter zuzumuten ist, darf bei Sprachbarrieren an die Möglichkeit des Einsatzes eines Dolmetschers verwiesen werden. Angesichts der bevorstehenden Entwicklungen erscheint jedenfalls geboten, dass ein gewisses Maß an Flexibilität bei der Entwicklung der geeigneten Reaktion auf grundrechtliche Probleme im Übergabeverfahren beibehalten wird.

Nach der Entscheidung *Soering* ist der vollstreckende Staat für künftige Menschenrechtsverletzungen, die er durch ein schlichtes Nicht-Überstellen hätte verhindern können, völkerrechtlich verantwortlich. Im Raum der Freiheit, der Sicherheit und des Rechts tritt der Schutz der Freizügigkeit neben dem Interesse an effektiver Strafverfolgung und bewirkt eine neue Gewichtung der Kräfte. Da alle beteiligten Staaten an der Aufrechterhaltung des einheitlichen Binnenraums interessiert sind, müssen Anstrengungen unternommen werden, die geeignet sind, die Wahrung der Grundrechte zu sichern, ohne das gegenseitige Vertrauen ständig in Frage zu stellen. M. a. W. muss die Verweigerung der Übergabe bei drohenden Verstößen erst beschlossen werden, wenn alle anderen alternativen Maßnahmen zum Schutz des Betroffenen ergebnislos ausgeschöpft sind.

bb) Bei Verstößen des EuHB gegen die europäischen Grundrechte

Der EuHB steht in einem Stufenverhältnis zu dem – noch nicht allseitig – umgesetzten Rahmenbeschluss 2009/829/JI des Rates vom 23.10.2009 über die Anwendung des Grundsatzes der gegenseitigen Anerkennung auf Entscheidungen über Überwachungsmaßnahmen als Alternative zur Untersuchungshaft.[1285] Die Europäische Überwachungsanordnung ermöglicht es, dass die gegen den Verfolgten im Ausstellungsstaat angeordneten Alternativen zur Untersuchungshaft wie Meldeauflagen oder andere freiheitsbeschränkende Maßnahmen im Vollstreckungsstaat überwacht werden.[1286] Um gleichzeitig dem Interesse an effektiver Strafverfolgung gerecht zu werden, erscheint es m. E. erforderlich, dass vor Verweigerung der Übergabe dem ausstellenden Staat die Möglichkeit eingeräumt wird, auf alternative Maßnahmen zuzugreifen. Ist eine Überwachungsmaßnahme ohne Freiheitsentzug zur Sicherung des Verfahrens ausreichend, erscheint die Ausstellung eines EuHB zunächst unverhältnismäßig.[1287] In diesem Sinne ist den Mitgliedstaaten zu empfehlen, soweit noch nicht geschehen, sich um die baldige Umsetzung und effektive Anwendung des RB EuÜA zu kümmern.

1284 Amtsblatt C 124 vom 03.05.2001.
1285 *Burchard* in: Böse (Hrsg.), § 14 Rz. 33; eing. *Morgenstern*, ZIS 2014, S. 216 ff.
1286 KOM (2011) 327 endg., S. 7.
1287 *Burchard* in: Böse (Hrsg.), § 14 Rz. 33.

cc) Bei drohenden Verstößen gegen die europäischen Grundrechte durch die nachfolgende Strafverfolgung

In Betracht kommt auch bei drohenden Grundrechtsverletzungen die Kontaktaufnahme zu dem ausstellenden Staat. Die Übergabe kann – wie von den deutschen Gerichten praktiziert – von der Gewährung einer Garantie oder von einer Bedingung abhängig gemacht werden. Entsprechend dem Modell des Art. 5 Rb-EuHB kann der Inhalt der Garantie bzw. Bedingung etwa dahingehend lauten, dass der Betroffene im Falle der Überstellung einem Strafverfahren ausgesetzt wird, das seine Grundrechte wahrt. Je nachdem die Verletzung welches konkreten Grundrechtes befürchtet wird, kann die Garantie ausformuliert werden. Im Interesse der gegenseitigen Kooperation müssen sich die Mitgliedstaaten darauf verlassen können, dass die gewährte Garantie tatsächlich eingehalten wird. Die Untersuchung der Rechtswirklichkeit hat keine gegenteiligen Anhaltspunkte etwa in Bezug auf Art. 5 Abs. 3 Rb-EuHB ergeben, sodass keine Zweifel an der Zuverlässigkeit der Mitgliedstaaten als Garantiegeber aufkommen.[1288] Während die abgegebene Garantie der gerichtlichen Kontrolle unterliegt, ist die bedingte Übergabe dem Zufall überlassen, weil eine Überprüfung des Inhaltes nicht vorgesehen ist. Unter dem Gesichtspunkt des Betroffenenschutzes erscheint die Lösung über die Garantieabgabe vorzugswürdig.

c) Vorabentscheidungsverfahren als vorläufiger Rettungsschirm

Um etwaige Disparitäten innerhalb der EU zu vermeiden, sollen die Mitgliedstaaten dazu ermutigt werden, Fragen in Bezug auf die Verweigerung der Vollstreckung wg. Grundrechtsverletzungen dem EuGH vorzulegen. Das Vorabentscheidungsverfahren bietet eine einzigartige Möglichkeit zum effizienten Dialog zwischen den nationalen Gerichten und dem EuGH an und dient dem Individualrechtsschutz.[1289] Zur Vorlage an den Gerichtshof sind nach Art. 267 Abs. 2 und Abs. 4 AEUV alle Gerichte der Mitgliedstaaten berechtigt. Nach Art. 267 Abs. 3 AEUV sind einzelstaatliche Gerichte, deren Entscheidungen selbst nicht mehr mit Rechtsmitteln des nationalen Rechts angefochten werden können, zur Vorlage verpflichtet.[1290] Keine Vorlagepflicht besteht dann, wenn zu der sich stellenden Frage nach der Auslegung des Unionsrechts bereits eine gesicherte Rechtsprechung des Gerichtshofs, insbesondere aus einer in einem gleichgelagerten Fall ergangenen Vorabentscheidung vorliegt *(acte éclairé)*. Ebenso entfällt die Pflicht zur Vorlage dort wo „die richtige Anwendung des Unionsrechts derart offenkundig [ist], dass keinerlei Raum für *einen* vernünftigen Zweifel an der Entscheidung der gestellten Frage bleibt“ *(acte-claire-Doktrin)*. Von letzterem darf das nationale Gericht jedoch nur dann ausgehen,

---

1288 Vgl. Teil 2.A.III.c.bb.

1289 *Wegener* in: Calliess/ Ruffert (Hrsg.), Art. 267 AEUV, Rz. 1.

1290 Vgl. Teil 1, Kap. C. IV. 4.

„wenn es überzeugt ist, dass auch für die Gerichte der übrigen Mitgliedstaaten und den Gerichtshof die gleiche Gewissheit bestünde."[1291]

Die Verweigerung der Vollstreckung eines EuHB aus grundrechtlichen Erwägungen stellt eine kontroverse Frage dar, die vom EuGH bislang ungeklärt ist.[1292] An alle mitgliedstaatlichen Gerichte soll appelliert werden, bei grundrechtlichen Fragen im Übergabeverfahren eine Vorlage an den EuGH zu richten, solange keine gefestigte Rechtsprechung geschaffen wird. Da ein Vorabentscheidungsverfahren statistisch gesehen zw. 15 und 18 Monate dauern kann[1293], kann dadurch das strikte Fristenregime des Rb-EuHB untergraben werden. Es ist auf die neu geschaffene Möglichkeit des Eilvorabentscheidungsverfahrens in Haftsachen gemäß Art. 267 Abs. 4 AEUV aufmerksam zu machen, die eine Entscheidung des EuGH innerhalb kürzester Fristen vorsieht.[1294] Damit erhält der Gerichtshof auf Antrag eines nationalen Gerichts die Möglichkeit eine rasche Behandlung von Vorabentscheidungsersuchen zu den genannten grundrechtlichen Materien zu gewährleisten.[1295] Tatsächlich benötigt der Gerichtshof im Durchschnitt ca. zwei Monate zum Abschluss eines solchen Eilverfahrens.[1296] Dadurch wird dem vollstreckenden Staat möglich gemacht, im Übergabeverfahren die Stellungnahme des EuGH zu erfahren, ohne die Fristvorschriften zu verletzen. Außerdem ist in dem Rb-EuHB die Fristverlängerung in Sonderfällen explizit vorgesehen.[1297] Die intensive Nutzung des Vorabentscheidungsverfahrens durch die nationalen Gerichte kann dazu beitragen, dass eine ausdifferenzierte Rechtsprechung in Bezug auf den Betroffenenschutz erreicht wird. Dies würde die Einheitlichkeit und Autonomie der Unionsrechtsordnung stärken und nach und nach zur Überwindung mitgliedstaatlicher Differenzen führen.

Da bislang die Verweigerung der Übergabe aus grundrechtlichen Bedenken durch den EuGH nicht geklärt ist, bietet das Vorabentscheidungsverfahren für die vollstreckenden Mitgliedsstaaten einen Rettungsschirm an. Dadurch kann jede vollstreckende Behörde den europäischen Grundrechten gebührende Beachtung schenken, ohne gleichzeitig ihren sekundärrechtlichen Verpflichtungen aus dem Rb-EuHB zu verletzen. Schlussendlich muss die vollstreckende Behörde ihre Pflichten aus der EMRK unabhängig von der Entscheidung des EuGH im Blick behalten, weil eine externe Kontrolle durch den EGMR weiterhin möglich ist. Da beide Gerichtshöfe um die Gewährleistung

---

1291 *Ehricke* in: Streinz (Hrsg.), Art. 267, Rz. 47.

1292 S. oben Kap. B. I.

1293 Dittert, Die Zuständigkeit des Gerichthofs der Europäischen Union auf dem Gebiet des Strafrechts, ERA, Trier, 08.–09.06.2015.

1294 Art. 107 ff. EuGH VerfO.

1295 *Karpenstein* in: Grabitz/ Hilf/ Nettesheim (Hrsg.), Art. 267 AEUV, Rz. 92.

1296 Bericht über die Anwendung des Eilvorlageverfahrens durch den Gerichtshof, 2012, S. 2 (online abrufbar unter: http://curia.europa.eu/jcms/upload/docs/application/pdf/2012-07/de_rapport.pdf, Stand: 20.09.2015).

1297 Vgl. Art. 17 Abs. 4 und 7 Rb-EuHB.

eines gleichwertigen Grundrechtsschutzes bemüht sind[1298], kann die künftige Rechtsprechung des EuGH mit Hoffnung erwartet werden. Die Loyalitätspflicht der Union gegenüber den Mitgliedstaaten[1299] lässt annehmen, dass der EuGH dem Verständnis des EGMR von den Grundrechten als individuelle Garantien, die einer Einzelfallprüfung zugänglich sind[1300], Rechnung tragen wird. Den vollstreckenden Gerichten kann bei drohenden Grundrechtsverletzungen zur Vorlage an den EuGH angeraten werden.[1301] Die Entwicklung der Rechtsprechung kann dazu beitragen, dass die Maßstäbe für die Verweigerung als *ultima ratio* sowie die Beweisregel konturiert werden.

Stellt der vollstreckende Staat nach Ausschöpfung sämtlicher Kommunikationsmittel fest, dass der Verhältnismäßigkeitsgrundsatz von dem ausstellenden Staat nicht gewahrt ist, kann er die Übergabe verweigern. Diese Entscheidung setzt eine Einzelfallprüfung voraus, die in der Hand des vollstreckenden Staates liegt. Wie bereits oben ausgeführt wurde, können auch hier durch die unterschiedliche Gewichtung des Verhältnismäßigkeitsgrundsatzes in den Mitgliedstaaten unterschiedliche Praktiken ansetzen, welche die Einheitlichkeit der Unionsrechtsordnung zu beeinträchtigen gefährden. Zur Vermeidung von Verzerrungen und Ungleichbehandlungen der Betroffenen soll auch in diesem Bereich auf die Vorlage an den EuGH zugegriffen werden. Bei dem Verhältnismäßigkeitsgrundsatz handelt es sich um einen allgemeinen Rechtsgrundsatz der Unionsrechtsordnung[1302], der den EuGH in der Vergangenheit zur Ungültigkeitserklärung der Datenschutzrichtlinie für elektronische Kommunikation veranlasst hat.[1303] In seiner Entscheidung beanstandete der EuGH, dass sich die Datenschutzrichtlinie auf sämtliche Verkehrsdaten erstreckt, ohne irgendeine Differenzierung, Einschränkung oder Ausnahme anhand des Ziels der Bekämpfung schwerer Straftaten vorzusehen.[1304] Entsprechend kann bei der Übergabe aufgrund des EuHB nicht ohne Einzelfallprüfung von vornherein unterstellt werden, dass ihre Eingriffsintensität gerechtfertigt ist bzw. dass keine milderen und gleichwirksamen Maßnahmen zur Zweckerreichung in Betracht kommen. Es kann den Entscheidungen des EuGH über die konkrete Ausprägung des Verhältnismäßigkeitsgrundsatzes im europäischen Übergabeverfahren mit Interesse entgegengesehen werden. Die mitgliedstaatlichen Gerichte müssen durch regelmäßige Vorlagen ihren Beitrag zur Anregung des Dialogs mit dem EuGH leisten.[1305]

1298 Joint communication from Presidents Costa und Skouris vom 24.01.2011 (http://curia.europa.eu/jcms/upload/docs/application/pdf/2011-02/cedh_cjue_english.pdf; Stand: 18.09.2015).

1299 *von Bogdandy/ Schill* in: Grabitz/ Hilf/ Nettesheim (Hrsg.), Art. 4 EUV, Rz. 106.

1300 *Callewaert*, S. 6 ff.

1301 S. oben Kap. B. 5.

1302 Vgl. Teil 1, Kap. C. III. 2.

1303 EuGH, Urteil vom 8.04.20014, Rs. C-293/12 und C-594/12 (*Digital Rights Ireland Ltd.*), Rz. 45 ff.

1304 *Ebd.*, Rz. 57.

1305 Vgl. Teil 1, Kap. C. IV. 1 und 4.

Ergebnis

In diesem Teil der Untersuchung wurden die verschiedenen Lösungsansätze zur Optimierung des Betroffenenschutzes dargestellt und einer kritischen Bewertung unterzogen. Zum einen wurde versucht, das rahmenbeschlussrechtliche Modell in formeller Hinsicht durch die Konzipierung von Kriterien zu komplimentieren. Diese Arbeit hat sich zum Ziel gesetzt, ein ausbalanciertes Modell zu entwerfen, das den Interessen der effektiven Strafverfolgung und dem Betroffenenschutz dient und zugleich den Bedürfnissen der Praxis entspricht. Entsprechend den Fragestellungen, die im praktischen Teil der Untersuchung aufgeworfen wurden, wurde die Frage beantwortet, bei welchen Form- und Inhaltsfehlern die Übergabe zu verweigern ist. Dabei wurde festgestellt, dass sich die grundsätzliche Übergabeverpflichtung auf solche EuHB bezieht, die nach dem Konzept des Rb-EuHB wirksam sind. Ist ein EuHB mit Form- oder Inhaltsfehlern behaftet, die geeignet sind, seine Wirksamkeit als Übergabeersuchen zu annullieren, kann nach hiesiger Ansicht die Übergabe verweigert werden. Für das Prüfungsmodell hat das zur Konsequenz, dass bei Personenverwechslung zwischen dem Betroffenen und der gesuchten Person die Übergabe unzulässig ist. Es liegt in der Natur des EuHB, der zur Strafverfolgung erlassen wurde, eine mitgliedstaatliche Haftentscheidung oder Entscheidung mit gleicher Wirkung zu transportieren. Fehlt es an einer solchen Entscheidung, kann das Übergabeersuchen, das als Antrag auf Vollstreckung der mitgliedstaatlichen Entscheidung aufzufassen ist, nicht bewilligt werden. In allen übrigen Fällen, in denen dem ausstellenden Staat formelle oder inhaltliche Versäumnisse unterlaufen sind, bietet sich eine Kontaktaufnahme zwischen den beteiligten Behörden an. Da die Vollstreckung des EuHB von dem ausstellenden Staat beantragt wird, kann davon ausgegangen werden, dass etwaige Lücken in dem Formblatt geschlossen werden können. Zweitens widmete sich die Untersuchung der spannenden und politisch höchst kontroversen Frage nach den Reaktionsmöglichkeiten der vollstreckenden Behörde bei grundrechtlichen Fragen. In einem ersten Schritt wurde versucht, die auf der Ebene der EU entwickelten Lösungsvorschläge in systematischer Reihenfolge zu erläutern und vor dem Hintergrund der Zielsetzung dieser Untersuchung zu bewerten. Die empirische Untersuchung am Beispiel Bulgariens ergab, dass grundrechtsbezogene Probleme in unterschiedlichen Konstellationen aufkommen, die in drei Fallgruppen abstrahiert werden konnten. Aufgrund der Bindung der vollstreckenden Behörde an die EMRK bot sich eine Einzelfallbetrachtung an, die der Natur der Menschenrechte als Individualgarantien und zugleich den Bedürfnissen der Praxis entspricht. Als Maßstab der Überprüfung sollen die europäischen Grundrechte gemäß Art. 6 EUV herangezogen werden. Die Charta enthält einen Grundrechtskatalog, der zur Neutralisierung von Gefährdungslagen dient, die durch die Neuordnung der justiziellen Zusammenarbeit in Strafsachen entstehen. Die erste Gruppe betrifft Fälle, bei denen die dem EuHB zugrunde liegende Haftentscheidung gegen die europäischen Grundrechte verstößt. Im Wege der Auslegung des Grundsatzes der gegenseitigen Anerkennung konnte ermittelt werden, dass die Limitierung des Grundsatzes der gegenseitigen Anerkennung auf der Vorstufe zur Vollstreckung möglich ist. Im Ergebnis kann festgehalten werden, dass die vollstreckende Behörde die Übergabe verweigern kann, wenn die dem EuHB zugrunde liegende Haftentscheidung aufgrund eines Verstoßes gegen Art. 6 EUV nicht anerkannt werden kann. Bei dem zweiten Problemkreis handelt es sich um Verstöße des EuHB als justizielle Entscheidung gegen die europäischen Grundrechte und vor allem gegen den Verhältnismäßigkeitsgrundsatz. Durch den Lösungsansatz des *European Criminal Policy Initiative* inspiriert, bot sich hier eine Einschränkung des Grundsatzes der gegenseitigen Anerkennung auf der Vollstreckungsebene. Die vollstreckende Behörde wird dadurch in die Lage versetzt, den Verhältnismäßigkeitsgrundsatz als zentrale Rechtsfigur des Ausgleichs zwischen der effektiven Strafverfolgung und den individuellen Belangen des vor ihr stehenden Betroffenen einzusetzen. Die am meisten problematische Fallgruppe umfasst Verletzungen der europäischen Grundrechte, die im Falle der Überstellung durch das nachfolgende Strafverfahren verursacht werden können. Aufgrund der Ungewissheit bezüglich des zukünftigen Verlaufs spiegelt sich bei dieser Fallgruppe die volle Wirkung der Vermutung des ausreichenden Grundrechtsschutzes durch den ausstellenden Staat wider. Die Verweigerung der Vollstreckung aus Zweifeln an der Grundrechtskonformität der partnerschaftlichen Verfahrensordnung gerät hier in einen direkten Konflikt zum Vertrauensprinzip. Zusätzliche Schwierigkeiten für die vollstreckende Behörde ergeben sich aus der Beachtungspflicht gegenüber der Rechtsprechung des EGMR, der in der Sache *Soering* eine konventionsrechtliche Verantwortung des überstellenden Staates bei drohenden Menschenrechtsverletzungen postuliert hat. Im Hinblick auf die konträren Pflichten der vollstreckenden Behörde hinsichtlich der Durchführung der sekundärrechtlichen Regelung und die Wahrung der Grundrechte musste ein vermittelnder Weg beschritten werden. Die Verweigerung der Vollstreckung muss bei Verstößen gegen die europäischen Grundrechte grundsätzlich zulässig sein. Anstatt wie in der Literatur vorgeschlagen, wird die Widerlegung der Vermutung nicht anhand der Konstruktion der „systemischen Mängel" befürwortet, sondern der Einzelbetrachtung vorgezogen. Dadurch wird vermieden, dass bestimmte Mitgliedstaaten nach dem Modell der variablen Geometrie[1306] von der Kooperation ausgeschlossen werden und dass Individualinteressen auf der Strecke bleiben. Für den Ausgleich sorgt eine neue Beweislastverteilung zwischen der vollstreckenden Behörde und dem Betroffenen. Anstatt der ersteren die Pflicht aufzuerlegen, Zweifeln bezüglich der Rechtsstaatlichkeit des ausstellenden Staates nachzugehen, wird die Beweislast in den Verantwortungsbereich der gesuchten Person verlagert. Dank der zahlreichen Informationsbeschaffungsquellen, die auf europäischer und internationaler Ebene bestehen, kann dem Betroffenen die Beweisführung zugemutet werden. Zur Herstellung der Waffengleichheit zwischen den Strafverfolgern und der gesuchten Person erscheint eine Pflichtverteidigerbeiordnung im Übergabeverfahren zwingend erforderlich. Dadurch werden die durch die neue Beweisregel geschaffenen Aufgaben des Betroffenen erfüllbar.

1306 *Monar* in: Hailbronner, S. 79 ff.

Das gemeinsame Interesse der Mitgliedstaaten an der Bekämpfung der Kriminalität innerhalb der EU gebietet, dass die Übergabe erst nach Ausschöpfung sämtlicher Alternativmaßnahmen verweigert wird. Der Aufbau des Raums der Freiheit, Sicherheit und des Rechts stellt ein neues Projekt dar, deren Entwicklung dynamisch verläuft.[1307] Seine gegensätzlich angelegten Elemente müssen andauernd in Ausgleich gebracht werden.[1308] Bis sich eine ausdifferenzierte Rechtsprechung des EuGH gebildet hat, wird den vollstreckenden Behörden empfohlen, bei Grundrechtsfragen im Übergabeverfahren Vorlagen an den EuGH zu richten. Dadurch können sie sich einerseits absichern und andererseits für die Wahrung der Einheitlichkeit und Autonomie der Unionsrechtsordnung sorgen.

Schlussbetrachtung

Die Untersuchung hat ergeben, dass die Entwicklung eines einheitlichen Raums der Freiheit, der Sicherheit und des Rechts einen langen Weg vor sich hat. Am Anfang des Projekts steht eine der zentralen Zielsetzungen der Union, den Bürgerinnen und Bürgern einen Binnenraum anzubieten, in dem sie sich einerseits ungehindert von Grenzkontrollen, andererseits aber auch sicher vor kriminalitätsbedingten Gefahren bewegen können.[1309] Dabei handelt es sich nicht nur um ein Komplementärziel zu dem Vertragsziel Binnenmarkt, sondern um die unmittelbare Konsequenz des Bekenntnisses zu den Grundsätzen der Freiheit, der Demokratie, der Achtung der Menschenrechte und Grundfreiheiten und der Rechtsstaatlichkeit.[1310] Die Europäisierung und Intensivierung der justiziellen Zusammenarbeit in Strafsachen zwischen den Mitgliedstaaten stellt eine notwendige Kompensation für den Wegfall der Personenkontrollen an den europäischen Binnengrenzen dar.[1311] Der Rb-EuHB ist die erste und eine der wichtigsten Maßnahmen zur Bekämpfung der Kriminalität innerhalb der EU. Er hat alle bis vor seiner Einführung bestehenden Auslieferungsübereinkommen zwischen den Mitgliedstaaten ersetzt und trägt dazu bei, dass die dem klassischen Auslieferungsverfahren innewohnende Komplexität und Verzögerungsrisiken behoben werden. Die formellen und materiell-rechtlichen Neuerungen des EuHB im Vergleich zu dem herkömmlichen Auslieferungsrecht dienen zuverlässig der effektiven Strafverfolgung innerhalb der EU. Das System des Rb-EuHB ist jedoch weder in seinen theoretischen Grundlagen noch in der praktischen Umsetzung perfekt. Im Gegenteil: Sowohl unter dem Gesichtspunkt der effektiven Strafverfolgung als auch des Betroffenenschutzes wurden Schwächen festgestellt.

1307 *Suhr* in: Calliess/ Ruffert, Art. 67 Rz. 76.

1308 *Weiß/ Satzger* in: Streinz (Hrsg.), Art. 67 Rz. 27.

1309 *Ebd.*, Art. 67 Rz. 26.

1310 S. Präambel EUV, Erwägungsgründe 4 und 12. Näher *Suhr* in: Calliess/ Ruffert (Hrsg.), Art. I-42, Rz. 9 ff.

1311 *Calliess* in: Calliess/ Ruffert (Hrsg.), Art. 67, Rz. 1.

Die Darstellung der rahmenbeschlussrechtlichen Vorgaben für den ausstellenden und vollstreckenden Staat im ersten Teil der Arbeit hat zu folgenden Ergebnissen geführt: Das rahmenbeschlussrechtliche Modell der Übergabeentscheidung basiert auf dem Prinzip der gegenseitigen Anerkennung, das der Ausgangspunkt der Prüfungsrechte und -pflichten des vollstreckenden Staates bildet. In seiner Ausprägung als Grundlage der Vollstreckung des EuHB erlegt das Anerkennungsprinzip der vollstreckenden Behörde eine grundsätzliche Vollstreckungspflicht auf. Das sekundärrechtliche Prüfungsprogramm enthält nach der bisherigen Rechtsprechung des EuGH einen abschließenden Kriterienkatalog, der schwerpunktmäßig den Souveränitätsinteressen der Mitgliedstaaten zu dienen bestimmt ist.[1312] Unter dem Gesichtspunkt der effektiven Strafverfolgung haben sich die fakultativen Übergabehindernisse als hinderlich erwiesen. Insbesondere die im Vorfeld des *ne bis in idem*-Prinzips angesiedelten Art. 4 Nr. 2 und Nr. 3 Rb-EuHB sorgen für unterschiedliche Handhabungen in den Mitgliedstaaten und beeinträchtigen die Effizienz des EuHB als Strafverfolgungsmittel. Negative Auswirkungen für die effektive Strafverfolgung i. e. S. kann auch die durch Art. 24 Rb-EuHB eröffnete freie Wahl zwischen der aufgeschobenen und bedingten Übergabe herbeiführen. Problematisch erscheint auch der Territorialitätsvorbehalt gemäß Art. 4 Nr. 7 Rb-EuHB, der dem vollstreckenden Staat bei Straftaten, die Berührungspunkte zu seiner Inlandsordnung aufweisen, eine Verweigerungsmöglichkeit an die Hand gibt.[1313]

Im zweiten Teil der Arbeit wurde die Übergabepraxis anhand des Beispiels Bulgarien einer kritischen Überprüfung unterzogen. Anfangs wurde festgestellt, dass die bulgarische Übergabepraxis im europäischen Vergleich eine überdurchschnittliche Effizienz aufweist.[1314] Das theoretische Modell der Übergabeentscheidung konnte durch Auswertung der Faktoren, welche sich in der Praxis positiv auf die Effizienz ausgewirkt haben, verfeinert werden. Aus der Analyse der bulgarischen Übergabepraxis gingen zwei europarechtskonforme effizienzsteigernde Faktoren hervor, die geeignet sind, die Umsetzung bzw. Anwendung der fakultativen und sonstigen Übergabehindernisse zu straffen. Solange auf europäischer Ebene keine verbindlichen Kriterien für die Lösung von Strafgewaltkonflikten existieren, erscheint es unter dem Gesichtspunkt der effektiven Strafverfolgung sinnvoll, dass den fakultativen Übergabehindernissen durch das zusätzliche Merkmal *Eingang des EuHB* eine Schranke gesetzt wird. Dadurch kann vermieden werden, dass die vollstreckende Behörde oder der Betroffene den EuHB zum Anlass nimmt, im vollstreckenden Staat ein Ermittlungsverfahren wegen derselben Tat zu provozieren, damit die Übergabe vermieden wird.[1315] Als weiteres effizienzsteigerndes Kriterium konnte die *zielorientierte Ermessensausübung* herauskristallisiert werden. Hinsichtlich der vorgenannten Vollstreckungsverweigerungsgründe fehlt es im Rb-EuHB an ausdrücklichen

1312 Vgl. Teil 1, Kap. B. Ergebnis.
1313 *Ebd.*
1314 Vgl. Teil 2, Kap. A. I.
1315 Ausführlich dazu Teil 2, Kap. A. III. 3. bb).

Vorgaben für die Ermessensausübung. Aus der Pflicht zur unionsrechtskonformen Auslegung ergibt sich die Berechtigung dieses Kriteriums, das in allen Mitgliedstaaten angewendet werden kann, ohne dass ihre nationale Strafverfolgungspolitik tangiert wird. Die Komplementierung des rahmenbeschlussrechtlichen Prüfungsprogramms durch die Übernahme der vorgenannten Kriterien ist geeignet, die Effizienz des EuHB zu steigern. Das könnte die Bekämpfung der Kriminalität innerhalb der EU verbessern und zu einem Mehrwert an Sicherheit führen.[1316]

Es gibt aber eine Kehrseite der Medaille: Die wirksame Vollstreckung des EuHB führt zu einschneidenden Eingriffe in die Rechtsposition des Betroffenen. Die Untersuchung hat das Ungleichgewicht zum Nachteil des Betroffenenschutzes, das in der Literatur seit der Einführung des EuHB befürchtet wird,[1317] bestätigt. Das dem Grundsatz der gegenseitigen Anerkennung als Fundament dienende gegenseitige Vertrauen verpflichtet die vollstreckende Behörde zur Reduzierung bzw. vollständigem Kontrollverzicht hinsichtlich der Übergabevoraussetzungen. Dem Rb-EuHB liegt die Erwartung zugrunde, dass der ausstellende Staat die europäischen Grundrechte beachtet und gibt der vollstreckenden Behörde keinen Verweigerungsgrund an die Hand für den Fall einer Grundrechtsverletzung. Im ersten Teil der Untersuchung wurde beleuchtet, dass dem Vollstreckungsmitgliedstaat aus dem Primärrecht und der EMRK verschiedene Unterlassungs- und Handlungspflicht zum Schutz des Betroffenen zukommen. Durch den Rb-EuHB wird der vollstreckende Staat in ein Spannungsfeld versetzt, wo er mit konträren Pflichten konfrontiert wird.[1318] Das als eines der größten Mankos des Rb-EuHB empfundenen Fehlens einer Grundrechtsklausel führt in der Praxis zu ungeheuerlichen Ergebnissen. Die Auswertung der einschlägigen Entscheidungen der bulgarischen Gerichte lässt eine Ignoranz bezüglich der Rechte des Betroffenen zum Vorschein kommen,[1319] die innerhalb der EU als Wertegemeinschaft besorgniserregend ist. Im Hinblick auf die Zielsetzung zur Förderung der Freiheit als Verkörperung einer Reihe fundamentaler Rechte der Unionsbürger[1320] musste das ursprüngliche Modell durch Optimierung des Betroffenenschutzes ausgeglichen werden. Im Rahmen der praktischen Untersuchung wurde festgestellt, dass in die *zielorientierte Ermessenausübung* die schutzwürdigen Interessen des Betroffenen einbezogen werden sollen. Dadurch wird der Betroffenenschutz bereits auf der Ebene der fakultativen und sonstigen Übergabehindernisse dem Interesse an effektiver Strafverfolgung als gleichwertiger Kontrapart gegenübergestellt. Somit werden im Rahmen der Abwägung nicht nur die Souveränitätsinteressen des vollstreckenden Staates, sondern auch die Zielsetzungen der Union gebührend berücksichtigt. Im Ergebnis werden die Elemente

1316 Vgl. Teil 2, Kap. A. III. 3. b). bb). und 4. a). cc).

1317 *Unger*, S. 141 f., *Ahlbrecht*, StV 2005, S. 40 ff., *Leutheusser-Schnarrenberger*, StraFo 2007, S. 267 ff., *Tinkl*, S. 126 ff.

1318 Vgl. Teil 1, Zusammenfassung.

1319 Vgl. Teil 2, Kap. B.

1320 *Calliess* in: Calliess/ Ruffert (Hrsg.), Art. 67 Rz. 55.

des einheitlichen Binnenraums regelmäßig gegeneinander aufgewogen, was für Balance im Einzelfall sorgen wird. Die empirische Untersuchung hat ergeben, dass dem ausstellenden Staat entgegen der Idealvorstellung des Rb-EuHB sowohl in formeller, als auch in materieller Hinsicht Versäumnisse unterlaufen können. Zur Verbesserung des Betroffenenschutzes wurden im dritten Teil der Arbeit ausgewogene Lösungen für die typischen Problemkreise der Übergabepraxis entwickelt. In formeller Hinsicht soll die Verweigerung der Vollstreckung zugelassen werden, wenn der Betroffene und die mittels des EuHB gesuchte Person nicht identisch sind. Liegt dem EuHB keine mitgliedstaatliche Entscheidung im Sinne von Art. 8 Abs. 1 lit. c Rb-EuHB zugrunde, enthält er ein unwirksames Übergabeersuchen, das nicht vollstreckt zu werden braucht. Im Übrigen soll die vollstreckende Behörde bei formellen und inhaltlichen Fehlern des EuHB die ausstellende Behörde kontaktieren und ihr die Möglichkeit geben, Abhilfe zu schaffen. Da die Übergabe der gesuchten Person von der ausstellenden Behörde beantragt wird, kann davon ausgegangen werden, dass sie etwaige formelle Versäumnisse nachbessern wird.

In materiell-rechtlicher Hinsicht gestaltete sich die Suche nach einem Lösungsvorschlag etwas schwierig. Die bisherigen Lösungsansätze bieten verschiedene Anhaltspunkte für die Verbesserung des Betroffenenschutzes an, lassen jedoch ein einheitliches Gesamtkonzept vermissen.[1321] Die Diskussion scheint sich um die Berechtigung des Grundsatzes der gegenseitigen Anerkennung zu drehen und den Bedürfnissen der Praxis nicht immer gerecht zu werden. Obwohl weitestgehend anerkannt ist, dass der EuHB einen Paradigmenwechsel in dem europäischen Auslieferungsrechts herbeiführen soll,[1322] sind nach wie vor Stimmen zu hören, die eine Fortführung der Auslieferungsrechtsprechung des EGMR befürworten.[1323] Insgesamt lässt die Bewertung mancher Lösungsansätze die Annahme zu, dass man sich von dem klassischen Auslieferungsrecht noch nicht vollständig abgelöst hat. Als eine der größten Herausforderungen stellte sich die Überwindung der sich im deutschsprachigen Raum breit gemachten Kritik an dem Grundsatz der gegenseitigen Anerkennung dar. Einerseits hat der EuGH in den vergangenen Jahren die Bedeutung des Grundsatzes der gegenseitigen Anerkennung für den Aufbau des Raums der Freiheit, der Sicherheit und des Rechts deutlich gemacht, was seine Beachtung in der Praxis unausweichlich macht. Andererseits belegte die Untersuchung der bulgarischen Übergabepraxis, dass viele Kritikpunkte an der Realität vorbeigehen. Die Gegenüberstellung der Entscheidungen der bulgarischen und deutschen Gerichte lieferte neue Erkenntnisse bezüglich des gegenseitigen Vertrauens, dessen Fehlen in Deutschland beklagt wird. Anders als die deutschen Gerichte begegnen die bulgarischen Richter Übergabeersuchen aus anderen Mitgliedstaaten voller Vertrauen und zeigen sich gerne bereit, ihnen Folge zu leisten.[1324] Mithin kann das

1321 Vgl. Teil 3, Kap. B. I. bis IV.
1322 Vgl. *Hecker*, 3. Aufl., § 2 Rz. 64.
1323 Vgl. Teil 3, Kap. B. III. 2.
1324 Vgl. Teil 2, Kap. A. III. und Kap. B.

Misstrauen gegenüber ausländischen Rechtsordnungen als ein nationales Problem bezeichnet werden. Es mag sein, dass sich neben Deutschland auch andere Staaten beispielsweise Großbritannien, Tschechien oder Griechenland skeptisch verhalten. Es wäre aber für die Diskussion förderlich, wenn die Probleme beim Namen genannt werden. Die Darstellung ausgewählter Entscheidungen der deutschen Gerichte hat ein Misstrauen gegenüber der Republik Bulgarien gezeigt, dass an sich nicht unberechtigt war. Zu behaupten aber, dass es sich bei dem gegenseitigen Vertrauen um eine reine Fiktion handelt,[1325] erscheint angesichts der aufgeschlossenen und integrationsfreundlichen Erwartungshaltung der bulgarischen Gerichte unverständlich. Es müssen vielmehr Maßnahmen ergriffen werden, um das Vertrauen der skeptischen europäischen Staaten gegenüber den osteuropäischen Staaten zu stärken. In diesem Sinne kann das Stockholmer Programm begrüßt werden, weil sie durch die Einführung von Mindeststandards für die Rechte des Beschuldigten im Strafverfahren dafür geeignet ist, die Erwartungshaltung der Mitgliedstaaten zu stabilisieren. Die praktische Untersuchung hat die in der Literatur als eines der Hauptkritikpunkte am Anerkennungskonzept vorgebrachte Schwächung der Betroffenenposition bestätigt. Diese Arbeit versteht sich trotzdem als ein Plädoyer für die konstruktive Begleitung des Grundsatzes der gegenseitigen Anerkennung als Strukturprinzip des einheitlichen Rechtsraums. Es existiert kaum ein anderes Konzept auf europäischer Ebene, das gleichermaßen imstande ist, zwischen den Mitgliedstaaten Brücken zu bauen, ohne ihre Traditionen durch eine vollständige Harmonisierung des Straf- und Strafverfahrensrechts zu untergraben. Die dem Anerkennungskonzept zugrunde liegende Überzeugung von der Gleichwertigkeit der mitgliedstaatlichen Strafrechtsentscheidungen[1326] sorgt dafür, dass sich die alten und neuen Mitglieder der EU trotz unterschiedlicher Entwicklung auf Augenhöhe begegnen.

Im Teil 3 wurden die Bedeutung und Tragweite des konkretisierungsbedürftigen Grundsatzes der gegenseitigen Anerkennung für die Übergabeentscheidung im Wege der Auslegung ermittelt. Die historische und systematische Auslegung haben ergeben, dass er aufgrund der europäischen Grundrechte limitiert werden kann. Die europäischen Grundrechte können der Übergabeverpflichtung sowohl auf der Ebene der Anerkennung der dem EuHB zugrunde liegenden Haftentscheidung, als auch auf der Vollstreckungsebene Schranken setzen.[1327] Die Übergabe kann demnach verweigert werden, wenn die Anerkennung oder Vollstreckung der mitgliedstaatlichen Haftentscheidung oder Entscheidung mit gleicher Wirkung die europäischen Grundrechte des Betroffenen i. S. v. Art. 6 EUV verletzen würde. Im gemeineuropäischen Interesse der effektiven Strafverfolgung darf die Übergabe nur nach Ausschöpfung der sich sonst anbietenden Alternativmaßnahmen verfügt werden, die häufig

1325 Vgl. Teil 3, Kap. B. III. 3.
1326 Vgl. Teil 1. Kap. B. I. IV. 2.
1327 Vgl. Teil 3, Kap. B. V.

genauso gut geeignet sind, einen grundrechtsverträglichen Zustand herzustellen.[1328] Solange keine gefestigte Rechtsprechung des EuGH in diesem Bereich existiert, werden alle vollstreckenden Behörden aufgefordert, sich mit ihren Grundrechtsfragen an den Gerichtshof der EU zu wenden. Gut durchdachte Vorlagen können den Dialog zwischen dem europäischen Gerichtshof und den mitgliedstaatlichen Gerichten anregen und für praxisgerechte Lösungen sorgen.[1329] Als Maßstab der Prüfung sollen die europäischen Grundrechte und insbesondere die GRC, die einen Grundrechtskatalog enthält, der den Anforderungen eines Ausgleichs zwischen den sich wechselseitig bedingenden Elementen entspricht, herangezogen werden.[1330] Es liegt in der Natur der europäischen Grundrechte als Individualgarantien, dass ihre Berücksichtigung in jedem Einzelfall erfolgen soll. Die Einzelfallbetrachtung trägt den gemeinsamen Interessen an der effektiven Strafverfolgung Rechnung, indem die Ablehnung von Übergabeersuchen hinsichtlich bestimmter Staaten nicht vorprogrammiert wird. Auch in Mitgliedstaaten, wo systemische Rechtsstaatsdefizite herrschen, kann ein grundrechtskonformes Strafrechtsverfahren durchgeführt werden. Die Konstruktion der *systemischen Mängel* kann als Beweisregel eingesetzt werden, ohne dass sie die Verweigerung der Übergabe vorbestimmt.[1331] Dadurch wird dem Betroffenen die ihm obliegende Beweisführung erleichtert.

Der ausdifferenzierte Lösungsvorschlag sorgt für einen Ausgleich zwischen der effektiven Strafverfolgung und dem Betroffenenschutz und entspricht den Bedürfnissen der Übergabepraxis. Er versteht sich nicht als eine endgültige Lösung, weil der Raum der Freiheit, der Sicherheit und des Rechts einen dynamischen Entwicklungsprozess vor sich hat und die Stärkung oder Schwächung einer der drei Komponenten neue Impulse hervorbringen kann. Berücksichtigt man die bisherige Entwicklung im Europäischen Strafrecht, erscheint der vermittelnde Lösungsvorschlag geeignet, für mehr Freiheit und Sicherheit im einheitlichen Rechtsraum zu sorgen. Durch die Optimierung des rahmenbeschlussrechtlichen Models unter den Gesichtspunkten der effektiven Strafverfolgung und des Betroffenenschutzes wurden die Elemente der Freiheit und der Sicherheit gestärkt und zwischen ihnen wird Balance hergestellt.

Der Lösungsansatz wurde aufgrund der Analyse der Probleme entwickelt, die typischerweise in der Übergabepraxis auftreten. Die vollstreckende Behörde ist bei der Übergabeentscheidung in erster Linie der Unionsrechtsordnung verpflichtet. Das bedeutet, dass sie sich bei der Bestimmung der sekundärrechtlichen Pflichten, die aus dem Rb-EuHB resultieren, an die Auslegung durch den EuGH orientieren muss. Um den Bedürfnissen der Praxis gerecht zu werden, wurde ein Lösungsweg gefunden, der dem aus der Rechtsprechung des EuGH herauszuhörenden Verständnis des

1328 Vgl. Teil 3, Kap. B. V.
1329 *Ebd.*
1330 *Ebd.*
1331 *Ebd.*

neuen Übergabesystems gerecht wird.[1332] Das Erfordernis der Einzelfallbetrachtung trägt der völkerrechtlichen Bindung der vollstreckenden Behörde an die EMRK Rechnung und berücksichtigt den Fall einer Divergenz zwischen Straßburg und Luxemburg.[1333]

Das ausbalancierte Modell darf nicht als eine Schablone verstanden werden, mithilfe derer sich Übergabeersuchen am Fließband erledigen lassen. Im Gegenteil: Ein universelles Modell, das allen konträren Interessen stets gerecht wird, existiert nicht. Für die vollstreckende Behörde gilt es, die Augen aufzuhalten, die Einzelfallumstände zu erkennen und einen individuellen Abwägungsvorgang vorzunehmen. Der hier präsentierte Lösungsvorschlag versteht sich als ein Leitfaden mit Handlungsempfehlungen für die Praxis. Die Übergabeentscheidung aufgrund des EuHB ist in jedem Einzelfall ein Spagat zwischen der Freiheit und der Sicherheit im einheitlichen Rechtsraum. Jeder Vollstreckungsstaat, jede vollstreckende Behörde ist gefordert, jedes Mal abzuwägen und stets die Balance zu finden.

1332 Vgl. Teil 3, Kap. B. I. 3 und 5.
1333 Vgl. Teil 3, Kap. B. V.

Leitfaden für die Bewilligung eines Übergabeersuchens

1. **Identität zwischen dem Betroffenen und der gesuchten Person**
2. **Anerkennungsfähige Haftentscheidung oder Entscheidung mit gleicher Wirkung**
3. **Keine zwingenden Übergabehindernisse**
   a) Amnestie im Vollstreckungsmitgliedstaat
   b) Verurteilung in einem anderen EU-Mitgliedstaat wegen derselben Handlung
   c) Fehlende Strafmündigkeit
4. **Zielorientierte Ermessensausübung bei den fakultativen und sonstigen Übergabehindernissen**
   a) Fehlende beiderseitige Strafbarkeit bei Straftaten außerhalb der Katalogliste
   b) Strafrechtliche Verfolgung im Vollstreckungsmitgliedstaat wegen derselben Handlung *vor dem Eingang des EuHB*
   c) Nichteinleitung eines Verfahrens, Verfahrenseinstellung oder rechtskräftige Entscheidung im Vollstreckungsmitgliedstaat wegen derselben Handlung *vor dem Eingang des EuHB*
   d) Verjährung der Tat im Vollstreckungsmitgliedstaat
   e) Verurteilung in einem Drittstaat wegen derselben Handlung
   f) Territorialitätsvorbehalt und Vorbehalt bei Tatbegehung außerhalb des Hoheitsgebietes des Ausstellungsmitgliedstaates
   g) Aufschiebung oder vorübergehende Übergabe
5. **Garantien**
6. **Ausnahmeklausel**: Die Übergabe kann in Ausnahmefällen verweigert werden, wenn die Vollstreckung des EuHB die europäischen Grundrechte des Betroffenen gemäß Art. 6 Abs. 1 und Abs. 3 EUV verletzen würde und die vollstreckende Behörde alle zumutbaren Abhilfemaßnahmen erfolglos ausgeschöpft hat.

Literaturverzeichnis

Ahlbrecht, Heiko, Freier Personenverkehr innerhalb der Europäischen Union in Auslieferungssachen – die Umsetzung des Europäischen Haftbefehls in das deutsche Rechtshilferecht, StV 2005, S. 40 ff.

Ambos, Kai, Internationales Strafrecht, 3. Aufl., München, 2011.

Ambos, Kai, Internationales Strafrecht, 4. Aufl., München, 2014.

Ambos, Kai/ König, Stefan/ Rackow, Peter (Hrsg.), Rechtshilferecht in Strafsachen, *Baden-Baden, 2015.*

Andreou, Pelopidas, Gegenseitige Anerkennung von Entscheidungen in Strafsachen in der Europäischen Union, Zürich, 2009.

Arcarazo, Diego Acosta/ Murphy, Cian C, EU Security and Justice Law: After Lisbon and Stockholm, London, 2014.

Asp, Petter, Mutual Recognition and the Development of Criminal Law Cooperation within the EU, in: Husabø, Erling Johannes/ Strandbakken, Asbjørn (Hrsg.), Harmonization of criminal law in Europa, Antwerpen, 2005, S. 23 ff.

Barrot, Johannes, Die Unschuldsvermutung in der Rechtsprechung des EGMR, ZJS 2010, S. 701 ff.

Becker, Peter, Die deutsche Europapolitik und die Osterweiterung der Europäischen Union, 1. Aufl., Baden-Baden, 2011.

Beukelmann, Stephan, Europäisierung des Strafrechts – Die neue strafrechtliche Ordnung nach dem Vertrag von Lissabon, NJW 2010, S. 2081 ff.

Billing, Fanella, The Parallel Between Non-removal and Asylum Seekers and Non-execution of a European Arrest Warrant on Human Rights Grounds; The CJEU Case of N.S. v. Secretary of State for the Home Department, EuCLR 2012, S. 77 ff.

Blekxtoon, Rob/ van Ballegooij, Wouter (Hrsg.), Handbook on the European Arrest Warrant, Den Haag, 2005.

Böhm, Klaus Michael, Das neue Europäische Haftbefehlsgesetz, NJW 2006, S. 2592 ff.

Böhm, Klaus Michael, Der Europäische Haftbefehl im Lichte des Grundsatzes der gegenseitigen Anerkennung und die praktische Umsetzung im nationalen Auslieferungsrecht, StraFo 2013, S. 177 ff.

Böse, Martin, Das Prinzip der gegenseitigen Anerkennung in der transnationalen Strafrechtspflege in der EU – Die „Verkehrsfähigkeit" strafgerichtlicher Entscheidungen, in: Momsen, Carsten/ Bloy, René/ Rackow, Peter (Hrsg.), Fragmentarisches Strafrecht – Beiträge zum Strafrecht, Strafprozessrecht und zur Rechtsvergleichung für Manfred Maiwald aus Anlass seiner Emeritierung, verfasst von seinen Schülern, Mitarbeitern und Freunden, Frankfurt am Main 2003, S. 233 ff.

Böse, Martin, Der Grundsatz „ne bis in idem“ und der Europäische Haftbefehl: europäischer ordre public vs. gegenseitige Anerkennung: Besprechung von EuGH, Urt. vom 16.11.2010, Rs. C-261/09 – Gaetano Mantello, HRRS 2012, S. 19 ff.

Böse, Martin (Hrsg.), Europäisches Strafrecht mit polizeilicher Zusammenarbeit, Enzyklopädie Europarecht, Band 9, Baden-Baden, 2013.

Böse, Martin, Der Europäische Haftbefehl und der Verhältnismäßigkeitsgrundsatz – Ergebnisse und Empfehlungen, in: Albers, Pim/ Beauvais, Pascal/ Bohnert, Jean-François, et al. (Hrsg.), Kurzfassung des Abschlussberichts: Auf dem Weg zu einem gemeinsamen Bewertungsrahmen, innerhalb dessen das gegenseitige Vertrauen im Bereich der justiziellen Zusammenarbeit in Strafsachen beurteilt wird, 2013, S. 27 ff.

Böse, Martin/ Meyer, Frank, Die Beschränkung nationaler Strafgewalt als Möglichkeit zur Vermeidung von Jurisdiktionskonflikten in der Europäischen Union, ZIS 2011, S. 335 ff.

Böse, Martin/ Meyer, Frank/ Schneider, Anne (Hrsg.), Conflicts of Jurisdiction in Criminal Matters in the European Union, Baden-Baden, 2013.

von Bogdandy, Armin/ Bast, Jürgen (Hrsg.), Principles of European Constitutional Law, 2. Aufl., Oxford, 2011.

von Bogdandy, Armin/ Ioannidis, Michael, Das systemische Defizit – Merkmale, Instrumente und Probleme am Beispiel der Rechtsstaatlichkeit und des neuen Rechtsstaatlichkeitsaufsichtsverfahrens, ZaöRV 2014, S. 283 ff.

Braum, Stefan, Das Prinzip der gegenseitigen Anerkennung – Historische Grundlagen und Perspektiven europäischer Strafrechtsentwicklung, GA 2005, S. 681 ff.

Breitenmoser, Stephan/ Gleß, Sabine/ Lagodny, Otto (Hrsg.), Schengen in der Praxis: Erfahrungen und Ausblick, Baden-Baden, 2009.

Britz, Gabriele, Grundrechtsschutz durch das Bundesverfassungsgericht und den Europäischen Gerichtshof, EuGRZ 2015, S. 275 ff.

Brodowski, Dominik, Strafrechtsrelevante Entwicklungen in der Europäischen Union – ein Überblick, ZIS 2010, S. 749 ff.

Brodowski, Dominik, Europäischer ordre public als Ablehnungsgrund für die Vollstreckung Europäischer Haftbefehle?, HRRS 2013, S. 54 ff.

Brodowski, Dominik, Ne bis in idem im europäischen Auslieferungsrecht – Zugleich Besprechung von OLG München, Beschl. vom 07.12.2012 – OLGAusl. 14 Ausl. A 1156/12 (274/12), StV 2013, S. 339 ff.

Bröhmer, Jürgen, Die Bosphorus-Entscheidung des Europäischen Gerichtshofs für Menschenrechte – Der Schutz der Grund- und Menschenrechte in der EU und das Verhältnis zur EMRK, EuZW 2006, S. 71 ff.

von Bubnoff, Eckhart, Auslieferung, Verfolgungsübernahme, Vollstreckungshilfe, Berlin, 1989.

von Bubnoff, Eckhart, Institutionelle Kriminalitätsbekämpfung in der EU – Schritte auf dem Weg zu einem europäischen Ermittlungs- und Strafverfolgungsraum, ZEuS 2002, S. 185 ff.

von Bubnoff, Eckhart, Der Europäische Haftbefehl: Auslieferung und Neuerungen des Gemeinschaftsinstruments. Ein Leitfaden für die Praxis, Heidelberg, 2005.

Callewaert, Johan, Der Beitritt der EU zur EMRK: Eine Schicksalsfrage für den europäischen Grundrechtsschutz, StV 2014, S. 504 ff.

Callewaert, Johan, Gegenseitige Anerkennung im Raum der Freiheit, der Sicherheit und des Rechts – Voraussetzungen, Tragweite und Grenzen, online abrufbar unter: *http://www.era-comm.eu/Understanding_the_Role_of_the_CJEU_in_Criminal_Matters/de/kiosk/documents/Callewaert%20%20-%20Gegenseitige%20Anerkennung%20im%20Raum%20der%20Freiheit%20Sicherheit%20Rechts.pdf* (Stand: 20.09.2015).

Calliess, Christian/ Ruffert, Matthias (Hrsg.), EUV/AEUV – Das Verfassungsrecht der Europäischen Union mit Europäischer Grundrechtecharta, 4. Aufl., München, 2011.

Canor, Iris, Solange horizontal – Der Schutz der EU-Grundrechte zwischen Mitgliedstaaten, ZaöRV 2013, S. 249 ff.

Conrad, Peter, Der Grundsatz der beiderseitigen Strafbarkeit im Rechtshilfe- und Strafanwendungsrecht, Hamburg, 2013.

Craig, Paul, The Lisbon Treaty: Law, Politics, and Treaty Reform, Oxford, 2010.

Datcheva, Dessislava, Das bulgarische Straf- und Strafprozessrecht in kritischer Darstellung seiner Rezeptionsgesetze, Berlin, 2007.

Deen-Racsmány, Zsuzsanna/ Blextoon, Rob, The Decline of the Nationality Exception in European Extradition?, European Journal of Crime, Criminal Law & Criminal Justice, 2005, S. 317 ff.

Dörr, Oliver/ Grote, Rainer/ Marauhn, Thilo (Hrsg.), EMRK/GG Konkordanzkommentar zum europäischen und deutschen Grundrechtsschutz, 2. Aufl., Tübingen, 2013.

Douglas-Scott, Sionaidh, The European Union and Human Rights after the Treaty of Lisbon, HRLR 2011, S. 645 ff.

Ehlers, Dirk (Hrsg.), Europäische Grundrechte und Grundfreiheiten, 4. Aufl., Berlin, 2015.

Eisele, Jörg, Jurisdiktionskonflikte in der Europäischen Union: Vom nationalen Strafanwendungsrecht zum Europäischen Kollisionsrecht?, ZStW 2013, S. 1 ff.

Emeliantseva, Ekaterina/ Malz, Arié/ Ursprung, Daniel, Einführung in die Osteuropäische Geschichte, Zürich, 2008.

Epiney, Astrid, Cassis de Dijon-Prinzip und Europäisches Strafrecht – Zur Heranziehung des „Herkunftlandsprinzips" im europäischen Strafrecht am Beispiel des europäischen Haftbefehls, in: Niggli, Marcel Alexander/ Hurtado Pozo, José/ Queloz, Nicolas (Hrsg.), Festschrift für Franz Riklin, Zürich, 2007, S. 365 ff.

Esser, Robert, Auf dem Weg zu einem europäischen Strafverfahrensrecht – Die Grundlagen im Spiegel der Rechtsprechung des Europäischen Gerichtshofs für Menschenrechte (EGMR) in Straßburg, Berlin, 2012.

Esser, Robert, Europäisches und Internationales Strafrecht, 2013.

Fassbender, Bardo, Der einheitliche Gesetzesvorbehalt der EU-Grundrechtecharta und seine Bedeutung für die deutsche Rechtsordnung, NvwZ 2010, S. 1049 ff.

Ferraro, Francesca/ Carmona, Jesús, Fundamental Rights in the European Union: The role of the Charter after the Lisbon Treaty, 2015, online abrufbar unter: http://www.europarl.europa.eu/RegData/etudes/IDAN/2015/554168/EPRS_IDA(2015)554168_EN.pdf (Stand: 20.09.2015).

Fischer, Thomas, Strafgesetzbuch, 62. Aufl., München, 2015.

Fletcher, Maria, Extending "indirect effect" to the third pillar: The significance of Pupino?, European Law Review, 2005, S. 862 ff.

Franzius, Claudio, Grundrechtsschutz in Europa, ZaöRV 2015, S. 383 ff.

Frenz, Walter, Europäische Grundrechte, Handbuch Europarecht, Band 4, Berlin, 2009.

Freund, Olav, Die Anordnung von Untersuchungshaft wegen Flucht und Fluchtgefahr gegen EU-Ausländer – Unter besonderer Berücksichtigung des Europäischen Haftbefehls, Dissertation, Gießen, 2009.

Frowein, Jochen/ Peukert, Wolfgang, Europäische Menschenrechtskonvention, EMRK-Kommentar, 3. Aufl., Berlin, 2009.

Fuchs, Helmut, Bemerkungen zur gegenseitigen Anerkennung justizieller Entscheidungen, ZStW 2004, S. 368 ff.

Gaede, Karsten, Minimalistischer EU-Grundrechtsschutz bei der Kooperation im Strafverfahren, NJW 2013, S. 1279 ff.

Geiß, Robin, Glasgow, Europäischer Grundrechtsschutz ohne Grenzen?, DÖV 2014, S. 265 ff.

Geistlinger, Michael, Rechtsstaatlich-demokratische Voraussetzungen des EU-Beitritts unter besonderer Berücksichtigung der Fortschrittsberichte 1999 und 2000 im Hinblick auf Bulgarien, in: Bachmeier, Peter/ Schwarz, Andreas/ Tscholakova, Antoaneta (Hrsg.), Der Transformationsprozess in Bulgarien und der Weg in die EU, Wien, 2006, S. 235 ff.

Gleß, Sabine, Zum Prinzip der gegenseitigen Anerkennung, ZStW 2004, S. 353 ff.

Globke, Christina, Die Wirkung eines Europäischen Haftbefehls, GA 2011, S. 412 ff.

Görres-Gesellschaft (Hrsg.), Staatslexikon: Recht, Wirtschaft, Gesellschaft, 7. Aufl., Bd. 4, Freiburg-Basel-Wien, 1988.

Gollwitzer, Walter, Menschenrechte im Strafverfahren – MRK und IPBPR, Berlin, 2005.

Gottwald, Uwe/ Mock, Peter, Zwangsvollstreckung – Kommentar zu den §§ 704 – 915h ZPO mit Antrags- und Klagemustern für die Rechtspraxis, 6. Aufl., Freiburg, 2013.

Grabenwarter, Christoph (Hrsg.), Europäischer Grundrechteschutz, Enzyklopädie Europarecht, Band 2, Baden-Baden, 2014.

Grabenwarter, Christoph/ Pabel, Katharina, Europäische Menschenrechtskonvention – Ein Studienbuch, 5. Aufl., München, 2012.

Grabitz, Eberhard/ Hilf, Meinhard/ Nettesheim, Martin (Hrsg.), Das Recht der Europäischen Union: EUV/AEUV, Loseblattausgabe, 55. Ergänzungslieferung, Stand: 01 / 2015.

Graf, Jürgen-Peter (Hrsg.), Beck'scher Online-Kommentar StPO, 6. Aufl., München, 2015.

Griebel, Jörn, Europäische Grundrechte als Prüfungsmaßstab der Verfassungsbeschwerde, DVBl. 2014, S. 204 ff.

von der Groeben, Hans/ Schwarze, Jürgen (Hrsg.), Kommentar zum Vertrag über die Europäische Union und zur Gründung der Europäischen Gemeinschaft, 6. Aufl., Baden-Baden, 2003.

von der Groeben, Hans/ Schwarze, Jürgen/ Hatje, Armin (Hrsg.), Kommentar zum Vertrag über die Europäische Union und zur Gründung der Europäischen Gemeinschaft, 7. Aufl., Baden-Baden, 2015.

Grützner, Heinrich/ Pötz, Paul-Günter (Hrsg.), Internationaler Rechtshilfeverkehr in Strafsachen: Die für die Rechtsbeziehungen der Bundesrepublik Deutschland mit dem Ausland in Strafsachen maßgeblichen Bestimmungen, 3. Aufl., Heidelberg, 2014.

Gruev, Lazar, Einführung, in: Sieber, Ulrich/ Albrecht, Hans-Jörg (Hrsg.), Die bulgarische Strafprozessordnung, deutsche Übersetzung von Irina Gencheva, Berlin, 2007.

Gstrein, Oskar Josef/ Zeitzmann, Sebastian, Die „Åkerberg Fransson"-Entscheidung des EuGH – „Ne bis in idem" als Wegbereiter für einen effektiven Grundrechtsschutz in der EU?, ZEuS 2013, S. 239 ff.

Hackner, Thomas/ Schierholt, Christian, Internationale Rechtshilfe in Strafsachen: Ein Leitfaden für die Praxis, München, 2012.

Hecker, Bernd, Europäisches Strafrecht, 2. Aufl., Heidelberg, 2007.

Hecker, Bernd, Europäisches Strafrecht, 3. Aufl., Heidelberg, 2010.

Hecker, Bernd, Europäisches Strafrecht, 4. Aufl., Heidelberg, 2014.

Heine, Henriette, Die Rechtsstellung des Beschuldigten im Rahmen der Europäisierung des Strafverfahrens, Frankfurt am Main, 2009.

von Heintschel-Heinegg, Bernd/ Rohlff, Daniel, Der Europäische Haftbefehl, GA 2003, S. 44 ff.

Hoppe, Hans-Joachim, Bulgarien – Hitlers eigenwilliger Verbündeter: Eine Fallstudie zur nationalsozialistischen Südosteuropapolitik, Stuttgart, 1979.

Huber, Peter, Auslegung und Anwendung der Charta der Grundrechte, NJW 2011, S. 2385 ff.

Jagla, Susanne Fee, Auf dem Weg zu einem zwischenstaatlichen *ne bis in idem* im Rahmen der Europäischen Union – Zugleich ein Beitrag zur Auslegung der Artikel 54 ff. Schengener Durchführungsübereinkommen, Frankfurt am Main, 2007.

Janssens, Christine, The Principle of Mutual Recognition in EU Law, Oxford, 2013.

Jarass, Hans D., Charta der Grundrechte der Europäischen Union: GRCh, München, 2013.

Jekewitz, Jürgen, Der Europäische Haftbefehl vor dem Bundesverfassungsgericht, GA 2005, S. 625.

Kaufhold, Ann-Katrin, Gegenseitiges Vertrauen – Wirksamkeitsbedingung und Rechtsprinzip der justiziellen Zusammenarbeit im Raum der Freiheit, der Sicherheit und des Rechts, EuR 2012, S. 408 ff.

Kindhäuser, Urs/ Neumann, Ulfrid/ Paeffgen, Hans-Ullrich (Hrsg.), Strafgesetzbuch, 4. Aufl., Baden-Baden, 2013.

Klimek, Libor, European Arrest Warrant, Berlin, 2015.

Kluge, Michaela, „Der" Europäische Haftbefehl aus menschenrechtlicher Perspektive: Chance einer europäischen Strafrechtsintegration?, Dissertation, Wien, 2007.

Knecht, Matthias H., Die Charta der Grundrechte der Europäischen Union (Schriften zum Staatsrecht und Verfassungsgeschichte), Stuttgart, 2005.

Kniebühler, Roland Michael, Transnationales „ne bis in idem.": Zum Verbot der Mehrfachverfolgung in horizontaler und vertikaler Dimension, Berlin, 2005.

Kokott, Juliane/ Sobotta, Christoph, Die Charta der Grundrechte der Europäischen Union nach dem Inkrafttreten des Vertrags von Lissabon, EuGRZ 2010, S. 265 ff.

Kotzurek, Nathalie, Gegenseitige Anerkennung und Schutzgarantien bei der Europäischen Beweisanordnung, ZIS 2006, S. 23 ff.

Kutsch, Gregor, Internationale strafrechtliche Zusammenarbeit, 2. Aufl., Heidelberg, 2007.

Lackner, Karl/ Kühl, Kristian, Strafgesetzbuch – Kommentar, 28. Aufl., München, 2014.

Lagodny, Otto, Die Rechtstellung des Auszuliefernden in der Bundesrepublik Deutschland, Dissertation, Freiburg, 1987.

Lagodny, Otto/ Wiederin, Ewald/ Winkler, Roland (Hrsg.), Probleme des Rahmenbeschlusses am Beispiel des Europäischen Haftbefehls – Ein neues Instrument der europäischen Integration aus Sicht von Europarecht, Strafrecht, Verfassungsrecht und Völkerrecht, Berlin, 2007.

Lenaerts, Koen, Die EU-Grundrechtscharta: Anwendbarkeit und Auslegung, EuR 2012, S. 3 ff.

Lenaerts, Koen, Grundrechte-Charta im System eines pluralistischen Grundrechtsschutzes, AnwBl 2014, S. 772 ff.

Leutheusser-Schnarrenberger, Sabine, Der Europäische Beschuldigte, StraFo 2007, S. 267 ff.

Lindner, Josef Franz, Grundrechtsschutz in Europa – System einer Kollisionsdogmatik, EuR 2007, S. 160 ff.

Lipowschek, Anton/ Lyon, Thea (Hrsg.), Das bulgarische Strafgesetzbuch vom 16. März 1968, Berlin, 1973.

Lippert, Barbara, Die Erweiterungspolitik der Europäischen Union, in: Weidenfeld, Werner/ Wessels, Wolfgang (Hrsg.), Jahrbuch der Europäischen Integration 2007, Baden-Baden, 2007, S. 423 ff.

Lisken, Hans/ Denninger, Erhard (Hrsg.), Handbuch des Polizeirechts, 5. Aufl., München, 2012.

Lorenzmeier, Stefan, Der Rahmenbeschluss als Handlungsform der Europäischen Union und seine Rechtswirkungen, ZIS 2006, S. 575 ff.

Luchtman, Michiel (Hrsg.), Choice of Forum in Cooperation Against EU Financial Crime – Freedom, Security and Justice and the Protection of Specific EU-Interests, Den Haag 2013.

Maduro, Miguel/ Azoulai, Loic (Hrsg.), The Past and Future of EU Law: The Classics of EU Law Revisited on the 50th Anniversary of the Rome Treaty, Oxford, 2010.

Maggio, Paola, The EIO Proposal for a Directive and Mafia Trials: Striving for Balance Between Efficiency and Procedural Guarantees, in: Ruggeri, Stefano (Hrsg.), Transnational Evidence and Multicultural Inquiries in Europe, Berlin, 2014, S. 139.

Mansdörfer, Marco, Das Prinzip des ne bis in idem im europäischen Strafrecht, Berlin, 2004.

Merli, Franz/ Huster, Stefan (Hrsg.), Die Verträge zur EU-Osterweiterung – Kommentar mit systematischen Erläuterungen, Berlin, 2008.

Mettgenberg, Wolfgang, Der Auslieferungsvertrag zwischen dem Deutschen Reich und Bulgarien, ZStW 35 (1914), S. 26 ff.

Meyer-Ladewig, Jens, EMRK – Europäische Menschenrechtskonvention, Baden-Baden, 3. Aufl., 2011.

Meyer-Ladewig, Jens/ Petzold, Herbert, Die Bindung deutscher Gerichte an Urteile des EGMR, NJW 2005, S. 15 ff.

Mintchev, Emil, Der Verhandlungsprozess Bulgariens mit der EU, in: Rill, Bernd (Hrsg.), Rumänien und Bulgarien vor den Toren der EU, München, 2006.

Monar, Jörg, Die Erweiterung der Europäischen Union – Chancen, Gefahren und das Konzept der „variablen Geometrie“, in: Hailbronner, Kay (Hrsg.), Europa der Zukunft – Zentrale und dezentrale Lösungsansätze, Köln, 1994, S. 79 ff.

von Moock, Merle, Auslieferungsrechtliche Probleme an der Wende vom 19. zum 20. Jahrhundert: Ausgehend von der Person des F. von Martitz und dessen Hauptwerk über internationale Rechtshilfe in Strafsachen, Baden-Baden, 2001.

Morgenstern, Christine, Die Europäische Überwachungsanordnung – Überkomplexes Ungetüm oder sinnvolles Instrument zur Untersuchungshaftvermeidung von Ausländern?, ZIS 2014, S. 216 ff.

Münchener Kommentar zum Strafgesetzbuch, 2. Aufl., München, 2011.

Murschetz, Verena, Auslieferung und Europäischer Haftbefehl, Wien, 2007.

Nalewajko, Pawel, Grundsatz der gegenseitigen Anerkennung: Eckstein der justiziellen Zusammenarbeit in Strafsachen in der Europäischen Union? (Schriften zum Strafrecht, Berlin, 2010.

Naumann, Kolja, Art. 52 Abs. 3 GrCh zwischen Kohärenz des europäischen Grundrechtsschutzes und Autonomie des Unionsrechts, EuR 2008, S. 424 ff.

Nehm, Kay, Extremistische Straftaten und grenzüberschreitende Strafverfolgung, DRiZ 1996, S. 41 ff.

Nehm, Kay, Zusammenarbeit der Strafverfolgungsorgane in Europa – Eine Zwischenbilanz, DRiZ 2000, S. 355 ff.

Nowak, Carsten, Europarecht nach Lissabon, Baden-Baden, 2011.

Oehler, Dietrich, Das neue Recht der Internationalen Rechtshilfe in Strafsachen, ZStW 1984, S. 555 ff.

Ostermann, Udo, Entwicklung und gegenwärtiger Stand der europäischen Grundrechte nach der Rechtsprechung des Europäischen Gerichtshofs sowie des Gerichts erster Instanz, Frankfurt am Main, 2009.

Pache, Eckhard/ Rösch, Franziska, Die neue Grundrechtsordnung der EU nach dem Vertrag von Lissabon, EuR 2009, S. 769 ff.

Paeffgen, Hans-Ullrich, Haus ohne Hüter?, ZStW 2006, S. 275 ff.

Pernice, Ingolf, Gemeinschaftsverfassung und Grundrechtsschutz Grundlagen, Bestand und Perspektiven, NJW 1990, S. 2409 ff.

Peters, Anne/ Altwickler, Tilmann, Europäische Menschenrechtskonvention, 2. Aufl., München, 2012.

Pohl, Tobias, Vorbehalt und Anerkennung: Der Europäische Haftbefehl zwischen Grundgesetz und europäischem Primärrecht, Baden-Baden, 2009.

Popp, Peter, Grundzüge der internationalen Rechtshilfe in Strafsachen, Basel, 2000.

Radtke, Henning/ Busch, Dirk, Transnationaler Strafklageverbrauch in den sog. Schengen-Staaten?, EuGRZ 2000, S. 421 ff.

Rath, Christian, EuGH oder BVerfG: Wer darf die Grundrechte schützen?, AnwBl. 2014, S. 734 f.

Rekate, Benjamin, Internationale Projekttagung 2010 „Jurisdiktionskonflikte bei grenzüberschreitender organisierter Kriminalität – ein Rechtsvergleich im Internationalen Strafrecht", ZStW 2010, S. 905 ff.

Rinio, Carsten, Die Auslieferung eigener Staatsbürger, ZStW 1996, S. 354 ff.

Risse, Maria Martina, Die Anwendbarkeit von EU-Grundrechten im prozessualen und materiellen Strafrecht, HRRS 2014, S. 93 ff.

Roggemann, Herwig (Hrsg.), Die Verfassungen Mittel- und Osteuropas, Berlin, 1999.

Rohlff, Daniel, Der Europäische Haftbefehl, Dissertation, Regensburg, 2003.

Roxin, Claus/ Schünemann, Bernd, Strafverfahrensrecht, 28. Aufl., München, 2014.

Royer, Aline, Der Europarat, Straßburg, 2010.

Ruffert, Matthias, Die Mitgliedstaaten der Europäischen Gemeinschaft als Verpflichtete der Gemeinschaftsgrundrechte, EuGRZ 1995, S. 518 ff.

Satzger, Helmut, Die Europäisierung des Strafrechts, Köln, München 2001.

Satzger, Helmut, Gefahren für eine effektive Verteidigung im geplanten europäischen Verfahrensrecht – eine kritische Würdigung des Grundbuchs zum strafrechtlichen Schutz der finanziellen Interessen der Europäischen Gemeinschaften und zur Schaffung einer europäischen Staatsanwaltschaft, StV 2003, S. 137 ff.

Satzger, Helmut, Die Internationalisierung des Strafrechts als Herausforderung für den strafrechtlichen Bestimmtheitsgrundsatz, JuS 2004, S. 943 ff.

Satzger, Helmut, The Future of European Criminal Law Between Harmonization, Mutual Recognition and Alternative Solutions, JECL 2006, S. 27 ff.

Satzger, Helmut, Internationales und Europäisches Strafrecht, 3. Aufl., Baden-Baden, 2009.

Satzger, Helmut, Auf dem Weg zu einer „europäischen Rechtskraft"?, in: Heinrich, Manfred/ Jäger, Christian/ Schünemann, Bernd et al. (Hrsg.), Strafrecht als Scientia Universalis – Festschrift für Claus Roxin zum 80. Geburtstag am 15. Mai 2011, Berlin, 2011, S. 1515 ff.

Satzger, Helmut, Internationales und Europäisches Strafrecht, 5. Aufl., Baden-Baden, 2011.

Satzger, Helmut, Die Verjährung im Strafrecht, StGB, Jura 2012, S. 433 ff.

Satzger, Helmut, Internationales und Europäisches Strafrecht, 6. Aufl., Baden-Baden, 2013.

Satzger, Helmut/ Zimmermann, Frank, Europäische Kriminalpolitik „reloaded": Das Manifest zum Europäischen Strafverfahrensrecht, ZIS 2013, S. 406 ff.

Sauer, Heiko, Rechtsschutz gegen völkerrechtsdeterminiertes Gemeinschaftsrecht? – Die Terroristenlisten vor dem EuGH, NJW 2008, S. 3685 ff.

Schätzler, Johann-Georg, Handbuch des Gnadenrechts, 2. Aufl., München, 1992.

Schaller, Werner, Die EU-Mitgliedstaaten als Verpflichtungsadressaten der Gemeinschaftsgrundrechte, Baden-Baden, 2003.

Schallmoser, Nina Marlene, Europäischer Haftbefehl und Grundrechte – Risiken der Verletzung von Grundrechten durch den Rahmenbeschluss über den Europäischen Haftbefehl im Lichte der EMRK, Wien, 2012.

Scheuermann, Sandra, Das Prinzip der gegenseitigen Anerkennung im geltenden und künftigen Europäischen Strafrecht – Zugleich eine Abhandlung über die Notwendigkeit einer Europäischen Staatsanwaltschaft, Hamburg, 2009.

Schlochauer, Hans-Jürgen/ Strupp, Karl (Hrsg.), Wörterbuch des Völkerrechts, 2. Aufl., Berlin, 1962.

Schmahl, Stefanie, Internationaler Terrorismus aus der Sicht des deutschen Ausländerrechts, ZAR 2004, S. 217 ff.

Schmid, Karin, Probleme der Auslieferung und der Rechts- und Amtshilfe in Strafsachen in und mit Osteuropa, Berichte des Bundesinstituts für ostwissenschaftliche und internationale Studien, Köln, 1986.

Schmidt, Ute, Der Fall „*Bosphorus Airways*" vor dem Europäischen Gerichtshof und dem Europäischen Gerichtshof für Menschenrechte – Ein Wendepunkt im Verhältnis der beiden Gerichtshöfe und im europäischen Grundrechtsschutz?, Leipzig, 2015.

Schmitz, Thomas, Die Grundrechtecharta als Teil der Verfassung der Europäischen Union, EuR 2004, S. 691 ff.

Schneiderhan, Peter, EU-Terrorlisten: Beginn rechtsstaatlicher Verfahren?, DRiZ 2009, S. 108 ff.

Schönberger, Christoph, Der Rahmenbeschluss – Unionssekundärrecht zwischen Völkerrecht und Gemeinschaftsrecht, ZaöRV 2007, S. 1107 ff.

Schönke, Adolf/ Schröder, Horst (Hrsg.), Strafgesetzbuch – Kommentar, 29. Aufl., München, 2014.

Schomburg, Wolfgang/ Lagodny, Otto, Verteidigung im internationalarbeitsteiligen Strafverfahren, NJW 2012, S. 348 ff.

Schomburg, Wolfgang/ Lagodny, Otto/ Gleß, Sabine/ Hackner, Thomas (Hrsg.), Internationale Rechtshilfe in Strafsachen, Kommentar zum Gesetz über die internationale Rechtshilfe in Strafsachen, 5. Aufl., München, 2012.

Schork, Alexander, Das Auslieferungsverfahren in der Schweiz und Deutschland unter Einbeziehung des Europäischen Haftbefehls, Frankfurt am Main, 2009.

Schroeder, Werner, Neues vom Rahmenbeschluss – ein verbindlicher Rechtsakt der EU, EuR 2007, S. 349 ff.

Schubert, Karin, „Institution-Building“ und „Twinning“: Erfahrungen und Lehren aus dem deutschen Einigungsprozess, in: Heusel, Wolfgang (Hrsg.), Die Osterweiterung der Europäischen Union, Köln, 2002, S. 127 ff.

Schübel, Eva, Wie gut funktioniert die Strafverfolgung innerhalb Europas? – Eine Bestandsaufnahme am Beispiel terroristischer Gewalttaten, NStZ 1997, S. 105 ff.

Schünemann, Bernd, Ein Gespenst geht um in Europa – Brüsseler „Strafrechtspflege“ intra muros, GA 2002, S. 501 ff.

Schünemann, Bernd, Die parlamentarische Gesetzgebung als Lakai von Brüssel? Zum Entwurf des Europäischen Haftbefehlsgesetzes, StV 2003, S. 531 ff.

Schünemann, Bernd, Die Rechte des Beschuldigten im internationalisierten Ermittlungsverfahren, StraFo 2003, S. 344 ff.

Schünemann, Bernd, Europäischer Haftbefehl und gegenseitige Anerkennung in Strafsachen, ZRP 2003, S. 185 ff.

Schünemann, Bernd (Hrsg.), Ein Gesamtkonzept für die europäische Strafrechtspflege, Köln, 2006.

Schulze, Reiner/ Zuleeg, Manfred/ Kadelbach, Stefan (Hrsg.), Europarecht – Handbuch für die deutsche Rechtspraxis, 3. Aufl., Baden-Baden, 2015.

Schultze-Willebrand, Bernd, Die Rechtshilfe in Strafsachen in und mit Osteuropa: Darstellung der rechtlichen Grundlagen unter besonderer Berücksichtigung der Auslieferung im Vergleich zum westeuropäischen Rechtshilferecht, Studien des Instituts für Ostrecht München, Band 32, Bonn, 1982.

Schwarze, Jürgen/ Becker, Ulrich/ Hatje, Armin/ Schoo, Johann (Hrsg.), EU-Kommentar, 3. Aufl., Baden-Baden, 2012.

Seiler, Stefan, Strafrecht – Allgemeiner Teil I: Grundlagen und Lehre von der Straftat, 2. Aufl., Wien, 2011.

Seitz, Helmut, Das Europäische Haftbefehlsgesetz, NStZ 2004, S. 546 ff.

Sieber, Ulrich/ Brüner, Franz-Hermann/ Satzger, Helmut/ von Heintschel-Heinegg, Bernd (Hrsg.), Europäisches Strafrecht, 2. Aufl., Baden-Baden, 2014.

Sinn, Arndt (Hrsg.), Jurisdiktionskonflikte bei grenzüberschreitender Kriminalität – Ein Rechtsvergleich zum Internationalen Strafrecht, Osnabrück, 2012.

Steiner, Henry J./ Alston, Philip/ Goodman, Ryan, International Human Rights in Context: Law, Politics, Morals, 3. Aufl., Oxford, 2008.

Streinz, Rudolf (Hrsg.), EUV/ EGV – Vertrag über die Europäische Union und Vertrag über die Arbeitsweise der Europäischen Union, 2. Aufl., München, 2012.

Streinz, Rudolf, Europarecht: Grundrechtsschutz, JuS 2013, S. 661 ff.

Stüdemann, Andreas, Die Entwicklung der zwischenstaatlichen Rechtshilfe in Strafsachen im nationalsozialistischen Deutschland zwischen 1933 und 1945: Kontinuität und Diskontinuität im Auslieferungsrecht am Beispiel der Rechtsentwicklung im NS-Staat, Frankfurter kriminalwissenschaftlicher Studien 119, Frankfurt am Main, 2009.

Suelmann, Susanna, Der Europäische Haftbefehl: Kompetenz der EU, Regelungsgegenstand und Anwendungsprobleme, HFR 2009, S. 122 ff.

Suominen, Annika, The Principle of Mutual Recognition in Cooperation in Criminal Matters, Cambridge, 2011.

Tamblé, Philipp, Der Anwendungsbereich der EU-Grundrechtecharta (GRC) gem. Art. 51 I 1 GRC – Grundlagen und aktuelle Entwicklungen, in: Christian Tietje (Hrsg.), Beiträge zum Europa- und Völkerrecht, Heft 9, Halle (Saale), 2014.

Tantzscher, Monika, Die verlängerte Mauer: Die Zusammenarbeit der Sicherheitsdienste der Warschauer-Pakt-Staaten bei der Verhinderung von „Republikflucht“, Analysen und Berichte, Reihe B, Berlin, 1998.

Thym, Daniel, Die Reichweite der EU-Grundrechte-Charta – Zu viel Grundrechtsschutz?, NVwZ 2013, S. 889 ff.

Tinkl, Christine, Die Rechtsstellung des Einzelnen nach dem Rahmenbeschluss über den Europäischen Haftbefehl im Vergleich zu seiner Rechtsstellung im traditionellen Auslieferungsverfahren – zugleich eine Untersuchung zur Rechtsnatur des Rahmenbeschlusses, Dissertation, Münster, 2007.

Trechsel, Stefan, Die Garantie der persönlichen Freiheit (Art. 5 EMRK) in der Straßburger Rechtsprechung, EuGRZ 1980, S. 514 ff.

Unger, Eva-Maria, Schutzlos ausgeliefert? Der Europäische Haftbefehl: Ein Beispiel für die Missachtung europäischer Bürgerrechte, Dissertation, Frankfurt am Main, 2005.

von Unger, Moritz, So lange nicht mehr: Das BVerfG behauptet die normative Freiheit des deutschen Rechts, NVwZ 2005, S. 1266 ff.

Vennemann, Nicola, The European Arrest Warrant and Its Human Rights Implications, ZaöRV 2003, S. 103 ff.

Vogel, Joachim, Abschaffung der Auslieferung? Kritische Anmerkungen zur Reform des Auslieferungsrechts in der Europäischen Union, JZ 2001, S. 937 ff.

Vogel, Joachim, Radu – Melloni – Åkerberg Fransson: „Staatsstreich“ in Luxemburg?, StV 2013, S. I (Editorial).

Vogel, Joachim/ Norouzi, Ali B., Europäisches ne bis in idem (zugleich Besprechung von EuGH NJW 2003, 1173), JuS 2003, S. 1059 ff.

Vogler, Theo, Auslieferungsrecht und Grundgesetz, Schriften zum Strafrecht 11, Berlin, 1970.

Vogler, Theo/ Wilkitzki, Peter, Gesetz über die internationale Rechtshilfe in Strafsachen: IRG- Kommentar, Heidelberg, 1998.

Weber, Sebastian, Keine gegenseitige Anerkennung ohne Harmonisierung des nationalen Strafrechts in der EU, Integration 2006, S. 49 ff.

Wegner, Kilian, Die „Fransson"-Entscheidung des EuGH – Eine Erschütterung im System der europäischen Grundrechte?, HRRS 2013, S. 126 ff.

Wehnert, Anne, Europäischer Haftbefehl, StraFo 2003, S. 356 ff.

Weigend, Thomas, Grundsätze und Probleme des deutschen Auslieferungsrechts, JuS 2000, S. 105 ff.

Weigend, Thomas, Der Entwurf einer Europäischen Verfassung und das Strafrecht, ZStW 2004, S. 275 ff.

Weiß, Wolfgang, Grundrechtsquellen im Verfassungsvertrag, ZEuS 2005, S. 323 ff.

Weiß, Wolfgang, Grundrechtsschutz durch den EuGH: Tendenzen seit Lissabon, EuZW 2013, S. 287 ff.

Werkusch, Claudia, Vollstreckung ausländischer Straferkenntnisse, Wien, 2001.

Williams, Andrew, Human Rights in the EU, in: Arnull, Anthony/ Chalmers, Damian (Hrsg.), The Oxford Handbook of European Union Law, Oxford, 2015, S. 249 ff.

Wolff, Heinrich Amadeus, Die verfassungsrechtlichen Auslieferungsverbote, StV 2004, S. 154 ff.

Wolter, Jürgen (Hrsg.), SK-StPO Systematischer Kommentar zur Strafprozessordnung, 4. Aufl., Köln, 2012.

Zeder, Fritz, Der Europäische Haftbefehl: das Ende der Auslieferung in der EU?, AnwBl 2003, S. 376 ff.

Zeidler, Arne, Der Grundsatz der beiderseitigen Strafbarkeit im Auslieferungsrecht, Die sinngemäße Umstellung des Sachverhalts nach § 3 Absatz 1 des Gesetzes über die internationale Rechtshilfe in Strafsachen, Strafrecht in Forschung und Praxis, Band 116, Hamburg, 2008.

Zimmermann, Andreas, Die Auslieferung Deutscher an Staaten der Europäischen Union und internationale Strafgerichtshöfe – Überlegungen zum neuen Art. 16 Abs. 2 S. 2 GG, JZ 2001, S. 233 ff.

Zimmermann, Frank, Strafgewaltkonflikte in der Europäischen Union, Baden-Baden, 2015.

Zlatareva, Margarita/ Panova, Pavlina/ Aleksandrova, Iskra/ Angelov, Nikolay, Judicial Protection of Fundamental Rights in Bulgaria, Sofia, 2007.

Zöller, Richard/ Geimer, Reinhold/ Greger, Reinhold (Hrsg.), Zivilprozessordnung: ZPO, 29. Aufl., Köln, 2012.

Гиргинов, Антон, Давност в наказателното право, София, 1992 (*Girginov, Anton*, Verjährung in dem Strafrecht, Sofia, 1992).

Гиргинов, Антон, Екстрадицията българското право, София, 1998 (*Girginov, Anton*, Auslieferung nach dem bulgarischen Recht, Sofia, 1998).

Гиргинов, Антон, Извънтериториално действие на наказателния кодекс – проблеми на правната уредба, Адвокатски преглед 8/2010, стр. 10 (*Girginov,*

Anton, Extraterritoriale Wirkung des Strafgesetzbuchs – Probleme der Gesetzgebung, Zeitschrift Advokatski pregled 8/2010, S. 10 ff.).

Коларов, Тодор, Европейска заповед за арест за арест и противодействието на международната организирана престъпност, Бюлетин на асоциацията на прокурорите в България 3/2010, стр. 79 (*Kolarov, Todor*, Der EuHB und der Widerstand gegen die internationale organisierte Kriminalität, Zeitschrift Bûletin na asociaciâta na prokurorite v Bulgariâ 3/2010, S. 79).

Коларов, Тодор, Съдебно сътрудничество между държавите членки на Европейския съюз в борбата с трансграничната организирана престъпност, София, 2012 (*Kolarov, Todor*, Justizielle Zusammenarbeit zwischen den Mitgliedstaaten der EU im Kampf gegen die grenzüberschreitende organisierte Kriminalität, Sofia, 2012).

Манев, Никола, Наказателно процесуално право – ръководство за студенти, София, 2013 (*Manev, Nikola*, Strafprozessrecht – ein Leitfaden für Studierende, Sofia, 2013).

Маринова, Гергана, Предаването на български граждани в изпълнение на европейска заповед за арест, Правна мисъл 2/2007, стр. 41 (*Marinova, Gergana*, Auslieferung bulgarischer Bürger bei der Vollstreckung von EuHB, Zeitschrift Pravna misal, 2/2007, S. 41 ff.).

Маринова, Гергана, Екстрадицията и Европейската заповед за арест, София, 2009 (*Marinova, Gergana,* Auslieferung und Europäischer Haftbefehl, Sofia, 2009).

Маринова, Гергана, Принципът „ne bis in idem" според българския Наказателно-процесуален кодекс и практиката на съдилищата в Страсбург и Люксембург, Правна мисъл 1/2009, стр. 56 (*Marinova, Gergana,* Der Grundsatz „ne bis in idem" nach der bulgarischen Strafprozessordnung und nach der Rechtsprechung der Gerichte in Straßburg und Luxemburg, Zeitschrift Pravna misal 1/2009, S. 56 ff.).

Ненов, Иван, Наказателно право на Република България – Обща част, София, 1992 (*Nenov, Ivan*, Strafrecht der Republik Bulgarien – Allgemeiner Teil, Sofia, 1992).

Панова, Павлина, Изменения в наказателнопроцесуален кодекс във връзка с международни актове на Съвета на Европа в областта на правното сътрудничество по наказателни дела, Правата на човека 4/2004, стр. 28 (*Panova, Pavlina*, Änderungen in der bulgarischen Strafprozessordnung in Bezug auf die internationalen Rechtsakte des Europarats im Bereich der justiziellen Zusammenarbeit in Strafsachen, Zeitschrift Pravata na čoveka 4/2004, S. 28).

Панова, Павлина, Европейската заповед за арест и правата на засегнатото от нея лице, Адвокатски преглед 7/2008, стр. 3 (*Panova, Pavlina*, Der Europäische Haftbefehl und die Rechte des Beschuldigten, Zeitschrift Advokatski pregled 7/2008, S. 3 ff.).

Панова, Павлина, Европейската заповед за арест, София, 2009 (*Panova, Pavlina*, Der Europäische Haftbefehl, Sofia, 2009).

Панова, Павлина, Европейската заповед за арест и съдебната практика, София, 2011 (*Panova, Pavlina*, Europäischer Haftbefehl und Gerichtspraxis, Sofia, 2011).

Стойнов, Александър, Наказателно право – Обща част, София, 2013 (*Stojnov, Alexander*, Strafrecht – Allgemeiner Teil, Sofia, 2013).

Anhang

Anhang I

Auszug aus dem

Gesetz über die Auslieferung und den Europäischen Haftbefehl

(Übersetzung aus dem Bulgarischen)

5. Kapitel

Übergabe aufgrund eines Europäischen Haftbefehls

Abschnitt I

Anwendungsbereich, Form und Inhalt des Europäischen Haftbefehls

Übergabe von Personen zwischen Mitgliedstaaten der Europäischen Union

Art. 35

Die Festnahme und Übergabe einer Person zur Strafverfolgung, zur Vollstreckung einer Freiheitsstrafe oder einer freiheitsentziehenden Maßregel der Sicherung erfolgt zwischen Bulgarien und den Mitgliedstaaten der Europäischen Union aufgrund eines Europäischen Haftbefehls unter den Voraussetzungen und nach dem Verfahren, die in diesem Kapitel geregelt sind.

Voraussetzungen für die Anwendung des Europäischen Haftbefehls

Art. 36

(1) Ein Europäischer Haftbefehl wird gegen Personen erlassen, die Handlungen begangen haben, die nach den Rechtsvorschriften des Ausstellungsmitgliedstaates mit einer Freiheitsstrafe oder einer freiheitsentziehenden Maßregel der Sicherung im Höchstmaß von mindestens einem Jahr oder mit einer höheren Strafe bedroht sind, oder wenn die verhängte Freiheitsstrafe oder die angeordnete Maßregel der Sicherung nicht weniger als vier Monate beträgt.

(2) Die Übergabe aufgrund eines Europäischen Haftbefehls wird zugelassen, wenn die Straftat, derentwegen der Haftbefehl erlassen wurde, eine Straftat auch nach den Rechtsvorschriften der Republik Bulgarien darstellt. Die Vollstreckung eines Europäischen Haftbefehls in Steuer-, Zoll- und Währungsangelegenheiten kann jedoch nicht aus dem Grund abgelehnt werden, dass die Rechtsordnung der Republik Bulgarien keine gleichartigen Steuern vorsieht oder keine gleichartigen Steuer-, Zoll- und Währungsbestimmungen enthält wie das Recht des Ausstellungsmitgliedstaates.

(3) Eine beiderseitige Strafbarkeit wird bei den nachstehenden Straftaten nicht verlangt, wenn sie im Ausstellungsmitgliedstaat mit einer Freiheitsstrafe im Höchstmaß von mindestens drei Jahren oder mit einer höheren Strafe bedroht sind oder wenn dafür eine freiheitsentziehende Maßregel der Sicherung im Höchstmaß von mindestens drei Jahren vorgesehen ist:

Beteiligung an einer kriminellen Vereinigung;
Terrorismus;
Menschenhandel;
sexuelle Ausbeutung von Kindern und Kinderpornographie;
illegaler Handel mit Drogen und psychotropen Stoffen;
illegaler Handel mit Waffen, Munition und Sprengstoffen;
Korruption;
Betrugsdelikte, einschließlich Betrug zum Nachteil der finanziellen Interessen der Europäischen Gemeinschaften im Sinne des Übereinkommens vom 26. Juli 1995 über den Schutz der finanziellen Interessen der Europäischen Gemeinschaften;
Wäsche von Erträgen aus Straftaten;
Geldfälschung, einschließlich der Euro-Fälschung;
Cyberkriminalität;
Umweltkriminalität, einschließlich des illegalen Handels mit bedrohten Tierarten oder mit bedrohten Pflanzen- und Baumarten;
Beihilfe zur illegalen Einreise und zum illegalen Aufenthalt;
vorsätzliche Tötung, schwere Körperverletzung;
illegaler Handel mit Organen und menschlichem Gewebe;
Entführung, Freiheitsberaubung und Geiselnahme;
Rassismus und Fremdenfeindlichkeit;
Diebstahl in organisierter Form oder mit Waffen;
illegaler Handel mit Kulturgütern, einschließlich Antiquitäten und Kunstgegenstände;
Betrug;
Erpressung und Schutzgelderpressung;
Nachahmung und Produktpiraterie;
Fälschung von amtlichen Dokumenten und Handel damit;
Fälschung von Zahlungsmitteln;
illegaler Handel mit Hormonen und anderen Wachstumsförderern;
illegaler Handel mit nuklearen und radioaktiven Substanzen;
Handel mit gestohlenen Kraftfahrzeugen;
Vergewaltigung;
Brandstiftung;
Verbrechen, die in die Zuständigkeit des Internationalen Strafgerichtshofs fallen;
Flugzeug- und Schiffsentführung;
Sabotage.

Form und Inhalt des Europäischen Haftbefehls

Art. 37

(1) Der Europäische Haftbefehl wird in Schriftform entsprechend dem im Anhang beigefügten Formblatt ausgestellt und enthält Angaben zu:

1. Identität und Staatsangehörigkeit der gesuchten Person;
2. Name, Adresse, Telefon- und Faxnummer sowie E-Mail der ausstellenden Justizbehörde;
3. rechtskräftigem Urteil, einem Haftbefehl oder einer anderen rechtskräftigen justiziellen Entscheidung mit gleicher Rechtswirkung;
4. Art und rechtlicher Würdigung der Straftat;
5. Umständen, unter denen die Straftat begangen wurde, einschließlich Zeitpunkt, Ort und Art der Beteiligung der gesuchten Person;
6. verhängter Strafe im Fall eines rechtskräftigen Urteils oder Strafart und Strafmaß, das nach den Gesetzen des Ausstellungsmitgliedstaates für die betreffende Straftat angedroht ist;
7. anderen Folgen der Straftat.

(2) ...
(3) Dem Europäischen Haftbefehl, der an eine bulgarische Behörde übermittelt wird, ist eine Übersetzung in die bulgarische Sprache beizufügen.

Akzessorische Straftaten

Art. 37a

Wenn sich der Europäische Haftbefehl auf mehrere Straftaten erstreckt und mindestens eine davon die Voraussetzungen des Art. 36 Abs. 1 und 3 erfüllt, kann der vollstreckende Staat die Übergabe auch wegen der anderen Straftaten bewilligen.

Abschnitt II

Vollstreckung des Europäischen Haftbefehls, ausgestellt in einem anderen Mitgliedstaat der Europäischen Union

Zuständige Behörden

Art. 38

(1) Der Europäische Haftbefehl, ausgestellt von einer zuständigen Behörde eines Mitgliedstaates, wird von dem Bezirksgericht vollstreckt, in dessen Gerichtsbezirk sich die gesuchte Person aufhält.
(2) Zentrale Behörde für den Europäischen Haftbefehl ist der Minister der Justiz.

Eingang des Europäischen Haftbefehls

Art. 38a

(1) Der Eingang des Europäischen Haftbefehls kann erfolgen durch:

1. das Schengener Informationssystem (SIS);
2. das Telekommunikationssystem des Europäischen Justiziellen Netzes;
3. die Organe der Internationalen kriminalpolizeilichen Organisation (Interpol);
4. E-Mail oder Fax;
5. jedes ordnungsgemäß gesicherte Mittel, das die Feststellung der Echtheit des Europäischen Haftbefehls ermöglicht;

(2) Der Europäische Haftbefehl wird außer in den Fällen des Abs. 1 Nr. 1, 2 oder 3 direkt an das Bezirksgericht des Aufenthaltsortes der gesuchten Person übermittelt.

Eingang des Europäischen Haftbefehls durch das Schengener Informationssystem

Art. 38b

Bei Eingang einer Ausschreibung im SIS prüft der Staatsanwalt und entscheidet, ob die Angaben in der Ausschreibung die Anforderungen der Art. 36 und Art. 37 Abs. 1 erfüllen.

Gründe für die Ablehnung der Vollstreckung des Europäischen Haftbefehls

Art. 39

Das Bezirksgericht lehnt die Vollstreckung des Europäischen Haftbefehls ab, wenn:

1. die Straftat, aufgrund deren der Europäische Haftbefehl ergangen ist, in der Republik Bulgarien unter eine Amnestie fällt und ihrer Strafgerichtsbarkeit unterliegt;
2. es informiert ist, dass die gesuchte Person wegen derselben Straftat vom bulgarischen Gericht oder vom Gericht eines anderen Mitgliedstaates rechtskräftig verurteilt worden ist, und die Strafe verbüßt oder verbüßt hat, oder wenn nach dem Recht des Urteilsmitgliedstaates nicht mehr vollstreckt werden kann;
3. die gesuchte Person nach dem bulgarischen Recht minderjährig ist.

Gründe, aus denen die Vollstreckung des Europäischen Haftbefehls abgelehnt werden kann

Art. 40

Das Bezirksgericht kann die Vollstreckung des Europäischen Haftbefehls verweigern, wenn

1. vor dem Eingang des Haftbefehls wegen der Tat, derentwegen er erlassen wurde, die Person in der Republik Bulgarien in die Beschuldigung einbezogen oder angeklagt wurde;
   1a. das Strafverfahren wegen der Tat, derentwegen der Haftbefehl erlassen wurde, in der Republik Bulgarien vor seinem Eingang eingestellt wurde;
2. die Verjährungsfrist für die Strafverfolgung oder Strafvollstreckung nach bulgarischem Recht abgelaufen ist und die Straftat der bulgarischen Strafgerichtsbarkeit unterliegt;
3. es informiert ist, dass gegen die gesuchte Person in einem Staat, der nicht Mitglied der Europäischen Union ist, wegen derselben Straftat, derentwegen der Europäische Haftbefehl ergangen ist, aufgrund einer rechtskräftigen Verurteilung die Strafe bereits vollstreckt worden ist, gerade vollstreckt wird oder nach dem Recht des Urteilsstaates nicht mehr vollstreckt werden kann,
4. ...
5. die Straftat ganz oder teilweise in dem Hoheitsgebiet der Republik Bulgarien begangen wurde, oder wenn sie außerhalb des Hoheitsgebietes des Ausstellungsstaates begangen wurde und das bulgarische Recht die Strafverfolgung einer derartigen, außerhalb des Hoheitsgebietes der Republik Bulgarien begangenen Straftat nicht zulässt.

Vom Ausstellungsmitgliedstaat gewährte Garantien

Art. 41

(1) *weggefallen*

(2) Ein Europäischer Haftbefehl, der wegen einer Straftat erlassen wurde, die mit einer lebenslangen Freiheitsstrafe oder einer lebenslangen freiheitsentziehenden Maßregel der Sicherung bedroht ist, wird unter der Bedingung vollstreckt, dass die Rechtsordnung des Ausstellungsmitgliedstaates die Möglichkeit für:

   1. eine Überprüfung der verhängten Strafe oder der Maßregel auf Antrag der gesuchten Person oder
   2. eine Überprüfung der verhängten Strafe oder der Maßregel von Amts wegen, jedoch nicht später als 20 Jahre, oder
   3. Begnadigung
   4. vorsieht.

(3) Ist ein Europäischer Haftbefehl zum Zwecke der Strafverfolgung gegen einen bulgarischen Staatsangehörigen oder gegen eine Person mit ständigem Wohnsitz in

der Republik Bulgarien ausgestellt worden, erfolgt die Übergabe bei einer im Voraus angeforderten Garantie von dem Ausstellungsstaat, dass die betreffende Person nach Gewährung rechtlichen Gehörs in dessen Hoheitsgebiet zur Verbüßung der Freiheitsstrafe oder der freiheitsentziehenden Maßregel der Sicherung, die im Ausstellungsmitgliedstaat gegen sie verhängt wird, in die Republik Bulgarien an ihren Grenzübergangspunkt zur Verbüßung der Freiheitsstrafe oder der freiheitsentziehenden Maßregel der Sicherung rücküberstellt wird. In diesen Fällen erfolgt keine Überstellung einer verurteilten Person, und die Kosten für ihre Rücküberstellung trägt der Ausstellungsstaat.

Maßnahmen nach Eingang des Europäischen Haftbefehls

Art. 42

(1) Nach direkter Übermittlung des Europäischen Haftbefehls von einer zuständigen Behörde des Ausstellungsstaates prüft das Bezirksgericht, in dessen Bezirk sich die gesuchte Person aufhält, ob er die Anforderungen der Art. 36 und 37 erfüllt und ordnet der Polizei deren Festnahme für die Dauer von 72 Stunden an.

(2) Wenn gegen die gesuchte Person ein Europäischer Haftbefehl außer in den Fällen nach Abs. 1 eingegangen ist, nimmt die Polizei sie für 24 Stunden fest und unterrichtet unverzüglich den zuständigen Bezirksstaatsanwalt. In diesen Fällen prüft der Staatsanwalt, ob der Europäische Haftbefehl die Anforderungen der Art. 36 und 37 erfüllt. Der Staatsanwalt kann die Festnahme der Person für die Dauer von 72 Stunden verfügen.

(3) *weggefallen*

(4) Eine Ausschreibung, die durch das SIS übermittelt worden ist, steht einem Europäischen Haftbefehl gleich, wenn ihr die in Art. 37 Abs. 1 und 2 angegebenen Informationen beigefügt sind, und wird gemäß Art. 95 des Übereinkommens vom 19. Juni 1990 zur Durchführung des Übereinkommens von Schengen vom 14. Juni 1990 betreffend den schrittweisen Abbau der Kontrollen an den gemeinsamen Grenzen durchgeführt.

(5) In den Fällen des Art. 38a Abs. 1 Nr. 1–3, wenn dem Europäischen Haftbefehl keine Übersetzung in die bulgarische Sprache beigefügt ist, unterrichtet der Staatsanwalt unverzüglich den Ausstellungsmitgliedstaat über ihre Übermittlung innerhalb der Frist gemäß Abs. 2. Wenn innerhalb dieser Frist die Übersetzung des Haftbefehls nicht eingeht, wird die gesuchte Person von dem Staatsanwalt freigelassen.

Verhaftung

Art. 43

(1) In den Fällen des Art. 42 Abs. 1 entscheidet das Gericht von Amts wegen über die Verhaftung der gesuchten Person.

(2) In den Fällen des Art. 42 Abs. 2 reicht der Staatsanwalt den Antrag auf Anordnung der Maßnahme beim zuständigen Bezirksgericht ein.

(3) Das Gericht entscheidet unverzüglich über die Maßregel der Sicherung nach Maßgabe des Art. 64 der Strafprozessordnung.

(4) Das Gericht ordnet der gesuchten Person einen Rechtsbeistand sowie einen Dolmetscher bei, falls diese der bulgarischen Sprache nicht mächtig ist, und unterrichtet sie über den Grund der Festnahme, den Inhalt des Europäischen Haftbefehls sowie ihr Recht, der Übergabe an die ausstellende Justizbehörde zuzustimmen, und die sich daraus ergebenden Folgen.

(5) Auf Antrag der inhaftierten Person kann das Bezirksgericht die Maßnahme der Haft in eine andere Maßnahme umwandeln, die ihre Beteiligung an dem Übergabeverfahren aufgrund des Europäischen Haftbefehls nach Maßgabe des Art. 65 der Strafprozessordnung sicherstellt.

Gerichtsverfahren

Art. 44

(1) Das Bezirksgericht leitet das Gerichtsverfahren ein und bestimmt einen Termin zur Verhandlung des Europäischen Haftbefehls innerhalb einer 7-tätigen Frist ab der Festnahme der gesuchten Person durch die Polizei.

(2) Der Europäische Haftbefehl wird in einer öffentlichen Sitzung in der Besetzung von drei Richtern unter Teilnahme des Staatsanwalts verhandelt.

(3) Das Gericht ordnet der gesuchten Person einen Rechtsbeistand, falls sie noch keinen hat, sowie einen Dolmetscher, falls diese der bulgarischen Sprache nicht mächtig ist, bei, unterrichtet sie über ihr Recht, der Übergabe an den Ausstellungsmitgliedstaat zuzustimmen sowie auf den Spezialitätsgrundsatz nach Art. 61 zu verzichten, und die sich daraus ergebenden Folgen.

(4) Das Gericht kann von dem Ausstellungsmitgliedstaat zusätzliche Informationen anfordern, indem es die Frist für deren Übermittlung bestimmt, sowie Informationen empfangen, die vom dem ausstellenden Staat zur Verfügung gestellt werden.

(5) In der gerichtlichen Verhandlung hört das Gericht den Staatsanwalt, die gesuchte Person und ihren Rechtsbeistand an.

(6) Das Gericht erörtert, ob die Voraussetzungen für die Übergabe nach Art. 36 und 41 vorliegen und ob Gründe für eine Ablehnung nach Art. 39 und 40, Gründe für eine Aufschiebung der Übergabe oder für eine bedingte Übergabe nach Art. 52 bestehen.

(7) Das Gericht verfügt unverzüglich die Entscheidung über die Übergabe der gesuchten Person oder die Ablehnung der Vollstreckung des Europäischen Haft-

befehls. In allen Fällen, in denen das Gericht die Vollstreckung des Europäischen Haftbefehls bewilligt, ordnet das Gericht die freiheitsentziehende Maßregel der Sicherung der gesuchten Person bis zu ihrer tatsächlichen Übergabe an den ausstellenden Staat an. Im Falle der Anwendung des Art. 52 Abs. 1 gilt diese Maßregel der Sicherung ab dem Zeitpunkt des Abschlusses des Strafverfahrens oder der Verbüßung der verhängten Strafe als getroffen.

(8) ...

(9) Nach Verkündung des Beschlusses entscheidet das Gericht von Amts wegen über die Maßregel der Sicherung, die bis zum Abschluss des Verfahrens über die Vollstreckung der Freiheitsstrafe oder der freiheitsentziehenden Maßregel gelten soll.

(10) ...

(11) ...

(12) Der Beschluss des Bezirksgerichts kann vor dem jeweiligen Appellationsgericht angefochten werden, dessen Entscheidung endgültig ist.

(13) Abs. 11 und 12 werden auch in den Fällen angewendet, wenn die Person von einem ausländischen Gericht verurteilt wurde, nachdem diese aufgrund eines Europäischen Haftbefehls unter den Bedingungen des Art. 41 Abs. 3 an den jeweiligen Staat zur Strafverfolgung übergeben worden war. In diesen Fällen wird die Person bei ihrer Rücküberstellung von der Obersten Kassationsstaatsanwaltschaft in einer Justizvollzugsanstalt untergebracht, worüber sie den Bezirksstaatsanwalt nach Abs. 11 unterrichtet.

Verfahren bei Zustimmung zur Übergabe

Art. 45

(1) Wenn die gesuchte Person in der Gerichtsverhandlung ihre Zustimmung zur Übergabe erklärt, wendet das Gericht Art. 19 Abs. 1 und 2 entsprechend an. In diesem Fall kann die Person auf den Spezialitätsgrundsatz verzichten. Diese Regelung wird nicht angewendet, wenn gegen die gesuchte Person ein Strafverfahren wegen einer Straftat anhängig ist, die anders ist als diejenige, derentwegen der Europäische Haftbefehl ausgestellt wurde, oder die Person eine Freiheitsstrafe wegen einer Straftat zu verbüßen hat, die anders ist als diejenige, derentwegen der Europäische Haftbefehl ausgestellt wurde.

(2) Die gesuchte Person kann ihre Zustimmung gemäß Abs. 1 innerhalb einer 3-tägigen Frist widerrufen. In diesem Fall wird das Verfahren nach Maßgabe des Art. 44 fortgeführt.

(3) Wenn die gesuchte Person der Übergabe zustimmt, erlässt das Gericht innerhalb einer 7- tägigen Frist nach Ablauf der Widerrufsfrist gemäß Abs. 2 einen

Beschluss nach Überprüfung der Bedingungen gemäß Art. 36 und 41 und der Ablehnungsgründe gemäß Art. 39. Der Beschluss ist endgültig.

Entscheidung bei mehreren Europäischen Haftbefehlen. Konkurrenz zwischen Europäischem Haftbefehl und Auslieferungsersuchen

Art. 46

Vorrechte und Immunitäten

...

Art. 47

(1) Genießt die gesuchte Person in Bezug auf die Gerichtsbarkeit der Republik Bulgarien ein Vorrecht oder Immunität und hat eine bulgarische Behörde die Befugnis, dieses Vorrecht oder die Immunität aufzuheben, dann richtet das Gericht unverzüglich ein solches Ersuchen an die zuständige Behörde.

(2) Wenn die Behörde eines anderen Staates oder einer internationalen Organisation zuständig ist, unterrichtet das Gericht unverzüglich die ausstellende Behörde, damit diese ein Ersuchen um Aufhebung des Vorrechts oder der Immunität stellen kann.

(3) In den Fällen der Absätze 1 und 2 beginnen die Fristen für den Abschluss des gerichtlichen Verfahrens zur Erledigung des Europäischen Haftbefehls an dem Tag zu laufen, an dem das Gericht über die Aufhebung des Vorrechts oder der Immunität unterrichtet wird.

Verfahren vor dem Appellationsgericht

Art. 48

(1) Der Beschluss des Bezirksgerichtes unterliegt auf Beschwerde der gesuchten Person und ihres Rechtsbeistandes oder auf Einspruch des Staatsanwaltes, eingereicht innerhalb von 5 Tagen ab Verkündung des Beschlusses, der Überprüfung durch das Appellationsgericht.

(2) Die Beschwerde und der Einspruch werden innerhalb von 5 Tagen nach ihrem Zugang nach Maßgabe des Art. 44 verhandelt. Das Gericht verkündet die Entscheidung in einer öffentlichen Sitzung unter Teilnahme der Beteiligten.

(3) Der Beschluss des Gerichts wird spätestens 60 Tage ab Festnahme der Person durch die Polizei erlassen und ist endgültig.

Verlängerung der Frist für den Erlass der gerichtlichen Entscheidung

Art. 49

...

Vorübergehende Übergabe oder Anhörung der gesuchten Person

Art. 50

...

Übergabe einer an die Republik Bulgarien ausgelieferten Person

Art. 51

...

Aufgeschobene Vollstreckung eines Europäischen Haftbefehls. Vollstreckung unter Bedingung

Art. 52

...

(1) Wenn in der Republik Bulgarien gegen die gesuchte Person ein Strafverfahren anhängig ist oder eine rechtskräftige Verurteilung wegen einer anderen als der dem Europäischen Haftbefehl zugrunde liegenden Straftat besteht, kann das Gericht mit dem Beschluss zur Übergabe die Überstellung der Person bis zum Abschluss des Strafverfahrens oder bis zur Verbüßung der Strafe aufschieben.
(2) Innerhalb der Frist nach Abs. 1 kann das Gericht anstatt der aufgeschobenen Übergabe die gesuchte Person vorübergehend an den Ausstellungsmitgliedstaat unter den Bedingungen übergeben, die in einer Vereinbarung zwischen der ausstellenden Behörde und dem Bezirksgericht festgelegt sind.

Unterrichtung von der Entscheidung

Art. 53

(1) Das Bezirksgericht unterrichtet die ausstellende Behörde unverzüglich von der Entscheidung über den Europäischen Haftbefehl und die Maßnahmen, die zu seiner Vollstreckung getroffen werden.
(2) Eine beglaubigte Abschrift der rechtskräftigen Entscheidung wird unverzüglich der Obersten Kassationsstaatsanwaltschaft und dem Ministerium der Justiz übersendet.
Bei Bewilligung der Vollstreckung des Europäischen Haftbefehls erlässt die Oberste Kassationsstaatsanwaltschaft eine Verfügung über die Vollstreckung der Entscheidung.

Teil III

Übergabe der Person aufgrund des Europäischen Haftbefehls. Durchlieferung

Übergabe der Person

Art. 54

(1) Die Übergabe der gesuchten Person erfolgt gemäß Art. 26 Abs. 1–3 spätestens 10 Tage nach Rechtskraft der Entscheidung über die Vollstreckung des Europäischen Haftbefehls.

(2) Erfolgt die Übergabe aus Gründen, welche die beteiligten Mitgliedstaaten nicht zu vertreten haben, nicht innerhalb der Frist nach Abs. 1, vereinbaren die Oberste Kassationsstaatsanwaltschaft, das Nationale Zentralbüro „Interpol" und die ausstellende Behörde unverzüglich einen neuen Termin für die Übergabe. In diesem Fall erfolgt die Übergabe nicht später als 10 Tage nach dem neuen Termin.

(3) Die Übergabe kann von dem Bezirksgericht vorübergehend ausgesetzt werden, wenn ernsthafte Gründe für die Annahme bestehen, dass die Vollstreckung eine Gefahr für Leib und Leben der gesuchten Person darstellt). Die Vollstreckung des Europäischen Haftbefehls erfolgt, sobald diese Gründe nicht mehr gegeben sind. Die Oberste Kassationsstaatsanwaltschaft und die ausstellende Behörde vereinbaren sofort einen neuen Übergabetermin. In diesem Fall erfolgt die Übergabe binnen 10 Tagen nach dem neu vereinbarten Termin.

(4) Wird die Person nach Ablauf der Fristen gemäß Abs. 1–3 nicht übergeben, wird sie freigelassen.

Anhang II

Deutsche Einlieferungsersuchen an Bulgarien im Zeitraum 2007–2013

	Gesamtzahl der Einlieferungen aus Bulgarien nach Deutschland	Ablehnungen	Gründe	Sonstiges
2007	9	0	0	
2008	18	1	Das vorgeworfene Verhalten sei nicht strafbar	2 Rücknahmen durch deutsche StA oder Landesjustizverwaltung
2009	26	1	Person halte sich nicht in BG auf	
2010	35	0		
2011	42	0		
2012	35	0		
2013	36	1	Verspätet	

Quelle: Bundesamt für Justiz

www.ingramcontent.com/pod-product-compliance
Ingram Content Group UK Ltd.
Pitfield, Milton Keynes, MK11 3LW, UK
UKHW021912290926
8980IPUK00015B/1221

9 783631 676554